Åsne Seierstad

Der Buchhändler aus Kabul

Eine Familiengeschichte

Aus dem Norwegischen
von Holger Wolandt

List Taschenbuch

Besuchen Sie uns im Internet:
www.list-taschenbuch.de

Wir danken MUNIN für die freundliche Förderung
dieser Übersetzung.

Umwelthinweis:
Dieses Buch wurde auf chlor- und säurefreiem Papier gedruckt.

Ungekürzte Ausgabe im List Taschenbuch
List ist ein Verlag der Ullstein Buchverlage GmbH, Berlin.
Sonderausgabe zum Welttag des Buches
April 2005

Titel der norwegischen Originalausgabe:
Bokhandleren i Kabul. Et familiedrama (J. W. Cappelens Forlag a.s., Oslo)
Umschlagkonzept: HildenDesign, München – Stefan Hilden
Umschlaggestaltung: Hauptmann und Kampa Werbeagentur, München – Zürich,
unter Verwendung eines Fotos der Autorin
Satz: Franzis print & media GmbH, München
Druck und Bindearbeiten: Clausen & Bosse, Leck
Printed in Germany
ISBN 3-548-60576-1

Meinen Eltern

Inhalt

Vorwort 9

Der Freier 19
Die Bücherverbrennung 25
Schuld und Sühne 40
Selbstmord und Gesang 54
Die Geschäftsreise 58
Willst du mich traurig machen? 85
Kein Zutritt zum Himmel 98
Bauschend, flatternd, wogend 102
Hochzeit dritter Klasse 112
Die Matriarchin 124
Versuchungen 139
Der Ruf von Ali 148
Der Geruch von Staub 180
Versuch 198
Kann Gott sterben? 211
Das traurige Zimmer 221
Der Tischler 231
Meine Mutter »Osama« 263
Das gebrochene Herz 284

Nachwort 300

Vorwort

Sultan Khan war einer der Ersten, denen ich begegnete, als ich im November 2001 nach Kabul kam. Ich hatte sechs Wochen mit den Kommandanten der Nordallianz verbracht – in der Wüste an der Grenze zu Tadschikistan, im Hindukusch-Gebirge, im Pandschirtal und auf den Steppen nördlich von Kabul. Ich war ihrer Offensive gegen die Taliban gefolgt und hatte in Erdhütten an der Front auf dem Boden geschlafen. Ich war in Frachtmaschinen, Militärfahrzeugen, zu Pferde und zu Fuß gereist.

Nach der Niederlage der Taliban zog ich mit der Nordallianz nach Kabul ein. In einer Buchhandlung traf ich einen eleganten, grauhaarigen Mann. Nach Wochen voll von Schmutz und Pulverrauch, in denen sich sämtliche Unterhaltungen um Taktik und militärische Erfolge gedreht hatten, fand ich es befreiend, in Büchern zu blättern und mich über Literatur und Geschichte zu unterhalten. Die Regale von Sultan Khan bogen sich unter Werken in verschiedenen Sprachen, Gedichtsammlungen, afghanischen Legenden, Geschichtsbüchern und Romanen. Er konnte gut verkaufen. Als ich nach meinem ersten Besuch den Laden verließ, hatte ich sieben Bücher erworben. Wenn ich Zeit hatte, schaute ich oft bei ihm vorbei, um in Büchern zu blättern und mich mit dem interessanten Buchhändler zu unterhalten, einem afghanischen Patrioten, dem sein Land schon viele Enttäuschungen bereitet hatte.

»Erst haben die Kommunisten meine Bücher verbrannt, dann haben die Mudschaheddin, die heiligen Krieger, den Laden geplündert und schließlich haben die Taliban erneut die Bücher verbrannt«, erzählte er.

Eines Tages lud er mich zu sich nach Hause zum Abendessen ein. Auf dem Boden war opulent aufgetischt worden. Drum herum saß seine Familie: eine seiner Frauen, die Söhne, Schwestern, der Bruder, die Mutter, einige Cousins.

Sultan erzählte Geschichten, die Söhne lachten und rissen Witze. Der Ton war ausgelassen, der Kontrast zu den kargen Mahlzeiten mit den Kommandanten im Gebirge außerordentlich. Ich merkte rasch, dass die Frauen kaum etwas sagten. Sultans schöne, junge Frau saß ruhig und ohne ein Wort zu sagen mit ihrem Baby neben der Tür. Seine zweite Ehefrau war an diesem Abend nicht anwesend. Die anderen Frauen antworteten auf Fragen, ließen sich für das Essen loben, aber begannen nicht von sich aus mit einer Unterhaltung.

Als ich von dort wegging, sagte ich mir: Das ist Afghanistan. Über diese Familie müsste man ein Buch schreiben.

Am Tag darauf suchte ich Sultan in seiner Buchhandlung auf und erzählte ihm von meiner Idee.

»Vielen Dank«, sagte er nur.

»Aber das bedeutet, dass ich bei Ihnen wohnen muss.«

»Willkommen.«

»Ich muss Sie begleiten und leben wie Sie. Bei Ihnen, bei Ihren Frauen, Schwestern und Söhnen.«

»Willkommen«, sagte er erneut.

An einem nebligen Februartag zog ich bei der Familie ein. Ich hatte nur meinen Laptop, Notizblöcke, Stifte, ein Satellitentelefon und das, was ich anhatte, dabei. Der Rest war auf der Reise in Usbekistan abhanden gekommen. Ich wurde mit offenen Armen empfangen, und in den afghanischen Gewändern, die ich nach und nach leihen durfte, fühlte ich mich wohl.

Ich bekam eine Matte auf dem Boden – neben Leila, der die Aufgabe zugefallen war, dafür zu sorgen, dass es mir an nichts fehlte.

»Du bist mein Baby«, sagte die Neunzehnjährige am ersten Abend zu mir. »Ich werde mich um dich kümmern«, versicherte sie und sprang jedes Mal auf, wenn ich mich erhob.

Jeder Wunsch solle mir erfüllt werden, hatte Sultan der Familie befohlen. Dass er noch hinzugefügt hatte, dass alle bestraft würden, die das nicht respektierten, erfuhr ich erst später.

Den ganzen Tag wurde mir Essen und Tee serviert. Langsam wurde ich in das Leben der Familie eingeführt. Sie erzählten mir Sachen, wenn sie dazu Lust hatten, nicht wenn ich fragte. Nicht immer hatte ich meinen Notizblock in Bereitschaft, wenn sie in Laune waren, mir etwas zu erzählen, denn das war vielleicht bei einem Ausflug auf den Basar, im Bus oder spätabends auf der Matte. Die meisten Antworten ergaben sich von selbst und wie als Erwiderung auf Fragen, die zu stellen meine Phantasie nicht ausgereicht hätte.

Ich habe mich einer literarischen Form bedient, aber dem, was ich schreibe, liegen wirkliche Geschichten zugrunde, die ich miterlebt habe oder die mir von denen, die sie erlebt haben, erzählt worden sind. Wenn ich schreibe, was die Personen denken oder fühlen, basiert das auf dem, was sie mir darüber erzählt haben, was sie in der betreffenden Situation gedacht oder empfunden haben.

Das meiste, worüber ich schreibe, habe ich selbst erlebt: das Leben in der Wohnung, die Fahrten nach Peschawar und

Lahore, die Pilgerfahrt, die Einkäufe auf den Basaren, die Hochzeit und die Hochzeitsvorbereitungen, den Hamam, die Schule, das Unterrichtsministerium, die Jagd auf die Al-Qaida, die Polizeiwache und das Gefängnis.

Anderes habe ich nicht selbst erlebt, wie Jamilas Schicksal und Rahimullahs Eskapaden oder dass Mansur seine Freundinnen im Laden traf. Das sind Geschichten, die mir anschließend erzählt wurden.

Die ganze Familie war damit einverstanden, dass ich bei ihnen wohnte, um ein Buch zu schreiben. Wenn sie nicht wollten, dass ich über etwas schriebe, sagten sie mir das. Trotzdem habe ich mich dafür entschieden, die Identität der Familie Khan und der anderen Personen, über die ich schreibe, zu verschleiern. Niemand hat mich darum gebeten, aber ich hatte das Gefühl, das sei richtig.

Meine Tage entsprachen den Tagen der Familie, ich erwachte im Morgengrauen vom Geschrei der Kinder und den befehlenden Stimmen der Männer. Dann stellte ich mich am Bad an oder huschte dort schnell hinein, wenn alle fertig waren. Hatte ich Glück, gab es noch warmes Wasser, aber ich lernte schnell, dass eine Tasse kaltes Wasser im Gesicht auch erfrischend ist. Den Rest des Tages blieb ich entweder zu Hause mit den Frauen, besuchte Verwandte und ging auf den Basar oder war bei Sultan und den Söhnen im Laden, in der Stadt oder auf Reisen. Abends aß ich mit der Familie zu Abend und trank dann grünen Tee, bis es Zeit zum Hinlegen war.

Ich war Gast, aber fühlte mich rasch zu Hause. Alle kümmerten sich ganz phantastisch um mich. Die Familie war großzügig und offen. Wir hatten viele schöne Zeiten, aber ich bin nur selten so wütend auf jemanden gewesen wie bei den Khans und habe nur selten so viel gestritten wie dort. Noch nie habe ich so große Lust gehabt, auf jemanden einzuschlagen, wie dort.

Immer provozierte mich dasselbe: die Art, wie die Männer die Frauen behandelten. Die Überlegenheit der Männer war diesen so eingeimpft worden, dass sie nur selten in Frage gestellt wurde. Bei Diskussionen war es für viele vollkommen selbstverständlich, dass Frauen dümmer sind als Männer und dass sie ein kleineres Gehirn haben und nicht so klar denken können wie Männer.

Mich sahen sie vermutlich als eine Art zweigeschlechtliches Wesen an. Als westliche Frau konnte ich mich sowohl bei den Frauen als auch bei den Männern aufhalten. Wäre ich ein Mann gewesen, dann hätte ich nie bei der Familie wohnen können, so nahe bei Sultans Frauen, ohne dass darüber geredet worden wäre. Gleichzeitig war es in der Welt der Männer für mich nie ein Hindernis, eine Frau oder gewissermaßen zweigeschlechtlich zu sein. Wenn Feste aufgeteilt waren und Frauen und Männer getrennt feierten, war ich die Einzige, die sich frei zwischen den Zimmern bewegen konnte.

Es blieb mir erspart, mich an die strengen Kleiderordnungsregeln afghanischer Frauen zu halten, und ich konnte gehen, wohin ich wollte. Trotzdem zog ich oft eine Burkha, den Ganzkörperschleier der afghanischen Frauen, an, schon allein um in Frieden gelassen zu werden. Eine westliche Frau zieht in den Straßen von Kabul viel unerwünschte Aufmerksamkeit auf sich. In einer Burkha konnte ich endlich so viel starren, wie ich wollte, ohne dass jemand zurückstarrte. Ich konnte die anderen Familienangehörigen beobachten, wenn wir unterwegs waren, ohne dass sich alle Aufmerksamkeit auf mich richtete. Die Anonymität war eine Befreiung, sie war der einzige Ort, an den ich mich flüchten konnte, denn in Kabul gibt es kaum einen Platz, an dem man allein sein kann.

Ich benutzte die Burkha auch, um mehr darüber herauszufinden, wie man sich als afghanische Frau fühlt. Wie es ist, sich in die letzten drei überfüllten Bankreihen zu quetschen, die für Frauen reserviert sind, wenn der Bus im Übrigen halbleer ist. Wie es ist, in den Kofferraum eines Taxis zu kriechen, weil ein Mann auf der Rückbank sitzt. Wie es ist, wenn einem als einer großen und attraktiven Burkha hinterhergestarrt wird und wenn man von einem Mann auf der Straße sein erstes Burkha-Kompliment bekommt.

Wie ich allmählich begann, sie zu hassen. Wie sie einem den Kopf einschnürt, bis man Kopfschmerzen bekommt, und wie schlecht man durch das Fadengitter sieht. Wie hermetisch sie ist, wie wenig Luft in sie reinkommt, wie schnell man in ihr schwitzt, dass man dauernd aufpassen muss, wo man hintritt, weil man seine Füße nicht sieht, wie viel Schmutz man mitschleift, wie dreckig sie wird und dass sie einem nur im Weg ist. Wie befreiend es war, sie auszuziehen, wenn wir nach Hause kamen.

Ich brauchte die Burkha auch als Schutz. Als ich mit Sultan auf der unsicheren Landstraße nach Jalalabad reiste. Als wir auf einem schmutzigen Grenzposten übernachten mussten. Als wir spätabends noch unterwegs waren. Afghanische Frauen reisen in der Regel nicht mit einem Bündel 100-Dollar-Scheine und einem Laptop, die Burkhagekleideten werden also von den Straßenräubern in Frieden gelassen.

Es ist wichtig, zu betonen, dass dies die Geschichte *einer* afghanischen Familie ist. Es gibt mehrere Millionen andere. Meine Familie ist nicht einmal typisch. Sie kommt aus einer Art Mittelklasse, falls von so etwas in Afghanistan überhaupt die Rede sein kann. Einige hatten studiert, mehrere konnten lesen und schreiben. Sie hatten genug Geld und hungerten nicht.

Hätte ich bei einer typischen afghanischen Familie wohnen wollen, wäre das eine Familie vom Land gewesen, eine Großfamilie, in der niemand lesen und schreiben kann und jeder Tag ein Kampf ums Überleben ist. Ich habe meine

Familie nicht ausgesucht, weil sie alle anderen Familien repräsentieren sollte, sondern weil sie mich inspirierte.

Ich habe mich in Kabul im ersten Frühjahr nach dem Fall der Taliban aufgehalten. In diesem Frühling flackerte eine schwache Hoffnung auf. Die Menschen freuten sich, dass die Taliban weg waren, sie mussten keine Angst mehr haben, von der Religionspolizei auf der Straße belästigt zu werden. Frauen konnten sich wieder allein in der Stadt bewegen und studieren und die Mädchen wieder mit der Schule anfangen. Aber dieser Frühling wurde auch von den Enttäuschungen der letzten zehn Jahre geprägt. Warum sollte ausgerechnet jetzt alles besser werden?

Im Verlauf des Frühjahrs war dann ein kräftigerer Optimismus zu spüren, da es im Land vergleichsweise friedlich blieb. Die Leute machten Pläne, immer mehr Frauen ließen ihre Burkhas zu Hause, einige fingen an zu arbeiten, Flüchtlinge kehrten zurück.

Das Regime schwankte – wie früher zwischen Tradition und Moderne, zwischen Kriegsherren und Stammeshäuptlingen. Mitten im Chaos versuchte der Paschtunen-Anführer und spätere Regierungschef Hamid Karzai zu vermitteln und einen politischen Kurs zu bestimmen. Er war beliebt, aber besaß weder ein Heer noch eine Partei, und das in einem Land, das von Waffen und sich bekämpfenden Fraktionen nur so strotzte.

Die Verhältnisse in Kabul waren vergleichsweise friedlich, obwohl zwei Minister ermordet wurden, auf einen ein Mordversuch verübt wurde und sich die Bevölkerung weiterhin Übergriffen ausgesetzt sah. Viele vertrauten auf die ausländischen Soldaten, die auf den Straßen patrouillierten. Ohne sie würde es wieder einen Bürgerkrieg geben, sagten die Leute.

Ich schrieb nieder, was ich sah und hörte, und habe versucht, in dieser Erzählung über einen Frühling in Kabul,

Eindrücke zu sammeln von Leuten, die den Winter abwerfen und wachsen wollen – und anderen, die sich dazu verurteilt sehen, »weiterhin Staub zu fressen«, wie Leila das ausgedrückt hätte.

Åsne Seierstad
Oslo, 1. August 2002

Migozarad!
[Es geht vorbei]

Graffito an einem Teehaus in Kabul

Der Freier

Als Sultan Khan die Zeit für gekommen hielt, eine neue Frau zu finden, wollte ihm niemand helfen. Als Erstes ging er zu seiner Mutter.

»Die du hast, muss reichen«, sagte sie.

Dann ging er zu seiner ältesten Schwester. »Ich mag deine erste Frau so«, sagte sie. Dieselbe Antwort bekam er von seinen anderen Schwestern.

»Das ist eine Schande für Sharifa«, meinte seine Tante.

Sultan brauchte Hilfe. Der Freier kann nicht selbst um die Hand eines Mädchens anhalten. In Afghanistan ist es Sitte, dass eine der Frauen der Familie den Heiratswunsch vorbringt und das Mädchen näher in Augenschein nimmt, um zu sehen, ob sie tugendhaft und wohlerzogen ist und eine gute Ehefrau abgibt. Aber keine der Frauen in Sultans Nähe wollte etwas mit seiner Brautwerbung zu tun haben.

Sultan hatte drei junge Mädchen ausgewählt, die für ihn als neue Frau in Frage kamen. Sie waren alle gesund und schön und aus seinem eigenen Clan. In Sultans Familie heiratet man nur ausnahmsweise außerhalb des eigenen Clans. Es gilt als das Klügste und Sicherste, Verwandte zu heiraten, vorzugsweise Cousins und Cousinen.

Als Erstes versuchte es Sultan mit der sechzehnjährigen Sonya. Sie hatte dunkle, mandelförmige Augen und schwarz glänzendes Haar. Eine gute Figur besaß sie auch, üppig, und war überdies, so hieß es, geschickt bei der Hausarbeit. Ihre Familie war arm und ausreichend nah verwandt. Die Großmutter ihrer Mutter und die von Sultans Mutter waren Schwestern.

Während Sultan noch überlegte, wie er ohne Hilfe der Frauen um die Hand seiner Auserwählten anhalten sollte, war seine erste Frau glücklicherweise ahnungslos, dass ein junges Mädchen, das in dem Jahr zur Welt gekommen war, in dem sie und Sultan geheiratet hatten, jetzt die Gedanken ihres Mannes vollkommen in Anspruch nahm. Sharifa begann, wie auch Sultan selbst, alt zu werden, sie war über fünfzig. Drei Söhne und eine Tochter hatte sie ihm geboren. Für einen Mann in Sultans Position war es an der Zeit, eine neue Frau zu finden.

»Geh halt selbst«, meinte sein Bruder zum Schluss.

Nachdem er nachgedacht hatte, befand Sultan, dass das die einzige Lösung war. Eines Morgens ging er zum Haus der Sechzehnjährigen. Ihre Eltern empfingen ihren Verwandten mit offenen Armen. Sultan galt als großzügig und ein Besuch von ihm war immer willkommen. Sonyas Mutter machte Wasser heiß und servierte Tee. Sie saßen in dem einen Zimmer des Lehmhauses auf flachen Kissen an der Wand und tauschten Höflichkeiten und Grüße aus, bis Sultan fand, es sei an der Zeit, sein Anliegen vorzutragen.

»Ich habe einen Freund, der Sonya heiraten will«, sagte er zu den Eltern.

Es war nicht das erste Mal, dass jemand um die Hand der Tochter anhielt. Sie war schön und fleißig, aber die Eltern fanden, dass sie noch zu jung sei. Sonyas Vater konnte nicht mehr arbeiten. Er hinkte, seit bei einer Messerstecherei mehrere seiner Rückennerven durchtrennt worden waren. Die schöne Tochter konnte einen hohen Brautpreis einbringen und die Eltern warteten die ganze Zeit auf ein höheres Gebot als die, die ihnen bisher unterbreitet worden waren.

»Er ist reich«, begann Sultan. »Er ist in derselben Branche wie ich. Er hat eine gute Ausbildung und drei Söhne. Aber seine Frau wird allmählich alt.«

»Wie sind seine Zähne?«, fragten die Eltern rasch, auf das Alter dieses Freundes anspielend.

»So wie meine«, antwortete Sultan. »Beurteilt die.«

»Alt«, dachten die Eltern. Aber das musste nicht unbedingt ein Nachteil sein. Je älter der Mann, desto höher der Preis, den sie für die Tochter erzielen konnten. Der Preis für eine Braut setzt sich aus Alter, Schönheit, Fähigkeiten und aus dem Status der Familie zusammen.

Als Sultan Khan sein Anliegen vorgebracht hatte, sagten die Eltern, wie es von ihnen erwartet wurde: »Sie ist zu jung.«

Es wäre ein Fehler gewesen, sie billig diesem reichen, unbekannten Freier zu verkaufen, von dem Sultan so warm sprach. Man durfte nicht zu interessiert erscheinen. Aber sie wussten, dass Sultan wiederkommen würde, denn Sonya war jung und schön.

Am Tag darauf erschien er wieder, um die Brautwerbung zu wiederholen. Dasselbe Gespräch, dieselbe Antwort. Aber jetzt durfte er auch Sonya treffen, die er nicht mehr gesehen hatte, seit sie ein Kind gewesen war.

Sie küsste aus Respekt vor ihrem älteren Verwandten seine Hand und er segnete ihr Haar mit einem Kuss. Sonya bemerkte die geladene Stimmung und duckte sich unter dem prüfenden Blick Onkel Sultans.

»Ich habe einen reichen Mann für dich gefunden, was hältst du davon?«, fragte er. Sonya starrte auf den Fußboden. Zu antworten hätte gegen alle Regeln verstoßen. Ein junges Mädchen hatte zu einem Freier keine Ansicht zu haben.

Am dritten Tag erschien Sultan erneut und dieses Mal unterbreitete er das Gebot des Freiers. Ein Ring, eine Kette, Ohrringe und Armband – alles aus Rotgold. So viele Kleider, wie sie wollte. Dreihundert Kilogramm Reis, hundertfünfzig Liter Speiseöl, eine Kuh, ein paar Schafe und fünfzehn Millionen Afghani, etwa dreihundert Euro.

Sonyas Vater war mit dem Brautpreis mehr als zufrieden und bat, den geheimnisvollen Mann treffen zu dürfen, der so viel für seine Tochter biete. Sultan hatte ihnen sogar versichert, dass der Mann zum Clan gehöre, ohne dass es ihnen gelungen wäre, ihn einzuordnen oder sich daran zu erinnern, ihm schon einmal begegnet zu sein.

»Morgen«, sagte Sultan, »sollt ihr ein Bild von ihm sehen.«

Am Tag darauf erklärte sich Sultans Tante, nach einer kleinen Bestechung, einverstanden, den Eltern Sonyas zu enthüllen, wer der wirkliche Freier sei. Sie nahm ein Bild mit – ein Foto von Sultan Khan – und gab ihnen den strengen Bescheid, dass sie eine Stunde Zeit hätten, sich zu entscheiden. Wenn sie ja sagen würden, dann sei er sehr dankbar, aber falls sie nein sagten, würde es deswegen auch kein böses Blut zwischen ihnen geben. Das Einzige, was er nicht wünsche, seien ewig dauernde Verhandlungen nach dem Muster: vielleicht doch, vielleicht nicht.

Die Eltern waren einverstanden, noch bevor die Stunde um war. Beiden gefiel Sultan Khan, sein Geld und seine Stellung. Sonya saß weinend auf dem Speicher. Als das Geheimnis, das den Bräutigam umgeben hatte, gelüftet war und sich die Eltern entschlossen hatten, zuzustimmen, kam der Bruder ihres Vaters zu ihr hoch. »Onkel Sultan ist der Freier«, sagte er. »Stimmst du zu?«

Kein Laut kam über Sonyas Lippen. Sie saß mit Tränen in den Augen und gebeugtem Haupt da, versteckt hinter ihrem langen Schleier.

»Deine Eltern haben den Freier gutgeheißen«, sagte der Onkel. »Jetzt ist die einzige Gelegenheit, zu sagen, was du willst.«

Sie saß da wie ein Stein, in Todesangst gelähmt. Sie wusste, dass sie den Mann nicht wollte, aber sie wusste auch, dass sie sich dem Wunsch der Eltern beugen musste. Als Sultans Frau würde sie mehrere Stufen in der afghanischen Gesellschaft nach oben steigen. Der hohe Brautpreis würde viele Probleme der Familie lösen. Das Geld, das die Eltern bekamen, würde den Brüdern helfen, sich gute Frauen zu kaufen.

Sonya schwieg. Und damit war ihr Schicksal besiegelt: Schweigen bedeutete Zustimmung. Die Vereinbarung wurde getroffen und das Hochzeitsdatum festgesetzt.

Sultan ging nach Hause, um der Familie die große Neuigkeit mitzuteilen. Seine Frau Sharifa, seine Mutter und Schwestern saßen auf dem Fußboden um eine Schüssel Reis und Spinat. Sharifa glaubte, er mache Witze, und lachte und scherzte. Auch seine Mutter lachte über Sultans Scherz. Sie konnte es sich nicht im Traum vorstellen, dass er ohne ihre Zustimmung gefreit hatte.

Seine Schwestern waren sprachlos.

Niemand wollte ihm glauben, bis er das Taschentuch und die Süßigkeiten vorzeigte, die der Freier von den Eltern als Beweis der Verlobung erhält.

Sharifa weinte zwanzig Tage lang. »Was habe ich nur falsch gemacht? Was für eine Schande! Warum bist du mit mir nicht zufrieden?«

Sultan bat sie, sich zusammenzunehmen. Niemand aus der Familie war auf Sultans Seite, nicht einmal seine Söhne. Trotzdem wagte niemand etwas zu sagen. Sultans Wille war oberstes Gebot.

Sharifa war untröstlich. Ein schwerer Schlag für sie war, dass ihr Mann eine Analphabetin gewählt hatte, die nicht einmal die erste Klasse beendet hatte. Sie selbst war Lehrerin für Persisch.

»Was hat sie, was ich nicht habe?«, schluchzte sie.

Sultan ignorierte die Tränen seiner Frau.

Keiner hatte Lust, zum Verlobungsfest zu kommen. Aber

Sharifa musste tapfer die Scham herunterschlucken und sich für die Gesellschaft fein machen.

»Ich will, dass alle sehen, dass du zustimmst und mir beistehst. In Zukunft wohnen wir alle zusammen und du musst zeigen, dass Sonya willkommen ist«, befahl er. Sharifa hatte sich immer ihrem Mann gefügt und auch jetzt tat sie das wieder, in der für sie schlimmsten Stunde, ihn einer anderen zu geben. Er verlangte sogar, dass Sharifa ihm und Sonya die Ringe auf die Finger stecken sollte.

Zwanzig Tage nach der Brautwerbung folgte die feierliche Verlobung. Sharifa riss sich zusammen und verzog keine Miene. Ihre weiblichen Verwandten taten alles, um ihre Gesichtszüge entgleisen zu sehen. »Wie schrecklich für dich«, sagten sie. »Wie gemein von ihm. Dir muss es fürchterlich gehen.«

Zwei Monate nach der Verlobung fand am mohammedanischen Silvesterabend die Hochzeit statt. Aber jetzt weigerte sich Sharifa zu erscheinen.

»Ich ertrage das nicht«, sagte sie zu ihrem Mann.

Die Frauen der Familie unterstützten sie. Keine kaufte neue Kleider oder schminkte sich so stark, wie es eine Hochzeit erforderte. Sie trugen einfache Frisuren und lächelten gezwungen – aus Respekt für die Abgedankte, die ihr Bett nicht mehr mit Sultan Khan teilen würde. Das war jetzt der jungen, total verängstigten Braut vorbehalten. Aber das Dach würden sie alle teilen, bis zum Tod.

Die Bücherverbrennung

An einem eisig kalten Nachmittag im November 1999 wurde der Kreisverkehr von Charhai-e Sadarat in Kabul mehrere Stunden lang von einem großen Feuer erhellt. Die Kinder versammelten sich um die Flammen, die ihren Schein auf ihre schmutzigen und übermütigen Gesichter warfen. Die Jungen von der Straße forderten sich gegenseitig heraus, wer es wage, am nächsten an die Glut heranzutreten. Die Erwachsenen warfen nur einen verstohlenen Blick auf das Feuer und gingen hastig vorbei. Das war am sichersten. Denn alle konnten sehen, dass das kein Feuer war, das Wächter entzündet hatten, um sich die Hände zu wärmen, das hier war ein Scheiterhaufen im Dienste Gottes.

Das ärmellose Kleid von Königin Soraya kräuselte sich, ehe es zu Asche wurde. Das taten ihre weißen, ebenmäßigen Arme und ihr ernstes Gesicht ebenfalls. Mit ihr verbrannte ihr Mann, König Amanullah, und alle seine Orden. Sämtliche Könige verbrannten in dem Feuer zusammen mit kleinen Mädchen in afghanischen Trachten, Soldaten der Mudschaheddin zu Pferde und Bauern auf einem Markt in Kandahar.

An diesem Novembertag war die Religionspolizei in der Buchhandlung von Sultan Khan gründlich. Alle Bücher mit Bildern von Lebewesen, seien es nun Menschen oder Tiere, wurden aus den Regalen gerissen und auf das Feuer geworfen. Vergilbte Buchseiten, unschuldige Postkarten und große, langweilige Nachschlagewerke wurden Raub der Flammen.

Zusammen mit den Kindern standen die Soldaten der Religionspolizei mit Peitschen, langen Stöcken und Kalaschnikows um das Feuer herum. Für diese Männer galten alle, die Bilder, Bücher, Skulpturen, Musik, Tanz, Film und freie Gedanken liebten, als Volksfeinde.

An diesem Tag kümmerten sie sich ausschließlich um Bilder. Ketzerische Literatur übersahen sie, auch wenn sie direkt vor ihren Augen in den Regalen stand. Die Soldaten konnten nicht lesen und so auch nicht die orthodoxe Lehre der Taliban von der ketzerischen unterscheiden. Aber Bilder und Buchstaben konnten sie auseinander halten und Lebewesen und tote Dinge.

Zum Schluss war nur Asche übrig. Sie wehte davon und mischte sich mit dem Staub und Schmutz in Kabuls Straßen und Abwassergräben. Der Buchhändler stand da, einiger seiner liebsten Bücher beraubt, bewacht wurde er von zwei Talibansoldaten, und jetzt ging es auch schon rein ins Auto. Die Soldaten schlossen und versiegelten den Laden und Sultan wurde wegen nichtislamischer Umtriebe ins Gefängnis gesteckt.

Glücklicherweise hatten die bewaffneten Schwachköpfe nicht hinter die Regale geschaut, dachte Sultan auf dem Weg zum Arrest. Nach einem ausgeklügelten System hatte er die verbotensten Bücher dort aufgestellt. Er holte sie nur hervor, wenn jemand nach ihnen fragte und er das Gefühl hatte, dass er sich auf den Kunden verlassen konnte.

Sultan hatte das bereits erwartet. Seit vielen Jahren schon verkaufte er illegale Bücher, Bilder und Schriften. Oft waren die Soldaten bei ihm reingestiefelt, hatten ihn bedroht, ein paar Bücher mitgenommen und waren wieder gegangen. Von höchster Ebene der Taliban waren Drohungen gekommen und er war sogar zum Kulturminister vorgeladen worden, der Versuch der Behörden, den geschäftstüchtigen Buchhändler zu bekehren, damit er sich in den Dienst der Taliban stellen würde.

Sultan Khan verkaufte gern einige der Schriften der Taliban. Er war Freidenker und fand, dass alle Stimmen gehört werden müssten. Aber neben ihrer dunklen Lehre wollte er auch Geschichtsbücher, wissenschaftliche Publikationen, ideologische Werke über den Islam und nicht zuletzt Romane und Poesie verkaufen. Die Taliban hielten Debatten über Ketzerei und Zweifel für Sünde. Alles andere als das Büffeln des Korans war unnötig und sogar gefährlich. Als die Taliban im Herbst 1996 in Kabul die Macht übernahmen, wurden die Fachleute aller Ministerien entlassen und durch Mullahs ersetzt. Von der Zentralbank hin bis zur Universität wurde alles von den Mullahs beherrscht. Ihr Ziel war es, die Gesellschaft wieder zu errichten, in welcher der Prophet Mohammed auf der Arabischen Halbinsel im 7. Jahrhundert gelebt hatte. Sogar als die Taliban mit ausländischen Ölgesellschaften verhandelten, saßen Mullahs ohne technische Kenntnisse am Verhandlungstisch.

Sultan spürte, dass das Land unter den Taliban immer dunkler, ärmer und isolierter wurde. Die Behörden widersetzten sich jeder Modernisierung, sie hatten nicht den Wunsch, fortschrittliche Gedanken, die auch die wirtschaftliche Entwicklung betrafen, zu verstehen, geschweige denn auch nur zur Kenntnis zu nehmen. Sie wichen dem wissenschaftlichen Diskurs aus, egal ob er in der westlichen oder moslemischen Welt geführt wurde. Ihr Manifest bestand hauptsächlich aus ein paar armseligen Punkten, welche die Kleidung und das Sich-bedeckt-Halten, die Gebetszeiten der Männer und die Trennung der Frauen von der übrigen Gesellschaft betrafen. Sie kannten sich kaum mit islamischer und afghanischer Geschichte aus. Sie interessierten sich auch gar nicht dafür.

Sultan Khan saß zwischen den ungebildeten Taliban im Auto und fluchte darüber, dass sein Land entweder von Kriegern oder Mullahs regiert wurde. Er selbst war ein gläubiger, aber gemäßigter Moslem. Jeden Morgen betete er zu Allah, aber überhörte dann meist die nächsten vier Aufrufe zum Gebet, wenn ihn nicht gerade die Religionspolizei zusammen mit den anderen Männern, die sie auf der Straße zusammengetrieben hatte, in die nächstgelegene Moschee schleifte. Widerwillig respektierte er die Fastenzeiten im Ramadan und aß dann zwischen Sonnenaufgang und -untergang nichts, jedenfalls nicht, solange ihn jemand sehen konnte. Seinen zwei Frauen war er treu und er erzog seine Kinder streng und zu guten, gottesfürchtigen Moslems. Für die Taliban hatte er nur Verachtung übrig. Er hielt sie für ungelehrte Bauernprediger. Die Anführer der Taliban kamen ja auch aus den ärmsten und konservativsten Teilen des Landes, wo der Analphabetismus am ausgebreitetsten war.

Hinter seiner Verhaftung steckte das »Ministerium für die Förderung der Tugend und Bekämpfung der Sünde«, besser bekannt als Sittlichkeitsministerium. Beim Verhör im Gefängnis strich sich Sultan Khan über den Bart, der wie von den Taliban vorgeschrieben eine Faustbreit lang war. Er zog sein Shalwar Kameez gerade, das ebenfalls dem Taliban-Standard entsprach: Das lange Hemd reichte bis unter die Knie, die Pluderhosen bis unter die Knöchel. Er sagte hochmütig: »Ihr könnt meine Bücher verbrennen, ihr könnt mir das Leben sauer machen, ihr könnt mich sogar umbringen, aber die Geschichte Afghanistans werdet ihr nicht vernichten können.«

Bücher waren Sultans Leben. Seit er sein erstes Buch in der Schule bekommen hatte, hatte er sich für Bücher und Geschichten begeistert. Er stammte aus einer armen Familie und wuchs in den fünfziger Jahren in dem Dorf Deh Khudaidad bei Kabul auf. Weder seine Mutter noch sein

Vater konnten lesen, aber sie kratzten das Geld für seinen Schulbesuch zusammen. Als ältester Sohn wurden alle Ersparnisse für ihn ausgegeben. Die Tochter, die kurz vor ihm zur Welt gekommen war, sah nie eine Schule von innen und hat auch nie lesen oder schreiben gelernt. Heute kann sie gerade mal die Uhr lesen. Aber sie sollte ja auch nur verheiratet werden.

Sultan dagegen sollte ein großer Mann werden. Die erste Hürde war der Schulweg. Der kleine Sultan weigerte sich, zur Schule zu gehen, da er keine Schuhe besaß. Seine Mutter scheuchte ihn vor die Tür.

»Doch, das kannst du, wart nur mal ab«, sagte sie und versetzte ihm einen Schlag auf den Kopf. Bald hatte er selbst Geld für Schuhe verdient. Während seiner gesamten Schulzeit arbeitete er nebenher. Morgens vor dem Unterricht und jeden Nachmittag, bis es dunkel wurde, brannte er Ziegelsteine, um Geld für die Familie zu verdienen. Später suchte er sich dann Arbeit in einem Laden. Seinen Eltern erzählte er, der Lohn würde nur die Hälfte von dem betragen, was er wirklich bekam. Den Rest sparte er, um sich Bücher zu kaufen.

Bereits als Halbwüchsiger begann er als Buchhändler zu arbeiten. Er war zum Ingenieurstudium angenommen worden, aber es war schwer, die Lehrbücher zu finden, die er brauchte. Auf einer Reise nach Teheran mit seinem Onkel fand er auf einem der ergiebigen Buchmärkte der Stadt zufällig alle Titel, nach denen er gesucht hatte. Er kaufte sie gleich mehrfach, um sie dann zum doppelten Preis an seine Mitstudenten in Kabul weiterzuverkaufen. Der Buchhändler war geboren.

Als Ingenieur war Sultan daran beteiligt, zwei Bauwerke in Kabul zu errichten, ehe ihn seine Büchermanie aus der Welt der Baustellen riss. Erneut waren es die Büchermärkte in Teheran, die ihn verführten. Der Junge vom Dorf wanderte zwischen den Büchern in der persischen Metropole umher, zwischen alten und neuen, antiquarischen und druckfrischen. Er fand Bücher, von deren Existenz er nicht einmal geträumt hätte. Er kaufte Kisten über Kisten mit persischer Lyrik, Kunstbüchern, Geschichtsbüchern und, des Geschäfts wegen, den Bestsellern, den Lehrbüchern für Ingenieure.

Wieder zu Hause in Kabul, eröffnete er zwischen Gewürzhändlern und Kebabbuden im Zentrum der Stadt seine erste Buchhandlung. Das war in den siebziger Jahren und die Gesellschaft schwankte zwischen Moderne und Tradition. Der liberale, etwas faule König Zahir Schah regierte, und seine halbherzigen Versuche, das Land zu modernisieren, lösten scharfe Kritik von religiöser Seite aus. Als etwa ein Dutzend Mullahs dagegen protestierten, dass sich Frauen aus der Königsfamilie öffentlich ohne Schleier zeigten, wurden sie ins Gefängnis geworfen.

Die Zahl der Universitäten und Hochschulen nahm beträchtlich zu und es kam zu Studentendemonstrationen. Brutal wurden sie von den Behörden niedergeschlagen. Es gab mehrere Tote. Obwohl es keine freien Wahlen gab, war dies eine Zeit, in der eine große Anzahl an Parteien und politischen Gruppen entstand, von der extremen Linken bis zu religiösen Fundamentalisten. Diese Gruppierungen bekämpften sich gegenseitig und die unsichere Stimmung im Land breitete sich aus. Die Wirtschaft stagnierte nach drei Jahren ohne Regen, und während der katastrophalen Hungersnot 1973, als Zahir Schah bei einem Arztbesuch in Italien weilte, kam Daoud, ein Cousin des Königs, nach einem Putsch an die Macht und schaffte die Monarchie ab.

Das Regime von Präsident Daoud war repressiver als das seines Cousins. Aber Sultans Buchhandlung florierte. Er verkaufte Bücher und Zeitschriften, die von den verschiedenen politischen Gruppierungen, von den Marxisten bis hin zu den Fundamentalisten, herausgegeben wurden. Er wohnte zu Hause bei seinen Eltern auf dem Dorf und radelte jeden

Morgen zu seinem Verkaufsstand nach Kabul und abends wieder nach Hause. Sein einziges Problem war das ständige Gequengel seiner Mutter, er solle heiraten. Dauernd schlug sie ihm neue Kandidatinnen vor, einmal eine Cousine, dann wieder ein Nachbarsmädchen. Sultan wollte noch keine Familie gründen. Er flirtete mit einigen Mädchen und hatte es nicht eilig, sich zu entscheiden. Er wollte frei sein, um zu reisen, und machte Geschäftsreisen nach Teheran, Taschkent und Moskau. In Moskau hatte er eine russische Freundin, Ljudmila.

Einige Monate vor der Invasion des Landes durch die Sowjetunion im Dezember 1979 machte er seinen ersten Fehler. Der rücksichtslose Kommunist Nur Mohammed Taraki regierte in Kabul. Präsident Daoud und seine ganze Familie bis hin zum kleinsten Baby waren bei einem Putsch ermordet worden. Die Gefängnisse waren voller als je zuvor, zehntausende politische Gegner wurden festgenommen, gefoltert und hingerichtet.

Die Kommunisten wollten ihre Kontrolle über das Land stärken und versuchten die islamistischen Gruppen zu besiegen. Die Mudschaheddin, die heiligen Krieger, begannen einen bewaffneten Kampf gegen das Regime, einen Kampf, der später in einen gnadenlosen Guerillakrieg gegen die Sowjetunion übergehen sollte.

Die Mudschaheddin vereinigten eine Menge unterschiedlicher Ideologien und Richtungen. Die unterschiedlichen Gruppierungen gaben Schriften heraus, in denen der Dschihad, der Kampf gegen das ungläubige Regime, und die Islamisierung des Landes propagiert wurden. Das Regime ging gegen alle vor, die möglicherweise mit den Mudschaheddin unter einer Decke steckten, und es war streng verboten, ihre Schriften zu drucken oder zu verbreiten.

Sultan verkaufte sowohl die Schriften der Mudschaheddin als auch die der Kommunisten. Außerdem litt er an

Sammelleidenschaft und konnte es nicht lassen, einige Exemplare von allen Büchern zu kaufen, die ihm in die Hände gerieten, um sie dann zu einem höheren Preis weiterzuverkaufen. Sultan fand, dass er seinen Kunden alles beschaffen sollte, was sie haben wollten. Die verbotensten Publikationen versteckte er unter dem Ladentresen.

Es dauerte nicht lang, bis er verpfiffen wurde. Ein Kunde war mit Büchern festgenommen worden, die er bei Sultan gekauft hatte. Bei einer Razzia fand die Polizei weitere verbotene Schriften. Der erste Bücherscheiterhaufen wurde entzündet. Sultan wurde zum strengen Verhör in Gewahrsam genommen, verprügelt und zu einem Jahr Gefängnis verurteilt. Er saß in der Abteilung für politische Sträflinge, in der Stifte, Papier und Bücher streng verboten waren. Monatelang starrte Sultan an die Wand. Aber dann gelang es ihm, einen Wächter mit den Essenspaketen zu bestechen, die er von seiner Mutter bekam, und jede Woche wurden ihm Bücher ins Gefängnis geschmuggelt. In den rohen Steinmauern wuchs Sultans Interesse an afghanischer Kultur und Literatur. Er vertiefte sich in persische Lyrik und in die dramatische Geschichte seines Landes. Als er entlassen wurde, war er sich seiner Sache noch sicherer: Er wollte darum kämpfen, das Wissen über afghanische Kultur und Geschichte zu verbreiten. Er verkaufte weiterhin verbotene Schriften, sowohl die der islamistischen Guerilla als auch die der chinatreuen kommunistischen Opposition im Lande, aber er war vorsichtiger geworden.

Die Behörden hatten ein Auge auf ihn und fünf Jahre später wurde er erneut festgenommen. Wieder erhielt er Gelegenheit, hinter Mauern über persische Poesie zu philosophieren. Jetzt gab es eine weitere Anklage: Er sei »petitbourgois«, kleinbürgerlich, eines der schlimmsten Schimpfworte des Kommunismus. Die Anklage lief darauf hinaus, dass er Geld nach kapitalistischem Muster verdiene.

Das Kommunistenregime in Afghanistan versuchte gerade mitten in den Leiden des Krieges die Stammesgesellschaft abzuschaffen und den so genannten fröhlichen Kommunismus einzuführen. Die Versuche, die Landwirtschaft zu kollektivieren, führten zu großen Leiden für die Bevölkerung. Viele arme Bauern weigerten sich, Boden anzunehmen, der von reichen Grundbesitzern enteignet worden war, weil es im Widerspruch zum Islam stand, gestohlenen Boden zu bestellen. Die Landbevölkerung protestierte und das kommunistische Gesellschaftsprojekt scheiterte. Allmählich gaben die Behörden auf, der Krieg verschlang alle Kräfte, ein Krieg, der nach zehn Jahren anderthalb Millionen afghanische Leben gekostet hatte.

Als der »kleinbürgerliche Kapitalist« aus dem Gefängnis entlassen wurde, war er 35 Jahre alt. Kabul war fast unberührt vom Krieg gegen die Sowjetunion, der hauptsächlich auf dem Land ausgetragen wurde. Die täglichen Sorgen beschäftigten die Menschen. Dieses Mal gelang es seiner Mutter, ihn zur Heirat zu überreden. Sie machte Sharifa ausfindig, die Tochter eines Generals, eine schöne und intelligente Frau. Sie heirateten und bekamen drei Söhne und eine Tochter, ein Kind alle zwei Jahre.

Die Sowjetunion zog sich 1989 aus Afghanistan zurück und alle hofften, dass es endlich Frieden geben würde. Aber die Mudschaheddin legten ihre Waffen nicht nieder, denn das Regime in Kabul herrschte noch immer mit Unterstützung der Sowjetunion. Im Mai 1992 nahmen die Mudschaheddin Kabul ein und der Bürgerkrieg brach richtig aus. Die Wohnung, die die Familie im sowjetischen Wohnviertel Mikrorayon gekauft hatte, lag genau an der Front zwischen den kämpfenden Truppen. Raketen schlugen in die Wände ein, Kugeln ließen die Fensterscheiben bersten und Panzer rumpelten über den Hof. Eine Woche lang hatten sie auf dem Fußboden gelegen, in Deckung, als der Granatenregen für ein paar Stunden zum Erliegen kam. Da nahm Sultan seine Familie mit nach Pakistan.

Während er in Pakistan war, wurde seine Buchhandlung geplündert und die öffentliche Bibliothek ebenfalls. Wertvolle Bücher wurden für geringe Summen an Sammler verkauft oder gegen Panzer, Kugeln und Granaten eingetauscht. Als Sultan aus Pakistan zurückkam, um nach seinem Laden zu sehen, kaufte auch er mehrere aus der Nationalbibliothek gestohlene Bücher. Er machte echte Schnäppchen. Für eine Hand voll Dollar kaufte er mehrere hundert Jahre alte Schriften, unter anderem ein fünfhundert Jahre altes Manuskript aus Usbekistan, für dessen Rückkauf ihm die usbekische Regierung später fünfundzwanzigtausend Dollar anbot. Er fand auch Zahir Schahs persönliche Ausgabe des Epos »Schahnamah«, des »Königsbuchs«, von seinem Lieblingsdichter Ferdausi. Und von Räubern, die nicht einmal die Titel lesen konnten, kaufte er mehrere wertvolle Bücher zu einem Spottpreis.

Nach vier Jahren intensiver Bombardierung war von Kabul nur noch ein Haufen Ruinen übrig. Es hatte fünfzigtausend Einwohner verloren. Als die Bewohner der Stadt am Morgen des 27. September 1996 erwachten, hatten die Kämpfe aufgehört. Am Vorabend war Ahmed Schah Masud mit seinen Truppen ins Pandschirtal geflüchtet. Während des Bürgerkriegs waren jeden Tag bis zu tausend Raketen in der afghanischen Hauptstadt eingeschlagen. Jetzt war es vollkommen still.

An einem Verkehrsschild vor dem Präsidentenpalast baumelten zwei Männer. Der größere war von Kopf bis Fuß mit Blut bedeckt. Er war kastriert, die Finger waren ihm gebrochen, Oberkörper und Gesicht waren zerschlagen und er hatte ein Einschussloch in der Stirn. Der andere war einfach nur erschossen und aufgehängt worden. In ihre Taschen hatte man als Zeichen der Verachtung Afghani gesteckt, die örtliche Währung. Die Männer waren der frühere Präsident Mohammed Nadschibullah und sein Bruder. Nadschibullah war ein verhasster Mann, er soll als Chef der Geheimpolizei zur Zeit der sowjetischen Invasion von Afghanistan, während er an der Macht war, die Hinrichtung von achtzigtausend Volksfeinden befohlen haben. Von 1986 bis 1992 war er, unterstützt von den Russen, Präsident des Landes. Als die Mudschaheddin mit Burhanuddin Rabbani und Massud als Verteidigungsminister die Macht übernahmen, wurde Nadschibullah in der UN-Siedlung unter Hausarrest gestellt.

Als die Taliban in die östlichen Vororte von Kabul eindrangen und die Mudschaheddinregierung zu flüchten beschloss, bot Massud seinem prominenten Gefangenen an, er dürfe ihn begleiten. Nadschibullah fürchtete außerhalb der Hauptstadt um sein Leben und entschied sich, bei den Sicherheitskräften in der UN-Siedlung zu bleiben. Außerdem dachte er, dass er als Paschtune schon mit den Taliban-Paschtunen würde verhandeln können. Früh am nächsten Morgen waren alle Sicherheitskräfte fort. Die weißen Fahnen – die heilige Farbe der Taliban – wehten auf den Moscheen.

Ungläubig versammelten sich die Einwohner Kabuls um das Verkehrsschild auf dem Ariana-Platz. Sie sahen auf die Männer, die dort hingen, und gingen still nach Hause. Der Krieg war vorbei. Ein neuer Krieg war im Anmarsch – der Krieg gegen die Freuden des Volkes.

Die Taliban sorgten für Recht und Ordnung, aber versetzten gleichzeitig der afghanischen Kunst und Kultur den Gnadenstoß. Mitglieder des Regimes verbrannten Sultans Bücher und versammelten sich – mit dem eigenen Kulturminister als Zeugen – mit Äxten bewaffnet im Museum von Kabul.

Von dem Museum war nicht viel übrig, als sie dort eintrafen. Alle kleineren Gegenstände waren bereits während des Bürgerkriegs geplündert worden. Tongefäße aus der Zeit, als Alexander der Große das Land erobert hatte,

Schwerter, die vielleicht schon im Kampf gegen Dschingis Khan und seine mongolischen Horden verwendet worden waren, persische Miniaturen und Goldmünzen, alles war weg. Das meiste befindet sich jetzt bei unbekannten Sammlern auf der ganzen Welt. Wenige Gegenstände wurden gerettet, ehe die Plünderungen ernsthaft begannen.

Einige riesige Skulpturen von Afghanistans Königen und Prinzen waren noch da sowie mehrere tausend Jahre alte Buddhastatuen und Wandgemälde. Mit derselben Gesinnung, mit der sie Sultans Buchhandlung betreten hatten, führten die Fußsoldaten ihre Arbeit aus. Die Museumswärter standen da und weinten, als die Taliban auf das einschlugen, was von den Kunstwerken noch übrig war. Sie schlugen so lange zu, bis nur noch die Sockel dastanden, nackt und von Marmorstaub und Tonscherben in großen Haufen umgeben. Einen halben Tag benötigten sie, um eine tausend Jahre alte Geschichte zu vernichten. Als Einziges war ein verziertes Koranzitat auf einer Steintafel nach der Verwüstung übrig. Der Kulturminister hatte es für besser gehalten, es in Frieden zu lassen.

Als die Kunstzerstörer der Taliban das ausgebombte Museumsgebäude verließen, das schon während des Bürgerkriegs an der Front gelegen hatte, standen die Wärter zwischen den Scherben. Sie lasen sie mühsam auf und fegten auch noch den Staub zusammen. Dann packten sie alles in Kisten und beschrifteten sie. Einigen der Scherben war noch anzusehen, was sie einmal dargestellt hatten. Von einer Statue war noch eine Hand übrig, von einer anderen eine wallende Locke. Sie stellten die Kisten in den Keller, in der Hoffnung, die Statuen einmal restaurieren zu können.

Ein halbes Jahr vor der Niederlage der Taliban wurden auch noch die enormen Buddhastatuen in Bamiyan gesprengt. Diese Statuen waren fast zweitausend Jahre alt und stellten Afghanistans wichtigstes kulturelle Erbe dar. Die

Sprengladung war so kräftig, dass es sich nicht lohnte, die Bruchstücke aufzusammeln.

Unter diesem Regime unternahm Sultan Khan den Versuch, Teile der afghanischen Kultur zu retten. Nach der Bücherverbrennung im Kreisverkehr wurde er gegen Bestechung aus dem Gefängnis entlassen und brach noch am selben Tag die Versiegelung seines Ladens auf. Er stand zwischen den Resten seiner Bücherschätze und weinte. Mit einem Filzschreiber malte er große schwarze Striche und Schnörkel über alle Lebewesen in den Büchern, die die Soldaten übersehen hatten. Das war immer noch besser, als wenn sie verbrannt würden. Danach kam ihm eine bessere Idee. Er klebte einfach seine Visitenkarte über die Bilder. Auf diese Weise konnte er die Bilder so abdecken, dass sich das wieder rückgängig machen ließ, und gleichzeitig drückte er den Werken seinen Stempel auf. Vielleicht würde er die Karten irgendwann wieder entfernen können.

Aber das Regime wurde immer gnadenloser. Im Lauf der Jahre wurde die puritanische Linie – das Ziel, nach den Regeln aus Mohammeds Zeit zu leben – immer strenger verfolgt. Wieder wurde Sultan zum Kulturminister gerufen. »Man hat es auf dich abgesehen«, sagte er, »und ich kann dich nicht mehr schützen.«

Damals, im Sommer 2001, beschloss er, das Land zu verlassen. Er beantragte für sich, seine zwei Frauen, die Söhne und die Tochter ein Visum für Kanada. Die Frauen wohnten mit den Kindern in Pakistan und hassten die Flüchtlingsexistenz. Aber Sultan wusste, dass er seine Bücher nicht aufgeben konnte. Er besaß jetzt drei Buchhandlungen in Kabul. Die eine leitete sein jüngerer Bruder, die andere sein ältester, sechzehnjähriger Sohn Mansur und die dritte er selbst.

Nur ein Bruchteil seiner Bücher stand in den Regalen. Die meisten, fast zehntausend Stück, waren auf Speichern in ganz Kabul versteckt. Er konnte seine Buchsammlung, die er in über dreißig Jahren aufgebaut hatte, nicht verloren geben. Er durfte es den Taliban oder anderen Kriegern nicht erlauben, noch mehr von Afghanistans Seele zu zerstören. Außerdem hatte er einen heimlichen Plan oder Traum für seine Sammlung. Wenn die Taliban einmal weg waren und Afghanistan eine Regierung bekam, auf die Verlass war, dann gelobte er, die ganze Sammlung der geplünderten öffentlichen Bibliothek der Stadt zu stiften, in der einmal mehrere hunderttausend Bücher gestanden hatten. Vielleicht würde er auch eine eigene Bibliothek eröffnen mit sich als würdigem Bibliothekar.

Weil sein Leben bedroht war, bekam Sultan Khan für sich und seine Familie ein Visum für Kanada. Aber er fuhr nie hin. Während seine Frauen packten und die Reise vorbereiteten, fand er alle möglichen Ausflüchte, um sie aufzuschieben. Er wartete auf Bücher, der Buchhandel war bedroht, ein Verwandter war tot. Immer kam etwas dazwischen.

Dann kam der 11. September. Als es Bomben zu regnen begann, zog Sultan zu seinen Frauen nach Pakistan. Er befahl Yunus, einem seiner jüngeren, unverheirateten Brüder, in Kabul zu bleiben, um sich um die Buchhandlungen zu kümmern.

Beim Zusammenbruch des Talibanregimes zwei Monate nach den Terrorangriffen in den USA war Sultan als einer der Ersten wieder in Kabul. Endlich konnte er alle Bücher, die er sich wünschte, in die Regale stellen. Er konnte die Geschichtsbücher, deren Bilder mit Tusche übermalt waren, als Kuriosa an Ausländer verkaufen und die Visitenkarten entfernen, die über Lebewesen geklebt waren. Erneut konnte er die weißen Arme von Königin Soraya zeigen und König Amanullahs goldbehängte Brust.

Eines Morgens stand er mit einem Glas dampfenden Tees in seinem Laden und sah, dass Kabul wieder zum Leben erwachte. Während er Pläne schmiedete, wie er seinen Traum verwirklichen könnte, dachte er an ein Zitat seines Lieblingsdichters Ferdausi: »Um Erfolg zu haben, musst du manchmal ein Wolf sein, manchmal ein Lamm.« Es war an der Zeit, ein Wolf zu sein, dachte Sultan.

Schuld und Sühne

Von allen Seiten sausten Steine auf den Pfahl, die meisten trafen. Die Frau schrie nicht, aber bald erhob sich ein Ruf aus der Menge. Ein kräftiger Mann hatte einen besonders schönen Stein gefunden, groß und kantig, den er mit aller Kraft warf, nachdem er sorgfältig auf ihren Körper gezielt hatte. Er traf sie genau in den Bauch, mit solcher Kraft, dass das erste Blut des Nachmittags durch den Tschador sickerte. Das brachte die Menge zum Jubeln. Ein anderer Stein von derselben Größe traf die Schulter der Frau. Er brachte sowohl Blut als auch Beifall.

James A. Michener
»Karawanen der Nacht«

In Peschawar sitzt ruhelos Sharifa, die abgedankte Ehefrau. Sie weiß, dass Sultan dieser Tage kommen wird, aber er macht sich nie die Mühe, ihr Bescheid zu geben, wann er in Kabul abreist. Sharifa erwartet ihn also tagelang, zu jeder Stunde, zu Hause.

Jede Mahlzeit wird zubereitet, für den Fall, dass ihr Mann auftauchen sollte. Ein extra fettes Huhn, der Spinat, den er so mag, die grüne, hausgemachte Chilisauce. Saubere, frisch gebügelte Kleider liegen auf dem Bett. Die Post liegt ordentlich in einer Schachtel.

Die Stunden vergehen. Das Huhn wird wieder weggepackt, der Spinat kann aufgewärmt werden, die Chilisauce wird in den Schrank geräumt. Sharifa fegt den Boden, wäscht die Gardinen und wischt den ewigen Staub weg. Setzt sich, seufzt und weint einen Moment. Nicht dass er ihr fehlen würde. Aber ihr fehlt das Leben, das sie einmal führte, das der Ehefrau eines geschäftstüchtigen Buchhändlers, respektiert und wichtig als Mutter seiner Söhne und Töchter. Als die Auserwählte.

Manchmal hasst sie ihn, weil er ihr Leben zerstört, ihr die Kinder weggenommen und ihr vor aller Welt Schande bereitet hat.

Es ist achtzehn Jahre her, dass Sultan und Sharifa geheiratet haben, und zwei Jahre her, dass er sich seine zweite Frau genommen hat. Sharifa lebt wie eine geschiedene Frau, aber ohne deren Freiheit. Immer noch bestimmt Sultan über sie. Er hat verfügt, dass sie in Pakistan leben soll, um auf sein Haus dort aufzupassen, in dem er seine kostbarsten Bücher aufbewahrt. Hier hat er einen Computer und Telefon und von hier aus kann er Bücherpakete an Kunden verschicken, hier kann er seine E-Mail empfangen. Das alles ist in Kabul unmöglich, wo weder Post noch Telefon oder E-Mail funktionieren. Sie wohnt hier, weil es für Sultan praktisch ist.

Scheidung war für Sharifa nie eine Alternative. Wenn eine Frau die Scheidung fordert, hat sie kaum noch irgendwelche Rechte. Die Kinder bleiben beim Mann und er kann es ihr sogar verbieten, sie zu sehen. Sie wird eine Schande für die Familie und wird oft verstoßen. Ihr Besitz fällt dem Mann zu. Sharifa hätte bei einem ihrer Brüder einziehen müssen.

Während des Bürgerkriegs in den frühen neunziger Jahren und einige Jahre unter den Taliban wohnte die gesamte Familie Khan in Peschawar, im Stadtteil Hayatabad, in dem neun von zehn Einwohnern Afghanen sind. Aber einer nach dem anderen zogen sie wieder nach Kabul zurück, Brüder, Schwestern, Sultan, Sonya und die Söhne. Erst der sechzehnjährige Mansur, dann der zwölfjährige Aimal und zum Schluss der vierzehnjährige Eqbal. Nur Sharifa und die jüngste Tochter Shabnam sind noch dort. Sie hoffen, dass Sultan sie nach Kabul mitnimmt, zur Familie und den Freunden. Sultan verspricht ihnen das ständig, aber immer kommt irgendetwas dazwischen. Das abbruchreife Haus in Peschawar, das nur vorübergehend Schutz vor den Kugeln und Granaten in Afghanistan gewähren sollte, ist zu ihrem Gefängnis geworden. Ohne Genehmigung ihres Mannes kann sie hier nicht ausziehen.

Das erste Jahr nach Sultans zweiter Hochzeit wohnte Sharifa mit ihm und der neuen Frau zusammen. Sharifa hielt Sonya für dumm und faul. Vielleicht war sie ja nicht faul, aber Sultan erlaubte nicht, dass sie auch nur einen Finger rührte. Sharifa kochte, servierte, wusch und machte die Betten. In der ersten Zeit schloss Sultan tagelang die Schlafzimmertür ab. Er schloss sich mit Sonya ein und bestellte zwischendurch nur Tee oder Wasser. Aus dem Zimmer hörte Sharifa Geflüster und Gelächter und manchmal Geräusche, die ihr das Herz abschnürten.

Sie verbiss sich die Eifersucht und gab sich den Anschein einer Musterehefrau. Die Verwandten und Freundinnen sagten zu ihr, sie hätte den Preis der ersten Ehefrau verdient. Nie hörte man sie klagen, sie würde übergangen, nie stritt sie mit Sonya oder stellte diese in einem schlechten Licht dar.

Nachdem die heißesten Flitterwochen vorbei waren und Sultan das Schlafzimmer verließ, um seinen Geschäften nachzugehen, schlichen die beiden Frauen umeinander herum. Sonya puderte sich und probierte ihre neuen Kleider an und Sharifa versuchte sich wie eine liebevolle Glucke zu benehmen. Sie übernahm die schwersten Arbeiten und brachte Sonya nach und nach bei, wie Sultans Lieblingsspeisen zubereitet wurden, wie seine Kleider gebügelt werden sollten, wie warm das Wasser sein musste, mit dem er sich wusch, und andere Dinge, die eine Ehefrau über ihren Mann wissen sollte.

Aber die Schande, die Schande! Obwohl es nicht ungewöhnlich ist, dass sich ein Mann eine zweite oder sogar dritte Frau nimmt, bedeutet es trotzdem eine Demütigung. Die verschmähte Ehefrau ist fortan mit dem Makel behaftet, nicht mehr gut genug zu sein. Sharifa empfand dies ganz besonders stark, weil ihr Mann so deutlich zeigte, dass er die Jüngere vorzog.

Sharifa musste sich eine Erklärung einfallen lassen, wieso sich ihr Mann eine neue Frau genommen hatte. Sie musste sich etwas einfallen lassen, damit es den Anschein hätte, als hätten äußere Umstände sie disqualifiziert und nicht sie selbst.

Allen, die es hören wollten, erzählte sie, sie sei an einem Polypen in der Gebärmutter operiert worden. Der Arzt habe gesagt, wenn sie überleben wolle, dann dürfe sie es ihrem Mann nicht mehr gestatten, mit ihr zu schlafen. Sie sagte, sie selbst sei es gewesen, die Sultan empfohlen habe, sich eine neue Frau zu suchen, und dass sie Sonya für ihn ausgesucht habe. Schließlich sei er ein Mann, sagte sie.

In Sharifas Augen war diese erfundene Krankheit eine weitaus geringere Schande als der Umstand, dass sie, die Mutter seiner Kinder, nicht mehr gut genug war. Beinahe klang es so, als hätte er auf Empfehlung des Arztes erneut geheiratet.

Wenn Sharifa wirklich dick auftragen wollte, erzählte sie mit strahlenden Augen, dass sie Sonya liebe wie ihre eigene Schwester und Latifa, deren Kind, wie eine eigene Tochter.

Im Unterschied zu Sultan lassen viele Männer mit mehreren Frauen strengste Gerechtigkeit walten, was den Gebrauch der Ehefrauen angeht: eine Nacht bei der einen, die nächste bei der anderen, und das über Jahre hinweg. Die Frauen haben oft gleichaltrige Kinder, die wie Geschwister zusammen aufwachsen. Die Mütter wachen mit Argusaugen darüber, dass ihre Kinder genauso viel Aufmerksamkeit bekommen wie die der anderen und dass sie selbst genauso viele Kleider und Geschenke erhalten wie die andere Ehefrau. Viele solcher Doppelfrauen hassen sich so, dass sie kein Wort miteinander wechseln. Andere hingegen finden sich damit ab, dass es das Recht des Mannes ist, mehrere Frauen zu haben, und werden sogar gute Freundinnen. Die Rivalin ist schließlich von ihren Eltern zur zweiten Frau gemacht worden und oft gegen ihren Willen. Wenige junge Mädchen hegen den Wunschtraum, die Frau Nummer zwei eines älteren Mannes zu werden. Während die erste Frau seine Jugend bekam, muss sie sich mit seinem Alter begnügen. Es kommt vor, dass beide Frauen den Mann eigentlich nicht wollten und froh sind, ihn nicht jede Nacht in ihrem Bett zu haben.

Sharifas schöne braune Augen, von denen Sultan einmal sagte, sie seien die schönsten von Kabul, wirken leer. Sie haben ihren Glanz verloren. Fältchen umgeben sie, die Lider sind schwer. Die helle Haut hat Altersflecken, die sie diskret mit Schminke bedeckt. Ihre kurzen Beine hat sie immer durch ihre milchweiße Haut kompensiert. Größe und bleiche Haut sind in Afghanistan die wichtigsten Statussymbole. Sich ihre Jugend zu bewahren war für Sharifa immer ein Kampf. Sie weiß zu verbergen, dass sie in Wirklichkeit ein paar Jahre älter ist als ihr Mann. Die grauen Haare hält sie in Schach, indem sie ihr Haar zu Hause färbt, aber es gelingt ihr nicht, den traurigen Zug aus dem Gesicht zu verbannen.

Schweren Schrittes geht sie durch die Wohnung. Nachdem ihr Mann die drei Söhne nach Kabul mitgenommen hat, ist nur noch wenig zu tun. Die Teppiche sind bereits gebürstet und das Essen ist fertig. Sie macht den Fernseher an und sieht einen brutalen amerikanischen Actionfilm, in dem starke, gut aussehende Helden mit Drachen, Ungeheuern und Skeletten kämpfen. Sharifa ist ganz gebannt, obwohl die Dialoge auf Englisch sind, eine Sprache, die sie nicht beherrscht. Als der Film zu Ende ist, ruft sie ihre Schwägerin an. Dann erhebt sie sich und geht zum Fenster. Wenn sie sich im ersten Stock des Hauses befindet, hat sie den vollen Überblick über das, was sich in den Hinterhöfen unter ihr abspielt. Alle Höfe sind von mannshohen Ziegelmauern umgeben. Auf allen Höfen, auch auf dem von Sharifa, hängen Kleider zum Trocknen.

Aber in Hayatabad muss man nicht alles sehen, um Bescheid zu wissen. Mit geschlossenen Augen im eigenen Wohnzimmer bekommt man mit, dass der Nachbar schrille pakistanische Popmusik spielt, dass ein Kind schreit und dass andere Kinder spielen, dass eine Mutter schimpft, eine Frau einen Teppich klopft, eine andere in der Sonne abspült, dass die Nachbarin das Essen anbrennen lässt und eine andere Knoblauch hackt.

Was die Geräusche und Gerüche nicht erzählen, verrät der Klatsch. Wie ein Lauffeuer verbreitet er sich in diesem Stadtteil, in dem jeder über die Moral des anderen wacht.

Sharifa teilt sich das alte, baufällige Ziegelhaus und den winzigen, zementierten Hinterhof mit drei Familien. Da Sultan doch nicht zu kommen scheint, geht sie runter zur Nachbarsfrau. Dort unten sitzen alle Frauen aus dem Haus und einige ausgewählte von den benachbarten Höfen. Jeden Donnerstagnachmittag versammeln sie sich dort zum »Nazar« – einer religiösen Feier –, zum Klatsch und zum Beten.

Sie binden die Kopftücher enger, legen jede ihren Gebetsteppich in Richtung Mekka, verbeugen sich, beten, erheben sich, beten, verbeugen sich erneut, alles in allem vier Mal.

Die Anrufung Gottes ist stumm, nur die Lippen bewegen sich. Wenn ein Gebetsteppich frei wird, macht jemand anders weiter.

»In Gott, des Barmherzigen, des Gnadenreichen Namen,
Gelobet sei Gott, aller Welt Herr,
Er, der Barmherzige, der Gnadenreiche,
Er, der Herr über das Jüngste Gericht,
Dich beten wir an, bei Dir suchen wir Hilfe.
Führe uns auf den rechten Weg!
Den Weg derer, denen Du Gnade erwiesen hast, nicht derer,
Die Deinen Zorn geweckt haben, oder derer,
Die den falschen Weg gewählt haben.«

Das geflüsterte Gebet wird, kaum ist es fertig, von lauten, plappernden Stimmen abgelöst. Die Frauen setzen sich auf Kissen an der Wand entlang. Das Wachstuch auf dem Fußboden ist mit Tassen und Schalen bedeckt. Frisch aufgegossener Tee mit Kardamom wird aufgetragen und ein trockener Pudding aus Kekskrümeln und Zucker. Alle halten sich die Hände vors Gesicht und beten noch einmal, ein flüsternder Chor um den trockenen Pudding: »*La Elaha Ellallahu Muhammad-u-Rasoollullah* – es gibt keinen anderen Gott und Mohammed ist Sein Prophet.«

Wenn sie das Gebet gesprochen haben, fahren sie sich mit den Händen über das Gesicht. Von der Nase zur Stirn und nach unten die Wangen entlang zum Kinn, bis die Hände vor den Lippen zum Stillstand kommen, als würden sie ihr Gebet essen. Die Töchter haben es von den Müttern gelernt, dass das, worum man beim »Nazar« betet, in Erfüllung geht, wenn man es verdient hat. Diese Gebete gehen direkt zu Allah, der entscheidet, ob er sie erfüllt oder nicht.

Sharifa bittet darum, dass Sultan sie und Shabnam wieder nach Kabul mitnimmt, damit sie wieder all ihre Kinder um sich hat.

Nachdem alle zu Allah gebetet haben, auf dass sich ihre Träume erfüllen, kann das eigentliche Donnerstagsritual beginnen. Pudding essen, Kardamomtee trinken und die letzten Neuigkeiten austauschen. Sharifa sagt, dass sie Sultan stündlich erwarte, aber niemand hört zu. Es ist lang her, dass ihre Dreiecksgeschichte das heißeste Thema in der Straße 103 in Hayatabad war. Jetzt ist die sechzehnjährige Saliqa der Star des Klatsches. Sie liegt nach einem unverzeihlichen Verbrechen seit zwei Tagen eingeschlossen in einem Hinterzimmer. Grün und blau geschlagen liegt sie auf ihrer Matte, Blutergüsse im Gesicht und geschwollene rote Striemen auf dem Rücken.

Die Frauen, die noch nicht alle Teile der Geschichte kennen, lauschen mit großen Augen denen, die bereits alles wissen.

Saliqas Verbrechen hatte vor einem halben Jahr begonnen. Eines Nachmittags kam Sharifas Tochter Shabnam geheimnisvoll mit einem Zettel zu ihr.

»Ich habe versprochen, nicht zu sagen, von wem er ist, aber er ist von einem Jungen«, sagte sie und trat vor Begeisterung und Aufregung über den wichtigen Auftrag von einem Bein aufs andere. »Er wagt es nicht, sich zu zeigen, aber ich weiß, wer er ist.«

Shabnam kam immer wieder mit neuen Zetteln von dem Jungen, die mit Herzen bedeckt waren und auf denen in einer eckigen Jungenhandschrift »I love you« stand und außerdem, wie schön sie sei. Saliqa begann den geheimnisvollen Briefschreiber in allen Jungen zu sehen, die sie traf. Sie achtete darauf, was sie trug und dass ihr Haar immer sauber und glänzend war. Sie verfluchte ihren Onkel dafür, dass sie den langen Schleier tragen musste.

Eines Tages stand auf dem Zettel, dass er um vier Uhr an einem Pfosten ein paar Häuser von ihrem Haus entfernt warten würde und dass er einen roten Pullover tragen würde. Saliqa zitterte vor Spannung, als sie von zu Hause wegging. Sie hatte sich extra fein gemacht, trug ein hellblaues Samtkleid und den Schmuck, den sie liebte, das goldfarbene Armband und die schweren Ketten. Sie war zusammen mit ihrer Freundin und traute sich kaum, an dem großen, schlanken Jungen mit dem roten Pullover vorbeizugehen. Er hatte sein Gesicht von ihnen abgewendet und drehte sich nicht um.

Danach ergriff sie die Initiative und schrieb Zettel. »Morgen musst du dich umdrehen«, schrieb sie und steckte Shabnam den Zettel zu, die ein eifriger und gewissenhafter Kurier war. Aber auch dieses Mal drehte er sich nicht um. Aber am dritten Tag wandte er ihr kurz sein Gesicht zu. Saliqa spürte, wie ihr das Herz in die Hosen rutschte. Mechanisch ging sie weiter. Die Spannung war in eine verliebte Besessenheit übergegangen. Nicht dass er besonders gut ausgesehen hätte, aber dass er es war, der Zettelschreiber. Viele Monate schrieben sie Zettel und warfen sich verstohlene Blicke zu.

Neue Verbrechen kamen rasch zu dem ersten hinzu, dass sie überhaupt Zettel von einem Jungen entgegengenommen und, Gott bewahre!, beantwortet hatte. Das Nächste war, dass sie sich in einen verliebte, den ihre Eltern nicht ausgesucht hatten. Sie wusste, dass diese ihn nicht billigen würden. Er hatte keine Ausbildung, kein Geld und stammte aus keiner guten Familie. In Hayatabad entscheidet der Willen der Eltern. Die Hochzeit von Saliqas Schwester fand nach einem fünfjährigen Kampf gegen den Vater statt. Sie verliebte sich in einen anderen als den, den ihre Eltern für sie ausgesucht hatten, und sie weigerte sich, ihn aufzugeben. Der Kampf endete damit, dass die beiden Liebenden jeder ein Glas Tabletten leerten und eilig ins Krankenhaus geschafft werden mussten, damit ihnen der Magen ausgepumpt werden konnte. Erst dann gaben die Eltern nach.

Eines Tages führte ein Zufall Saliqa und Nadim zusammen. Ihre Mutter wollte das Wochenende bei Verwandten in Islamabad verbringen und der Onkel hatte vor, den ganzen Tag lang fortzubleiben. Nur seine Frau war zu Hause. Saliqa erzählte ihr, sie wolle eine Freundin besuchen.

»Hast du die Erlaubnis?«, wollte die Frau des Onkels wissen. Der Onkel war das Oberhaupt der Familie, solange Saliqas Vater in einem Asylbewerberheim in Belgien wohnte. Er wartete auf eine Aufenthaltsgenehmigung, um arbeiten und Geld nach Hause schicken oder, noch besser, die ganze Familie nachholen zu können.

»Mama hat gesagt, ich kann gehen, wenn ich mit der Hausarbeit fertig bin«, log Saliqa.

Aber sie ging nicht zu ihrer Freundin, sondern traf Nadim von Angesicht zu Angesicht.

»Wir können hier nicht reden«, sagt sie, nachdem sie sich wie zufällig an einer Straßenecke getroffen haben. Er hält ein Taxi an und stößt sie hinein. Saliqa hat noch nie mit einem fremden Jungen in einem Taxi gesessen und das Herz schlägt ihr bis zum Hals. Sie halten an einem Park, einem jener Parks in Peschawar, den Männer und Frauen zusammen besuchen können.

Eine knappe halbe Stunde sitzen sie auf einer Bank im Park und reden. Nadim entwickelt große Pläne für die Zukunft. Er will einen Laden kaufen oder als Teppichverkäufer anfangen. Saliqa hat in erster Linie Todesangst, dass sie jemand sehen könnte. Weniger als eine Stunde nachdem sie ihr Haus verlassen hat, ist sie zurück. Aber dort ist bereits alles in Aufruhr. Shabnam hatte nämlich gesehen, dass Nadim sie in einem Taxi mitgenommen hatte, und es Sharifa berichtet, die ihrerseits die Frau des Onkels informiert hatte.

Die Tante schlägt Saliqa hart auf den Mund, als sie nach Hause kommt, schließt sie in einem Zimmer ein und ruft ihre Mutter in Islamabad an. Als der Onkel nach Hause kommt, geht die ganze Familie in das Zimmer und verlangt, dass Saliqa erzählt, was sie getan hat. Der Onkel zittert vor

Wut, als er vom Taxi, dem Park und der Bank erfährt. Er findet ein gesprungenes Wasserleitungsrohr und schlägt sie damit immer wieder auf den Rücken, während die Tante sie festhält. Dann schlägt er sie ins Gesicht, bis sie aus Nase und Mund blutet.

»Was habt ihr angestellt? Was habt ihr angestellt? Du Hure!«, ruft der Onkel. »Du bist eine Schande für die Familie! Ein schwarzer Fleck! Ein kranker Ast!«

Die Stimme des Onkels hallte im ganzen Haus wider und drang durch die offenen Fenster der Nachbarn. Es dauerte nicht lange, bis alle von Saliqas Verbrechen wussten. Einem Verbrechen, das dazu geführt hat, dass Saliqa jetzt eingeschlossen daliegt und zu Allah darum betet, dass Nadim um ihre Hand anhält, dass ihre Eltern ihr gestatten zu heiraten, dass Nadim Arbeit in einem Teppichladen findet und dass sie zusammenziehen können.

»Wenn sie zusammen mit einem Jungen im Taxi sitzen kann, so kann sie sicher noch ganz andere Sachen«, sagt Nasrin, eine Freundin der Tante, und schaut überheblich auf Saliqas Mutter. Nasrin isst mit gutem Appetit Pudding und wartet darauf, was ihre Äußerung für Folgen hat.

»Sie war doch nur im Park. Deswegen brauchte er sie doch nicht so übel zuzurichten«, sagt Schirin, die Ärztin ist.

»Wenn wir ihm nicht in den Arm gefallen wären, hätten wir sie ins Krankenhaus bringen müssen«, sagt Sharifa. »Die ganze Nacht hat sie im Hof gelegen und gebetet«, fährt Sharifa fort, die schlaflos das unglückliche Mädchen entdeckt hatte. »Bis im Morgengrauen zum Gebet gerufen wurde, lag sie da.«

Die Frauen seufzen, eine flüstert ein Gebet. Sie sind sich alle einig, dass Saliqa einen Fehler gemacht hat, indem sie Nadim im Park getroffen hat, aber uneins darin, ob es Ungehorsam oder ein großes Verbrechen war.

»Was für eine Schande, was für eine Schande«, klagt Saliqas Mutter. »Wie konnten wir nur so eine Tochter bekommen?«

Die Frauen besprechen, was getan werden muss. Wenn er um ihre Hand anhält, kann die Schande vergessen werden. Aber Saliqas Mutter will Nadim nicht als Schwiegersohn. Er kommt aus einer armen Familie, er hat nie etwas Richtiges gelernt und treibt sich die meiste Zeit auf der Straße herum. Die einzige Arbeit, die er je hatte, war in einer Teppichfabrik, aber die hat er verloren. Wenn Saliqa ihn heiratet, muss sie bei seinen Eltern einziehen. Sie werden es sich nie leisten können, allein zu wohnen.

»Seine Mutter ist eine schlechte Hausfrau«, behauptet eine der Frauen. »Ihr Haus ist schmutzig und unordentlich. Sie ist faul und geht, wohin es ihr gefällt.«

Eine ältere Frau erinnert sich auch an Nadims Großmutter. »Als sie noch in Kabul wohnten, haben sie wirklich jeden empfangen«, erzählt sie und meint noch geheimnisvoll: »Sogar Männer kamen in ihre Wohnung, wenn sie allein war. Und das waren keine Verwandten.«

»Trotz aller Hochachtung für dich«, sagt eine der Frauen an Saliqas Mutter gewandt, »muss ich gestehen, dass ich immer gefunden habe, dass Saliqa affektiert ist, immer geschminkt und immer ausstaffiert. Du hättest ihr ansehen müssen, dass sie unreine Gedanken hatte.«

Für eine Weile sagte niemand etwas, als seien sie sich einig, ohne das aus Mitgefühl mit Saliqas Mutter zeigen zu müssen. Eine Frau wischt sich den Mund ab. Es ist an der Zeit, ans Abendessen zu denken. Die anderen erheben sich, eine nach der anderen. Sharifa geht die Treppe hoch in ihre drei Zimmer. Sie kommt am hinteren Zimmer vorbei, in dem Saliqa eingeschlossen liegt. Dort wird sie bleiben, bis die Familie beschlossen hat, welche Strafe sie bekommen soll.

Sharifa seufzt. Sie denkt an die Strafe, die ihre Schwägerin Jamila bekommen hat.

Jamila stammte aus bester Familie, war reich, makellos und schön wie eine Blume. Sharifas Bruder hatte Geld in Kanada gespart und konnte sich so die achtzehnjährige Schönheit leisten. Es war eine einzigartige Hochzeit, fünfhundert Gäste, opulente Gerichte und eine strahlend schöne Braut. Jamila war Sharifas Bruder vor dem Hochzeitstag nie begegnet, alles wurde von den Eltern arrangiert. Der Bräutigam, ein großer, dünner Mann über vierzig, kam extra aus Kanada, um nach afghanischer Sitte zu heiraten. Er und Jamila verbrachten als Neuverheiratete vierzehn Tage zusammen, ehe er zurückfuhr, um ihr ein Visum zu besorgen, damit sie nachkommen konnte. In der Zwischenzeit wohnte Jamila bei Sharifas beiden Brüdern und deren Frauen. Aber die Beantragung des Visums dauerte länger als erwartet.

Nach drei Monaten ertappte man sie. Die Polizei hatte Bescheid gegeben. Sie hatten einen Mann durch ihr Fenster kriechen sehen.

Den Mann erwischten sie nie, aber Sharifas Brüder fanden als Beweis für ihre Affäre sein Handy in Jamilas Zimmer. Sharifas Familie löste die Ehe sofort auf und schickte Jamila nach Hause zu ihrer eigenen Familie. Dort wurde sie in ein Zimmer eingesperrt, während die anderen einen zweitägigen Familienrat abhielten.

Nach drei Tagen kam Jamilas Bruder zu Sharifa nach Hause und erzählte, seine Schwester sei beim Kurzschluss eines Ventilators ums Leben gekommen.

Am Tag darauf war das Begräbnis. Eine Unmenge Blumen und viele ernste Gesichter. Die Mutter und die Schwestern waren untröstlich. Alle trauerten um das kurze Leben, das Jamila zuteil geworden war.

»Wie die Hochzeit«, sagten die Leute, »eine wunderbare Beerdigung.«

Die Ehre der Familie war gerettet.

Sharifa besaß ein Video von der Hochzeit, aber das lieh

sich Jamilas Bruder aus. Sie bekam es nie zurück, nichts sollte daran erinnern, dass einmal eine Hochzeit stattgefunden hatte. Aber Sharifa hat die wenigen Bilder versteckt, die sie besitzt. Das Brautpaar sieht beim Anschneiden der Hochzeitstorte steif und ernst aus. Jamila lässt kein Gefühl erkennen und ist mit schwarzem Haar und rotem Mund in ihrem unschuldigen weißen Kleid und dem Schleier einfach bezaubernd.

Sharifa seufzt. Jamila beging ein schweres Verbrechen, aber mehr aus Dummheit als aus böser Absicht.

»Sie hatte es nicht verdient zu sterben. Aber Allah bestimmt«, murmelt sie und flüstert ein Gebet.

Eines verstehe ich trotzdem nicht. Dass sich nach zweitägigem Familienrat Jamilas Mutter, deren eigene Mutter, mit dem Tod der Tochter einverstanden erklärte. Sie war es, die Mutter, die zum Schluss die drei Söhne nach oben schickte, die Tochter zu töten. Die Brüder gingen zusammen in das Zimmer der Schwester. Gemeinsam legten sie ihr ein Kissen aufs Gesicht, dann drückten sie zusammen ganz fest und immer fester zu, bis sie sich nicht mehr regte.

Erst dann gingen sie zu ihrer Mutter zurück.

Selbstmord und Gesang

Die Sehnsucht einer Frau nach Liebe ist in Afghanistan tabu. Sowohl die strengen Ehrbegriffe des Clans als auch die Mullahs verbieten sie. Junge Menschen haben nicht das Recht, sich zu treffen, zu lieben und zu entscheiden. Liebe hat wenig mit Romantik zu tun. Ganz im Gegenteil, sie kann ein schweres Verbrechen darstellen, das mit dem Tode bestraft wird. Die Undisziplinierten werden kaltblütig ermordet. Falls nur einer der beiden mit dem Tode bestraft wird, dann trifft es in jedem Fall die Frau.

Bei jungen Frauen handelt es sich vor allem um Tauschobjekte und Handelsware. Die Ehe stellt einen Vertrag dar, der zwischen Familien oder innerhalb einer Familie geschlossen wird. Welchen Nutzen die Heirat für den Clan hat, ist entscheidend, auf Gefühle wird nur selten Rücksicht genommen. Afghanische Frauen müssen sich schon seit Jahrhunderten mit dem Unrecht abfinden, das gegen sie begangen wird. Aber es gibt in Liedern und Gedichten Zeugnisse dieser Frauen. Es sind Lieder, die niemand hören soll, und ihr Echo verschwindet im Gebirge oder in der Wüste.

Sie protestieren mit »Selbstmord und Gesang«, schreibt der afghanische Dichter Sayed Bahuddin Majruh in seinem Buch über die Gedichte paschtunischer Frauen. Mit Hilfe seiner Schwägerin sammelte er diese Gedichte. Er wurde 1988 von Fundamentalisten in Peschawar ermordet.

Die Gedichte oder Reime werden mündlich überliefert und am Brunnen, auf dem Weg zum Acker und am Herd ausgetauscht. Sie handeln von verbotener Liebe, denn der Geliebte ist fast immer ein anderer als der, mit dem die Frauen verheiratet sind, und von Hass gegenüber dem oft viel älteren Ehemann. Sie lassen aber auch den Stolz spüren, eine Frau zu sein, und den Mut, den diese an den Tag legen. Die Gedichte heißen »Landay«, was »kurz« bedeutet. Sie bestehen nur aus einigen wenigen kurzen und rhythmischen Zeilen, »wie ein Schrei oder ein Messerstich«, schreibt Majruh.

Grausame Menschen, ihr seht, dass ein alter Mann
mich zu seinem Bett schleift.
Und ihr fragt noch, warum ich weine und mir die Haare raufe!

O mein Gott! Du hast mir wieder die dunkle Nacht geschickt
und von Neuem zittere ich von Kopf bis Fuß,
weil ich mich in das Bett legen muss, das ich hasse.

Aber die Frauen in den Gedichten richten sich auch auf, sie riskieren für die Liebe ihr Leben in einer Gesellschaft, in der Leidenschaft verboten und die Strafe gnadenlos ist.

Gib mir deine Hand, Geliebter, dann verstecken wir uns auf dem Feld,
Um uns zu lieben oder unter den Messerstichen zusammen zu sterben.

Ich springe in den Fluss, aber die Strömung nimmt mich nicht mit.
Mein Ehemann hat Glück, ich werde immer zurück ans Ufer geworfen.

Morgen früh werde ich deinetwegen getötet.
Sage nicht, dass du mich nicht geliebt hast.

Die meisten dieser Aufschreie handeln von Enttäuschungen und ungelebtem Leben. Eine Frau bittet Gott, dass er sie in ihrem nächsten Leben lieber in einen Stein verwandelt als in eine Frau. Kein einziges Gedicht handelt von Hoffnung, im Gegenteil – Hoffnungslosigkeit herrscht vor und die Enttäuschung darüber, nicht genug gelebt zu haben, nicht genug von der eigenen Schönheit profitiert zu haben, von der Jugend und den Freuden der Liebe.

Ich war schön wie eine Rose.
Unter dir wurde ich gelb und verschrumpelt wie eine Orange.

Früher kannte ich das Leiden nicht.
Deswegen bin ich auch ganz gerade gewachsen wie eine Tanne.

Die Gedichte sind jedoch auch voller Süße. Mit brutaler Aufrichtigkeit verherrlichen die Frauen ihren Körper, die fleischliche Liebe und verbotene Früchte – als wollten sie die Männer schockieren und ihre Virilität provozieren.

Lege deinen Mund auf meinen,
Aber lasse meine Zunge frei, damit sie von der Liebe sprechen kann.

Nimm mich erst in deine Arme, halte mich!
Erst dann kannst du dich an meine Samtschenkel binden.

Mein Mund ist dein, verzehre ihn, hab keine Angst!
Er ist nicht aus Zucker und löst sich nicht auf und verschwindet.

Meinen Mund, du bekommst ihn gern.
Warum holst du nicht meinen Krug? Ich bin ganz nass.

Ich werde dich in Asche verwandeln,
wenn ich meinen verzückten Blick nur einen Augenblick auf dich richte.

(»*Le suicide et le chant. Poésie populaire des femmes pashtounes*« von Sayed Bahoudine Majrooh, Gallimard 1994.)

Die Geschäftsreise

Es ist noch kühl. Die ersten Strahlen der Sonne fallen auf die steilen, steinigen Gebirgshänge. Die Landschaft ist staubfarben, braun, das in grau übergeht. Die Hänge bestehen nur aus Steinen, aus Felsblöcken, die jeden Moment eine Lawine auslösen können, die alles zerstört, bis hin zu Geröll und Lehmbrocken, die unter den Hufen der Pferde knirschen. Die Disteln zwischen den Steinen zerschrammen die Waden der Schmuggler, Flüchtlinge und Reißaus nehmenden Krieger. Ein Gewirr von Pfaden, das hinter Steinen und Hügeln zum Vorschein kommt und wieder verschwindet.

Dies ist die Schmugglerroute zwischen Afghanistan und Pakistan für alles Mögliche, angefangen mit Waffen und Opium bis hin zu Zigaretten und Coladosen. Die Pfade werden schon seit Jahrhunderten benutzt. Die Taliban und Al-Qaida-Krieger haben sich hier entlanggeschlichen, als sie eingesehen hatten, dass die Schlacht um Afghanistan verloren war, und sie in die Stammesgebiete von Pakistan flüchteten. Und diese Pfade werden sie auch benutzen, wenn sie zurückkommen, um die amerikanischen Soldaten zu bekämpfen, die Ungläubigen, die die heilige, moslemische Erde besetzt halten. Im Grenzgebiet haben weder afghanische noch pakistanische Behörden irgendeine Kontrolle. Paschtunische Stämme kontrollieren ihre Gebiete beidseits der Grenze. Die Gesetzlosigkeit ist absurderweise im pakistanischen Recht festgeschrieben. Auf pakistanischer Seite haben die Behörden das Recht, auf asphaltierten Straßen einzugreifen und auch noch auf beiden Seiten von diesen in einem Abstand von zwanzig Metern. Jenseits davon herrschen die Stammesgesetze.

An diesem Morgen schleicht auch der Buchhändler Sultan Khan an den pakistanischen Grenzwachen vorbei. In weniger als hundert Meter Entfernung ist pakistanische Polizei postiert. Solange Menschen, Pferde und schwer bepackte Esel einen ausreichenden Abstand zur Straße einhalten, können sie nichts unternehmen.

Obwohl die Behörden den Strom nicht kontrollieren können, werden viele Reisende von bewaffneten Männern, meist gewöhnliche Dorfbewohner, angehalten und »besteuert«. Sultan hat dagegen Vorsorge getroffen. Das Geld hat Sonya in seine Hemdsärmel eingenäht und seine Habe trägt er in einem schmutzigen Zuckersack. Außerdem hat er sein ältestes Shalwar Kameez angezogen.

Wie für die meisten Afghanen ist die Grenze nach Pakistan auch für Sultan geschlossen. Es hilft nichts, dass er Familie, Haus und Geschäft in diesem Land besitzt und seine Tochter dort die Schule besucht – er ist nicht willkommen. Pakistan hat auf Druck der internationalen Staatengemeinschaft die Grenzen geschlossen, damit sich Terroristen und Anhänger der Taliban dort nicht verstecken können. Vergebens, da Soldaten und Terroristen die Grenzstationen ohnehin nicht mit dem Pass in der Hand aufsuchen. Sie benutzen dieselben Pfade wie Sultan, wenn er auf Geschäftsreise ist. Mehrere tausend Menschen kommen auf diese Art täglich aus Afghanistan nach Pakistan.

Die Pferde keuchen die Anhöhen hinauf. Sultan sitzt groß, breit und ohne Sattel auf dem Pferderücken. Selbst in seinen ältesten Kleidern sieht er noch gut gekleidet aus, der

Bart ist wie immer frisch gestutzt und sein kleiner Fes, die moslemische Kopfbedeckung, sitzt, wie er soll, auf dem Kopf. Selbst während er sich in Todesangst an den Zügeln festklammert, sieht er aus wie ein vornehmer Herr, der einen Ausflug in die Berge macht, um die Aussicht zu genießen. Aber er hat keinen festen Halt. Ein falscher Tritt – und sie stürzen in den Abgrund. Das Pferd bewegt sich gelassen die vertrauten Pfade hinauf, scheinbar unbeschwert von dem Mann auf seinem Rücken. Sultan hat den wertvollen Zuckersack fest um sein Handgelenk geschlungen. In ihm liegen Bücher, von denen er für seine Buchhandlung Raubdrucke machen lassen will, und die Entwürfe für Verträge, von denen er sich das Geschäft seines Lebens erhofft.

Vor und hinter ihm kommen andere Afghanen, die in das geschlossene Land wollen. Frauen in Burkhas sitzen im Damensattel auf dem Weg zu Verwandtenbesuchen. Unter ihnen reiten Studenten, die zurück zur Universität nach Peschawar wollen, nachdem sie »Eid«, ein religiöses Fest, mit ihren Familien gefeiert haben. Vielleicht sind auch ein paar Schmuggler in dem Gefolge und einige Geschäftsleute. Sultan fragt nicht. Er denkt an seine Verträge, konzentriert sich auf die Zügel und verflucht die pakistanischen Behörden. Erst einen Tag mit dem Auto von Kabul bis zur Grenze, dann Übernachtung auf einem grässlichen Grenzposten, dann einen ganzen Tag auf dem Pferderücken, zu Fuß und mit dem Pick-up. Auf der Landstraße dauert die Fahrt von der Grenze nach Peschawar nur eine Stunde. Sultan findet es erniedrigend, sich nach Pakistan schmuggeln lassen zu müssen und wie ein Untermensch behandelt zu werden. Nach allem, was die Pakistaner für das Talibanregime getan haben, Geld, Waffen und politische Unterstützung, ist es Heuchelei, plötzlich die Lakaien der USA zu spielen und die Grenzen für die Afghanen zu schließen, findet er.

Pakistan war neben Saudi-Arabien und den Vereinigten Arabischen Emiraten das einzige Land, das das Talibanregime offiziell anerkannte. Den Behörden in Pakistan war daran gelegen, dass die Paschtunen die Kontrolle über Afghanistan behalten würden, weil dieses Volk beidseitig der Grenze lebt und Pakistan so einen beträchtlichen Einfluss hat. Fast sämtliche Taliban waren Paschtunen, die in Afghanistan mit vierzig Prozent der Gesamtbevölkerung die größte Bevölkerungsgruppe stellen. Weiter im Norden gibt es überwiegend Tadschiken. Etwa ein Viertel aller Afghanen gehört zu dieser Gruppe. Die Nordallianz, die erbittert gegen die Taliban kämpfte und nach dem 11. September von den Amerikanern unterstützt wurde, bestand hauptsächlich aus Tadschiken, einem Volk, das die Pakistanen mit großer Skepsis betrachten. Nach der Niederlage der Taliban und da die Tadschiken einen großen Einfluss in der Regierung erlangt haben, meinen viele Pakistaner, dass sie jetzt ganz von Feinden umgeben sind, Indien im Osten und Afghanistan im Westen.

Zwischen den meisten Menschen in Afghanistan herrscht jedoch kein ethnischer Hass. Die Konflikte gehen meist auf die Machtkämpfe verschiedener Kriegsherren zurück, die ihre eigene Volksgruppe dazu gebracht haben, eine andere zu bekriegen. Die Tadschiken haben Angst, dass die Paschtunen zu viel Macht bekommen könnten. Sie fürchten, erneut von ihnen massakriert zu werden, falls es wieder zum Krieg kommen sollte. Aus demselben Grund haben die Paschtunen Angst vor den Tadschiken. Ähnlich verhält es sich zwischen den Usbeken und den Hasaras im Nordwesten des Landes. Viele Kämpfe sind auch schon zwischen Kriegsherren innerhalb einer Volksgruppe ausgebrochen.

Sultan interessiert sich kaum dafür, welches Blut in seinen Adern und denen der anderen fließt. Wie viele Afghanen ist er eine bunte Mischung, er hat eine paschtunische Mutter und einen tadschikischen Vater. Seine erste Frau ist Paschtunin, seine zweite Tadschikin. Formell ist er

Tadschike, denn die ethnische Zugehörigkeit richtet sich nach dem Vater. Er spricht die Sprachen beider Volksgruppen, Paschtu, die Muttersprache der Paschtunen, und Dari, den persischen Dialekt der Tadschiken. Sultan findet, es sei an der Zeit, dass die Afghanen die Kriege hinter sich lassen und zusammen das Land aufbauen. Er hat den Traum, dass sie eines Tages alles Verlorene im Vergleich zu den Nachbarländern wieder aufholen. Aber es sieht nicht danach aus. Sultan ist enttäuscht über seine Landsleute. Er selbst arbeitet ständig daran, sein Geschäft zu erweitern, und ärgert sich über die, die ihre Ersparnisse für eine Reise nach Mekka vergeuden. Vor seiner Reise nach Pakistan hatte er eine Auseinandersetzung mit seinem Cousin Wahid, der einen kleinen Laden mit Autoersatzteilen besitzt, mit dem er gerade so über die Runden kommt. Als er vor einigen Tagen in Sultans Laden kam, erzählte er, dass er endlich genug Geld zusammengespart habe, um nach Mekka zu fliegen.

»Glaubst du, dass dir jemand hilft, weil du betest?«, hatte ihn Sultan höhnisch gefragt. »Im Koran steht, dass wir arbeiten und unsere Probleme selbst lösen sollen. Wir sollen schwitzen und uns anstrengen. Aber wir sind Afghanen, wir sind faul und bitten stattdessen um Hilfe, entweder aus dem Westen oder von Allah.«

»Aber im Koran steht auch, dass wir Gott preisen sollen«, wandte Wahid ein.

»Der Prophet Mohammed würde weinen, wenn er alle Rufe, Schreie und Gebete in seinem Namen hören würde«, fuhr Sultan fort. »Es hilft nichts, seine Stirn auf den Boden zu schlagen, um dieses Land wieder auf die Beine zu bringen. Alles, was wir können, ist, zu rufen, zu beten und uns zu bekriegen. Aber die Gebete sind nichts wert, solange niemand arbeitet. Wir können nicht auf Gottes Gnade warten!«, rief Sultan, ganz aufgebracht von seinem eigenen Wortschwall.

Er wusste, dass er seinen Cousin provoziert hatte, aber

für Sultan ist Arbeit das Wichtigste im Leben. Das versucht er seinen Söhnen beizubringen und dem wird er auch selbst gerecht. Deswegen hat er seine Söhne aus der Schule genommen, damit sie in den Läden arbeiten können, um ihm so beim Aufbau eines Buchimperiums zu helfen.

»Aber eine Reise nach Mekka ist eine der fünf Säulen des Islam«, hatte sein Cousin eingewandt. »Um ein guter Moslem zu sein, muss man sich zu Gott bekennen, beten, fasten, Almosen austeilen und nach Mekka pilgern.«

»Vielleicht fahren wir ja irgendwann alle nach Mekka«, hatte Sultan zum Schluss gesagt. »Aber dann müssen wir das auch verdienen, dann müssen wir fahren, um zu danken, nicht um zu bitten.«

Jetzt ist Wahid in seinem weißen Pilgergewand vermutlich auf dem Weg nach Mekka, denkt Sultan. Er schnaubt verächtlich und wischt sich den Schweiß von der Stirn. Die Sonne hat ihren höchsten Punkt erreicht. Endlich führt der Weg wieder abwärts. Auf einer unbefestigten Straße in einem kleinen Tal warten mehrere Pick-ups. Das sind die Taxis des Khaiberpasses, und ihre Besitzer leben gut davon, die Unwillkommenen ins Land zu schaffen.

Hier verlief einmal die Seidenstraße, der Handelsweg zwischen den größten Zivilisationen der Antike – China und Rom. Seide wurde nach Westen transportiert und Gold, Silber und Wolle nach Osten.

Der Khaiberpass ist über tausend Jahre lang von Unwillkommenen durchbrochen worden. Perser, Griechen, Mongolen, Afghanen und Engländer haben versucht, Indien zu erobern, indem sie ihre Heere über den Pass geführt haben. Im sechsten Jahrhundert vor Christus eroberte der Perserkönig Darius große Teile von Afghanistan und marschierte weiter über den Khaiberpass zum Indus. Zweihundert Jahre später führten die Generäle Alexanders des Großen ihre Streitmacht über den Pass, den an seiner schmalsten Stelle nur ein voll beladenes Kamel oder zwei Pferde nebeneinander passieren können. Dschingis Khan zerstörte Teile der Seidenstraße, aber friedlichere Reisende, wie Marco Polo, folgten den Karawanenwegen einfach nur nach Osten.

Seit der Zeit Darius' und bis zur Eroberung des Passes durch die Engländer trafen die Invasionsheere im Gebirge immer auf großen Widerstand der paschtunischen Stämme. Seit dem Rückzug der Engländer 1947 kontrollieren diese Stämme erneut den Pass und das Gebiet bis Peschawar. Der mächtigste von ihnen ist der Afridistamm, der wegen seiner Krieger gefürchtet ist.

Immer noch trifft man als Erstes auf Waffen, wenn man die Grenze passiert hat. An der Landstraße auf der pakistanischen Seite taucht in regelmäßigen Abständen an den Felsen die Inschrift »Khyber Rifles« auf, in der kargen Landschaft entweder in Stein gehauen oder auf schmutzige Bleche gemalt. »Khyber Rifles« ist der Name einer Schützenkompanie, aber auch der einer Stammesmiliz, die in der Gegend für Sicherheit sorgt. Die Miliz muss große Werte schützen. Das Dorf auf der anderen Seite der Grenze ist für seinen Schmugglerbasar bekannt, auf dem billig Haschisch und Waffen zu erstehen sind. Hier fragt niemand nach einem Waffenschein, aber wer die Waffe auf pakistanisches Gebiet mitnimmt, riskiert eine lange Gefängnisstrafe. Zwischen den Lehmhäusern stehen große, prunkvolle Paläste, mit Schwarzgeld gebaut. Kleine Festungen und die traditionellen Häuser der Paschtunen mit hohen Lehmmauern liegen an den Hängen verstreut. Zwischendurch ragt immer mal wieder eine Wand aus Beton in die Landschaft, so genannte Drachenzähne, mit der die Engländer während des Zweiten Weltkriegs eine deutsche Panzerinvasion von Indien aus abwehren wollten. Wiederholte Male sind schon Ausländer in diesen unübersichtlichen Stammesgebieten gekidnappt worden. Die Behörden haben dagegen strenge Maßnahmen ergriffen. Nicht einmal die Landstraße nach Peschawar, auf der pakistanische Truppen patrouillieren, dürfen Ausländer ohne Leibwächter entlangfahren. Die Wachen sitzen mit geladenen Waffen bis nach Peschawar auf den Fahrzeugen. Ohne die richtigen Papiere und eine bewaffnete Leibwache dürfen Ausländer Peschawar auch nicht verlassen und an die afghanische Grenze fahren.

Nachdem er zwei Stunden auf schmalen Wegen gefahren ist, das Gebirge auf der einen, den Abgrund auf der anderen Seite, muss Sultan noch einmal einige Stunden auf einem Pferderücken ausharren, ehe er endlich in die Ebene kommt und Peschawar vor sich liegen sieht. Er nimmt ein Taxi in die Stadt, zur Straße 103 im Stadtteil Hayatabad.

Es dämmert, als Sharifa die Schläge am Tor hört. Kommt er also doch! Sie läuft die Treppen hinunter, um zu öffnen. Da steht er, erschöpft und schmutzig. Er reicht ihr den Zuckersack, den sie vor ihm die Treppe hochträgt.

»Ging die Reise gut?«

»Wunderbare Natur«, antwortet Sultan. »Hinreißender Sonnenuntergang.«

Während er sich wäscht, bereitet sie das Abendessen zu und deckt das Tischtuch auf dem Boden zwischen den weichen Kissen. Sultan kommt sauber und in frisch gebügelten Kleidern aus dem Badezimmer. Unzufrieden betrachtet er die Glasteller, mit denen Sharifa gedeckt hat.

»Ich mag keine Glasteller, die sehen billig aus«, sagt er. »Als hättest du sie auf einem schmutzigen Basar gekauft.«

Sharifa deckt sie ab und kommt mit Porzellantellern wieder herein.

»Das gefällt mir besser. Jetzt schmeckt auch das Essen besser«, sagt er.

Sultan erzählt die letzten Neuigkeiten aus Kabul, Sharifa aus Hayatabad. Mehrere Monate sind seit ihrer letzten Begegnung vergangen. Sie sprechen von Kindern und Verwandten und planen die nächsten Tage. Jedes Mal wenn

Sultan nach Pakistan kommt, muss er mehrere Höflichkeitsbesuche bei den Verwandten machen, die noch nicht wieder nach Afghanistan zurückgekehrt sind. Zuerst muss er die besuchen, bei denen sich seit der letzten Begegnung ein Todesfall in der Familie ereignet hat. Dann ist die nähere Verwandtschaft an der Reihe und danach geht es immer so weiter, je nachdem, wie viele Tage er zu Besuch bleibt.

Sultan stöhnt, dass er alle Schwestern, Brüder, Schwäger, Schwiegereltern der Schwestern, Cousins und Cousinen von Sharifa besuchen muss. Es ist unmöglich, geheim zu halten, dass er gekommen ist, jeder weiß um alles in dieser Stadt. Außerdem sind diese Anstandsbesuche das Einzige, was Sharifa von ihrer Ehe geblieben ist. Dass er freundlich zu ihren Verwandten ist und sie wie seine Frau behandelt, wenn sie einen Besuch machen, das kann sie jetzt von ihm verlangen.

Nachdem die Besuche geplant sind, hat Sharifa noch die letzte Neuigkeit aus dem Untergeschoss zu erzählen, Saliqas Eskapaden.

»Weißt du, was eine Hure ist?«, fragt Sultan und liegt wie ein römischer Kaiser seitlich in den Kissen. »Genau das ist sie.«

Sharifa protestiert. Schließlich war Saliqa mit dem Jungen nicht ein Mal allein.

»Die Mentalität, *ihre* Mentalität«, meint Sultan. »Wenn sie sich jetzt noch nicht prostituiert, dann tut sie das bald. Wo sie sich schon mal diesen Taugenichts ausgesucht hat, der nie eine Arbeit finden wird, wie soll sie dann Geld für all das bekommen, was sie sich wünscht, Schmuck und schöne Kleider?«, fragt er. »Wenn ein Topf keinen Deckel hat, kann alles Mögliche in ihn hineinfallen: Dreck, Erde, Staub, Insekten und Laub«, fährt Sultan fort. »So hat Saliqas Familie gelebt, ohne Deckel. Jeder mögliche Dreck ist bei ihnen reingefallen. Der Vater ist nicht da, und auch als er noch mit ihnen zusammengewohnt hat, war er nie zu Hause. Jetzt wohnt er schon seit drei Jahren als Flüchtling in Belgien und hat es trotzdem nicht fertig gebracht, die Familie nachkommen zu lassen«, sagt Sultan verächtlich. »Ein Verlierertyp. Seit Saliqa stehen konnte, hat sie doch schon nach einem Jungen gesucht, den sie heiraten kann. Zufälligerweise fiel ihr Auge auf den armen, nichtsnutzigen Nadim. Aber erst hat sie es mit Mansur versucht, erinnerst du dich?«, fragt Sultan. Jetzt hat sich auch der Buchhändler ganz dem Klatsch ergeben.

»Ihre Mutter war damals auch mit von der Partie«, erinnert ihn Sharifa. »Sie hat dauernd gefragt, ob es nicht langsam an der Zeit sei, eine Frau für ihn zu finden. Ich habe immer geantwortet, es sei noch zu früh und dass der Junge studieren solle. Am allerwenigsten wünsche ich Mansur eine eingebildete und unbrauchbare Frau wie Saliqa. Als dein Bruder Yunus nach Peschawar gekommen ist, sah er sich denselben Fragen ausgesetzt, aber auch er wollte nicht so ein Flittchen wie Saliqa.«

Saliqas Verbrechen wird so lange besprochen, bis kein Staubkorn mehr umzudrehen ist. Aber die Eheleute haben genug Verwandte, über die sie herziehen können.

»Wie geht es denn deiner Cousine?«, fragt Sultan laut lachend.

Eine von Sharifas Cousinen hat ihr Leben der Pflege ihrer Eltern gewidmet. Als diese starben, war sie fünfundvierzig Jahre alt und ihre Brüder verheirateten sie mit einem Witwer, der eine Mutter für seine Kinder brauchte. Sultan kann diese Geschichte immer wieder hören.

»Nach der Hochzeit veränderte sie sich total. Endlich wurde sie eine richtige Frau«, sagt er lachend über die Cousine. »Aber sie bekam keine Kinder, offenbar hatte sie die ›monatliche Krankheit‹ bereits vor der Heirat hinter sich gelassen. Das bedeutet: keine Pause, jede Nacht!« Er lacht.

»Mag sein«, wagt sich Sharifa vor. »Erinnerst du dich, wie dünn und vertrocknet sie vor ihrer Hochzeit aussah?«, fragt sie. »Jetzt ist sie vollkommen verändert. Wahrscheinlich ist sie die ganze Zeit feucht.« Sie lacht. Prustend hält sich Sharifa nach diesen gewagten Behauptungen den Mund zu. Die Vertraulichkeit der Eheleute scheint auf den Bodenmatten, zwischen sich die Reste des Abendessens, wiederhergestellt zu sein.

»Erinnerst du dich an deine Tante, die du immer durch das Schlüsselloch beobachtet hast? Sie bekam einen schiefen Rücken, weil ihr Mann es ihr immer von hinten besorgt hat«, sagt Sultan lachend. Eine Geschichte folgt auf die andere. Wie Kinder liegen Sultan und Sharifa auf dem Boden und lachen lauthals über das muntere Liebesleben der Verwandtschaft.

In Afghanistan gibt es nach außen hin keinen Sex. Die Frauen verstecken sich hinter Burkhas. Unter diesen sind die Kleider groß und weit. Sie tragen lange Hosen unter den Kleidern und selbst hinter den schützenden Wänden der Häuser sieht man nur selten einen Ausschnitt. Männer und Frauen, die nicht verwandt sind, dürfen nicht im selben Zimmer sitzen. Sie dürfen sich nicht unterhalten und nicht zusammen essen. Auf den Dörfern sind sogar die Hochzeitsfeste aufgeteilt, die Frauen tanzen und feiern für sich und die Männer ebenfalls. Aber unter der Oberfläche brodelt es. Obwohl sie damit die Todesstrafe riskieren, haben auch in Afghanistan Leute Liebhaber und Liebhaberinnen. Auf den Dörfern gibt es Prostituierte, die die Jungen und Männer aufsuchen, während sie auf eine Braut warten.

Die Sexualität hat ihren Platz in afghanischen Mythen und Geschichten. Sultan liebt die Geschichten, die der Dichter Rumi vor achthundert Jahren in seinem Epos »Masnavi« niederschrieb. Rumi verwendet die Sexualität als Bild dafür, dass man nicht blind dem folgen kann, was andere tun. Sharifa erzählt Sultan folgende Geschichte:

»Eine Witwe hatte einen Esel, den sie sehr mochte. Er brachte sie überallhin und gehorchte immer. Der Esel bekam gutes Futter und wurde gut behandelt. Da wurde das Tier auf einmal schwächer und war viel rascher erschöpft als früher. Appetit hatte es auch keinen mehr. Die Witwe überlegte, was nicht in Ordnung sein könnte, und ging eines Nachts nachsehen, ob er auch schliefe. Im Stall fand sie ihre Hausgehilfin im Heu, den Esel über sich. Das wiederholte sich jede Nacht. Die Witwe wurde neugierig und fand, dass sie das auch ausprobieren wollte. Sie schickte die Hausgehilfin ein paar Tage weg und legte sich selbst ins Heu, den Esel über sich. Als die Hausgehilfin zurückkam, war die Witwe tot. Entsetzt sah sie, dass die Witwe es nicht gemacht hatte wie sie – dem Esel ein Stück Kürbis über das Glied gestülpt, um es zu verkürzen, ehe sie sich hingab. Die Spitze war mehr als ausreichend.«

Als er fertig gelacht hat, steht Sultan von den Kissen auf, zieht sein langes Hemd glatt und geht ins Nachbarzimmer, um seine E-Mail zu lesen. Amerikanische Universitäten wollen Zeitschriften aus den siebziger Jahren, Forscher erkundigen sich nach alten Manuskripten und die Druckerei in Lahore schickt einen Kostenvoranschlag: der Druck seiner Ansichtskarten, nachdem der Papierpreis gestiegen ist. Ansichtskarten sind Sultans beste Einnahmequelle. Er lässt sechzig Stück für einen Dollar drucken und verkauft dann drei für ebenfalls einen Dollar. Jetzt, wo die Taliban weg sind und er verkaufen kann, was er will, scheint sich alles zum Besten zu wenden.

Der nächste Tag vergeht mit dem Lesen der Post, dem Besuch der Buchhändler und des Postamts, dem Abschicken und Erhalten von Paketen und den ewigen Höflichkeitsbesuchen. Erst ein Beileidsbesuch bei einer Cousine, deren Mann an Krebs gestorben ist, dann ein erfreulicherer Besuch bei einem Cousin, der vom Pizzaausfahren in Deutschland auf Urlaub ist. Sultans Cousin Said war Flugingenieur bei Ariana Air, der einmal so stolzen Fluggesellschaft Afghanistans. Jetzt erwägt Said, mit seiner Familie nach Kabul zurückzukehren und zu versuchen, seine Arbeit bei Ariana wiederzubekommen. Aber zuerst will er mehr Geld sparen. Pizzaausfahren in Deutschland bringt bedeutend mehr ein als die Arbeit als Flugingenieur. Außerdem hat er noch keine Lösung für das Hauptproblem gefunden, das eine Heimkehr mit sich bringt: In Peschawar sitzen Frau und Kinder, in Deutschland wohnt er mit Frau Nummer zwei. Wenn er nach Hause nach Kabul zurückkehrt, müssten alle zusammenwohnen. Davor graut ihm. Die erste Frau zieht es vor, die Existenz der anderen zu ignorieren. Sie trifft sie nie und ihr Mann schickt, wie er soll, Geld nach Hause. Aber was passiert, wenn sie jetzt zusammenziehen?

Die Tage in Peschawar sind anstrengend. Ein Verwandter ist aus dem Haus geworfen worden, das er gemietet hatte, ein anderer will sich bei der Gründung eines Geschäfts helfen lassen, ein dritter bittet um einen Kredit. Sultan gibt seinen Verwandten nur selten Geld. Weil er so erfolgreich ist, wird er oft um Hilfe gebeten, wenn er seine Anstandsbesuche macht. Aber Sultan sagt fast immer nein. Er findet, die meisten seien faul und sollten sehen, wie sie allein zurechtkommen. Auf jeden Fall müssen sie erst ihre Fähigkeiten unter Beweis stellen, ehe sie Geld bekommen, und in Sultans Augen taugen nur wenige etwas.

Wenn das Ehepaar seine Besuche macht, ist Sharifa die Schlagfertige, die die Unterhaltung in Gang hält. Sie erzählt Geschichten und sorgt für gute Laune und Gelächter. Sultan sitzt am liebsten nur da und hört zu. Zwischendurch äußert er mal etwas über die Arbeitsmoral der Leute oder über seine Geschäfte. Aber wenn Sultan nur mit einem Wort andeutet, es sei Zeit zum Aufbruch, geht das Ehepaar mit Shabnam im Schlepptau heim. Schweigend gehen sie durch die dunklen, rußgeschwärzten Straßen Hayatabads und steigen über Unrat hinweg und ihre Lungen füllen sich mit den strengen Gerüchen der Gassen.

Eines Abends zieht sich Sharifa besonders fein an, um ein paar entfernte Verwandte zu besuchen, die sonst nicht auf der Liste der Höflichkeitsbesuche stehen, obwohl sie nur zwei Straßen weiter wohnen. Sharifa trippelt mit unendlich hohen Absätzen vorweg und Sultan und Shabnam schlendern Hand in Hand hinterher.

Sie werden herzlich empfangen. Ihre Gastgeber tischen Dörrobst, Nüsse, Bonbons und Tee auf. Erst kommen die Höflichkeitsfragen und letzte Neuigkeiten. Die Kinder lauschen dem Gerede ihrer Eltern. Shabnam knackt Pistazien und langweilt sich.

Ein Kind fehlt, die dreizehnjährige Belqisa. Es ist kein Zufall, dass sie sich unsichtbar macht, denn der Besuch findet ihretwegen statt.

Sharifa hat deswegen schon früher vorgesprochen und dieses Mal ist Sultan widerwillig mitgekommen, um zu zeigen, dass die Brautwerbung ernst gemeint ist. Sie kommen stellvertretend für Yunus, den jüngsten Bruder von Sultan. Er hatte bereits eine Schwäche für Belqisa, als er vor ein paar Jahren als Flüchtling in Pakistan wohnte und sie noch ein Kind war. Er hat Sharifa gebeten, für ihn zu freien. Selbst hat er mit dem Mädchen nie gesprochen.

Die Antwort lautete immer gleich: Sie sei zu jung. Hingegen wollten ihm die Eltern gern die älteste Tochter geben, die zwanzigjährige Shirin. Aber die will Yunus nicht, zum einen sei sie lange nicht so schön wie Belqisa, zum andern zu bereitwillig. Wenn er zu Besuch gewesen sei, habe sie die ganze Zeit um ihn herumscharwenzelt. Außerdem hätte er sogar einmal lange ihre Hand halten dürfen, als die anderen gerade weggeschaut hätten. Dass sie ihm das erlaubt habe, sei ein schlechtes Zeichen, fand Yunus, sie sei kein anständiges Mädchen.

Aber die Eltern hofften bis zuletzt für ihre älteste Tochter, denn Yunus war eine gute Partie. Als Shirin andere Angebote erhielt, gingen sie zu Sultan und boten sie Yunus ein letztes Mal an. Aber Yunus wollte Shirin nicht haben, er hatte sich endgültig in Belqisa verguckt.

Obwohl sie immer ein Nein bekam, kehrte Sharifa zurück, um nach Belqisa zu fragen. Das hatte nichts mit Unhöflichkeit zu tun, sondern sollte ganz im Gegenteil zeigen, wie ernst die Brautwerbung gemeint war. Ein altes Sprichwort besagt, dass die Mutter des Freiers so oft zum Haus der Auserwählten gehen soll, dass ihre Schuhsohlen so dünn werden wie eine Knoblauchschale. Da Yunus' Mutter Bibi Gul in Kabul weilte, hatte seine Schwägerin Sharifa diese Aufgabe übernommen. Sie erzählte, wie vortrefflich Yunus sei, dass er fließend Englisch spreche, zusammen mit Sultan im Buchhandel arbeite und dass es ihrer Tochter nie an etwas mangeln würde. Aber Yunus war schon fast dreißig. Zu alt für Belqisa, fanden ihre Eltern.

Belqisas Mutter war an einem der Jungen der Khans interessiert, an Mansur, Sultans sechzehnjährigem Sohn. »Wenn du uns Mansur gibst, sagen wir auf der Stelle ja«, sagte sie.

Aber jetzt war Sharifa nicht interessiert. Mansur war nur ein paar Jahre älter als Belqisa und hatte nie einen Blick für das Mädchen übrig gehabt. Sharifa fand, es sei viel zu früh, ihren Sohn zu verheiraten. Er sollte studieren und die Welt sehen.

»Außerdem ist sie keine dreizehn«, sagte Sharifa später zu ihren Freundinnen. »Ich bin mir sicher, dass sie mindestens fünfzehn ist.«

Belqisa kommt eine Weile ins Zimmer, damit auch Sultan sie ansehen kann. Sie ist groß und dünn und wirkt älter als dreizehn. Sie trägt ein dunkelblaues Samtkostüm und nimmt linkisch und verlegen neben ihrer Mutter Platz. Belqisa weiß sehr gut, worauf der Besuch abzielt. Die Situation ist ihr unbehaglich.

»Sie weint, sie will nicht«, sagen ihre beiden älteren Schwestern zu Sultan und Sharifa, während Belqisa daneben sitzt. Belqisa starrt auf den Fußboden.

Sharifa lacht nur. Es ist ein gutes Zeichen, dass die Braut sich sträubt. Das zeigt, dass sie ein reines Herz hat.

Nach wenigen Minuten erhebt sich Belqisa und geht. Ihre Mutter entschuldigt sie damit, dass sie am nächsten Tag eine Mathematikarbeit schreiben müsse. Die Auserwählte soll beim Feilschen auch gar nicht dabei sein. Wie viel sollen die Eltern erhalten, wie teuer sollen das Fest, das Kleid und die Blumen kommen? Alle Ausgaben werden von der Familie des Mannes bezahlt. Dass Sultan mitgekommen ist, verleiht der Diskussion Gewicht, schließlich hat er das Geld.

Nachdem der Besuch vorbei und nichts entschieden worden ist, spazieren sie ruhig durch den angenehm kühlen Märzabend. In den Straßen ist es still. »Ich mag diese Familie nicht«, sagt Sultan, »sie ist habgierig.«

Besonders gegen Belqisas Mutter hat er etwas einzuwenden. Sie ist die Frau Nummer zwei. Als die erste Frau keine Kinder bekam, heiratete Belqisas Vater erneut und die neue Frau quälte die erste so schrecklich, dass diese es zum Schluss nicht mehr aushielt und zu ihrem Bruder zog. Von Belqisas Mutter erzählt man sich hässliche Geschichten. Sie sei habsüchtig, missgünstig, wenig großzügig. Ihre älteste Tochter hatte einen Verwandten von Sultan geheiratet, der erzählte, sie sei während der gesamten Hochzeit ein Albtraum gewesen, ständig hätte sie über zu wenig Essen und mangelnden Prunk geklagt. »Der Apfel fällt nicht weit vom Stamm. Wie die Mutter, so die Tochter«, stellt Sultan fest.

Aber dann meint er noch widerwillig, dass er sein Bestes versuchen werde, wenn Yunus sie nun so unbedingt haben wolle. »Ich bin mir leider sicher, dass sie zum Schluss ja sagen werden. Unsere Familie ist zu gut, um zu ihr nein zu sagen.«

Nachdem er die Forderungen seiner Familie erfüllt hat, kann Sultan endlich das verwirklichen, wozu er nach Pakistan gekommen ist, nämlich Bücher drucken lassen. An einem frühen Morgen begibt er sich auf die nächste Etappe seiner Reise, nach Lahore, der Stadt der Druckereien, Buchbinder und Verleger.

Er packt einen kleinen Koffer, in den er sechs Bücher, einen Kalender und Kleider zum Wechseln legt. Ein warmer Tag steht bevor. Am Busbahnhof von Peschawar wimmelt es von Menschen, die alle irgendwohin wollen. Die Busgesellschaften versuchen einander zu übertönen: »Islamabad, Karatschi, Lahore!« Neben jedem Bus steht ein Mann und ruft. Die Busse haben keinen Fahrplan, sondern fahren ab, wenn sie voll sind. Vor der Abfahrt kommen Männer, die Nüsse, Sonnenblumenkerne, Kekse, Chips, Zeitungen und Illustrierte verkaufen. Die Bettler begnügen sich damit, ihre Hände durch die offenen Fenster zu strecken.

Sultan übersieht sie. Er folgt, was Almosen angeht, dem Rat des Propheten Mohammed und deutet ihn folgendermaßen: Erst soll man für sich selbst sorgen, dann für seine unmittelbare Familie, dann für die anderen Verwandten, für die Nachbarn und erst zum Schluss für die Armen, die man nicht kennt. Es kommt vor, dass er einem Bettler in Kabul einen Afghani zusteckt, um ihn loszuwerden, aber pakistanische Bettler rangieren zu weit unten auf seiner Liste. Pakistan soll sich selbst um seine Armen kümmern.

Eingeklemmt sitzt er auf der Rückbank des Busses, den Koffer zwischen den Beinen. In ihm verwahrt er auf einem Papier das größte Projekt seines Lebens. Die neuen Schulbücher Afghanistans will er drucken. Das Land verfügt kaum über Unterrichtsmaterial, jetzt, wo im Frühjahr die Schulen wieder öffnen. Die Bücher, die die Mudschaheddinregierung und die Taliban drucken ließen, lassen sich nicht verwenden. So lernten die Kinder das Alphabet in der ersten Klasse: »D für Dschihad, unser Ziel auf der Welt. I für Israel, unseren Feind. K für Kalaschnikow, wir werden siegen. M für Mudschaheddin, unsere Helden. S für …«

Sogar in den Mathematikbüchern war Krieg das Hauptthema. Die Jungen – denn die Taliban ließen Bücher nur für Jungen schreiben – rechneten nicht mit Äpfeln und Keksen, sondern mit Kugeln und Kalaschnikows. Eine Aufgabe darin konnte folgendermaßen aussehen:

»Der kleine Omar hat eine Kalaschnikow mit drei Magazinen. In jedem Magazin stecken zwanzig Kugeln. Er braucht zwei Drittel seiner Kugeln auf und tötet sechzig Ungläubige. Wie viele Ungläubige tötet er pro Kugel?«

Die Bücher aus der Kommunistenzeit sind ebenfalls nicht zu verwenden. Dort handeln die Textaufgaben von Bodenverteilung und Gleichheitsidealen. Rote Fahnen und glückliche Genossenschaftsbauern sollten die Kinder vom Kommunismus überzeugen.

Sultan will zu den Lehrbüchern aus der Zeit von Zahir Schah zurückgehen, dem König, der vierzig vergleichsweise friedliche Jahre regierte, bis er 1973 gestürzt wurde. Sultan hat alte Bücher hervorgekramt, die er nachdrucken lassen kann, Geschichten und Fabeln für den Persischunterricht, Mathematikbücher, in denen eins plus eins zwei sind, und Geschichtsbücher ohne anderen ideologischen Inhalt als unschuldiger Nationalismus.

Die UNESCO wird die neuen Schulbücher finanzieren. Als einer von Kabuls größten Verlegern hatte Sultan dort einen Termin. Nach seiner Reise nach Lahore will er sein Angebot unterbreiten. Auf einem Zettel in seiner Westentasche stehen Seitenzahlen und Formate von einhundertdreizehn Schulbüchern. Das Budget beläuft sich auf zwei Millionen Dollar. In Lahore will er herausfinden, welche Druckereien die besten Angebote machen. Anschließend will er wieder nach Kabul fahren und um das lukrative Geschäft kämpfen. Zufrieden sitzt Sultan da und denkt darüber nach, wie viele Prozente er von den zwei Millionen abzweigen kann. Er nimmt sich vor, nicht zu geldgierig zu sein. Wenn er den Zuschlag bekommt, dann hat er Arbeit für Jahre, sowohl mit dem Nachdrucken als auch mit neuen Titeln, denkt er, während Äcker und Ebenen an ihnen vorbeiziehen. Sie fahren auf der großen Landstraße von Kabul nach Kalkutta. Je näher sie Lahore kommen, desto wärmer wird es. In seiner dicken Wollweste von der afghanischen Hochebene schwitzt Sultan. Er wischt sich mit der Hand über den Kopf, auf dem er nur noch wenige Haare hat, und trocknet sich das Gesicht mit einem Taschentuch.

Zusätzlich zu den einhundertdreizehn Büchern, die auf dem Zettel stehen, hat Sultan auch noch Bücher dabei, die er auf eigene Rechnung drucken lassen will. Da Journalisten, Leute von Hilfsorganisationen und ausländische Diplomaten nach Afghanistan geströmt sind, gibt es einen guten Markt für englischsprachige Bücher über das Land. Sultan importiert keine Bücher von Verlagen im Ausland, er lässt sie nachdrucken.

Pakistan ist das Paradies der Raubdrucker. Hier gibt es keine Kontrollen und nur kaum jemand respektiert das Copyright und zahlt Lizenzen. Ein Buch drucken zu lassen, das er für zwanzig oder dreißig Dollar verkaufen kann, kostet Sultan einen einzigen Dollar. Den Bestseller »Taliban« von Ahmed Rashid hat Sultan in mehreren Auflagen drucken lassen. Bei den ausländischen Soldaten verkauft sich »My Hidden War« am besten, das Buch eines russischen Journalisten über die katastrophale Okkupation Afghanistans zwischen 1979 und 1989. Das war eine ganz andere Soldatenwirklichkeit als die, die die internationalen Friedenstruppen jetzt erleben, wenn sie in Kabul patrouillieren und zwischendurch in Sultans Buchhandlung Ansichtskarten und alte Kriegsbücher kaufen.

Der Bus fährt in den Busbahnhof von Lahore. Die Hitze schlägt ihm entgegen. Es wimmelt von Menschen. Lahore ist das kulturelle und künstlerische Zentrum Pakistans, eine geschäftige, schmutzige, verwirrende Stadt. Mitten in einer

Ebene liegend, ohne sich verteidigen zu können, ist die Stadt erobert, zerstört, wieder aufgebaut, erobert, zerstört und erneut aufgebaut worden. Aber zwischen den Eroberungen und Zerstörungen luden viele Herrscher berühmte Dichter und Literaten nach Lahore ein, das so zu einer Stadt der Künste und Bücher wurde, obwohl die Paläste, in welche die Künstler eingeladen wurden, immer wieder dem Erdboden gleichgemacht wurden.

Sultan liebt die Buchmärkte in Lahore. Hier hat er viele Schnäppchen gemacht. Wenige Dinge erfreuen Sultans Herz mehr, als auf einem staubigen Marktplatz ein wertvolles Buch zu finden und für einen Spottpreis zu erstehen. Sultan glaubt, die größte Buchsammlung über Afghanistan zu besitzen, sie umfasst acht- oder neuntausend Titel. Er interessiert sich für alles: Mythen und Geschichten, ältere Dichtung, Romane, Biographien, neuere Literatur über Politik sowie Wörterbücher und Nachschlagewerke. Er strahlt, wenn er ein Buch sieht, das er nicht hat oder noch nicht kennt.

Aber dieses Mal hat er keine Zeit, die Buchmärkte zu durchkämmen. Im Morgengrauen steht er auf und zieht seine frischen Kleider an, stutzt seinen Bart und setzt den Fes, die moslemische Kopfbedeckung, auf. Er steht vor einer heiligen Aufgabe – neue Lehrbücher für afghanische Kinder zu drucken. Er geht direkt zu der Druckerei, mit der er am meisten zusammenarbeitet. Dort trifft er Talha. Der junge Mann ist schon in dritter Generation Drucker und nur mäßig an Sultans Projekt interessiert. Es ist ganz einfach eine Nummer zu groß.

Talha setzt Sultan ein Glas Tee mit fetter Milch vor, fährt sich über den Mund und sieht bekümmert aus.

»Einen Teil davon würde ich gern übernehmen, aber einhundertdreizehn Titel! Wir würden ein Jahr brauchen, um das alles zu drucken.«

Sultans Deadline ist in zwei Monaten. Während der Lärm

der Maschinen durch die dünnen Wände des kleinen Büros dringt, versucht er Talha davon zu überzeugen, alle anderen Aufträge warten zu lassen.

»Unmöglich«, sagt Talha. Obwohl Sultan ein wichtiger Kunde ist und es sich beim Drucken von Schulbüchern für afghanische Kinder um eine heilige Aufgabe handelt, muss er sich auch um seine anderen Aufträge kümmern. Er macht trotzdem einen Voranschlag und rechnet aus, dass sich die Druckkosten pro Buch auf sechs Cent drücken lassen müssten. Der Preis hängt von der Papier- und Farbqualität ab und vom Einband. Talha schreibt alle Papierqualitäten und Formate auf – eine lange Liste. Sultan kneift die Augen zusammen. Er rechnet im Kopf: Rupien, Dollar, Tage und Wochen. Er hat gelogen, was den Termin angeht, damit Talha Tempo vorlegt und die Bücher von jemand anderem liegen lässt.

»Denk daran, zwei Monate«, sagt er. »Wenn du die Frist nicht einhalten kannst, dann verdirbst du mir das ganze Geschäft, verstehst du?«

Nachdem sie über die Schulbücher gesprochen haben, verhandeln sie über die neuen Bücher für Sultans Buchhandlung. Erneut diskutieren sie Preise, Auflagen und Termine. Die Bücher, die Sultan dabeihat, werden direkt vom Original gedruckt. Die Seiten werden auseinander genommen, kopiert und dann auf große Metallplatten übertragen. Wenn sie Ansichtskarten drucken wollen oder farbige Umschläge, wird Zinklösung über die Platten gegossen. Diese werden im Freien getrocknet. Die Sonne bringt die richtigen Farben zum Vorschein. Hat eine Seite mehrere Farben, müssen die Platten eine nach der anderen ins Freie gelegt werden. Anschließend wird mit alten, halbautomatischen Maschinen gedruckt. Ein Arbeiter legt Papierbögen in die Maschine und ein anderer sitzt in der Hocke am entgegengesetzten Ende und sortiert, was die Maschine ausspuckt. Irgendwo scheppert ein Radio, ein Kricketmatch zwischen

Pakistan und Sri Lanka wird übertragen. An den Wänden hängen die obligatorischen Bilder von Mekka und in der Lampe an der Decke liegen tote Fliegen. Gelbe Bäche, Säure, laufen über den Fußboden und direkt in den Abfluss.

Nach einem Rundgang setzen sich Talha und Sultan auf den Fußboden und betrachten Buchumschläge. Sultan hat Motive von seinen Ansichtskarten ausgesucht. Ein paar Borten, die ihm gefallen, hat er ebenfalls dabei, und sie setzen die Seiten zusammen. In fünf Minuten sind sechs Buchumschläge fertig.

In einer Ecke sitzen ein paar Männer und trinken Tee. Pakistanische Verleger und Drucker, die wie Sultan zwielichtigen Geschäften nachgehen und mit Raubdrucken handeln. Sie begrüßen sich und sprechen über die letzten Vorfälle in Afghanistan: den Versuch Hamid Karzais, zwischen den verschiedenen Kriegsherren im Land zu vermitteln, und die Offensive der Al-Qaida-Soldaten im Osten des Landes. Amerikanische Spezialtruppen sind den Afghanen zu Hilfe gekommen und sprengen Höhlen an der Grenze zu Pakistan. Einer der Männer auf dem Teppich findet es schade, dass die Taliban aus Afghanistan vertrieben worden seien.

»Wir bräuchten hier in Pakistan auch ein paar Taliban an der Macht, um aufzuräumen«, meint er.

»Du hast gut reden. Du hast die Taliban nie am eigenen Leib erfahren. Pakistan würde zusammenbrechen, wenn die Taliban an die Macht kämen, bilde dir nur nichts anderes ein!«, poltert Sultan. »Stell dir das mal vor: Alle Reklameplakate müssten weg, allein hier in der Straße hängen mehrere tausend. Alle Bücher mit Bildern würden verbrannt, ebenso das Filmarchiv von Pakistan sowie das Musikarchiv. Alle Musikinstrumente würden zerstört. Du würdest nie mehr Musik hören oder tanzen können. Alle Internetcafés würden geschlossen, die Mattscheibe des Fernsehers würde schwarz und die Apparate eingezogen. Das Radio sendete nur noch religiöse Programme. Alle Mädchen würden aus der Schule genommen und alle Frauen von der Arbeit nach Hause geschickt. Was würde dann aus Pakistan? Das Land würde hunderttausende von Arbeitsplätzen verlieren und in eine schwere Rezession geraten. Was soll dann aus allen überflüssigen Menschen werden, die ihre Jobs verlieren, wenn Pakistan kein modernes Land mehr ist? Sollen sie Krieger werden?«, meint Sultan aufgebracht.

Der Mann zuckt mit den Achseln. »Nicht gleich alle Taliban, nur ein paar.«

Talha hat die Taliban selbst unterstützt, indem er ihre Pamphlete vervielfältigte. Ein paar Jahre lang hat er auch ihre Islam-Lehrbücher gedruckt. Später half er ihnen, eine eigene Druckerei in Kabul einzurichten. Er besorgte eine gebrauchte Druckmaschine aus Italien, die er billig an die Taliban weiterveräußerte. Dazu beschaffte er ihnen Papier und weitere technische Ausrüstung. Wie die meisten Pakistaner fand er es beruhigend, dass ein paschtunisches Regime im Nachbarland regierte.

»Du hast keine Skrupel, du würdest auch Bücher für den Teufel drucken«, spottet Sultan gutmütig, nachdem er seinen Abscheu für die Taliban losgeworden ist.

Talha windet sich etwas, aber gibt nicht nach. »Die Taliban passen zu unserer Kultur. Sie respektieren den Koran, den Propheten und unsere Traditionen. Nie würde ich etwas drucken, was im Widerspruch zum Islam steht.«

»Was zum Beispiel?«, fragt Sultan lachend. Talha muss nachdenken.

»Zum Beispiel ›Die satanischen Verse‹ oder ein anderes Buch von Salman Rushdie. Möge Allah jemanden zu seinem Versteck führen.«

»Die satanischen Verse«, ein Buch, das keiner von ihnen gelesen hat, ist Wasser auf den Mühlen der anderen Männer auf dem Teppich.

»Man sollte ihn umbringen. Aber es gelingt ihm immer, zu entkommen. Alle, die seine Bücher drucken oder ihm helfen, sollten ebenfalls getötet werden«, sagt Talha. »Ich würde diese Schriften nie drucken, man könnte mir noch so viel Geld bieten. Den Islam hat er in den Schmutz gezogen.«

»Er hat uns verletzt und verhöhnt und ist mit scharfen Messern auf uns losgegangen. Irgendwann kriegen sie ihn noch«, fährt einer der Männer fort.

Sultan stimmt zu: »Er hat versucht, unsere Seele zu zerstören. Man muss ihm Einhalt gebieten, bevor er andere auf seine Seite zieht. Nicht einmal die Kommunisten haben versucht, uns auf diese Art fertig zu machen. Sie haben immerhin einen gewissen Respekt an den Tag gelegt und unsere Religion nicht beschmutzt. Und dann kommt diese Schweinerei von einem, der sich Moslem nennt!«

Schweigend sitzen sie da, als gelänge es ihnen nicht, die Bedrücktheit abzuschütteln, in die sie der Verräter Rushdie versetzt hat. »Sie kriegen ihn noch. *Inschallah* – so Gott will«, sagt Talha.

In den folgenden Tagen macht Sultan bei allen möglichen Druckereien in Hinterhöfen, Kellern und engen Gassen in Lahore die Runde. Um die große Bestellung zu bewältigen, muss er sie auf etwa zehn Druckereien aufteilen. Er erklärt das Projekt, lässt sich ein Angebot unterbreiten, notiert und rechnet. Er blinzelt einmal extra und seine Oberlippe zuckt leicht, wenn er eine gute Offerte hört. Er befeuchtet seine Lippen mit der Zunge und rechnet im Kopf rasch seinen Verdienst aus. Nach zwei Wochen sind alle Schulbücher unter Dach und Fach. Er verspricht, sich wieder bei den Druckereien zu melden.

Dann kann er endlich nach Kabul zurückfahren. Dieses Mal braucht er sich nicht auf dem Pferderücken über die Grenze zu quälen. Afghanen dürfen zwar nicht nach Pakistan einreisen, in die entgegengesetzte Richtung existiert jedoch keine Passkontrolle. Ungehindert kann der Buchhändler Pakistan verlassen.

In einem alten Bus rumpelt Sultan über die kurvige Straße von Jalalabad nach Kabul. Auf dem Hang oberhalb liegen riesige Felsblöcke, die jeden Augenblick den Abhang hinabrollen können. Einmal sieht er zwei umgestürzte Busse und einen Sattelschlepper, der von der Straße abgekommen ist. Mehrere Tote werden weggetragen. Unter ihnen zwei kleine Jungen. Er betet ein Gebet für ihre Seelen und eines für sich.

Nicht nur die zahlreichen Unfälle und Erdrutsche stellen auf dieser Landstraße eine Bedrohung dar. Sie ist auch als eine der gesetzlosesten in ganz Afghanistan bekannt. Hier haben schon ausländische Journalisten, Angehörige von Hilfsorganisationen und Afghanen ihre Begegnung mit Banditen mit dem Leben bezahlt. Unmittelbar nach der Niederlage des Talibanregimes wurden hier vier Journalisten ermordet. Erst wurden sie misshandelt und dann mit einem Genickschuss getötet. Ihr Fahrer überlebte, weil er das islamische Glaubensbekenntnis hersagte. Wenig später wurde ein Bus mit Afghanen angehalten. Allen, die sich den Bart abrasiert hatten, wurden Ohren und Nase abgeschnitten. So zeigten die Banditen, welche Regierung sie im Land wünschten.

Sultan betet ein Gebet an der Stelle, an der die Journalisten ermordet wurden. Sicherheitshalber hat er Bart und traditionelle Kleider behalten. Nur den Turban hat er gegen einen kleinen Fes eingetauscht.

Er nähert sich Kabul. Sonya ist sicher böse, denkt er und lächelt. Er hatte ihr versprochen, nur eine Woche fortzubleiben. Er hatte versucht, ihr zu erklären, dass es unmöglich sei, innerhalb einer Woche Peschawar und Lahore zu besuchen. Aber sie hatte ihn nicht verstehen wollen. »Dann trinke ich meine Milch nicht«, hatte sie gesagt. Sultan muss lächeln. Er freut sich darauf, sie wiederzusehen. Sonya mag keine Milch, aber Sultan zwingt sie jeden Morgen, ein Glas zu trinken, weil sie Latifa immer noch stillt. Mit diesem Glas Milch erpresst sie ihn.

Ihr fehlt Sultan schrecklich, wenn er verreist ist. Die anderen der Familie sind nicht sonderlich freundlich zu ihr, wenn ihr Mann nicht da ist. Dann ist sie nicht mehr Herrin im Haus, sondern nur noch ein junges Mädchen, das zufällig in ihrem Haus gelandet ist. Plötzlich haben andere die Macht und sie tun, was sie wollen, wenn Sultan fort ist. »Bauerntrampel« nennen sie sie. »Dumm wie ein Esel!«, sagen sie. Aber sie wagen es nicht, sie zu sehr zu verspotten, weil sie sich dann bei Sultan beklagt, und den will keiner zum Feind haben.

Sonya fehlt Sultan auch. Sharifa hat ihm nie gefehlt. Manchmal denkt er, dass sie zu jung für ihn ist, dass sie noch wie ein Kind ist. Dass er auf sie aufpassen und sie dazu bringen muss, Milch zu trinken, und dass er ihr kleine Geschenke machen muss.

Er denkt an die Unterschiede zwischen seinen beiden Frauen. Wenn er mit Sharifa zusammen ist, kümmert diese sich um alles, erinnert ihn an Verabredungen, organisiert und regelt alles. Sharifa denkt immer zuerst an Sultan, daran, was er braucht und worauf er Lust haben könnte. Sonya tut immer alles, worum man sie bittet, aber lässt sich nur selten selbst etwas einfallen.

Mit einem kann er sich nicht abfinden, nämlich dass sie einen vollkommen unterschiedlichen Tagesrhythmus haben. Sultan steht immer gegen fünf auf, um zur Fadjr, zur Morgendämmerung, zu beten. Das ist die einzige Gebetszeit, die er respektiert. Sharifa ist immer mit ihm zusammen aufgestanden, hat Wasser heiß gemacht, Tee gekocht und ihm saubere Kleider hingelegt, aber Sonya ist wie ein Kind. Es ist unmöglich, sie zu wecken.

Manchmal denkt Sultan, dass er zu alt und nicht der Richtige für sie ist. Aber dann sagt er sich, dass sie nie einen Besseren als ihn hätte finden können. Nie und nimmer hätte sie denselben Lebensstandard, wenn sie einen in ihrem Alter genommen hätte, irgendeinen armen Jungen, denn alle Jungen in ihrem Dorf waren arm. Wir haben noch zehn oder zwanzig gute Jahre vor uns, denkt Sultan und sieht zufrieden aus. Er ist glücklich. Was für ein Glück er doch gehabt hat!

Sultan lächelt. Etwas rührt sich in ihm. Er nähert sich Mikrorayon und seiner wunderbaren Mädchenfrau.

Willst du mich traurig machen?

Das Fest ist vorbei. Auf dem Fußboden liegen Hammel- und Hühnerknochen. Reisklumpen, dunkelrote Flecken der Chilisauce und Lachen aus dünnem, weißem Joghurt kleben am Tischtuch. Brotstücke und Orangenschalen liegen überall verstreut, als seien sie zum Finale des Mahls einfach in die Luft geworfen worden.

Auf den Kissen an der Wand sitzen drei Männer und eine Frau. In der Ecke bei der Tür kauern sich zwei weitere Frauen zusammen. Sie haben an der Mahlzeit nicht teilgenommen und starren, ohne jemanden direkt anzusehen, unter ihren Tüchern geradeaus.

Die vier an der Wand genießen langsam und nachdenklich ihren Tee, als seien sie erschöpft. Das Wichtigste ist besprochen und entschieden. Wakil soll Shakila bekommen und Rasul Bulbula. Nur Brautpreis und Hochzeitsdatum sind noch offen.

Bei Tee und Mandeln mit Glasur besprechen sie, dass Shakila hundert Dollar kostet, Bulbula jedoch gratis ist. Wakil hat das Geld dabei, er zieht einen Schein aus der Tasche und gibt ihn Sultan. Sultan nimmt das Geld für seine Schwester mit einer arroganten, fast desinteressierten Miene entgegen. Für sie hat er wirklich nicht viel bekommen. Rasul atmet erleichtert auf, er hätte sonst Jahre gebraucht, um genug Geld für den Brautpreis und das Hochzeitsfest zusammenzusparen.

Sultan ist mit dem zukünftigen Leben, das sich jetzt für seine Schwestern abzeichnet, nicht so recht zufrieden und meint, dass ihnen mit ihren Launen einige passende Freier durch die Lappen gegangen sind und dass sie viele Jahre verloren haben. Vor fünfzehn Jahren hätten sie junge und reiche Männer bekommen können.

»Sie waren zu wählerisch.«

Aber es war nicht Sultan, sondern die Frau auf dem Ehrenplatz, seine Mutter Bibi Gul, die ihr Schicksal in der Hand hielt. Jetzt sitzt sie zufrieden mit gekreuzten Beinen auf dem Boden und wiegt sich hin und her. Die Gaslampe wirft einen friedlichen Schein auf ihr verschrumpeltes Gesicht. Die Hände liegen schwer in ihrem Schoß und sie lächelt selig. Es hat nicht den Anschein, als würde sie dem Gespräch weiterhin lauschen. Sie selbst wurde als Elfjährige mit einem zwanzig Jahre älteren Mann verheiratet. Sie wurde als Teil eines Ehevertrags zwischen zwei Familien weggegeben. Ihre Eltern hatten für ihren Bruder um eine der Töchter einer Nachbarsfamilie gebeten, aber die Nachbarn wollten nur darauf eingehen, wenn sie als Dreingabe Bibi Gul für den ältesten, unverheirateten Sohn bekommen würden. Er hatte sie auf dem Hof gesehen.

Eine lange Ehe, drei Kriege, fünf Putsche und dreizehn Kindbetten später hat die Witwe endlich ihre beiden vorletzten Töchter weggegeben. Lange hat sie sie festgehalten, sie sind beide über dreißig und damit auf dem Heiratsmarkt kaum mehr begehrt. Und dafür bekommen sie auch recht gebrauchte Männer. Derjenige, der an diesem Abend als Shakilas Verlobter das Haus verlässt, ist ein fünfzigjähriger Witwer mit zehn Kindern. Witwer ist auch Bulbulas Zukünftiger, aber kinderlos.

Bibi Gul hatte ihre Gründe, ihre Töchter so lange festzuhalten, obwohl viele finden, dass sie ihnen damit Unrecht getan hat. Sie beschreibt die eine, Bulbula, als wenig tüchtig und ziemlich unbrauchbar. Das sagt Bibi Gul gerne laut, ohne Scheu und auch wenn die Tochter zugegen ist. Bulbula hat eine steife Hand, die sie kaum bewegen kann, außerdem hinkt sie. »Mit einer großen Familie wird sie nie fertig werden«, sagt ihre Mutter.

Bulbula wurde im Alter von sechs Jahren plötzlich krank. Als sie wieder gesund wurde, hatte sie auf einmal Probleme, sich zu bewegen. Ihr Bruder behauptet, es war Kinderlähmung, die Ärzte wissen es nicht, und Bibi Gul glaubt, dass das die Trauer gewesen sei. Sie glaubt, dass Bulbula die Krankheit aus Trauer darüber bekommen hat, dass ihr Vater ins Gefängnis gekommen war. Er war festgenommen worden und man hatte ihm vorgeworfen, in dem Lager, in dem er arbeitete, gestohlen zu haben. Bibi Gul behauptet, er sei unschuldig gewesen. Nach einigen Monaten kam er wieder frei, aber Bulbula wurde nie wieder gesund. »Sie nahm die Strafe ihres Vaters auf sich«, sagt ihre Mutter.

Bulbula wurde nicht zur Schule geschickt, denn die Krankheit machte auch vor ihrem Kopf nicht Halt. Sie sei etwas träge im Denken, meinten ihre Eltern. Die gesamte Kindheit hing Bulbula ihrer Mutter am Rockzipfel. Sie musste auch nichts im Haushalt tun, weil sie diese geheimnisvolle Krankheit hatte. So ging das Leben an ihr vorbei. Niemand hatte etwas mit Bulbula zu tun, niemand spielte mit ihr, niemand bat sie um Hilfe.

Kaum jemand weiß, worüber er mit Bulbula reden soll. Die dreißigjährige Frau strahlt eine seltsame Trägheit aus, als schleppe sie sich durch das Leben oder aus diesem hinaus. Sie hat große, leere Augen und sitzt meist mit halb offenem Mund und hängender Unterlippe da, so als schlafe sie gleich ein. Bestenfalls folgt Bulbula den Unterhaltungen der anderen, dem Leben der anderen, aber auch das ohne sonderliche Begeisterung. Bibi Gul hatte sich damit abgefunden, dass Bulbula den Rest ihres Lebens in der Wohnung herumschlurfen und auf der Matte neben ihr schlafen würde. Aber dann geschah etwas, was sie auf andere Gedanken brachte.

Eines Tages wollte Bibi Gul ihre Schwester auf dem Dorf besuchen. Sie zog ihre Burkha an, schleifte Bulbula mit und ergatterte ein Taxi. Normalerweise ging sie zu Fuß, aber in den letzten Jahren war sie so schwer geworden, dass ihr die Knie ständig wehtaten. Sie konnte die paar Kilometer bis zum Dorf nicht mehr laufen. Nach dem Hungern in der Kindheit, der Armut und den Mühen als junge Frau hat Bibi Gul eine regelrechte Besessenheit entwickelt, was das Essen angeht – sie kann nicht aufhören, ehe nicht alle Teller leer sind.

Der Taxifahrer, der für die fette Burkha und ihre Tochter anhielt, war ein entfernter Verwandter, der sanfte Rasul, der vor einigen Jahren seine Frau im Kindbett verloren hatte.

»Hast du eine neue Frau gefunden?«, fragte Bibi Gul im Taxi.

»Nein«, antwortete er.

»Das ist schade. *Inschallah* – so Gott will, findest du bald eine neue«, sagte Bibi Gul, ehe sie die letzten Neuigkeiten über ihre eigene Familie, die Söhne, Töchter und Enkel erzählte.

Rasul verstand den Wink. Einige Wochen später kam seine Schwester, um um Bulbulas Hand anzuhalten. Das wird Bulbula sicher schaffen, für ihn eine Ehefrau zu sein, dachte Bibi Gul.

Ohne zu zögern erklärte sie sich einverstanden. Das war sehr ungewöhnlich. Die Tochter sofort wegzugeben bedeutet, dass sie nichts »wert« ist, dass man froh ist, sie loszuwerden. Warten und Zögern erhöhen den Wert eines Mädchens, die Familie des Jungen soll viele Male vorsprechen, bitten, überreden und Geschenke mitbringen. Für Bulbula wurden nicht viele Schritte gemacht. Und auch keine Geschenke mitgebracht.

Während Bulbula leer in die Luft starrt, als würde das Gerede sie nichts angehen, sitzt ihre Schwester Shakila mit konzentriertem Blick da und lauscht. Die beiden sind so verschieden, wie man nur sein kann. Shakila ist geistreich und laut und der Mittelpunkt der Familie. Sie hat Lust aufs Leben und ist schön und üppig, wie afghanische Frauen das sein sollen.

Zu Shakila sind in den letzten fünfzehn Jahren eine Menge Freier gekommen, von dem Tag an, als sie ein schlanker Teenager wurde, bis heute, wo sie so tüchtig in der Ecke hinter dem Ofen sitzt und stumm lauscht, wie der Bruder und die Mutter feilschen.

Shakila hatte strenge Anforderungen an ihre Freier. Wenn die Mütter dieser Freier zu Bibi Gul kamen, um um Shakila zu bitten, dann fragte sie nicht, wie es üblich ist, ob er reich sei.

»Erlaubt ihr, dass sie ihre Studien fortsetzt?«, lautete die erste Frage.

»Nein«, hieß immer die Antwort, und eine Hochzeit kam damit nicht in Frage. Shakila wollte studieren und unterrichten, und keiner ihrer Freier sah ein, was für einen Nutzen eine gebildete und obstinate Ehefrau haben sollte. Viele von ihnen waren selbst Analphabeten. Shakila schloss ihr Studium ab und wurde Lehrerin für Mathematik und Biologie. Als neue Mütter kamen, um für ihre Söhne um die elegante Shakila zu bitten, fragte Bibi Gul:

»Erlaubt ihr, dass sie weiterhin arbeitet?«

Nein, das wollten sie nicht, und Shakila blieb weiterhin unverheiratet.

Shakila bekam ihre erste Lehrerstelle, während der Krieg gegen die Sowjetunion tobte. Jeden Morgen stöckelte sie auf hohen Absätzen und mit knielangen Röcken, wie sie in den

Achtzigern Mode waren, zum Dorf Deh Khudaidad bei Kabul. Dort schlugen weder Kugeln noch Granaten ein. Die einzige Explosion, die stattfand, war, dass Shakila sich verliebte.

Leider war Mahmoud bereits verheiratet, eine arrangierte und unglückliche Ehe. Er war etwas älter als sie und Vater von drei kleinen Kindern. Es war Liebe auf den ersten Blick, als sich die beiden Kollegen zum ersten Mal sahen. Sie hielten ihre Gefühle vor den anderen geheim und versteckten sich, wo niemand sie sah, oder sie riefen sich an und flüsterten sich Zärtlichkeiten zu. Sie begegneten sich nur in der Schule. Während eines ihrer heimlichen Treffen planten sie, wie sie sich doch noch bekommen könnten. Mahmoud würde Shakila zu seiner zweiten Frau machen.

Aber Mahmoud konnte nicht einfach zu Shakilas Eltern gehen und um ihre Hand anhalten. Er musste seine Mutter oder Schwester darum bitten, das für ihn zu tun.

»Das tun sie nie«, sagte er – »Und meine Eltern würden nie ja sagen«, erwidert Shakila seufzend.

Mahmoud fand, dass nur Shakila selbst seine Mutter dazu bringen könnte, zu ihren Eltern zu gehen und um sie zu bitten. Er schlug vor, sie solle verrückt spielen, als sei sie außer sich vor Verzweiflung. Sie solle mit Selbstmord drohen, falls sie Mahmoud nicht bekomme. Sie solle sich ihren Eltern zu Füßen werfen und sagen, sie würde von Liebe verzehrt. Dann würden die Eltern die Ehe akzeptieren. Um das Leben von ihnen beiden zu retten.

Aber Shakila hatte nicht den Mut, zu heulen und zu schreien, und Mahmoud wagte es nicht, die Frauen aus seiner Familie darum zu bitten, zu Shakilas Haus zu gehen. Selbstverständlich konnte er Shakila seiner Frau gegenüber ebenfalls nicht erwähnen. Vergeblich versuchte Shakila, die Sache mit ihrer Mutter zu besprechen, aber jedes Mal glaubte Bibi Gul, sie würde Witze reißen. Jedenfalls zog sie es vor, es als einen Scherz zu betrachten, als Shakila sagte, dass sie einen Lehrerkollegen mit drei Kindern heiraten wolle.

Mahmoud und Shakila strichen an der Dorfschule vier Jahre lang umeinander herum und träumten, bis Mahmoud befördert wurde und die Schule wechselte. Er konnte die Beförderung nicht ablehnen und von da an hatten sie nur noch telefonisch Kontakt. Shakila war zutiefst unglücklich und sehnte sich nach ihrem Geliebten, aber niemand sollte ihr das ansehen, schließlich war es eine Schande, sich in einen Mann zu verlieben, den man nicht bekommen konnte.

Dann kam der Bürgerkrieg und die Schule wurde geschlossen. Shakila flüchtete nach Pakistan. Nach vier Jahren Krieg kamen die Taliban, und obwohl keine Raketen mehr abgefeuert wurden und in Kabul der Frieden einzog, wurde die Schule, an der sie gearbeitet hatte, nie wieder geöffnet. Die Mädchenschulen blieben geschlossen und Shakila verlor wie alle anderen Frauen in Kabul über Nacht die Möglichkeit, sich eine andere Arbeit zu suchen. Mit ihr verschwanden zwei Drittel der Lehrer Kabuls. Mehrere Jungenschulen mussten ebenfalls schließen, weil an ihnen Lehrerinnen gearbeitet hatten. Es gab nicht genügend qualifizierte Lehrer, um sie weiterhin betreiben zu können.

Die Jahre vergingen. Mahmouds kleine Lebenszeichen verschwanden vollends, als während des Bürgerkriegs die Telefonleitungen gekappt wurden. Shakila saß mit den Frauen zu Hause. Sie konnte nicht arbeiten, sie konnte nicht allein ausgehen, sie musste sich bedecken. Schon lange hatte das Leben für sie seine Farbe verloren. Als sie dreißig wurde, kamen auch die Freier nicht mehr.

Eines Tages, als der Hausarrest, den die Taliban gegen die Frauen verhängt hatten, nun fast schon fünf Jahre andauerte, kam die Schwester ihres entfernten Verwandten Wakil zu Bibi Gul, um um ihre Hand anzuhalten.

»Die Frau starb plötzlich. Die Kinder brauchen eine Mutter. Er ist lieb. Er hat etwas Geld. Er war nie Soldat, er hat nie etwas Unerlaubtes getan und er ist ehrlich und gesund«, sagte die Schwester. »Sie wurde plötzlich verrückt und starb«, fuhr sie flüsternd fort. »Sie war vollkommen verwirrt und erkannte niemanden mehr. Schrecklich für die Kinder …«

Für den Vater von zehn Kindern war es dringlich, eine neue Frau zu finden. Jetzt kümmerten sich die Ältesten um die Jüngsten, aber das Durcheinander im Haus wurde immer größer. Bibi Gul sagte, dass sie darüber nachdenken würde, und erkundigte sich bei Freunden und Verwandten nach dem Mann. Sie hörte, er sei ein hart arbeitender und ehrlicher Mensch.

Außerdem wurde es für Shakila langsam Zeit zu heiraten, falls sie je eigene Kinder wollte.

»Es stand ihr ins Gesicht geschrieben, dass sie hier aus dem Haus musste«, erzählte Bibi Gul allen, die es hören wollten. Da die Taliban den Frauen ohnehin das Arbeiten nicht erlaubten, fragte sie gar nicht erst, ob er es ihr gestatten würde.

Sie bat Wakil, selbst zu kommen. Normalerweise wird geheiratet, wenn die Eltern zustimmen, aber da der Mann auf die fünfzig zuging, wollte Bibi Gul ihn selbst sehen. Wakil war Lastwagenfahrer und ständig auf weiten Strecken unterwegs. Er schickte die Schwester erneut, dann den Bruder, wieder die Schwester, hatte aber nie Zeit, selbst zu kommen, und die Verlobung ließ auf sich warten.

Dann kam der 11. September und Sultan brachte seine Schwestern und seine Familie wieder nach Pakistan, um sie vor den Bomben zu schützen, von denen er wusste, dass sie fallen würden. Da endlich kam Wakil.

»Wir müssen darüber reden, wenn sich die Zeiten normalisiert haben«, meinte Sultan.

Als die Taliban zwei Monate später aus Kabul vertrieben worden waren, kehrte Wakil zurück. Die Schulen waren noch nicht wieder geöffnet, und deswegen dachte Bibi Gul auch nicht daran, ihn zu fragen, ob er Shakila arbeiten lassen würde.

Von der Ecke hinter dem Ofen verfolgt Shakila, wie über ihr Schicksal entschieden und das Hochzeitsdatum festgelegt wird. Die vier auf den Kissen entscheiden alles, ohne dass sich die zwei frisch verlobten Paare auch nur angeblickt hätten.

Verstohlen schaut Wakil auf Shakila, die die ganze Zeit in die Luft gestarrt hat, auf die Wand, ins Nichts.

»Ich bin so froh, dass ich sie gefunden habe«, sagt er an Sultan gewandt, aber mit dem Blick auf seine Frischverlobte.

Es ist kurz vor der Ausgangssperre, die beiden Männer verabschieden sich und eilen in die Dunkelheit. Zurück bleiben zwei Frauen, die man wegverheiratet hat. Sie starren immer noch vor sich hin. Auch als sich die Männer verabschiedeten, haben sie diese nicht angeschaut. Bulbula erhebt sich schwerfällig und seufzt, sie ist noch nicht gleich an der Reihe. Es kann mehrere Jahre dauern, bis Rasul genug Geld beisammen hat, um die Hochzeit zu bezahlen. Das scheint ihr gleichgültig zu sein. Sie legt ein paar Holzscheite in den Ofen. Niemand belästigt sie mit Fragen, sie ist einfach da, wie immer, ehe sie aus dem Zimmer schlurft, zum Abwasch und zu den Essensresten, um die sie sich kümmern muss.

Shakila errötet, als sich alle Schwestern auf sie stürzen. »In drei Wochen! Du musst dich beeilen.«

»Ich werde nie fertig«, klagt sie, obwohl der Stoff für das Brautkleid bereits ausgesucht ist und nur noch an den Schneider geliefert werden muss. Aber dann sind da noch Aussteuer, Bettwäsche, Geschirr. Da Wakil Witwer ist, besitzt er das meiste, aber die Braut muss trotzdem etwas Neues mitbringen.

Shakila ist mäßig begeistert. »Er ist klein. Mir gefallen große Männer«, sagt sie zu den Schwestern. »Er ist glatzköpfig und er könnte auch gut ein paar Jahre jünger sein«, meint sie, und ihre Miene verfinstert sich. »Stellt euch vor, wenn er ein Tyrann ist, wenn er nicht nett ist, wenn er mich nicht aus dem Haus lässt«, sagt sie nachdenklich. Die Schwestern schweigen und hängen denselben traurigen Gedanken nach. »Stellt euch vor, er erlaubt mir nicht, euch zu besuchen, oder er schlägt mich.«

Shakila und ihre Schwestern sehen die Heirat in einem immer düstereren Licht, bis Bibi Gul sie bittet, still zu sein. »Er ist ein guter Ehemann für dich, Shakila«, stellt sie fest.

Zwei Tage nach dieser Vereinbarung richtet Shakilas Schwester Mariam für die Verlobten ein Fest aus. Mariam ist neunundzwanzig Jahre alt und zum zweiten Mal verheiratet. Ihr erster Mann ist im Bürgerkrieg getötet worden. Jetzt ist sie hochschwanger mit ihrem fünften Kind.

Mariam hat auf einem langen Tischtuch auf dem Boden in der Stube gedeckt. An der Schmalseite sitzen Shakila und Wakil. Endlich sind weder Sultan noch Bibi Gul in ihrer Nähe. Solange die Älteren der Familie sie sehen, sollen sie immer noch keinen nahen Kontakt haben, aber jetzt, nur mit den jüngeren Geschwistern, unterhalten sie sich leise und nehmen die anderen kaum wahr, die neugierig versuchen, Bruchstücke der Unterhaltung aufzuschnappen.

Es ist keine besonders verliebte Unterhaltung. Shakila spricht im Großen und Ganzen geradeaus vor sich hin. Nach geltenden Sitten darf sie ihrem Verlobten vor der Hochzeit nicht in die Augen schauen, er schaut jedoch die ganze Zeit auf sie.

»Du hast mir gefehlt. Ich kann diese fünfzehn Tage, bis ich dich bekomme, kaum abwarten«, sagt er. Shakila errötet, aber schaut weiter starr geradeaus ins Zimmer.

»Ich habe die ganze Nacht nicht schlafen können. Ich habe dagelegen und an dich gedacht«, sagt er. Keine Reaktion von Shakila. »Hm, was denkst du?«, fragt er.

Shakila isst einfach weiter.

»Denk dir, wenn wir erst mal verheiratet sind und du mir das Essen gekocht hast, wenn ich nach Hause komme. Du sollst immer zu Hause sein und auf mich warten«, träumt Wakil. »Ich werde nie mehr allein sein.«

Shakila schweigt. Dann nimmt sie ihren Mut zusammen und fragt, ob sie weiterhin arbeiten darf, wenn sie verheiratet sind. Wakil sagt ja, aber Shakila verlässt sich nicht darauf. Er kann sofort seine Ansicht ändern, wenn sie verheiratet sind. Aber er versichert ihr, dass sie gern arbeiten dürfe, wenn sie das glücklich mache. Daneben müsse sie sich natürlich um seine Kinder und sein Haus kümmern.

Er nimmt die Mütze ab, den braunen Pakul, den die Anhänger des ermordeten Führers der Nordallianz, Ahmed Schah Masud, tragen.

»Jetzt wirst du hässlich«, sagt Shakila unbekümmert. »Du hast ja keine Haare mehr.«

Jetzt ist Wakil an der Reihe, verlegen zu werden. Er reagiert auf die Beleidigung seiner Zukünftigen nicht, sondern lenkt das Gespräch auf unverfänglichere Themen. Shakila hat den Tag auf den Märkten von Kabul verbracht, um Sachen einzukaufen, die sie für die Hochzeit braucht, sowie Geschenke für die gesamte Verwandtschaft, sowohl ihre als auch seine. Wakil soll die Geschenke austeilen – eine Verbeugung vor ihrer Familie, die sie weggibt. Er bezahlt und sie kauft ein. Kupferwaren, Schüsseln, Besteck, Laken, Handtücher, Stoff für lange Hemden für ihn und Rasul. Sie hat Rasul, dem Verlobten von Bulbula, versprochen, dass er sich die Farbe aussuchen darf. Sie erzählt von dem Kauf und er fragt, welche Farbe der Stoff hat.

»Einer ist blau, der andere braun«, antwortet Shakila.

»Welcher ist für mich?«, will er wissen.

»Das weiß ich nicht, denn Rasul darf zuerst wählen.«

»Was?«, brüllt Wakil. »Wieso das? Ich muss als Erster wählen, ich bin dein Mann!«

»Natürlich«, antwortet Shakila. »Du darfst zuerst wählen. Aber sie sind beide schön«, meint sie und starrt vor sich hin.

Wakil zündet sich eine Zigarette an. »Ich mag keinen Rauch«, sagt Shakila. »Ich mag keine Leute, die rauchen. Wenn du rauchst, dann mag ich dich auch nicht.«

Shakila hat die Stimme erhoben und alle hören ihre Beleidigung.

»Es ist schwer, aufzuhören, wenn man erst mal angefangen hat«, sagt Wakil etwas dumm.

»Es stinkt«, fährt Shakila fort.

»Du sollst höflich sein«, sagt Wakil. Shakila schweigt.

»Und du musst den Schleier tragen. Es ist die Pflicht einer Frau, Burkha zu tragen. Du kannst machen, was du willst, aber wenn du keine Burkha trägst, werde ich traurig. Willst du mich traurig machen?", fragt Wakil fast drohend.

»Aber wenn Kabul sich verändert und die Frauen wieder anfangen, moderne Kleider zu tragen, dann will ich das auch tun«, sagt Shakila.

»Du sollst keine modernen Kleider tragen. Du willst mich doch wohl nicht traurig machen?«

Shakila antwortet nicht.

Wakil zieht ein paar Passfotos aus seiner Brieftasche, betrachtet sie lange und gibt Shakila eines. »Das ist für dich, das sollst du an deinem Herzen tragen«, sagt er. Shakila verzieht keine Miene und nimmt das Bild widerwillig entgegen.

Wakil muss gehen. Es ist kurz vor der Ausgangssperre. Er fragt sie, wie viel Geld sie noch für den Rest ihrer Einkäufe benötigt. Sie antwortet. Er zählt die Scheine, überlegt, gibt ihr ein paar Scheine und legt ein paar in seine Brieftasche zurück.

»Reicht das?«

Shakila nickt. Sie verabschieden sich. Wakil geht, Shakila legt sich auf die roten Kissen. Sie atmet erleichtert auf und schnappt sich ein paar Stücke Lamm. Sie hat die Prüfung bestanden. Sie *soll* kalt und abweisend wirken, bis sie verheiratet sind. Das ist höflich ihrer Familie gegenüber, die sie verliert.

»Magst du ihn?«, fragt Mariam ihre große Schwester.

»Tja.«

»Bist du verliebt?«

»Hm.«

»Was bedeutet ›hm‹?«

»*Das* bedeutet ›hm‹«, antwortet Shakila. »Weder ja noch nein. Er könnte jünger und schöner sein.« Sie verzieht die Nase. »Er sieht aus wie ein enttäuschtes Kind, das anstelle der sehnlich erwünschten Sprechpuppe eine kleine Puppe aus Lumpen bekommen hat.«

»Jetzt bin ich traurig«, sagt sie. »Ich bereue das alles. Ich bin traurig, weil ich meine Familie verlasse. Stell dir vor, er erlaubt mir nicht, euch zu besuchen. Stell dir vor, er erlaubt mir nicht, wieder das Arbeiten anzufangen. Jetzt, wo das wieder geht. Stell dir vor, er sperrt mich ein.«

Die Petroleumlampe auf dem Boden zischt. Wieder erfüllen die Schwestern düstere Gedanken. Genauso gut, sie vorwegzunehmen.

Kein Zutritt zum Himmel

Als die Taliban im September 1996 in Kabul einrückten, wurden sechzehn Dekrete über den Taliban-Sender »Radio Schariat« verbreitet. Eine neue Epoche begann.

1. Verbot von weiblicher Unbedecktheit

Es ist verboten, dass Taxifahrer Frauen mitnehmen, die keine Burkha tragen. Falls sie das doch tun, kommen die Fahrer ins Gefängnis. Wenn solche Frauen auf der Straße gesehen werden, wird man ihre Häuser aufsuchen und ihre Ehemänner bestrafen. Wenn Frauen anregende oder attraktive Kleider tragen und dabei nicht in Begleitung naher männlicher Verwandter sind, darf ein Taxifahrer sie nicht mitnehmen.

2. Verbot von Musik

Musikkassetten sind in Geschäften, Hotels, Fahrzeugen und Rikschas verboten. Wenn Musikkassetten in einem Laden gefunden werden, kommt der Ladenbesitzer ins Gefängnis und der Laden wird geschlossen. Wenn eine Kassette in einem Fahrzeug gefunden wird, wird dieses beschlagnahmt und der Fahrer kommt ins Gefängnis.

3. Verbot des Rasierens
Jeder, der sich rasiert oder den Bart abgeschnitten hat, kommt ins Gefängnis, bis der Bart wieder eine Faustbreit lang ist.

4. Anordnung des Gebets
Das Gebet soll zu festen Zeiten in allen Distrikten stattfinden. Die exakten Gebetszeiten werden vom »Ministerium für die Förderung der Tugend und Bekämpfung der Sünde« bekannt gegeben. Die Wasserhähne vor den Moscheen werden fünfzehn Minuten vor der Gebetszeit abgestellt und alle Transporte sind streng verboten. Alle sollen sich zur Gebetszeit in der Moschee einfinden. Wenn in dieser Zeit junge Männer in Läden gesehen werden, werden sie sofort festgenommen.

5. Verbot der Taubenhaltung und des Vogelkampfs
Dieses Hobby wird abgeschafft. Tauben und Vögel, die für Kämpfe und Spiele verwendet werden, müssen getötet werden.

6. Ausrottung von Rauschgift und von Süchtigen
Drogensüchtige sollen festgenommen und der Verkäufer und der Laden ermittelt werden. Der Laden wird geschlossen und beide Kriminelle, der Besitzer und der Süchtige, kommen ins Gefängnis und werden bestraft.

7. Verbot des Drachensteigenlassens
Drachensteigenlassen hat unnütze Folgen wie Wetten, Todesfälle bei Kindern und Abwesenheit vom Unterricht. Läden, die Drachen verkaufen, werden geschlossen.

8. Verbot von Abbildungen
In Fahrzeugen, Läden, Häusern, Hotels und an anderen Orten sollen Bilder und Porträts entfernt werden. Die In-

haber müssen alle Bilder an den erwähnten Orten zerstören. Fahrzeuge mit Bildern von Lebewesen werden angehalten.

9. Verbot von Glücksspiel

Die Spielhöllen sollen ermittelt und die Spieler für einen Monat eingesperrt werden.

10. Verbot von britischen und amerikanischen Frisuren

Männer mit langem Haar werden festgenommen und zum Haareschneiden zum »Ministerium für die Förderung der Tugend und Bekämpfung der Sünde« mitgenommen. Der Kriminelle muss den Frisör bezahlen.

11. Verbot von Zinsen auf Kredite, Geldwechselprovisionen und Gebühren für Geldverkehr

Diese drei Arten des Geldaustauschs sind unter dem Islam verboten. Wenn diese Regeln gebrochen werden, wandern die Kriminellen für längere Zeit ins Gefängnis.

12. Verbot des Waschens von Kleidern an den Flussufern in den Städten

Frauen, die gegen dieses Verbot verstoßen, werden auf respektvolle, islamische Weise in Gewahrsam genommen und nach Hause gebracht, wo ihre Ehemänner sie hart bestrafen werden.

13. Verbot von Musik und Tanz auf Hochzeitsfesten

Wenn gegen dieses Verbot verstoßen wird, wird das Oberhaupt der Familie festgenommen und bestraft.

14. Verbot des Trommelns

Wenn jemand Trommel spielt, wird der religiöse Ältestenrat über die Strafe befinden.

15. Verbot für die Schneider des Nähens von Damenkleidung und des Maßnehmens von Frauen

Wird eine Modezeitschrift im Laden gefunden, kommt der Schneider ins Gefängnis.

16. Verbot der Hexerei

Alle Bücher über dieses Thema sollen verbrannt werden. Der Zauberer kommt ins Gefängnis, bis er bereut.

Zusätzlich zu den sechzehn Punkten wird eine besondere Aufforderung an Kabuls Frauen verlesen:

Frauen, ihr sollt eure Wohnungen nicht verlassen! Wenn ihr sie dennoch verlassen müsst, solltet ihr das nicht wie die Frauen tun, die in modischen Kleidern und mit viel Schminke allen Männern unter die Augen traten, ehe der Islam ins Land kam.

Der Islam als eine rettende Religion bestimmt für die Frauen eine besondere Würde. Frauen sollen es unmöglich machen, die Aufmerksamkeit von schlechten Menschen auf sich zu ziehen, welche sie mit einem bösen Auge ansehen. Die Frauen sind dafür verantwortlich, ihre Familie zu erziehen, sie um sich zu sammeln und für Essen und Kleidung zu sorgen. Wenn die Frauen ihre Häuser verlassen müssen, müssen sie sich nach der Scharia, die das Leben eines Gläubigen bestimmenden Gesetze und Regelungen, bedecken. Wenn Frauen modische, dekorierte, enge oder verführerische Kleider tragen, um sich zu zeigen, werden sie von der islamischen Scharia verflucht und dürfen nie darauf hoffen, in den Himmel zu kommen. Sie werden von der Religionspolizei gewarnt, ermittelt und hart bestraft, ebenso wie die Familienältesten. Die Religionspolizei hat die Pflicht und Verantwortung, diese sozialen Probleme zu bekämpfen, und wird darin nicht nachlassen, bis das Böse ausgemerzt ist.

Allahu akbar – Gott ist größer.

Bauschend, flatternd, wogend

Sie verliert sie die ganze Zeit aus dem Blick. Die bauschende Burkha sieht aus wie alle anderen bauschenden Burkhas. Himmelblau überall. Ihr Blick fällt auf die Erde. Im Schmutz kann sie ihre dreckigen Schuhe von den anderen dreckigen Schuhen unterscheiden. Sie kann die Borten der weißen Hosen sehen und den Saum des purpurroten Kleids darüber ausmachen. Den Blick auf die Erde gerichtet, geht sie im Basar herum. Eine hochschwangere Burkha folgt ihr keuchend. Sie hat Mühe, mit dem energischen Tempo der zwei ersten Burkhas Schritt zu halten.

Die »führende Burkha« ist bei den Lakenstoffen stehen geblieben. Sie befühlt sie und begutachtet die Farben durch das Fadengitter. Sie verhandelt mit nicht sichtbarem Mund. Ihre Augen sind gerade noch als Schatten durch das Geflecht zu erkennen. Die Burkha feilscht mit fuchtelnden Händen, ihre Nase wie ein Schnabel unter den Stofffalten vorgeschoben. Schließlich entscheidet sie sich, tastet nach ihrer Tasche und streckt eine Hand mit ein paar blauen Scheinen vor. Der Lakenverkäufer misst weißen Stoff mit hellblauen Blumen ab. Er verschwindet in der Tasche unter der Burkha.

Der Duft von Safran, Knoblauch, Pfeffer und frisch frittierter Pakora, in Kichererbsenteig ausgebackenes Gemüse, dringt durch den steifen Stoff und mischt sich mit Schweiß,

Atemluft und starker Seife. Das Nylon über dem Mund ist so dicht, dass man seinen eigenen Atem riechen kann.

Sie flattern weiter auf eine Teekanne aus Aluminium der billigsten russischen Machart zu. Befühlen, verhandeln, feilschen und sich erneut handelseinig werden. Die Kanne findet ebenfalls unter der Burkha Platz, die sich über Tassen und Gefäße, Matten und Bürsten breitet und dabei immer größer wird. Hinter der ersten Burkha kommen die beiden weniger zielstrebigen. Sie bleiben stehen und nehmen Plastikhaarspangen und goldfarbene Armreifen in die Hand, ehe sie wieder nach der »führenden Burkha« Ausschau halten. Sie hat vor einer Karre angehalten, in der hunderte von BHs durcheinander liegen. Sie sind weiß, hellgelb oder rosa und haben einen eher fragwürdigen Schnitt. Einige hängen an einer Stange und flattern frech im Wind wie Flaggen. Die Burkha befühlt sie und misst sie mit der Hand ab. Sie nimmt beide Hände aus ihrem wallenden Gewand, überprüft das Gummi, zieht an den Körbchen und entscheidet sich nach Augenmaß für ein kräftiges, korsettähnliches Modell.

Sie gehen weiter und schwenken mit den Köpfen in alle Richtungen, um sich umzuschauen. Burkhafrauen ähneln Pferden mit Scheuklappen, sie können nur in eine Richtung schauen. Wo die Augen schmaler werden, geht das Fadengitter in den dicken Stoff über, der keine Blicke zur Seite gestattet. Der ganze Kopf muss umgedreht werden. Noch einer der kleinen Tricks der Burkhaerfinder: Ein Mann soll immer wissen, wen oder was seine Frau gerade mit den Augen verfolgt.

Nach einigen Umdrehungen findet sie in den engen Gassen die »führende Burkha« ganz im Inneren des Basars wieder. Sie betrachtet Spitzenborten. Dicke Spitze aus Synthetik nicht unähnlich sowjetischer Gardinenborte. Sie steht lange vor den Gardinenspitzen. Dieser Einkauf ist so wichtig, dass sie sogar einen Teil ihres Schleiers hochhebt, um besser sehen zu können, und sich damit der Weisung ihres künftigen Ehemanns widersetzt, sich nicht sehen zu lassen, denn es ist schwierig, sich hinter einem Gitternetz ein Urteil über Spitzen zu bilden. Nur der Verkäufer am Stand sieht ihr Gesicht, das trotz der kühlen Gebirgsluft Kabuls von Schweißperlen bedeckt ist. Shakila legt den Kopf auf die Seite, lächelt schelmisch und lacht, sie feilscht, ja sie flirtet sogar. Ohne die himmelblaue Burkha sieht man, dass sie spielt. Das hat sie die ganze Zeit getan und die Händler des Basars können die bauschende, flatternde und wogende Burkha mühelos deuten. Sie kann mit dem kleinen Finger flirten, mit dem Fuß, mit einer Handbewegung. Shakila legt sich die Spitze ums Gesicht und plötzlich ist das keine Gardinenborte mehr, sondern die Spitzenborte eines Schleiers, das Letzte, was ihr zu ihrem Hochzeitskleid noch fehlt. Natürlich muss der weiße Schleier eine Spitze haben. Sie werden sich handelseinig, der Händler misst die Spitze ab, Shakila lächelt und die Spitze verschwindet in ihrer Tasche unter der Burkha, die wiederum zu Boden fällt und sitzt, wie sie soll. Die Schwestern schlängeln sich weiter durch den Basar, in dem die Gassen immer schmaler werden.

Ein Gewirr von Stimmen, ein gleichmäßiges Dröhnen. Nur selten bietet jemand lautstark seine Waren feil. Die meisten Händler scheinen damit beschäftigt zu sein, mit ihrem Nachbarn zu schwatzen oder ausgestreckt auf einem Mehlsack oder einem Stapel Teppiche zu liegen und dem inneren Leben des Basars zu folgen, statt ihr Warenlager anzupreisen. Die Burkhas kaufen trotzdem, was sie brauchen.

Als hätte die Zeit auf Kabuls Basar stillgestanden. Die Waren sind dieselben wie zur Zeit von Darius von Persien, der hier um 500 vor Christus herumwanderte. Auf großen Teppichen unter offenem Himmel oder in engen Ständen liegen Herrlichkeiten und Lebensmittel durcheinander. Sie werden wählerisch hin und her gewendet und befühlt. Pistazien, getrocknete Aprikosen und Sultaninen liegen in große Säcke verpackt. Auf wackligen Karren werden die kleinen gelben Kreuzungen aus Limonen und Zitronen feilgeboten. Sie haben so eine dünne Schale, dass sie so, wie sie sind, gegessen werden. Bei einem Händler strampeln und gackern Hühner in Säcken. Beim Gewürzhändler liegen bergeweise Chili, Paprika, Curry und Ingwer. Der Gewürzhändler ist oft gleichzeitig Medizinmann und bietet getrocknete Kräuter, Wurzeln, Früchte und Tee feil, von denen er mit der Genauigkeit des Arztes weiß, wie sie einfache, aber auch geheimnisvolle Krankheiten heilen.

Frischer Koriander, Knoblauch, Leder und Kardamom, diese Düfte mischen sich mit dem Kloakengeruch aus dem stinkenden und ausgetrockneten Flussbett, das den Basar in der Mitte teilt. Auf den Brücken werden Pantoffeln aus dickem Schafspelz, Baumwolle nach Gewicht, Stoffe in vielen Farben und Mustern, Messer, Spaten und Hacken verkauft.

Dazwischen liegen Waren, die Darius' Zeit nicht kannte. Schmuggelgut wie Zigaretten mit exotischen Namen wie Pleasure, Wave oder Pine oder illegal hergestellte Coca-Cola aus Pakistan. Auch die Schmugglerwege haben sich über die Jahrhunderte nicht verändert. Sie führen von Pakistan über den Khaiberpass oder aus dem Iran über das Gebirge. Einiges auf Eseln, anderes auf Lastwagen. Auf denselben Wegen wird Heroin, Opium und Haschisch außer Landes geschmuggelt. Die Scheine, mit denen gezahlt wird, sind neu. Die Wechsler stehen in langem Hemd und Turban in einer langen Reihe und halten ein dickes Bündel Afghanischeine in der Hand. Für einen Dollar bekommt man fünfunddreißigtausend Afghani.

Ein Mann verkauft Staubsauger der Marke »National«. Sein Nebenmann verkauft die der Firma »Nautionl« zum selben Preis. Aber sowohl für das Original als auch für die Kopie besteht kaum Interesse. In Anbetracht der unsicheren Stromversorgung Kabuls begnügen sich die meisten mit einem Besen.

Die Schuhe wandern weiter durch den Morast. Um sie herum sind braune Sandalen, schmutzige Schuhe, schwarze Schuhe, abgetretene Schuhe, einmal schöne Schuhe und rosa Plastikschuhe mit Rosetten. Gelegentlich sogar weiße, eine Farbe, die die Taliban verboten hatten, weil ihre Fahne weiß war. Die Taliban verboten auch Absätze. Das Geräusch weiblicher Absätze hätte die Männer ablenken können. Aber jetzt sind neue Zeiten angebrochen, und wenn das Klappern im Sand nur zu hören gewesen wäre, es hätte erregend im ganzen Basar widergehallt. Manchmal sieht man unter dem Saum einer Burkha lackierte Fußnägel, ein weiteres Freiheitssymbol. Die Taliban verboten Nagellack und verhängten ein Importverbot. Einigen unglücklichen Frauen schnitten sie die Kuppe eines Fingers oder Zehs ab, weil sie gegen dieses Gesetz verstoßen hatten. Die Befreiung der Frauen in diesem ersten Frühjahr nach dem Fall der Taliban bewegt sich überwiegend auf dem Schuh- und Nagellackniveau und sie ist auch nicht viel weiter gekommen als bis zum schmutzigen Saum ihrer Burkhas.

Es ist nicht so, dass es niemand versuchen würde. Nach der Flucht der Taliban sind mehrere Frauenverbände gegründet worden. Einige von diesen existierten sogar schon unter den Taliban und organisierten heimliche Mädchenschulen oder unterrichteten Frauen in Hygiene oder brachten ihnen das Lesen und Schreiben bei. Die Heldin der Talibanzeit ist Karzais Gesundheitsministerin Suhaila Sediqe, die einzige Generalin Afghanistans. Sie hielt den medizinischen Unterricht für Frauen aufrecht und es gelang ihr, die Frauenstation des Krankenhauses, auf der sie gearbeitet hatte, wieder in Betrieb zu nehmen, nachdem sie von den Taliban geschlossen worden war. Als eine der ganz wenigen Frauen in Kabul unter den Taliban weigerte sie sich, die Burkha zu tragen. Sie erzählte, warum: »Als die Religionspolizei mit ihren Stöcken kam und die Arme zum Zuschlagen hob, hob ich meinen zum Zurückschlagen. Da senkten sie ihre Stöcke und ließen mich gehen.«

Aber Suhaila verließ nur selten das Haus, während die Taliban herrschten. Jeden Morgen wurde sie, gehüllt in ein schwarzes Tuch, zum Krankenhaus gefahren und abends wieder nach Hause. »Die afghanischen Frauen haben ihren Mut verloren«, sagte sie nach dem Fall der Taliban bitter.

Eine Frauenorganisation versuchte bereits eine Woche nach der Flucht der Taliban, eine Demonstration zu veranstalten. In Pumps und Pantoffeln versammelten sie sich an einer Straßenecke in Mikrorayon, um von dort aus in die Stadt zu ziehen. Die meisten hatten kühn die Burkha hochgeklappt. Die Demonstration wurde von den Behörden mit der Begründung aufgelöst, dass man die Sicherheit der Frauen nicht garantieren könne. Jedes Mal wenn sie sich wieder sammeln wollten, wurden sie aufgehalten.

Jetzt sind die Mädchenschulen wieder geöffnet, die jungen Frauen strömen an die Universitäten und ein paar haben auch ihre Jobs zurückbekommen. Es existiert eine wöchentliche Zeitschrift von und für Frauen und Hamid Karzai spricht bei jeder Gelegenheit über die Rechte der Frauen.

Mehrere Frauen erhoben auch bei der Volksversammlung, der Loya Dschirga, im Juni 2002 die Stimme. Die Freimütigsten wurden von den Männern mit Turban im Saal lächerlich gemacht, aber sie ließen sich nicht einschüchtern. Eine von ihnen forderte eine Verteidigungsministerin. Frankreich habe das, unterstrich sie. Sie wurde ausgebuht.

Aber für die große Masse hat sich nichts geändert. In den Familien pflegt man noch immer dieselben Traditionen – die Männer haben das Sagen. Nur wenige Frauen in Kabul haben die Burkha abgelegt und nur wenige wissen, dass ihre Ahnen, die afghanischen Frauen des vorigen Jahrhunderts, dieses Kleidungsstück nicht einmal kannten. Erst während der Regierung von König Habibullah von 1901 bis 1919 wurde die Burkha eingeführt. Er schrieb den zweihundert

Frauen seines Harems vor, sie zu tragen, damit diese mit ihren schönen Gesichtern andere Männer nicht in Versuchung führten, wenn sie die Tore des Schlosses hinter sich ließen. Diese alles bedeckenden Schleier waren aus Seide und hatten kostbare Stickereien. Habibullahs Prinzessinnen besaßen sogar Burkhas, die goldbestickt waren. Das machte sie zu einem Kleidungsstück für die Oberklasse, um diese vor dem Blick des Volkes abzuschirmen. In den fünfziger Jahren hatte sich der Gebrauch über das ganze Land ausgebreitet, aber immer noch überwiegend bei den Reichen.

Die Verschleierung hatte auch Gegner. Im Jahre 1959 schockierte Premierminister Prinz Daoud alle dadurch, dass er am Nationalfeiertag mit seiner Frau, die keine Burkha trug, vor die Öffentlichkeit trat. Er hatte seinen Bruder dazu überredet, seine Frau ebenfalls dazu zu veranlassen, und er bat seine Minister darum, die Burkhas ihrer Frauen wegzuwerfen. Bereits am Tag darauf gingen Frauen in langen Mänteln und mit kleinen Hüten und Sonnenbrillen durch die Straßen Kabuls. Frauen, die vorher immer nur vollständig verschleiert unterwegs gewesen waren. Wie der Gebrauch der Burkha in den oberen Gesellschaftsschichten begonnen hatte, so war es auch die Oberklasse, die sich dieses Kleidungsstücks als Erste entledigte. Inzwischen war es bei den Armen zu einem Statussymbol geworden und viele Hausangestellte und Dienstmädchen übernahmen die Seidenburkhas ihrer Arbeitgeberinnen. Erst waren es nur die herrschenden Paschtunen, die dafür sorgten, dass sich ihre Frauen verschleierten, aber jetzt hatten auch die anderen ethnischen Gruppen damit begonnen, dieses Kleidungsstück zu verwenden. Aber Prinz Daoud wollte die Burkhas ganz aus Afghanistan verbannen. Im Jahre 1961 wurde ein Gesetz erlassen, das es den Staatsangestellten verbot, sie zu tragen. Es wurde empfohlen, sich westlich zu kleiden. Bis dieses Gesetz befolgt wurde, dauerte es mehrere Jahre, aber in den siebziger Jahren gab es in Kabul fast nur noch Lehrerinnen und Behördenangestellte, die Röcke und Blusen trugen, während bei den Männern Anzüge üblich waren. Die nicht verhüllten Frauen riskierten es allerdings, dass ihnen Fundamentalisten ins Bein schossen oder Säure ins Gesicht schütteten. Als der Bürgerkrieg begann, wurde in Kabul eine islamistische Regierung eingesetzt und immer mehr Frauen gingen verschleiert auf die Straße. Mit den Taliban verschwanden dann sämtliche Gesichter von Frauen von Kabuls Straßen.

Die Schuhe der »führenden Burkha« verschwinden zwischen den anderen Schuhen auf einer der schmalen Fußgängerbrücken über dem ausgetrockneten Fluss. Ein Stück hinter ihr sind die Sandalen der Schwestern in der Menge stecken geblieben. Ihnen bleibt nichts anderes übrig, als der Herde zu folgen. Nach den Schuhen der anderen zu suchen ist nicht mehr möglich und noch weniger, stehen zu bleiben und sich umzudrehen. Die Burkhas sind zwischen anderen Burkhas und Männern eingeklemmt, die Ware auf dem Kopf, unter dem Arm oder auf dem Rücken tragend. Sie können den Boden nicht mehr sehen.

Auf der anderen Seite gehen drei Burkhas und suchen sich gegenseitig. Eine mit schwarzen Schuhen, weißen Spitzenhosen und einem purpurroten Rocksaum, eine mit braunen Plastiksandalen und schwarzem Rocksaum und die letzte, die kleinste, in rosa Plastikschuhen, lila Hosen und Rocksaum. Sie finden sich und heben die Blicke, um zu beratschlagen. Die »führende Burkha« nimmt sie zu einem Laden mit. Einem richtigen Laden mit Schaufenstern und ausgestellten Waren am Rand des Basars. Sie braucht einen Bettüberwurf und hat sich auf den ersten Blick in einen glänzenden, wattierten in Rosa verliebt, der »Paris« heißt. Zu dem Überwurf gehören Kissen mit Rüschen, Herzen und Blumen. Alles liegt zusammengefaltet in einer praktischen

Tasche aus steifer, durchsichtiger Plastikfolie. »Product of Pakistan« steht auf dieser Tasche unter dem Namen »Paris« und einem Bild des Eiffelturms.

Das ist der Überwurf, den die Burkha auf ihr zukünftiges Ehebett legen will. Ein Bett, das sie weder Probe gelegen noch gesehen hat und das sie, das möge Gott verhüten, auch vor der Hochzeitsnacht nicht zu sehen bekommen wird. Sie feilscht. Der Verkäufer verlangt mehrere Millionen Afghani für den Überwurf und die Kissen in der Tasche.

»Eine unerhörte Summe!«

Sie handelt die Herrlichkeiten runter, aber der Verkäufer ist wenig entgegenkommend. Sie will schon gehen, da gibt er endlich nach. Die flatternde Burkha bekommt den Überwurf für weniger als ein Drittel des Ausgangspreises. Aber als sie ihm das Geld gibt, überlegt sie es sich anders. Sie will keinen in Babyrosa, sondern stattdessen einen leuchtend roten. Der Deckenverkäufer packt den Überwurf ein und steckt ihr als Dreingabe noch einen roten Lippenstift zu. Schließlich wird sie heiraten.

Sie dankt freundlich und hebt dann den Schleier. Sie muss den Lippenstift ausprobieren. Shakila steht ja mit dem Decken- und Kosmetikaverkäufer auf fast schon vertraulichem Fuß. Außer ihm sind nur Frauen im Laden und deswegen werden auch Leila und Mariam mutig, heben die Schleier ihrer Burkhas und drei Paar blasse Lippen werden signalrot. Sie betrachten sich im Spiegel und betrachten begehrlich die Auslage im Tresen. Shakila sucht nach einer Creme zum Bleichen der Haut. Blässe ist einer der wichtigsten Maßstäbe für Schönheit in Afghanistan. Eine Braut muss blass sein.

Der Decken- und Kosmetikaverkäufer empfiehlt eine Creme, die Perfact heißt. »Aloe white block cream« steht auf der Schachtel, sonst stehen da nur chinesische Schriftzeichen. Shakila probiert ein wenig herum. Es wirkt so, als habe sie versucht, die Haut mit einer dicken Zinkcreme zu bleichen. Eine Weile ist die Haut tatsächlich blasser. Unter der Creme schimmert die ursprüngliche Hautfarbe durch, das Resultat ist ein fleckiges Braunweiß.

Die Wundercreme wird in die reich gefüllte Tasche gepackt. Die drei Schwestern lächeln und versprechen, jedes Mal wenn eine von ihnen heiratet, wiederzukommen.

Shakila ist zufrieden und will nach Hause, um ihre Einkäufe vorzuführen. Sie sehen einen Bus und drängen sich in die hintere Tür und auf die Plätze hinter dem Vorhang. Die hinterste Reihe ist den Burkhas, den Babys und ihren Taschen vorbehalten. Die Burkhas werden in alle Richtungen gezogen und bleiben hängen. Ständig tritt jemand auf den Saum. Sie müssen sie beim Setzen hochhalten, damit sie den Kopf noch bewegen können, ohne dass es spannt. Sie setzen sich auf die Kanten der Sitze, die Tüten auf dem Schoß und zwischen den Beinen. Es gibt kaum Plätze, die für Frauen reserviert sind, und je mehr einsteigen, desto enger wird es, und die Burkhas sehen sich umgeben von anderen Burkhas, von Armen, Tüten und Schuhen.

Erschöpft springen die drei Schwestern mit ihren Tüten aus dem Bus, als dieser in der Nähe ihres ausgebombten Hauses hält. Sie schwanken in die kühle Wohnung, ziehen sich die Burkhas über den Kopf, hängen sie an Nägel und atmen erleichtert auf. Sie bekommen ihre Gesichter zurück. Die Gesichter, die die Burkhas ihnen gestohlen hatten.

Hochzeit dritter Klasse

Der Abend vor dem großen Tag. Das Zimmer ist zum Bersten voll. Auf jedem Fitzel des Fußbodens eine Frau, die isst, tanzt oder sich unterhält. Es ist Henna-Nacht. Heute Nacht werden Handflächen und Fußsohlen von Braut und Bräutigam mit Henna eingeschmiert. Das ergibt ein oranges Muster auf Händen und Füßen und soll eine glückliche Ehe symbolisieren.

Aber Braut und Bräutigam sind nicht zusammen. Die Männer feiern für sich und die Frauen ebenfalls. Allein entfalten sich die Frauen mit einer gewaltsamen, fast beängstigenden Kraft. Sie schlagen sich auf den Hintern, fassen sich an den Busen und tanzen voreinander mit Armen wie Schlangen und Hüften wie arabische Bauchtänzerinnen. Die kleinen Mädchen tanzen wie geborene Verführerinnen und gleiten mit herausforderndem Blick und hochgezogenen Brauen über den Boden. Selbst die alten Frauen sind mit dabei, hören aber meist schon nach dem halben Tanz auf. Sie zeigen, dass sie es immer noch können, aber keine Lust haben, bis zum Schluss mitzumachen.

Shakila sitzt auf dem einzigen Möbelstück im Zimmer, das man für diesen Anlass hergeschafft hat. Sie verfolgt alles auf Abstand und darf weder tanzen noch lächeln. Freude würde ihre Mutter verletzen, die sie verlässt – Trauer würde ihre zukünftige Schwiegermutter ärgern. Die Braut soll einen gleichgültigen Gesichtsausdruck haben, sie soll den Kopf nicht bewegen und sich nicht umschauen, sondern starr geradeaus blicken. Shakila bewältigt diese Aufgabe mit Bravour, als habe sie ihr ganzes Leben für diesen Abend geübt. Sie sitzt aufrecht wie eine Königin und unterhält sich ruhig mit derjenigen, die gerade neben ihr auf dem Sofa sitzt – eine Ehre, die nacheinander allen zuteil wird. Nur ihre Lippen bewegen sich, wenn sie die Fragen ihres Sofagastes beantwortet.

Die Farben ihrer Kleider sind Rot, Grün, Schwarz und Gold, als habe sie sich in die afghanische Flagge gehüllt und sei dann mit Gold bestäubt worden. Ihre Brüste stehen wie Berggipfel ab, offensichtlich passt der BH, den sie nach Augenmaß gekauft hat. Die Taille unter dem Kleid ist geschnürt. Sie hat sich eine dicke Schicht »Perfact« ins Gesicht geschmiert, die Augen mit Kajal umrahmt und auch den neuen, roten Lippenstift benutzt. Auch äußerlich ist sie die perfekte Braut. Bräute sollen künstlich aussehen, wie Puppen. Das Wort für Braut und Puppe ist dasselbe: Arus.

Im Verlauf des Abends kommt ein Gefolge mit Tamburinen, Trommeln und Laternen durchs Tor. Das sind die Frauen aus Wakils Haus – seine Schwestern, Schwägerinnen und Töchter. Sie tanzen durch die kohlschwarze Nacht, klatschen und singen:

»Wir sollen dieses Mädchen aus ihrem Zuhause holen und in unser Haus führen, senkt nicht den Kopf und weint keine bitteren Tränen.
Das ist Gottes Wunsch, dankt lieber Gott.
O Mohammed, Gottes Gesandter, lös ihre Probleme,
Mach die schweren Dinge leicht!«

Wakils Frauen tanzen einen sinnlichen Tanz mit Seiden- und Handtüchern, die ihre Gesichter und Körper umrahmen. An der Decke sammelt sich Kondenswasser und es riecht süßlich nach Schweiß. Obwohl alle Fenster geöffnet sind und die Gardinen in der Nacht flattern, verschafft der frische Frühlingswind den Frauen keine Abkühlung.

Erst als große Schüsseln mit Pilaw, dem landestypischen Reisauflauf, hereingetragen werden, wird der Tanz unterbrochen. Alle setzen sich auf den Boden, dort, wo sie eben noch gestanden oder getanzt haben. Nur die Ältesten dürfen auf den Kissen an der Wand sitzen. Shakilas kleine Schwester Leila und die jüngsten Cousinen tragen das Essen auf, das in riesigen Töpfen auf dem Hinterhof gekocht wird. Schüsseln mit Reis, große Stücke Hammelbraten, Auberginen in Joghurtsauce und Kartoffeln in Paprikasauce werden auf dem Boden aufgetischt. Die Frauen setzen sich um die Schüsseln. Mit der rechten Hand formen sie den Reis zu Bällen und stecken ihn in den Mund. Den Braten und die Sauce essen sie mit Brotstücken, die sie von großen Laiben abreißen. Alles mit der rechten Hand. Die linke, die schmutzige Hand, darf nicht verwendet werden. Jetzt ist nichts anderes zu hören als die Geräusche der essenden Frauen. Das Mahl wird schweigend genossen. Ein einziges Mal wird die Stille unterbrochen, und zwar, als sie sich gegenseitig auffordern, noch mehr zu essen. Es gehört sich, die besten Stücke der Nachbarin hinzulegen.

Als alle satt sind, kann die Henna-Zeremonie beginnen. Es ist schon spät und niemand tanzt mehr. Einige sind eingeschlafen, andere liegen oder sitzen um Shakila herum und sehen zu, wie Wakils Schwester die moosgrüne Masse auf Shakilas Händen und Füßen verteilt und das Henna-Lied singt. Als Shakilas Hände eingeschmiert sind, muss sie sie schließen. Ihre zukünftige Schwägerin bindet Tuchstreifen um sie herum, sodass sich ein Muster bildet. Dann wickelt sie sie in weiche Tücher, damit Kleider und Bettwäsche nicht schmutzig werden. Dann zieht sie sie bis auf die Unterwäsche, lange weiße Unterhosen und ein langes Hemd, aus und legt sie mit einem großen Kissen unter dem Kopf auf die Matte in der Mitte des Zimmers. Dann wird sie mit großen Bratenstücken gefüttert, mit gebratener Leber und geviertelten rohen Zwiebeln. Das hat ihre Schwester alles extra zubereitet, weil sie ihre Familie verlassen wird.

Bibi Gul sitzt da und schaut ihre Tochter an. Mit dem Blick folgt sie jedem Bissen, den die Schwestern dieser in den Mund stecken. Dann beginnt sie zu weinen. Alle anderen brechen ebenfalls in Tränen aus und versichern sich dann gegenseitig, dass es Shakila ganz sicher gut ergehen werde.

Nachdem Shakila gegessen hat, legt sie sich dicht neben Bibi Gul. Sie liegt mit angezogenen Beinen da, ihre Mutter dicht hinter ihr. Sie hat ihr ganzes Leben im selben Zimmer wie sie geschlafen. Das ist die letzte Nacht in den Armen ihrer Mutter. Die nächste Nacht gehört ihrem Ehemann.

Einige Stunden später wird sie geweckt und die Schwestern lösen die Stoffstreifen von ihren Händen und Füßen. Sie kratzen das Henna ab. Auf ihren Handflächen und Fußsohlen ist ein oranges Muster zu sehen. Shakila wäscht das Puppengesicht vom Vorabend ab und isst wie immer ein solides Frühstück. Braten, Brot, süßen Pudding und Tee.

Es ist neun Uhr, als sie bereit ist, sich schminken, frisieren und schmücken zu lassen. Shakila, ihre kleine Schwester Leila, Sultans zweite Frau Sonya und eine Cousine begeben sich in eine Wohnung in Mikrorayon. Das ist der Schönheitssalon. Er existierte auch unter den Taliban. Auch damals wollten sich die Bräute schminken und schmücken lassen, obwohl das gesetzwidrig war. Dabei half ihnen eines der Gesetze der Taliban. Sie kamen in Burkha zur Wohnung und verließen sie wieder in Burkha, allerdings darunter mit einem neuen Gesicht.

Die Kosmetikerin besitzt einen Spiegel, einen Stuhl und ein Bord mit Flaschen und Tuben, die nach Design und

Zustand mehrere Jahrzehnte alt sein müssen. An den Wänden hängen Plakate mit indischen Bollywood-Stars. Die dekolletierten Schönheiten lächeln Shakila einschmeichelnd an. Diese sitzt breit und unerschütterlich auf dem einen Stuhl.

Nur wenige würden Shakila als schön bezeichnen. Sie hat eine großporige Haut und schwere Lider. Das Gesicht ist breit und sie hat einen kräftigen Unterkiefer. Dafür hat sie schöne weiße Zähne, glänzendes Haar und einen frechen Augenaufschlag und war außerdem die begehrteste von Bibi Guls Töchtern.

»Ich weiß nicht, warum ich dich so mag«, hat Wakil beim Abendessen bei Mariam zu ihr gesagt. »Du bist nicht mal eine Schönheit.« Da seine Stimme dabei so liebevoll klang, hat Shakila das als Kompliment aufgefasst.

Jetzt ist sie nervös, dass sie nicht hübsch genug werden könnte, und ihr spöttischer Blick ist verschwunden. Eine Hochzeit ist tödlicher Ernst.

Erst wird die dunkle Mähne auf kleine Holzlockenwickler aufgerollt, anschließend werden die buschigen Brauen, die so kräftig sind, dass sie an der Nasenwurzel zusammengewachsen sind, gezupft. Das zeigt, dass sie heiraten wird, denn vor der Ehe dürfen sich die Frauen ihre Brauen nicht zupfen. Shakila schreit vor Schmerz, die Kosmetikerin zupft. Die Brauen werden zu hübschen Bogen und Shakila bewundert sich selbst im Spiegel. Als sei ihr Blick höher geworden.

»Wärst du früher gekommen, dann hätte ich auch die Haare auf deiner Oberlippe gebleicht«, sagt die Dame. Sie hält Shakila eine geheimnisvolle, schon etwas mitgenommene Tube hin, auf der »Cream bleach for unwanted hair« steht.

»Aber jetzt haben wir nicht genug Zeit.«

Anschließend cremt sie Shakila das ganze Gesicht mit »Perfact« ein. Auf den Augenlidern verteilt sie Lidschatten,

Rot und Gold. Dann umrahmt sie die Augen mit einem dicken Kajalstift und wählt einen dunklen braunroten Lippenstift.

»Was ich auch mache, ich werde doch niemals so schön wie du«, sagt Shakila zu ihrer jüngeren Schwägerin Sonya, der zweiten Frau von Sultan. Sonya lächelt nur und murmelt etwas Unverständliches. Sie steht aufrecht da und zieht ein Kleid aus hellblauem Tüll an.

Nachdem Shakila geschminkt ist, ist Sonya an der Reihe, sich verschönern zu lassen, während die anderen Shakila mit ihrem Kleid helfen. Leila hat ihr ihre Bauchbinde geliehen, ein breites, elastisches Band, das Shakila zu einer Taille verhelfen soll. Das Vormittagskleid ist leuchtend minzgrün mit Synthetikspitze, Rüschen und Goldkanten. Das Kleid soll grün sein, da das die Farbe des Islam und des Glücks ist.

Als das Kleid ordentlich sitzt und die Füße in weiße Pumps mit ewig hohen Absätzen und Goldschnalle gepresst worden sind, entfernt die Frisörin die Lockenwickler. Das Haar ist jetzt gekräuselt und wird mit einer Spange oben auf dem Kopf zusammengehalten, der Pony wird mit großen Mengen Haarspray in einer Welle zur Seite frisiert. Auf allem wird dann ein minzgrüner Schleier befestigt. Als zusätzlicher Schmuck werden noch ein Dutzend kleine Sticker im frisch frisierten Haar befestigt – himmelblaue Sterne mit Goldkante. Außerdem bekommt Shakila noch drei Silbersterne auf jede Wange. Sie sieht schon fast aus wie einer der Bollywood-Stars auf den Plakaten an der Wand.

»O nein, der Stoff, der Stoff!«, ruft die kleine Schwester Leila plötzlich. »O nein!«

»O nein!«, ruft auch Sonya und sieht Shakila an, die keine Miene verzieht.

Leila steht auf und läuft nach draußen. Glücklicherweise ist es nicht weit bis nach Hause. Dass sie fast dieses Stück Stoff vergessen hätten, der das Wichtigste von allem ist …

Die anderen bleiben zurück, unbeeindruckt von Leilas Entsetzen. Nachdem sie alle glitzernde Sticker ins Haar und auf die Wangen bekommen haben, ziehen sie sich ihre Burkhas wieder über. Shakila versucht, sie sich so überzuziehen, dass ihre Brautfrisur nicht zerstört wird. Sie zieht sie nicht wie sonst richtig über den Kopf, sondern lässt sie nur locker auf ihrem gekräuselten Haar aufliegen. Das bedeutet, dass das Fadengitter nicht, wie es soll, vor den Augen sitzt, sondern oben auf dem Kopf. Sonya und die Cousine müssen sie wie eine Blinde die Treppe hinunterführen. Shakila würde lieber stürzen als ohne Burkha gesehen werden.

Sie zieht die Burkha erst wieder aus, als sie mit etwas platterem Kräuselhaar in Mariams Hinterhof steht, in dem die Hochzeit stattfindet. Die Gäste stürzen sich auf sie, als sie eintritt. Wakil ist noch nicht gekommen. Im Hinterhof wimmelt es von Leuten, die bereits Pilaw, Kebab und Fleischbällchen essen. Hunderte Verwandte sind eingeladen. Ein Koch und sein Sohn haben seit der Morgendämmerung gehackt, geschnippelt, gekocht und gerührt. Zum Hochzeitsmahl haben sie 150 Kilo Reis, 56 Kilo Hammelfleisch, 14 Kilo Kalbfleisch, 42 Kilo Kartoffeln, 30 Kilo Zwiebeln, 50 Kilo Spinat, 35 Kilo Möhren, 1 Kilo Knoblauch, 8 Kilo Rosinen, 2 Kilo Nüsse, 32 Kilo Speiseöl, 14 Kilo Zucker, 2 Kilo Mehl, 20 Eier, verschiedene Gewürze, 2 Kilo grünen Tee, 2 Kilo schwarzen Tee, 14 Kilo Süßigkeiten und 3 Kilo Bonbons gekauft.

Nach dem Essen verschwinden ein paar Dutzend Männer im Nachbarhaus, in dem sich Wakil aufhält. Dort sollen die letzten Verhandlungen stattfinden. Jetzt werden finanzielle Angelegenheiten und Garantien für die Zukunft besprochen. Wakil muss eine gewisse Summe zusagen, falls er sich grundlos von Shakila scheiden lässt. Außerdem muss er versprechen, für Kleider, Essen und ein Dach über dem Kopf zu sorgen. Für Shakila führt ihr großer Bruder Sultan die Verhandlungen und der Vertrag wird von den Männern beider Familien unterschrieben.

Nachdem sie sich geeinigt haben, kommen sie wieder aus dem Nachbarhaus. Shakila sitzt zusammen mit ihren Schwestern in Mariams Haus und folgt hinter den Gardinen dem Geschehen. Während die Männer verhandelt haben, hat sie das weiße Kleid angezogen, den sowjetischen Gardinenspitzenschleier tief im Gesicht. Jetzt wartet sie darauf, dass Wakil zu ihr hereingeführt wird, damit sie zusammen ins Freie treten können. Fast schüchtern tritt er bei ihr ein. Sie begrüßen sich, wie sie sollen, den Blick zu Boden gerichtet, und gehen nebeneinander, Schulter an Schulter, ohne sich anzusehen, nach draußen. Wenn sie stehen bleiben, sollen beide versuchen, einen Fuß auf den des anderen zu stellen. Wem das gelingt, der hat in der Ehe das Sagen. Wakil gewinnt oder Shakila lässt ihn gewinnen, wie das Sitte ist. Es gehört sich nicht, Macht an sich zu reißen, die einem nicht zusteht.

Man hat ihnen zwei Stühle in den Hinterhof gestellt. Es ist wichtig, dass sie sich genau gleichzeitig setzen. Falls sich der Bräutigam zuerst setzt, wird ihn die Braut in allen Entscheidungen dominieren. Keiner von beiden will sich setzen und zum Schluss tritt Sultan hinter sie und drückt sie ruhig auf die Stühle, genau gleichzeitig. Alle klatschen.

Shakilas älteste Schwester Feroza legt zur Hälfte eine Decke über das Brautpaar und hält ihnen einen Spiegel hin. Beide sollen in den Spiegel schauen. Laut Tradition soll sich in diesem Moment ihr Blick zum ersten Mal begegnen. Wakil und Shakila starren, wie es sich gehört, geradeaus in den Spiegel, als hätten sie sich noch nie gesehen. Feroza hält ihnen einen Koran über die Köpfe und ein Mullah spricht den Segen. Mit gebeugten Köpfen sitzen die beiden da und empfangen Gottes Wort.

Dann stellt man ihnen eine Schüssel hin mit einem

Kuchen, der aus Kuchenkrümeln, Zucker und Öl besteht und mit Kardamom gewürzt ist. Sie füttern sich gegenseitig mit einem Löffel und alle applaudieren. Sie sollen sich auch gegenseitig zu trinken geben, um zu zeigen, dass sie einander ein gutes Leben wünschen.

Aber nicht alle finden Fantaschlürfen rührend.

»Früher hat man bei dieser Zeremonie mit Champagner angestoßen«, flüstert eine Tante, die sich noch an die liberaleren Zeiten erinnern kann, als noch Wein und Champagner bei Hochzeiten serviert wurden. »Diese Zeiten werden wohl nie wiederkommen«, meint sie seufzend. Die Zeiten mit Nylonstrümpfen, westlichen Kleidern, nackten Armen und – nicht zuletzt – ohne Burkhas sind nur noch eine schwache Erinnerung.

»Eine Hochzeit dritter Klasse«, flüstert Sultans ältester Sohn Mansur zurück. »Schlechtes Essen, schlichte Kleider, Fleischbällchen und Reis, lange Hemden und Tücher. Wenn ich heirate, miete ich den Ballsaal im Hotel Intercontinental. Alle müssen dann moderne Kleider tragen und nur das beste Essen wird aufgetischt. Importiertes Essen«, unterstreicht er. »Im Übrigen will ich im Ausland heiraten«, meint er noch.

Shakilas und Wakils Fest findet in Mariams Lehmhaus statt und auf dessen Hinterhof, in dem nichts wächst. Die Hochzeitsbilder, die gemacht werden, haben eine Umrahmung von Krieg. Die Wand hinter ihnen ist von Einschlaglöchern von Kugeln und Granatsplittern übersät. Mit starrem Blick posieren sie dem Fotografen. Das fehlende Lächeln und die Einschlaglöcher hinter ihnen verleihen den Bildern einen tragischen Schimmer.

Sie sind bei der Torte angekommen. Gemeinsam halten sie das Messer und schneiden mit konzentriertem Gesichtsausdruck. Sie füttern sich gegenseitig mit fast geschlossenen Mündern, als würden sie nicht recht wagen, sie ganz aufzusperren, und bedecken sich mit Krümeln.

Nach der Torte wird Musik gemacht und getanzt. Für viele der Gäste ist dies das erste Hochzeitsfest, seit die Taliban Kabul verlassen haben, also die erste Hochzeit mit Musik und Tanz. Die Taliban nahmen den Leuten die halbe Freude an den Hochzeitsfesten, als sie die Musik verboten. Jetzt werfen sich alle auf die Tanzfläche, abgesehen vom Brautpaar, das auf seinen Stühlen sitzen bleibt und zusieht. Es ist später Nachmittag, wegen der Ausgangssperre sind die Hochzeitsfeste vorverlegt. Alle müssen um zehn Uhr zu Hause sein.

Als es dämmert, verschwindet das Brautpaar, begleitet von Gejohle und Geschrei, vom Fest. In einem mit Bändern und Blumen geschmückten Auto werden sie zu Wakils Haus gefahren. Wer in den Autos der Kolonne Platz findet, schließt sich an. Im Wagen von Wakil und Shakila drängen sich acht Personen zusammen, in den anderen noch mehr. Sie fahren eine Runde durch die Straßen Kabuls. Weil »Eid« ist, ein religiöses Fest, sind die Straßen leer und die Autos rasen mit hundert durch den Kreisverkehr. Sie kämpfen um die Führung der Kolonne. Zwei Autos stoßen zusammen und das dämpft die Feststimmung, aber niemand wird ernsthaft verletzt. Die Autos fahren mit beschädigten Scheinwerfern und verbeulter Kühlerhaube zu Wakils Haus. Diese Fahrt ist die symbolische Übergabe, bei der Shakila ihre Familie verlässt und in die ihres Ehemannes aufgenommen wird.

Die nächsten Verwandten dürfen zu Wakils Haus mitkommen, in dem seine Schwestern sie mit Tee erwarten. Mit diesen Frauen wird sich Shakila den Hinterhof teilen. Hier treffen sie sich am Brunnen, hier waschen sie Kleider und füttern Hühner. Kinder mit laufenden Nasen schauen sie neugierig an, die Frau, die ihre neue Mutter werden soll. Sie verstecken sich hinter den Rockzipfeln der Tanten und betrachten andächtig die goldschimmernde Braut. Die Musik ist weit weg, die Jubelrufe sind verstummt. Würdig betritt Shakila ihr neues Zuhause. Es ist recht groß und hoch. Wie alle Häuser des Dorfes ist es aus Lehm erbaut und hat schwere Deckenbalken. Die Fenster bestehen aus Plastikfolie. Auch Wakil glaubt, dass noch weitere Bomben und Raketen kommen werden, und wartet damit, das Plastik durch Glas zu ersetzen.

Alle ziehen die Schuhe aus und gehen langsam durchs Haus. Shakilas Füße sind nach einem Tag in engen, weißen Schuhen mit hohen Absätzen geschwollen. Die Gäste, die übrig geblieben sind, die engste Familie, treten ins Schlafzimmer. Ein riesiges Doppelbett nimmt es fast ganz in Anspruch. Stolz schaut Shakila auf den glänzenden, glatten, roten Überwurf und die Kissen, die sie gekauft hat, und die roten Gardinen, die sie genäht hat. Ihre Schwester Mariam ist am Tag vorher dort gewesen, um das Zimmer herzurichten, hat die Gardinen aufgehängt, das Bett gemacht und die Hochzeitsdekorationen aufgestellt. Shakila ist noch nie in dem Haus gewesen, über das sie den Rest ihres Lebens bestimmen soll.

Im Verlauf der Hochzeit hat niemand gesehen, dass das Brautpaar gelächelt hat. Jetzt, in ihrem neuen Zuhause, kann es Shakila nicht lassen. »Wie schön du das gemacht hast«, sagt sie zu Mariam. Zum ersten Mal in ihrem Leben wird sie in einem eigenen Schlafzimmer schlafen und zum ersten Mal in einem Bett. Sie setzt sich neben Wakil auf den weichen Überwurf.

Die letzte zeremonielle Handlung steht aus. Eine von Wakils Schwestern reicht Shakila einen großen Nagel und einen Hammer. Diese weiß, was sie zu tun hat, und geht ruhig zur Schlafzimmertür. Über dieser schlägt sie den Nagel ein. Als er ganz verschwunden ist, applaudieren alle. Bibi Gul schluchzt leise. Shakila hat ihr Schicksal symbolisch an diesem Haus festgenagelt.

Am nächsten Tag vor dem Frühstück kommt Wakils Tante zu Bibi Gul. In ihrer Tasche hat sie das Tuch, das Leila fast vergessen hätte, das Wichtigste von allem. Andächtig nimmt es die alte Frau heraus und gibt es Shakilas Mutter. Es ist voller Blut. Bibi Gul dankt und lächelt, während ihr die Tränen über die Wangen laufen. Sie betet rasch ein Dankgebet. Alle Frauen des Hauses eilen herbei und Bibi Gul zeigt das Tuch allen, die es sehen wollen. Selbst die kleinen Töchter von Mariam dürfen das blutige Tuch anschauen.

Ohne das Blut hätte man Shakila nach Hause zu ihrer Familie geschickt und nicht den Stofffetzen.

Die Matriarchin

Eine Hochzeit ist wie ein kleiner Tod. In der Familie der Braut wird in den ersten Tagen nach der Hochzeit wie nach einer Beerdigung getrauert. Eine Tochter ist verloren, verkauft oder weggegeben. Besonders trauern die Mütter. Sie hatten vollständige Kontrolle über ihre Töchter: wo sie hingingen, wen sie getroffen haben, was sie anhatten und was sie gegessen haben. Den größten Teil des Tages haben sie zusammen verbracht, sind gemeinsam aufgestanden, haben gemeinsam das Haus gefegt und haben gemeinsam gekocht. Nach der Hochzeit verschwindet die Tochter, sie geht von einer Familie zur anderen, vollständig. Sie kann nicht nach Belieben Besuche zu Hause machen, sondern nur, wenn ihr Mann ihr die Erlaubnis gibt. Ihre Familie kann das neue Heim der Tochter auch nicht ohne Einladung aufsuchen.

In einer Wohnung in Block 37 in Mikrorayon sitzt eine Mutter und trauert um ihre Tochter, die jetzt eine Stunde entfernt wohnt. Aber ob Shakila jetzt im Dorf Deh Khudaidad vor den Toren von Kabul oder in einem fremden Land tausende von Meilen über dem Meer weilt, spielt keine Rolle. Solange sie nicht auf der Matratze neben ihr liegt, Tee trinkt und Zuckermandeln isst, ist alles gleich traurig.

Bibi Gul knackt eine weitere Mandel. Sie hat sie unter der Matratze versteckt, damit Leila sie nicht findet. Die jüngste Tochter Leila achtet darauf, dass ihre Mutter sich nicht zu Tode frisst. Wie die Krankenschwester einer Diätklinik verbietet sie ihr Zucker und Fett und reißt ihr alles aus den Händen, wenn sie heimlich etwas essen will, was sie nicht darf. Wenn sie Zeit hat, kocht sie spezielles Essen ohne Fett für ihre Mutter. Aber Bibi Gul gießt gern das Fett von den Tellern der anderen über ihr eigenes Essen, wenn Leila nicht hinsieht. Sie liebt den Geschmack von Speiseöl, warmem Hammelfett und frittierter Pakora und das Aussaugen der Knochen am Ende der Mahlzeit. Essen gibt ihr Geborgenheit. Wenn sie sich nach dem Abendessen nicht satt fühlt, steht sie nachts auf, um Schüsseln auszulecken und Töpfe auszukratzen. Trotz Leilas Anstrengungen nimmt Bibi Gul nie ab, im Gegenteil: Ihre Körperfülle nimmt von Jahr zu Jahr zu. Außerdem hat sie überall kleine Vorräte: in alten Truhen, unter irgendwelchen Teppichen, hinter einer Kiste. Oder in ihrer Tasche. Da verwahrt sie ihre Sahnebonbons. Missfarbene, mehlige und körnige Sahnebonbons aus Pakistan. Von der billigsten Sorte, fade im Geschmack, einige sogar ranzig. Aber es sind Sahnebonbons, das Paket ziert ein Bild mit Kühen, und niemand kann hören, dass sie sie lutscht.

Die Mandeln hingegen muss sie ganz leise knacken. Bibi Gul sitzt da und tut sich selbst Leid. Sie ist allein im Zimmer. Sie sitzt auf ihrer Matte, wiegt hin und her und hält die Mandeln in der einen Hand. Sie schaut ins Leere. Es brutzelt in den Töpfen in der Küche. Bald sind alle Töchter aus dem Haus. Shakila ist fort, Bulbula auf dem Weg. Wenn Leila auch noch verschwindet, weiß sie nicht, was sie tun soll. Dann ist niemand mehr da, der sich um sie kümmert.

»Keiner bekommt Leila vor meinem Tod«, sagt sie über ihre Neunzehnjährige. Viele haben ihretwegen gefragt, aber Bibi Gul hat immer nein gesagt. Denn niemand würde sich um sie kümmern, wie Leila das tut.

Selbst rührt Bibi Gul keine Hand mehr. Sie sitzt in ihrer Ecke, trinkt Tee und denkt nach. Ihr Arbeitsleben ist vorbei. Hat eine Frau erst einmal erwachsene Töchter, dann wird sie eine Art Regentin des Hauses, die Ratschläge erteilt, Ehen arrangiert und über die Moral der Familie wacht, das heißt, vor allem über die Moral der Töchter. Sie achtet darauf, dass sie nicht allein ausgehen, dass sie sich ordentlich bedecken, dass sie außerhalb der Familie keine Männer treffen und dass sie gehorsam und höflich sind. Höflichkeit ist laut Bibi Gul die größte Tugend. Nach Sultan ist sie diejenige, die die meiste Macht in der Familie hat.

Wieder wandern ihre Gedanken zu Shakila, die sich inzwischen hinter hohen Lehmmauern befindet. Fremden Mauern. Sie sieht sie vor sich, wie sie schwere Wassereimer aus dem Brunnen auf dem Hinterhof hochzieht, Hühner und zehn mutterlose Kinder springen ihr um die Beine. Bibi Gul fürchtet, dass sie einen Fehler gemacht hat. Wenn er jetzt nicht nett ist. Außerdem ist die Wohnung ohne Shakila so leer …

Die kleine Wohnung ist ohne die Tochter allerdings nur geringfügig leerer. Statt zwölf wohnen jetzt elf Menschen in den vier Zimmern. In dem einen Zimmer schlafen Sultan, Sonya und ihre einjährige Tochter. In dem anderen schlafen Sultans Bruder Yunus und der älteste Sohn Mansur. Im dritten der Rest: Bibi Gul, ihre zwei noch unverheirateten Töchter Bulbula und Leila, Sultans zwei jüngste Söhne Eqbal und Aimal und ihr Cousin, Fazil, der Sohn von Mariam, Bibi Guls Enkel.

Das vierte Zimmer dient als Lagerraum für Bücher, Ansichtskarten, Reis und Brot, im Sommer für die Winterkleidung und im Winter für die Sommerkleidung. In großen Kisten liegen die Kleider der Familie, denn in keinem der Zimmer stehen Schränke. Jeden Tag vergeht viel Zeit mit Suchen. Stehend oder sitzend über die Kisten gebeugt, begutachten die Frauen der Familie Kleidungsstücke, Schuhe, eine schadhafte Tasche, ein kaputtes Kästchen, eine Schleife, eine Schere oder ein Tuch. Die Dinge werden entweder für wert erachtet, gebraucht zu werden, oder einfach nur angeschaut und zurückgelegt. Nur selten wird etwas weggeworfen, die Zahl der Kisten nimmt also zu. Jeden Tag wird der Lagerraum ummöbliert, alles muss umgeräumt werden, wenn jemand ganz unten etwas sucht.

Zusätzlich zu den großen Kisten mit den Kleidern der Familie und dem Plunder hat jedes Familienmitglied noch eine verschließbare Truhe. Die Frauen tragen den Schlüssel an ihrem Kleid befestigt. Die Truhe ist ihr einziger Privatbesitz und jeden Tag sieht man sie über die Truhen gebeugt auf dem Boden sitzen, einen Schmuck in die Hand nehmen, ihn betrachten, ihn vielleicht anlegen, ihn zurücklegen, sich mit einer Creme eincremen, von der sie vergessen hatten, dass sie sie besaßen, oder an einem Parfüm riechen, das ihnen einmal jemand geschenkt hat. Vielleicht betrachten sie das Bild eines Cousins und träumen sich fort oder nehmen sich wie Bibi Gul nur ein paar Sahnebonbons oder einen versteckten Keks.

Sultan besitzt einen abschließbaren Bücherschrank. Der Schrank hat Glastüren, sodass man die Buchrücken sehen kann. Im Schrank stehen die Gedichte von Hafes und Rumi, jahrhundertealte Reiseschilderungen und zerflederte Atlanten. An heimlichen Stellen zwischen den Seiten versteckt er auch sein Geld. In Afghanistan gibt es keine Banken, auf die Verlass wäre. In diesem Bücherschrank verwahrt Sultan seine liebsten Bücher, die mit Widmungen und solche, die er einmal lesen will, wenn er Zeit findet. Aber Sultan ist immer den ganzen Tag in der Buchhandlung. Um acht Uhr verlässt er das Haus und kommt um acht Uhr abends heim. Dann hat er gerade noch Zeit, mit Latifa zu spielen, zu Abend zu essen und einige Verfügungen zu treffen, falls in der Familie etwas vorgefallen ist, während er fort war. Aber das ist selten, denn das Leben der Frauen zu Hause ist still, und es ist unter Sultans Würde, sich mit ihren Intrigen zu befassen.

Im unteren Teil des Schranks verwahrt Sonya ihre Sachen: einige hübsche Tücher, Schmuck, etwas Geld, die Spielsachen, die Latifa bekommen hat, aber die die Mutter, die aus einfachen Verhältnissen stammt, zu schön findet, um mit ihnen zu spielen. Die Barbiepuppenkopie, ein Geschenk zu Latifas erstem Geburtstag, steht immer noch in ihrer zerknitterten Plastikverpackung oben auf dem Bücherschrank.

Der Bücherschrank ist das einzige Möbelstück in der Wohnung. Die Familie besitzt weder einen Fernseher noch ein Radio. Das Einzige in den nackten Räumen sind dünne Matratzen an den Wänden und große harte Kissen. Auf den Matratzen wird nachts geschlafen und tagsüber gesessen. Die Kissen dienen nachts als Kopfkissen und tagsüber als Rückenstützen. Zu den Mahlzeiten wird ein Wachstuch auf dem Boden ausgebreitet. Alle sitzen im Schneidersitz darum herum und essen mit den Fingern. Nach der Mahlzeit wird das Tuch abgewischt wieder zusammengerollt.

Die Zimmer haben kalte Steinböden, die von großen Teppichen bedeckt sind. Die Wände sind rissig, die Türen hängen schief, viele lassen sich nicht schließen und stehen offen. Zwischen einigen Zimmern hängt nur ein Laken. Die Löcher in den Fenstern sind mit alten Handtüchern abgedichtet.

In der Küche gibt es einen Spülstein, einen Gaskocher und eine Kochplatte auf dem Fußboden. Auf dem Fensterbrett liegen das Gemüse und die Reste vom Vortag. Die Wandbretter haben Vorhänge, um das Geschirr vor Schmutz und dem rußigen Qualm der Gasflamme zu schützen. Aber wie sehr sie sich auch mit dem Saubermachen abmühen, immer ist eine Fettschicht und der Staub Kabuls auf sämtlichen Fensterbänken, Wandborden und Bänken.

Badezimmer und Toilette ist ein kleiner Verschlag in der Küche, abgeteilt mit einer Wand, die zur Decke hin offen ist. Darin ist nur ein Loch im Zementboden und ein Wasserhahn. In einer Ecke steht ein Ofen, in dem Wasser zum Waschen warm gemacht wird. Einen großen Tank gibt es auch, der gefüllt wird, wenn Wasser in den Rohren ist. Über dem Tank hängt ein kleines Bord mit einer Shampooflasche, einem Stück Seife, das immer schwarz ist, einigen Zahnbürsten und einer chinesischen Zahnpastatube, gefüllt mit einer körnigen Masse mit unbestimmbarem, chemischem Geschmack.

»Früher war das eine schöne Wohnung«, erinnert sich Sultan. »Wir hatten Wasser, Strom, Bilder an den Wänden – alles.«

Aber die Wohnung wurde während des Bürgerkriegs geplündert und in Brand gesteckt. Als die Familie zurückkehrte, lag alles in Trümmern und sie mussten versuchen, es, so gut es ging, zu reparieren. Der älteste Teil von Mikrorayon, in dem Familie Khan wohnt, lag an der Front zwischen den Truppen des Mudschaheddinhelden Masud und den Männern des verhassten Gulbuddin Hekmatyar. Masud hatte den größten Teil Kabuls unter seiner Kontrolle und Hekmatyar sich auf einer Anhöhe vor der Stadt verschanzt. Sie schossen mit Raketen aufeinander. Viele schlugen in Mikrorayon ein. Auf einer anderen Anhöhe standen die Truppen des Usbeken Abdul Rashid Dostum, auf einer dritten die des Fundamentalisten Abdul Rasul Sayyaf. Ihre Raketen schlugen in den anderen Stadtteilen ein. Die Front bewegte sich von einer Straße zur nächsten. Die Kriegsherren kämpften vier Jahre lang, bis die Taliban schließlich in Kabul einmarschierten und die Kriegsherren vor den Lehrjungen der Kleriker die Flucht ergriffen.

Sechs Jahre nachdem die Kämpfe zu Ende gegangen sind, gleicht Mikrorayon immer noch einer Kriegslandschaft. Die Gebäude sind voller Löcher von Kugel- und Granateinschlägen. In vielen Fensterrahmen sind Plastikplanen statt

Glas. Die Wohnungen haben Risse im Dach und in den obersten Etagen riesige Löcher von den Raketen, die dort explodierten und die Häuser in Brand steckten. Einige der schwersten Gefechte des Bürgerkriegs wurden in Mikrorayon ausgetragen. Die meisten Einwohner flüchteten damals. Auf der Maranjanhöhe oberhalb von Mikrorayon, auf der Hekmatyars Truppen standen, hat seit dem Bürgerkrieg niemand mehr aufgeräumt. Raketenabschussrampen, ausgebombte Fahrzeuge und Panzer liegen überall verstreut nur einen Spaziergang von einer Viertelstunde von Familie Khans Haus entfernt. An diesem Platz wurde früher gepicknickt. Hier liegt das palastartige Grab von Nadir Schah, dem Vater von Zahir Schah, der 1933 bei einem Attentat getötet wurde. Jetzt ist die Grabkammer eine Ruine. Die Kuppel ist durchlöchert und die Säulen sind zerbrochen. Das bescheidenere Grab seiner Königin direkt daneben ist noch schlimmer zugerichtet. Wie ein Skelett ragt es auf einem Felsvorsprung über die Stadt. Der Grabstein ist zerbrochen. Jemand hat versucht, ihn zusammenzulegen, sodass man das Koranzitat erraten kann.

Der ganze Hügel ist vermint, aber zwischen Raketenhülsen und Schrott erinnert etwas an Friedenszeiten: Zwischen den runden Steinen wachsen brandgelbe Ringelblumen. Sonst hat auf der Maranjanhöhe nichts den Bürgerkrieg, die Dürre und die Taliban überlebt.

Von der Höhe und auf Abstand wirkt Mikrorayon wie jeder andere Ort in der ehemaligen Sowjetunion. Bei den Gebäuden handelt es sich auch um ein Geschenk der Russen. In den fünfziger und sechziger Jahren kamen sowjetische Ingenieure nach Afghanistan, um die so genannten Chruschtschow-Blocks zu bauen, von denen die gesamte Sowjetunion zugepflastert wurde und die in Kabul ganz genauso errichtet wurden wie in Kaliningrad oder Kiew. Fünfgeschossige Blocks mit kleinen Wohnungen mit zwei, drei oder vier Zimmern.

Wenn man näher kommt, sieht man, dass der heruntergekommene Eindruck nichts mit dem üblichen sowjetischen Verfall zu tun hat, sondern mit Kugeln und Krieg. Sogar die Bänke aus Zement vor den Haustüren sind zerstört und liegen wie umgestürzte Wracks an den ausgefahrenen Sandwegen, die früher asphaltiert waren.

In Russland sitzen auf diesen Bänken die Babuschkas, alte Frauen mit Stock, Haaren auf der Oberlippe und Kopftuch, und verfolgen alles. In Mikrorayon sitzen vor den Häusern nur alte Männer und unterhalten sich, während sie ihre Gebetsketten durch die Finger gleiten lassen. Sie sitzen unter den wenigen Bäumen, die stehen geblieben sind und nur spärlichen Schatten spenden. Frauen mit Einkaufstaschen unter der Burkha eilen vorbei. Nur selten bleibt eine der Frauen stehen und unterhält sich mit einer Nachbarin. In Mikrorayon besuchen sich die Frauen gegenseitig, wenn sie reden wollen, und achten sorgfältig darauf, dass sie von keinen Männern gesehen werden, die nicht zu ihrer Familie gehören.

Obwohl die Häuser im Geiste des sowjetischen Egalitarismus erbaut worden sind, gibt es keine Gleichberechtigung, weder außerhalb noch innerhalb der Mauern. Wenngleich die Blocks Wohnraum für die klassenlose Gesellschaft waren, galt Mikrorayon immer als ein Viertel der Mittelklasse. Als die Blocks gebaut wurden, sahen alle zu den Leuten auf, die aus ihren Lehmhäusern in den Dörfern bei Kabul in die Wohnungen mit fließendem Wasser zogen. Hierher kamen Ingenieure und Lehrer, Ladenbesitzer und die Fahrer von Fernlastern. Aber das Wort Mittelklasse bedeutet in einem Land nicht mehr viel, in dem die meisten alles verloren haben und das so rückschrittlich ist. Das einmal so begehrte fließende Wasser war in den letzten zehn Jahren ein besserer Witz. Im Erdgeschoss gibt es morgens ein paar Stunden lang kaltes Wasser. Dann versiegt es. Im ersten Stock gibt es nur manchmal Wasser und nach weiter oben kommt es nie, der Druck ist zu schwach. Vor den Häusern hat man Brunnen gegraben und jeden Tag geht ein Strom von Kindern mit Eimern, Flaschen und Töpfen die Treppen rauf und runter.

Elektrischer Strom war der Stolz dieser Blocks. Jetzt ist im Großen und Ganzen alles dunkel. Wegen der Dürre ist der Strom streng rationiert. Jeden zweiten Tag haben die Wohnungen zwischen sechs und zehn Uhr abends vier Stunden lang Strom. Hat ein Stadtteil Elektrizität, liegt ein anderer im Dunkeln. Gelegentlich hat überhaupt niemand Strom. Dann bleibt allen nichts anderes übrig, als die Öllampen hervorzukramen und im Halbdunkeln dazusitzen, während im beißenden Rauch der Lampen die Augen tränen.

In einem der ältesten Blocks am ausgetrockneten Kabulfluss wohnt Familie Khan. Hier sitzt Bibi Gul und hängt trüben Gedanken über das Leben nach, weit weg von dem Dorf, in dem sie aufgewachsen ist, und eingesperrt in eine rissige Steinwüste. Bibi Gul war nicht mehr glücklich, seit ihr Mann gestorben ist. Laut seinen Nachkommen arbeitete er schwer und war tiefreligiös und streng, dabei aber gerecht.

Nach dem Tod des Vaters hat Sultan seinen Thron übernommen. Sein Wort ist jetzt Gesetz. Wer nicht gehorcht, wird bestraft – erst ausgeschimpft, dann geschlagen. Er thront nicht nur über den anderen in seinem Haushalt, er versucht auch, die Geschwister, die ausgezogen sind, zu bevormunden. Sein zwei Jahre jüngerer Bruder küsst ihm die Hand, wenn sie sich begegnen, und Gnade ihm, er wagt es, Sultan zu widersprechen oder, noch schlimmer, vor seinen Augen eine Zigarette anzuzünden. Der Ältere muss in jeder Hinsicht respektiert werden.

Falls weder ein Donnerwetter noch Schläge helfen, gibt es noch eine andere Strafe: Zurückweisung. Über seinen kleinen Bruder Farid verliert Sultan weder ein Wort noch spricht er jemals mit ihm. Jedenfalls nicht mehr, seit Farid sich geweigert hat, für Sultan in der Buchhandlung zu arbeiten, und stattdessen seine eigene eröffnet hat und zusätzlich eine Buchbinderei. Auch die anderen der Familie dürfen nicht mehr mit Farid sprechen. Farids Name darf nicht genannt werden. Er ist nicht mehr Sultans Bruder.

Farid wohnt ebenfalls in einer der ausgebombten Wohnungen in Mikrorayon und nur wenige Minuten entfernt. Wenn Sultan in der Buchhandlung ist, besucht Bibi Gul gern Farid und seine Familie, ohne dass Sultan das erfahren darf. Das tun seine Geschwister ebenfalls. Trotz des Verbots nahm Shakila die Einladung ihres Bruders vor ihrer Hochzeit an und verbrachte einen ganzen Abend bei ihm. Zu Sultan sagte sie, sie sei bei einer Tante gewesen. Bevor ein Mädchen heiratet, laden alle Verwandten sie zum Abschiedsessen ein. Zu Familienfeiern wird Sultan gebeten und nicht sein Bruder. Niemand von Sultans Cousins und Cousinen und seinen Onkeln und Tanten will sich ihn zum Feind machen, das ist unerfreulich und lohnt nicht. Aber alle lieben nicht ihn, sondern Farid.

Niemand kann sich mehr erinnern, was eigentlich zwischen Sultan und Farid vorgefallen ist, nur dass Farid seinen großen Bruder wütend verlassen hat. Sultan schrie ihm hinterher, dass das Band zwischen ihnen für alle Zeiten durchtrennt sei. Bibi Gul bittet sie immer wieder, sich doch zu versöhnen, aber die Brüder zucken nur mit den Achseln. Sultan, weil es die Sache des Jüngeren ist, sich zu entschuldigen, Farid, weil er findet, dass Sultan die Schuld trage.

Bibi Gul hat dreizehn Kinder zur Welt gebracht. Mit vierzehn bekam sie die erste Tochter, Feroza. Endlich hatte ihr Leben einen Sinn. Die ersten Jahre als Kindsbraut hatte sie nur geweint. Jetzt wurde das Leben besser. Als älteste Tochter war für Feroza von Schule nie die Rede. Die Familie war arm und Feroza schleppte Wasser herbei, fegte und hütete ihre jüngeren Geschwister. Mit fünfzehn wurde sie mit einem Vierzigjährigen verheiratet. Er war reich und Bibi Gul dachte, dass Reichtum zu Glück führen würde. Feroza war ein schönes Mädchen und sie bekamen zwanzigtausend Afghani für sie.

Die nächsten zwei Kinder starben schon als Kleinkinder. Ein Viertel aller Kinder in Afghanistan stirbt vor Erreichen des fünften Lebensjahres. Das Land hat die höchste Kindersterblichkeit der Welt. Kinder sterben an den Masern, an Mumps, an Erkältungen, aber hauptsächlich an Diarrhö. Viele Eltern glauben, dass sie ihren Kindern nichts geben sollen, wenn sie Durchfall haben, es laufe ja doch nur durch. Sie glauben, die Krankheit ließe sich austrocknen. Ein Irrtum, der schon tausenden von Kindern das Leben gekostet hat. Bibi Gul erinnert sich nicht mehr, woran ihre beiden gestorben sind. »Sie starben einfach«, sagt Bibi Gul.

Dann kam Sultan, der geliebte Sultan, der geachtete Sultan. Als Bibi Gul endlich einen Sohn bekam, der heranwuchs, wurde ihre Stellung in der Familie ihres Mannes bedeutend einfacher. Der Wert einer Braut liegt in ihrer Jungfernhaut, der einer Frau in der Zahl ihrer Söhne.

Als ältester Sohn bekam er immer das Beste, obwohl die Familie immer noch arm war. Das Geld, das sie für Feroza bekommen hatten, konnten sie gut für Sultans Schulgang gebrauchen. Schon als Kind erhielt er eine führende Rolle in der Familie und sein Vater vertraute ihm verantwortungsvolle Aufgaben an. Schon mit sieben arbeitete er neben der Schule ständig.

Ein paar Jahre nach Sultan wurde Farid geboren, ein ungestümer Junge, der ständig in Schlägereien verwickelt war und mit aufgeschlagenen Knien und blutiger Nase nach Hause kam. Er trank und rauchte, natürlich ohne dass die Eltern das sahen, aber war der liebenswerteste Mensch, wenn er nicht gerade wütend wurde. Bibi Gul fand eine Frau für ihn. Jetzt ist er verheiratet und hat zwei Töchter und einen Sohn. Aber in der Wohnung in Block 37 in Mikrorayon hat er Hausverbot. Bibi Gul seufzt. Die Feindschaft ihrer beiden ältesten Söhne zerreißt ihr fast das Herz. »Dass sie keine Vernunft annehmen wollen!«

Nach Farid kommt Shakila, die fröhliche, taffe und starke Shakila. Bibi Gul vergießt eine Träne. Sie stellt sich ihre Tochter wieder vor, wie sie schwere Wassereimer schleppt.

Dann kam Nesar Ahmad. Wenn Bibi Gul an ihn denkt, fließen die Tränen noch reichlicher. Nesar Ahmad war ruhig, freundlich und gut in der Schule. Er besuchte das Gymnasium in Kabul und wollte Ingenieur werden wie Sultan. Aber eines Tages kam er nicht nach Hause. Die Klassenkameraden erzählten, die Militärpolizei habe die kräftigsten Jungen der Klasse mitgenommen, um sie in die Armee zu stecken. Das war während der sowjetischen Okkupation. Die afghanischen Regierungstruppen fungierten als Bodentruppen der Sowjetunion. Sie wurden in den vordersten Reihen gegen die Mudschaheddin eingesetzt. Die Mudschaheddin hatten die besseren Soldaten, sie kannten das Terrain und verschanzten sich im Gebirge. Dort warteten sie, dass die Russen und ihre afghanischen Bundesgenossen auf die Pässe vorrücken würden. Auf einem solchen Gebirgspass verschwand Nesar Ahmad. Bibi Gul glaubt, dass er noch am Leben ist. Vielleicht wurde er gefangen genommen. Vielleicht hat er das Gedächtnis verloren. Vielleicht lebt er und es geht ihm gut, irgendwo. Jeden Tag betet sie zu Allah dafür, dass er zurückkommt.

Nach Nesar Ahmad kommt Bulbula, die krank vor Kummer wurde, als ihr Vater ins Gefängnis kam, und den ganzen Tag zu Hause sitzt und in die Luft schaut.

Mit Mariam, die ein paar Jahre später geboren wurde, war hingegen mehr los. Sie war tüchtig, eifrig und ein Ass in der Schule. Sie wurde eine Schönheit und hatte rasch sehr viele Freier. Mit achtzehn wurde sie mit einem Jungen aus ihrem Dorf verheiratet, Karimullah. Er hatte einen Laden und Bibi Gul hielt ihn für eine gute Partie. Mariam zog bei seiner Familie ein. Dort wohnten auch sein Bruder und seine Mutter. Sie bekam viel zu tun, denn seine Mutter kann ihre Hände nicht mehr gebrauchen. Sie hat sie im Backofen verbrannt. Einige Finger fehlen ganz, andere sind miteinander verschmolzen. Sie hat zwei halbe Daumen, sodass sie allein essen und einfache Arbeiten verrichten kann. Sie kann Kleinkinder hüten und Sachen tragen, wenn sie sie an sich drückt.

Mariam war in ihrem neuen Zuhause glücklich. Bis der Bürgerkrieg kam. Als einer von Mariams Cousins in Jalalabad heiraten wollte, ergriff die Familie die Gelegenheit, dorthin zu reisen, obwohl die Straßen sehr unsicher waren. Ihr Mann Karimullah wollte in Kabul in seinem Laden bleiben. Aber eines Morgens, als er öffnen wollte, geriet er ins Kreuzfeuer. Eine Kugel traf ihn direkt ins Herz und er starb auf der Stelle.

Mariam weinte drei Jahre lang. Schließlich beschlossen Bibi Gul und Karimullahs Mutter, sie mit Hazim, dem Bruder des Toten, zu verheiraten. Sie bekam eine neue Familie, um die sie sich kümmern musste, und riss sich für den Mann und die zwei Kinder zusammen. Jetzt ist sie mit ihrem fünften Kind schwanger. Fazil, der älteste Sohn aus der Ehe mit Karimullah, arbeitet bereits. Er trägt Kisten und verkauft Bücher in einer von Sultans Buchhandlungen und wohnt auch bei ihm, um Mariam zu entlasten.

Dann kam Yunus, Bibi Guls Lieblingssohn. Er ist derjenige, der sie verwöhnt, er kauft ihr kleine Dinge, fragt sie, ob sie was braucht, und legt nach dem Abendessen gern den Kopf in ihren Schoß, wenn die Familie auf den Matratzen in der Wohnung herumliegt und döst. Yunus ist der Einzige, von dem die Mutter das genaue Geburtsdatum kennt, denn er wurde an dem Tag geboren, an dem Zahir Schah bei einem Putsch die Macht verlor, am 17. Juli 1973.

Die anderen Kinder haben weder einen Geburtstag noch ein Geburtsjahr. In Sultans Dokumenten schwankt sein

Geburtsjahr zwischen 1947 und 1955. Wenn er die Jahre seiner Kindheit, die Schuljahre, die Studienjahre, den einen Krieg, den nächsten Krieg und den dritten Krieg zusammenzählt, dann kommt er darauf, dass er ein paar Jahre über fünfzig sein muss. So rechnen alle ihr Alter aus. Und weil es niemand so richtig weiß, kann man sich sein Alter aussuchen. So kann Shakila behaupten, dass sie dreißig ist, obwohl sie gut fünf oder sechs Jahre älter sein könnte.

Nach Yunus kommt Basir. Er wohnt in Kanada, da seine Mutter ihn mit einer Verwandten dort verheiratet hat. Sie hat ihn nicht mehr gesehen und auch nicht mit ihm gesprochen, seit er vor zwei Jahren die Ehe geschlossen hat und weggezogen ist. Bibi Gul vergießt noch eine Träne. Weit von den Kindern entfernt zu sein ist das Schlimmste, was sie sich vorstellen kann. Sonst hat sie nichts im Leben, abgesehen von den glasierten Mandeln unten in ihrer Truhe.

Ihr letztgeborener Sohn ist der Grund, dass Bibi Gul angefangen hat, immer mehr zu essen. Ein paar Tage nach der Geburt musste sie ihn an eine kinderlose Verwandte weggeben. Die Milch schoss und Bibi Gul weinte. Eine Frau erhält ihren Wert vor allem dadurch, dass sie Mutter ist, und zwar von Söhnen. Keine Kinder zu bekommen bedeutet, keine Wertschätzung zu erfahren. Nachdem Bibi Guls Verwandte fünfzehn Jahre lang kinderlos gewesen war, betete sie verzweifelt zu Gott, probierte alle möglichen Arzneien und Ratschläge aus, und als Bibi Gul ihr zehntes Kind erwartete, bat sie diese, dass sie es ihr abtreten würde.

Bibi Gul weigerte sich. »Ich kann mein Kind nicht weggeben.«

Die Verwandte bat, jammerte und drohte immer weiter. »Hab Mitleid mit mir. Du hast doch schon so viele Kinder und ich habe keine. Gib mir nur das eine.« Sie weinte. »Ich kann ohne Kind nicht leben«, meinte sie schluchzend.

Schließlich versprach ihr Bibi Gul das Kind. Als der Sohn zur Welt kam, behielt sie ihn zwanzig Tage lang. Sie stillte ihn, liebkoste ihn und weinte, weil sie ihn weggeben musste. Bibi Gul war wegen ihrer Kinder eine bedeutende Frau und wollte am liebsten so viele wie möglich. Außer den Kindern hatte sie nichts. Nach den vereinbarten zwanzig Tagen gab sie ihn ihrer Verwandten, und obwohl die Milch schoss, durfte sie ihn nicht mehr stillen. Er sollte keine Bande zu seiner Mutter haben, die von jetzt an nichts anderes als eine entfernte Verwandte sein würde. Sie weiß, dass es ihm gut geht, aber trauert trotzdem noch immer über den Verlust des Sohnes. Wenn sie ihm begegnet, muss sie so tun, als sei er nicht ihr Sohn, das hat sie seiner neuen Mutter versprochen.

Bibi Guls jüngste Tochter ist Leila. Die tüchtige, fleißige Leila, die die meiste Hausarbeit in der Familie verrichtet. Als Nachzüglerin steht sie mit ihren neunzehn Jahren ganz unten in der Hierarchie: am jüngsten, unverheiratet, Mädchen.

Als Bibi Gul in ihrem Alter war, hatte sie bereits vier Kinder, von denen zwei starben und zwei überlebten. Aber daran denkt sie jetzt nicht. Jetzt denkt sie daran, dass ihr Tee kalt geworden ist und dass sie friert. Sie versteckt die Mandeln unter der Matratze und will, dass ihr jemand ihr Wolltuch holt.

»Leila!!!«, ruft sie. Leila steht von ihren Kochtöpfen auf.

Versuchungen

Sie tritt von Sonnenlicht umgeben ein. In üppiger Anmut betritt sie den dunklen Laden. Mansur erwacht aus seinem Dösen und schärft seinen schläfrigen Blick, als er des Geschöpfs gewahr wird, das an den Regalen entlangstreicht.

»Kann ich dir helfen?«

Er weiß sofort, dass er eine schöne junge Frau vor sich hat. Er sieht das an ihrer Haltung, ihren Füßen, den Händen, daran, wie sie ihre Tasche trägt. Sie hat lange, bleiche Finger.

»Haben Sie ›Chemie für Fortgeschrittene‹?«

Mansur setzt seinen professionellen Buchhändlerblick auf. Er weiß, dass er das Buch nicht hat, aber er bittet sie trotzdem in das Hinterzimmer zum Suchen. Er steht ganz dicht neben ihr und durchsucht die Regale und ihr Parfüm kitzelt ihn in der Nase. Er reckt und bückt sich und tut so, als suche er. Zwischendurch dreht er sich zu ihr um und betrachtet die Schatten ihrer Augen. Von dem Buch hat er noch nie gehört.

»Leider ist es gerade ausverkauft, aber ich habe noch ein paar Exemplare zu Hause. Können Sie morgen noch mal kommen? Dann bringe ich es für Sie mit.«

Den ganzen nächsten Tag wartet er auf das Wunder, zwar ohne Chemiebuch, aber mit einem Plan. Beim Warten entwickelt er fortwährend neue Phantasien. Bis es dämmert und er schließen muss. Frustriert knallt er die Gitter zu, die nachts das gesprungene Glas des Schaufensters schützen.

Am nächsten Tag hat er schlechte Laune. Mit saurer Miene sitzt er hinter dem Verkaufstisch. Der Raum ist halbdunkel, Elektrizität gibt es keine. In den Sonnenstrahlen, die hereindringen und in denen der Staub zittert, erscheint der Laden noch trostloser. Wenn Kunden eintreten und nach einem Buch fragen, antwortet Mansur mürrisch, er habe es nicht, auch wenn es im Regal direkt hinter ihm steht. Er hasst es, an die Buchhandlung seines Vaters gekettet zu sein, nicht einmal freitags freizuhaben und dass sein Vater ihm nicht erlaubt, die Schule zu besuchen, ein Fahrrad zu kaufen oder seine Freunde zu treffen. Er hasst die staubigen Bände in den Regalen. Eigentlich hasst er Bücher, das hat er immer getan, und seit er aus der Schule genommen wurde, hat er kein Buch mehr zu Ende gelesen.

Leichte Schritte und das Rascheln von schwerem Tuch reißen ihn aus seiner düsteren Laune. Wie beim letzten Mal steht sie da, mitten in einem Sonnenstrahl, der den Bücherstaub um sie herum tanzen lässt. Mansur muss sich zurückhalten, nicht vor Freude aufzuspringen. Erneut setzt er seine Buchhändlermiene auf.

»Ich habe gestern auf dich gewartet«, sagt er mit geschäftsmäßigem Wohlwollen. »Ich habe das Buch bei mir zu Hause, aber ich wusste nicht, welche Ausgabe, Einband oder Preisklasse du haben willst. Dieses Buch gibt es in so vielen Auflagen und ich konnte wirklich nicht alle mitschleppen. Willst du mitkommen und dir die richtige aussuchen?«

Erstaunt sieht ihn die Burkha an. Unsicher macht sie an ihrer Tasche herum.

»Nach Hause zu dir?«

Einen Augenblick stehen sie still. Mit Schweigen kann er

sie am besten überreden, denkt Mansur, zittert jedoch vor Nervosität. Die Einladung ist verwegen.

»Du brauchst das Buch doch, oder?«, sagt er zum Schluss.

Und welch Wunder, sie kommt mit! Das Mädchen setzt sich auf den Rücksitz, aber so, dass sie ihn im Rückspiegel sehen kann. Mansur versucht das, was er für ihren Blick hält, festzuhalten, während sie sich unterhalten.

»Schönes Auto«, sagt sie. »Ist das deins?«

»Ja, aber das ist nichts Besonderes«, erwidert Mansur nonchalant. Da erscheint das Auto noch schöner und er noch reicher.

Ziellos fährt er mit einer Burkha auf dem Rücksitz durch Kabul. Er hat kein Buch und zu Hause sitzen seine Großmutter und seine Tanten. Dass ihm die Unbekannte so nahe ist, macht ihn nervös und aufgeregt. Er nimmt seinen Mut zusammen und bittet sie, ihr Gesicht sehen zu dürfen. Ein paar Sekunden sitzt sie vollkommen reglos da, dann hebt sie das Vorderteil ihrer Burkha und sieht ihm im Rückspiegel in die Augen. Wie er gedacht hatte. Sie ist sehr schön mit hinreißend großen, dunklen, geschminkten Augen und außerdem ein paar Jahre älter als er. Mit vielem Hin und Her, beharrlichem Charme und Überredungskünsten gelingt es ihm, sie das Chemiebuch vergessen zu lassen und sie in ein Restaurant einzuladen. Er hält, sie stiehlt sich aus dem Wagen und die Treppen zum Restaurant »Marco Polo« hinauf. Hier bestellt Mansur die ganze Karte: auf dem Spieß gegrilltes Huhn, Kebab, Mantu, mit Hackfleisch gefüllte afghanische Nudeln, Pilaw, Reisauflauf mit großen Stücken Hammelfleisch und als Dessert Pistazienpudding.

Während des Mittagessens versucht er sie zum Lachen zu bringen, ihr das Gefühl zu geben, auserwählt zu sein, mehr zu essen. Sie sitzt, die Burkha über dem Kopf, mit dem Rücken zu den anderen Tischen in einer Ecke des Restaurants. Messer und Gabel lässt sie liegen. Wie die meisten

Afghanen isst sie mit den Fingern. Sie erzählt ihm von ihrem Leben, ihrer Familie, dem Studium, aber Mansur hört nicht recht zu, er ist zu aufgeregt. Sein erstes Date. Sein vollkommen unerlaubtes Date. Beim Gehen gibt er dem Kellner ein riesiges Trinkgeld und die Studentin macht große Augen. Er sieht ihren Kleidern an, dass sie nicht reich ist, arm aber auch nicht. Mansur hat es eilig, zurück in den Laden zu kommen, die Burkha springt in ein Taxi, was sowohl für sie als auch für den Fahrer unter den Taliban mit Peitschenhieben und Gefängnis geahndet worden wäre. Das Treffen im Restaurant wäre damals unmöglich gewesen, ein Mann und eine Frau, die nicht verwandt sind, hätten nicht einmal zusammen die Straße entlanggehen können, ganz zu schweigen davon, dass eine Frau öffentlich die Burkha hätte ablegen können. Die Dinge haben sich geändert. Ein Glück für Mansur. Er verspricht ihr, das Buch am nächsten Tag dabeizuhaben.

Den ganzen nächsten Tag denkt er darüber nach, was er sagen wird, wenn sie reinkommt. Er muss die Taktik ändern, weniger Buchhändler sein und mehr Verführer. Die einzigen Erfahrungen, die Mansur mit der Sprache der Liebe mitbringt, stammen aus indischen und pakistanischen Filmen, in denen eine hochdramatische Äußerung auf die andere folgt. Der Film beginnt immer mit einer Begegnung, darauf folgen Hass, Verrat und Enttäuschung. Das Ganze endet mit romantischen Worten über ewige Liebe – eine gute Schule für einen jungen Verführer. Hinter dem Ladentisch, vor einem Stapel Bücher und Papieren, träumt Mansur davon, wie das Gespräch mit der Studentin aussehen wird:

»Seit du mich gestern verlassen hast, habe ich jede Sekunde an dich gedacht. Ich wusste, dass an dir etwas Besonderes ist, dass du für mich bestimmt bist. Du bist mein Schicksal!« Das würde sie sicher gern hören. Dabei muss er ihr in die Augen blicken und vielleicht noch zusätzlich ihr Handgelenk festhalten. »Ich muss mit dir allein sein. Ich will dich ganz sehen, ich will in deinen Augen ertrinken«, will er sagen. Oder er wird sich bescheidener geben: »Ich bitte nicht um viel, solange du nur hier reinkommst, wenn du nichts anderes zu tun hast. Ich verstehe, wenn du das nicht willst, aber einmal in der Woche könntest du es doch trotzdem versuchen?«

Vielleicht sollte er ihr auch Versprechungen machen: »Wenn ich achtzehn werde, können wir heiraten.«

Er muss Mansur sein mit dem teuren Auto, Mansur mit dem schönen Laden, Mansur mit dem Trinkgeld, Mansur mit den westlichen Kleidern. Er muss sie mit dem Leben, das sie mit ihm führen könnte, in Versuchung führen: »Du bekommst ein großes Haus mit Garten und eine Menge Diener. Wir fahren in den Ferien ins Ausland.« Er muss ihr das Gefühl geben, auserwählt zu sein, und ihr zeigen, wie viel sie ihm bedeutet: »Ich liebe nur dich. Ich leide jede Sekunde, die ich dich nicht sehe.«

Falls sie dann immer noch nicht auf seine Bitten eingeht, muss er dramatischer werden: »Wenn du mich verlässt, dann bringe zuerst mich um, sonst stecke ich die Welt in Brand!«

Aber die Studentin kommt am Tag nach dem Restaurantbesuch nicht wieder. Auch nicht am Tag darauf und die folgenden zwei Tage. Mansur übt weiter, wird aber immer mutloser. Mochte sie ihn nicht? Haben ihre Eltern erfahren, was sie getan hat? Steht sie unter Hausarrest? Hat sie jemand zusammen gesehen und das rumerzählt? Ein Nachbar oder ein Verwandter? Hat er etwa etwas Dummes gesagt?

Ein älterer Mann mit Stock und großem Turban unterbricht seine Mutmaßungen. Er grüßt brummig und fragt nach einem religiösen Werk. Verärgert sucht Mansur das Buch hervor und wirft es auf den Ladentisch. Er ist nicht mehr Mansur, der Verführer, sondern nur Mansur, der Buchhändlersohn und Schwärmer.

Jeden Tag wartet er darauf, dass sie zurückkommt. Jeden Tag verschließt er das Gitter vor der Tür, ohne dass sie gekommen ist. Die Stunden im Laden gestalten sich immer unerträglicher.

In der Straße von Sultans Buchhandlung liegen auch mehrere andere Buchhandlungen sowie Schreibwarenläden, Buchbindereien und Läden, in denen Dokumente kopiert werden. In einer der Buden arbeitet Rahimullah. Er ist oft in Mansurs Laden, um Tee zu trinken und sich zu unterhalten. An diesem Tag geht Mansur rüber zu ihm, um ihm seine Not zu klagen. Rahimullah lacht nur.

»Es hat gar keinen Sinn, es bei einer Studentin zu probieren. Die sind zu tugendhaft. Versuch es lieber mit einer, die Geld braucht. Bei Bettlerinnen ist es am einfachsten. Viele sind gar nicht mal so schlecht. Oder geh dorthin, wo die UN Mehl und Speiseöl austeilt. Dort stehen viele junge Witwen.«

Mansur bleibt der Mund offen stehen. Er kennt die Ecke, an der Lebensmittel an die Bedürftigsten ausgeteilt werden, hauptsächlich an Kriegswitwen mit kleinen Kindern. Sie erhalten eine Ration im Monat. Viele bleiben dann dort stehen, um einen Teil dieser Ration zu verkaufen, um an Geld zu kommen.

»Geh dorthin und such dir eine, die halbwegs jung aussieht. Kauf eine Flasche Speiseöl und bitte sie, hierher zu kommen. ›Wenn du zu mir in den Laden kommst, helfe ich dir auch in Zukunft‹, sage ich meist. Wenn sie kommen, biete ich ihnen eine kleine Geldsumme und nehme sie dann ins Hinterzimmer mit. Sie kommen in Burkha und gehen in Burkha – niemand schöpft Verdacht. Ich bekomme, was ich brauche, und sie verdienen Geld für ihre Kinder.«

Ungläubig sieht Mansur Rahimullah an. Dieser öffnet die Tür zum Hinterzimmer, um ihm zu zeigen, wie es vor sich geht. Der Raum ist nur wenige Quadratmeter groß. Auf dem

Boden liegen zusammengefaltete Pappkartons. Sie sind schmutzig und haben Fußspuren. Dunkle Flecken hat die Pappe aufgesogen.

»Ich nehme ihnen Schleier, Kleid, Sandalen, Hosen und Wäsche ab. Sind sie erst einmal hier drin, ist es zu spät für Reue. Schreien ist unmöglich. Falls ihnen jemand zu Hilfe käme, läge die Schuld trotzdem bei ihnen. Der Skandal würde ihr Leben zerstören. Mit den Witwen ist alles kein Problem. Aber falls es sich um junge Mädchen handelt, um Jungfrauen, mache ich es bloß zwischen ihren Schenkeln. Ich bitte sie einfach, die Beine zusammenzupressen. Oder ich mache es hinten, du weißt schon, hinten«, sagt der Kaufmann.

Schockiert sieht Mansur ihn an. Ist es wirklich so einfach?

Als er am selben Nachmittag bei der blauen Masse von Burkhas stehen bleibt, ist es dann doch nicht so leicht. Er kauft eine Flasche Öl. Aber die Hände, die sie ihm reichen, sind rau und abgearbeitet. Er schaut sich um und sieht nur Armut. Er wirft die Flasche auf den Rücksitz und fährt weg.

Er hat es aufgegeben, Sätze aus Filmen auswendig zu lernen. Aber es kommt der Tag, an dem er vielleicht doch noch Verwendung dafür hat. Ein junges Mädchen kommt in den Laden und fragt nach einem englischen Wörterbuch. Mansur setzt seine liebenswürdigste Miene auf. Er erfährt, dass sie einen Englischkurs für Anfänger besucht. Der galante Buchhändlersohn bietet ihr an, ihr zu helfen.

»Ich habe so wenige Kunden, dass ich dir in den Pausen bei den Hausaufgaben helfen könnte.«

Die Hilfe beginnt auf dem Sofa im Laden und geht hinter dem Regal mit Eheversprechen und dem Gelöbnis ewiger Treue weiter. Einmal hebt er sogar ihre Burkha an und küsst sie. Sie reißt sich los und kommt nie mehr wieder.

Einmal liest er ein Mädchen auf der Straße auf, eine Analphabetin, die noch nie ein Buch gesehen hat. Sie steht vor dem Laden an der Bushaltestelle. Er gibt vor, ihr etwas zeigen zu wollen. Sie ist schön, schön und weich. Immer wieder kommt sie in den Laden und er verspricht auch ihr eine rosige Zukunft. Manchmal erlaubt sie ihm, sie unter der Burkha zu berühren. Aber das hat nur zur Folge, dass er sich noch mehr nach ihr verzehrt.

Er kommt sich schmutzig vor. »Ich bin schmutzig im Herzen«, vertraut er seinem kleinen Bruder Eqbal an. Er weiß, dass er nicht an die Mädchen denken sollte.

»Ich frage mich, warum sie so langweilig sind«, meint Rahimullah einmal, als Mansur auf ein Glas Tee bei ihm vorbeischaut.

»Wieso langweilig?«, will Mansur wissen.

»Die Frauen hier sind nicht wie in den Filmen. Sie sind stocksteif, liegen einfach da«, erklärt der ältere Rahimullah.

Er hat ein paar Pornofilme aufgetrieben und erzählt Mansur detailliert, was die Frauen tun und wie sie aussehen. »Vielleicht sind afghanische Frauen anders? Ich versuche ihnen zu erklären, was sie tun sollen, aber sie kriegen es einfach nicht hin.« Rahimullah seufzt. Mansur seufzt ebenfalls.

Ein kleines Mädchen betritt den Laden. Sie ist zwölf, vielleicht auch vierzehn. Sie streckt eine schmutzige Hand aus und schaut sie bittend an. Über Kopf und Schultern trägt sie ein dreckiges weißes Tuch mit roten Blumen. Sie ist zu klein, um die Burkha zu tragen. Das ist erst nach der Pubertät üblich.

Oft kommen Bettler in die Läden. Mansur schmeißt sie immer sofort raus. Aber Rahimullah bleibt stehen, betrachtet das kindliche, herzförmige Gesicht und zieht zehn Scheine aus der Tasche. Das Bettlermädchen sieht mit großen Augen auf das Geld und streckt eifrig die Hand aus. Aber ehe sie die Scheine greifen kann, zieht Rahimullah seine Hand weg. Er beschreibt mit ihr einen großen Kreis und hält ihren Blick dabei fest.

»Nichts ist gratis im Leben«, sagt er.

Die Hand des Mädchens erstarrt. Rahimullah gibt ihr zwei Scheine.

»Geh in den Hamam, wasch dich und komm dann wieder, dann bekommst du den Rest.«

Rasch steckt sie das Geld in die Tasche ihres Rocks und verbirgt ihr Gesicht halb hinter dem dreckigen Tuch mit den roten Blumen. Sie sieht ihn mit einem Auge an. Auf der einen Wange hat sie Pockennarben, ihre Stirn ist von Sandfliegen gezeichnet. Sie dreht sich um und geht. Ihre dünne Gestalt verschwindet auf den Straßen Kabuls.

Ein paar Stunden später kommt sie frisch gewaschen zurück. Mansur ist wiederum zu Besuch.

»Na denn«, sagt Rahimullah zu sich, obwohl sie immer noch dieselben schmutzigen Kleider trägt.

»Komm mit ins Hinterzimmer, dann bekommst du den Rest des Geldes«, sagt er lächelnd zu ihr. »Kümmere dich solange um den Laden«, bittet er Mansur.

Das Kind und Rahimullah bleiben lange weg. Als der Kaufmann mit ihr fertig ist, kleidet er sich an und bittet sie, auf den Pappstücken liegen zu bleiben.

»Jetzt bist du dran«, sagt er zu Mansur.

Mansur steht da und starrt ihn an. Er wirft einen kurzen Blick auf die Tür zum Hinterzimmer und stürzt aus dem Laden.

Der Ruf von Ali

Ihm ist tagelang mulmig. Unverzeihlich, denkt er. Unverzeihlich. Er versucht sich zu waschen, aber das hilft nicht. Er versucht zu beten, aber das hilft ebenfalls nicht. Er sucht im Koran, geht in die Moschee, aber kommt sich trotzdem schmutzig vor. Die schmutzigen Gedanken, denen er in letzter Zeit nachgehangen hat, machen ihn zu einem schlechten Moslem. Gott will mich strafen. Was man tut, fällt auf einen zurück, denkt er. Ein Kind. Ich habe mich an einem Kind versündigt. Ich ließ zu, dass er sie missbrauchte. Ich unternahm nichts.

Die Übelkeit geht in Lebensüberdruss über, als er das Bettlermädchen verdrängt hat. Er hat sein Leben satt, die Gleichförmigkeit und das Genörgel, er ist sauer und übellaunig. Und er ist wütend auf seinen Vater, der ihn an den Laden kettet, während an anderen Orten das Leben tobt.

Ich bin siebzehn, denkt er. Und mein Leben ist vorbei, ehe es noch begonnen hat.

Er hockt hinter dem staubigen Tresen und langweilt sich, die Ellbogen auf der Tischplatte und die Stirn in den Händen. Er hebt den Kopf und schaut sich um. Bücher über den Islam, über den Propheten Mohammed, berühmte Koranauslegungen. Er schaut auf die Bücher mit afghanischen Märchen, die Biographien afghanischer Könige und Herrscher, die umfangreichen Werke über die Kriege gegen die Engländer, die Prachtwerke über afghanische Edelsteine, die Lehrbücher in afghanischer Stickerei und die dünnen Hefte, fotokopierte Bücher über afghanische Sitten und Traditionen. Finster schaut er alles an und knallt die Faust auf den Tisch.

Warum bin ich nur als Afghane zur Welt gekommen? Ich hasse es, Afghane zu sein. All diese verstockten Sitten und Traditionen, die bringen mich langsam um. Respektiere dies und respektiere das, ich habe keinerlei Freiheit und kann nichts selbst entscheiden. Sultan interessiert sich nur dafür, das Geld von seinen Bücherverkäufen zu zählen. »Er kann sich seine Bücher in den Arsch stecken«, sagt er halblaut. Er hofft, dass ihn niemand gehört hat. Nach Allah und den Propheten steht der Vater in der afghanischen Gesellschaft ganz oben. Sich gegen ihn aufzulehnen ist unmöglich, selbst für einen Dickkopf wie Mansur. Er trampelt auf allen anderen herum und streitet sich mit ihnen, den Tanten, Schwestern, der Mutter und den Brüdern, aber nie, nie mit dem Vater. Ich bin ein Sklave, denkt er. Für Kost und Logis und saubere Kleider arbeite ich mich tot. Am liebsten würde Mansur studieren. Ihm fehlen seine Freunde und das Leben, das er in Pakistan geführt hat. Hier hat er keine Zeit für Freunde, und den einen Freund, den er hatte, Rahimullah, den mag er nicht mehr sehen.

Es ist kurz vor dem afghanischen Neujahr, Nauroz. Im ganzen Land werden große Feste vorbereitet. Die letzten fünf Jahre verboten die Taliban alle Feiern. Sie sahen das Ganze als ein heidnisches Fest, Sonnenanbetung, weil es in der zoroastrischen Religion, bei den »Feueranbetern«, seine Wurzeln hat, die in Persien im sechsten Jahrhundert vor unserer Zeitrechnung entstand. Im Zusammenhang damit verboten die Taliban auch die traditionellen Wallfahrten zu Alis Grab in Mazar-i-Scharif an Neujahr. Jahrhundertelang waren Gläubige zu Alis Grab gepilgert, um sich von ihren Sünden zu befreien, um Gnade zu bitten, geheilt zu werden und das neue Jahr zu begrüßen, das nach dem afghanischen Kalender am 21. März beginnt, am Frühlingsanfang, zur Tagundnachtgleiche.

Ali war der Vetter des Propheten Mohammed, außerdem sein Schwiegersohn und der vierte Kalif. Um ihn streiten sich die Schiiten und die Sunniten. Für die Schiiten ist er in der Erbfolge der Zweite nach Mohammed, für die Sunniten der Vierte. Aber auch für Sunniten wie Mansur und für die meisten Afghanen ist er einer der großen Helden des Islam. Ein mutiger Krieger mit Schwert, heißt es. Ali wurde im Jahre 661 in Mekka ermordet und nach Ansicht der meisten Historiker in Najaf im Irak begraben. Aber die Afghanen behaupten, dass er von seinen Anhängern dort ausgegraben wurde, da sie fürchteten, dass sich die Feinde am Leichnam des Kalifen rächen und diesen verstümmeln würden. Sie banden die Leiche von Ali auf dem Rücken einer weißen Kamelstute fest und ließen diese laufen, so weit sie konnte. Dort, wo sie umfiel, wollten sie Ali begraben. Nach dieser Legende war das in Mazar-i-Scharif, was »Grab des Erhöhten« bedeutet. Fünfhundert Jahre lang lag nur ein kleiner Stein auf dem Grab, aber im 12. Jahrhundert wurde eine kleine Grabkammer über ihm errichtet, nachdem Ali einen der Mullahs des Orts im Traum aufgesucht hatte. Dann kam Dschingis Khan und zerstörte die Grabkammer und das Grab war mehrere hundert Jahre lang unmarkiert. Erst Ende des 15. Jahrhunderts wurde ein neues Mausoleum gebaut, dort, wo die Afghanen glauben, dass die Knochen von Ali liegen. Diese Grabkammer und die Moschee, die später daneben aufgebaut wurde, sind das Ziel der Pilger.

Mansur ist fest entschlossen, diese Wallfahrt zu machen, um sich zu läutern. Er hat das schon lange vor. Er benötigt nur noch die Erlaubnis von Sultan, denn die Reise hat zur Folge, dass er mehrere Tage lang der Buchhandlung fernbleiben muss. Wenn Sultan etwas hasst, dann das, dass Mansur fort ist.

Mansur hat sich sogar um Reisebegleitung gekümmert, einen iranischen Journalisten, der oft Bücher bei ihm kauft. Eines Tages begannen sie über das Neujahrsfest zu sprechen und der Iraner meinte, es sei noch Platz in seinem Auto. Ich bin gerettet, dachte Mansur. Ali ruft mich. Er will mir vergeben.

Aber dann bekommt er keine Erlaubnis. Sein Vater kann ihn nicht eine Woche im Laden entbehren. So lang soll die Reise dauern. Mansur soll Bücher katalogisieren, den Tischler beaufsichtigen, der neue Regale baut, und Bücher verkaufen. Sultan verlässt sich sonst auf niemanden. Nicht einmal seinem zukünftigen Schwager Rasul vertraut er. Wenn er wüsste, wie oft Rasul allein im Laden ist! Mansur ist außer sich. Weil es ihm nicht wohl dabei ist, seinen Vater zu fragen, hat er das bis zum Abend vor der Abreise aufgeschoben. Kommt nicht in Frage! Mansur mault. Doch sein Vater sagt nein.

»Du bist mein Sohn und musst tun, was ich will«, sagt Sultan. »Ich brauche dich im Geschäft.«

»Bücher, Bücher, Geld, Geld, du denkst nur an Geld!«, ruft Mansur. »Und ich soll Bücher über Afghanistan verkaufen, obwohl ich das Land gar nicht kenne. Ich habe Kabul fast noch nie verlassen«, sagt er wütend.

Am nächsten Morgen fährt der Iraner. Mansur ist außer sich, wie konnte ihm sein Vater das nur verbieten? Er fährt seinen Vater zum Laden, ohne ein Wort zu sagen, und antwortet einsilbig, wenn er etwas gefragt wird. Der gesamte Hass auf seinen Vater brodelt in ihm. Mansur war im zehnten Schuljahr, als Sultan ihn aus der Schule nahm und in die Buchhandlung steckte. Er durfte das Gymnasium nicht beenden. Wonach er auch fragt, immer lautet die Antwort nein. Das Einzige, was sein Vater ihm gegeben hat, ist ein Auto, damit er ihn herumfahren kann, und außerdem die Verantwortung für eine Buchhandlung, zwischen deren Regalen er versauert.

»Wie du willst«, sagt er plötzlich. »Ich mache alles, worum du mich bittest, aber glaube nur nicht, dass ich das mit Freude tue. Du lässt mich nie tun, was ich will, du machst mich kaputt.«

»Nächstes Jahr kannst du fahren«, sagt Sultan.

»Nein, ich werde nie fahren. Nie mehr werde ich dich um was bitten.«

Es heißt, dass nur der, den Ali ruft, nach Mazar fahren darf. Warum will Ali nicht, dass er kommt? Waren seine Taten etwa unverzeihlich? Oder hört sein Vater nicht, dass Ali ihn ruft?

Sultan friert es bei Mansurs Feindseligkeit. Er schaut auf den beleidigten, zu groß geratenen Jungen und bekommt fast Angst.

Nachdem er seinen Vater zu dessen Laden und seine beiden Brüder zu ihren gefahren hat, öffnet Mansur seinen eigenen und setzt sich hinter den staubigen Schreibtisch. Er sitzt in seiner Ich-denke-düstere-Gedanken-Stellung da, die Ellbogen auf dem Tisch, und fühlt sich vom Leben gefangen, das nur von immer neuem Bücherstaub erfüllt wird.

Eine neue Ladung Bücher ist eingetroffen. Zumindest muss er so tun können, als wüsste er, welche. Widerwillig schaut er sie an. Es handelt sich um Gedichte des Mystikers Rumi, ein Lieblingsdichter seines Vaters und der bekannteste afghanische Sufist, wie die Mystiker des Islam heißen. Rumi wurde im 13. Jahrhundert in Balkh bei Mazar-i-Scharif geboren. Noch ein Zeichen, denkt Mansur. Er entschließt sich, nach etwas zu suchen, was ihm Recht geben und seinen Vater ins Unrecht setzen könnte. In den Gedichten geht es darum, dass man sich läutern soll, um Gott näher zu kommen, der die Vollkommenheit darstellt. Es geht darum, sich selbst, sein Ego, zu vergessen. Rumi sagt: »Das Ego ist ein Schleier zwischen Mensch und Gott.« Mansur liest, wie er sich an Gott wenden kann und dass es im Leben um Gott und nicht um das Ich gehen soll. Mansur fühlt sich wieder schmutzig. Je mehr er liest, desto entschlossener wird er, sich zu läutern. Er bleibt bei einem der einfachsten Gedichte hängen:

»Das Wasser sagte zu dem Schmutzigen: ›Komm.‹
Der Schmutzige antwortete: ›Ich schäme mich zu sehr.‹
Das Wasser entgegnete: ›Wie willst du ohne mich deine Sünde abwaschen?‹«

Das Wasser, Gott und Rumi scheinen Mansur im Stich lassen zu wollen. Der Iraner ist vermutlich bereits hoch oben im schneebedeckten Hindukusch-Gebirge. Den ganzen Tag ist er wütend. Als es dämmert, ist es Zeit, den Laden zu schließen und den Vater und die Brüder abzuholen und sie nach Hause zu fahren, zu noch einer dieser ewigen Schüsseln Reis und zu noch einem Abend mit seiner bescheuerten Familie.

Als er das Gitter vor die Tür hängt und mit einem schweren Vorhängeschloss sichert, kommt plötzlich Akbar, der iranische Journalist, die Straße entlang. Mansur meint zu träumen.

»Bist du nicht gefahren?«, fragt er verblüfft.

»Doch, aber der Salang-Tunnel war heute gesperrt. Wir versuchen es morgen wieder«, sagt er. »Eben habe ich deinen Vater auf der Straße getroffen und er hat mich gebeten, dich mitzunehmen. Wir fahren morgen früh um fünf bei mir los, sobald die Ausgangssperre aufgehoben ist.«

»Hat er das wirklich gesagt?« Mansur ist sprachlos. »Das muss der Ruf von Ali sein, stell dir vor, dass er so laut nach mir gerufen hat«, murmelt er.

Mansur übernachtet bei Akbar, um sicherzugehen, dass er auch rechtzeitig wach wird und damit sein Vater es sich nicht anders überlegen kann. Am nächsten Morgen noch vor der Dämmerung ziehen sie los. Mansur hat kein anderes Gepäck als eine Plastiktüte mit Coca-Cola- und Fantadosen und Plätzchen mit einer Füllung mit Bananen- und Kiwigeschmack. Akbar hat noch einen Freund, Said, dabei und die Stimmung im Auto ist ausgelassen. Sie spielen indische Filmmusik und singen aus vollem Hals mit. Mansur hat seinen kleinen Schatz mitgebracht, eine westliche Kassette: »Pop from the 80's«. »Is this love? Baby, don't hurt me, don't hurt me, no more!«, dröhnt es in der kühlen Morgendämmerung. Sie sind erst eine halbe Stunde gefahren, da hat Mansur bereits das erste Paket Plätzchen gefuttert und zwei Dosen Coca-Cola getrunken. Er fühlt sich frei! Er hat Lust, zu schreien, und streckt den Kopf aus dem Fenster: »Uuhuu! Aliiii! Hier komm ich!«

Sie fahren durch Gegenden, die er noch nie gesehen hat. Direkt im Norden von Kabul liegt die Shomali-Ebene, eine der am meisten vom Krieg verheerten Gegenden Afghanistans. Hier sind erst vor einigen Monaten die Bomben der amerikanischen B-52 eingeschlagen. »Schön!«, ruft Mansur. Und auf Abstand ist die Ebene mit dem gewaltigen, schneebedeckten Hindukusch-Gebirge dahinter auch wirklich schön. Hindukusch bedeutet Hindutöter. In dieser Bergkette sind tausende indischer Soldaten auf dem Kriegszug nach Kabul erfroren.

Inmitten der Ebene wird deutlicher, dass es sich um eine Kriegslandschaft handelt. Im Gegensatz zu den indischen Kriegern ließen sich die B-52 nicht vom Hindukusch aufhalten. Viele zerbombte Talibanlager sind noch nicht weggeräumt. Ihre Hütten sind große Krater oder über eine große Fläche zerstreut, da sie erst in die Luft gesprengt wurden, als die Bomben auf die Erde auftrafen. In dem verdrehten Eisenbett hat es vielleicht einen Taliban im Schlaf erwischt. Wie ein Skelett liegt es am Straßenrand, die durchlöcherte Matratze daneben.

Das meiste aus diesen Lagern ist jedoch schon lange geplündert. Bereits in den Stunden nach der Flucht der Taliban war die Lokalbevölkerung dort und nahm Waschschüsseln, Gaslaternen, Decken und Matratzen der Soldaten mit. Die Armut machte das Leichenplündern zu einer Selbstverständlichkeit. Niemand beweinte die Toten am Straßenrand oder im Sand. Ganz im Gegenteil, viele wurden von der Lokalbevölkerung auch noch geschändet. Ihnen wurden die Augen ausgestochen, die Haut abgezogen und Gliedmaßen abgeschnitten oder zerschlagen. Das war die Rache dafür, dass die Taliban die Bevölkerung der Shomali-Ebene jahrelang terrorisiert hatten.

Auf der Ebene verlief fünf Jahre lang die Front zwischen den Taliban und Masuds Nordallianz. Die Kontrolle über das Territorium wechselte sechs oder sieben Mal. Da sich die Front ständig verschob, musste die Lokalbevölkerung fliehen, entweder hinauf ins Pandschirtal oder Richtung Süden nach Kabul. Hier wohnen überwiegend Tadschiken. Wem die Flucht nicht gelang, der konnte der ethnischen Säuberung der Taliban zum Opfer fallen. Ehe die Taliban mit dem Rückzug begannen, vergifteten sie Brunnen und sprengten lebenswichtige Wasserleitungen und Dammsysteme auf der trockenen Ebene, die vor dem Bürgerkrieg zum landwirtschaftlichen Gürtel Kabuls gehört hatte.

Stumm betrachtet Mansur die grauenvollen Dörfer, an denen sie vorbeifahren. Die meisten liegen vollkommen in Ruinen. Viele Dörfer wurden von den Taliban systematisch niedergebrannt, als sie versuchten, den letzten Rest des Landes auch noch zu erobern, das Zehntel, das sie noch nicht unterworfen hatten: das Pandschirtal, das Hindukusch-Gebirge und die Wüsten an der Grenze nach Tadschikistan auf der anderen Seite. Vielleicht wäre es ihnen gelungen, hätte es den 11. September nicht gegeben und hätte die Welt da nicht begonnen, sich um Afghanistan zu kümmern.

Überall liegen Teile von zerstörten Panzern, ausgebombte Militärfahrzeuge und Metallstücke, bei denen Mansur nur raten kann, was sie einmal gewesen sein könnten. Ein einsamer Mann geht vor einem Pflug her. Mitten auf seinem Acker liegt ein riesiger Panzerwagen. Der Mann bewegt sich mit Mühe um das Wrack herum, das zu schwer ist, um es fortschaffen zu können.

Schnell fährt das Auto die schlechte Straße entlang. Mansur versucht das Dorf seiner Mutter zu finden, in dem er nicht mehr gewesen ist, seit er fünf oder sechs Jahre alt war. Mit dem Finger deutet er immer wieder auf neue Ruinen. »Da! Da!« Aber ein Dorf unterscheidet sich durch nichts vom anderen. Der Ort, an dem er die Verwandten seiner Mutter als kleiner Junge besucht hat, könnte jeder dieser Ruinenhaufen gewesen sein. Er erinnert sich, wie er über Wege und Äcker gelaufen ist. Jetzt ist diese Ebene eines der am stärksten verminten Gebiete der Welt. Nur auf den Straßen ist man sicher. Die Straße entlang laufen Kinder mit Brennholz und Frauen mit Wassereimern. Sie versuchen die Gräben zu umgehen, in denen Minen liegen könnten. Das Pilgerauto fährt an einem Minenräumkommando vorbei, das die Sprengkörper systematisch sprengt oder unschädlich macht. Pro Tag schaffen sie nur ein paar Meter.

In den Gräben wachsen über den Todesfallen Unmengen kurzstieliger dunkelrosa Tulpen. Aber diese Blumen lassen sich nur auf Abstand bewundern. Wer sie pflückt, dem reißt es wahrscheinlich einen Arm oder ein Bein ab.

Akbar amüsiert sich mit einem Buch des afghanischen Fremdenverkehrsverbands, das 1967 erschienen ist.

»Am Straßenrand stehen Kinder und verkaufen Ketten aus rosa Tulpen«, liest er vor. »Im Frühling wetteifern Kirsch-, Aprikosen-, Mandel- und Birnbäume um die Aufmerksamkeit der Reisenden. Eine einzige Blütenwolke folgt dem Reisenden den ganzen Weg von Kabul.« Sie lachen. In diesem Frühjahr sehen sie nur wenige rebellische Kirschbäume, die Bomben, Raketen, dreijährige Dürre und vergiftete Brunnen überlebt haben. Und es ist fraglich, ob jemand überhaupt einen unverminten Weg zu den Kirschen finden würde. »Die Töpferwaren dieser Gegend gehören zu den schönsten in Afghanistan. Halten Sie an und schauen Sie sich die Werkstätten am Straßenrand an, in denen die Handwerker Schüsseln und Krüge nach jahrhundertealten Traditionen fertigen«, liest Akbar vor.

»Diese Traditionen scheinen ernsthaft unterbrochen worden zu sein«, meint Akbars Freund Said, der am Steuer sitzt. Keine einzige Töpferwerkstatt taucht auf dem Weg zum Salang-Pass auf. Die Straße wird steiler. Mansur öffnet seine vierte Coca-Cola, trinkt sie leer und wirft die Dose elegant aus dem Fenster. Einen Bombenkrater zu verunreinigen ist immer noch besser, als das Auto zu vermüllen. Steil führt die Straße hinauf zum höchstgelegenen Straßentunnel der Welt. Die Fahrbahn wird schmaler, auf der einen Seite geht es steil nach oben, auf der anderen Seite fließt Wasser, manchmal als Wasserfall, dann wieder als Bach. »Die Regierung hat Forellen in den Fluss eingesetzt. In ein paar Jahren wird dort ein überlebensfähiger Stamm leben«, liest Akbar weiter vor. Jetzt gibt es keine Fische mehr im Fluss. Die Regierung hatte in den Jahren nach Erscheinen des Touristenführers andere Sorgen als die Forellenzucht.

An den unwahrscheinlichsten Stellen liegen ausgebrannte Panzer. Unten im Tal, zur Hälfte im Fluss, schwankend an einem Abgrund, gekippt, auf dem Kopf oder in Teilen. Mansur ist rasch bei hundert, als er zu zählen anfängt. Die meisten liegen dort seit dem Krieg gegen die Sowjetunion, als die Rote Armee aus den zentralasiatischen Sowjetrepubliken im Norden nach Afghanistan einrollte und glaubte, die Afghanen unter Kontrolle zu haben. Rasch wurden die Russen Opfer der listigen Kriegsführung der Mudschaheddin. Wie Gemsen bewegten diese sich auf den Hängen. Auf großen Abstand konnten sie von ihren Beobachtungsposten im Gebirge sehen, wie sich unten die russischen Panzer im Schneckentempo durchs Tal bewegten. Auch noch mit selbst gebauten Waffen waren die Guerillas aus dem Hinterhalt heraus unverwundbar. Überall liefen als Hirten verkleidete Soldaten herum, die ihre Kalaschnikows unter den Bäuchen ihrer Ziegen versteckt hatten. Ständig konnte ein Blitzangriff auf die Panzer beginnen.

»Unter den Bäuchen der langhaarigen Schafe konnten sie sogar Raketenwerfer verstecken«, erzählt Akbar, der alles über den blutigen Krieg gegen die Sowjetunion gelesen hat.

Auch Alexander der Große zog mühsam diese Gebirgswege hinauf. Nachdem er Kabul eingenommen hatte, zog er über den Hindukusch zurück nach Persien.

»Alexander hat angeblich Oden auf das Gebirge verfasst, das die ›Phantasie zu Geheimnis und ewiger Ruhe inspiriert‹«, liest Akbar aus dem Führer des Fremdenverkehrsverbands vor.

»Die Regierung plante hier ein Skizentrum!«, ruft er plötzlich und schaut die steilen Gebirgshänge hoch. »1967, sobald die Straße fertig asphaltiert ist, steht hier!«

Die Straße wurde, wie vom Fremdenverkehrsverband vorhergesehen, asphaltiert. Aber von dem Asphalt ist kaum noch was übrig. Und was das Skizentrum angeht, so blieb es bei den Plänen.

»Das hätte eine explosive Abfahrt werden können!«, sagt Akbar lachend. »Vielleicht könnte man die Minen auch mit Slalomtoren markieren! Adventurous Travels! Oder Afghan AdvenTours – für die Lebensmüden der Welt!«

Alle lachen. Die tragische Wirklichkeit erscheint manchmal wie ein Zeichentrickfilm oder vielleicht eher wie ein brutaler Thriller. Sie sehen schon die Snowboarder mit ihren bunten Overalls vor sich, die auf den Hängen in Stücke gesprengt werden.

Der Tourismus, einmal Afghanistans wichtigste Einnahmequelle, gehört einer Zeit an, die untergegangen ist. Die Straße, die sie entlangfahren, war früher der »Hippie-trail«. Hierher kamen progressive und weniger progressive Jugendliche wegen der schönen Natur, dem wilden Lebensstil und dem besten Haschisch der Welt. In den sechziger und siebziger Jahren reisten mehrere tausend Hippies jährlich in das Gebirgsland. Sie mieteten einen alten Lada und zogen los. Auch Frauen reisten allein im Gebirge herum. Damals konnte man von Banditen und Straßenräubern überfallen werden, aber das machte das Reiseziel nur noch abenteuerlicher. Nicht einmal der Putsch gegen Zahir Schah konnte den Strom aufhalten. Erst der Putsch der Kommunisten 1978 und die Invasion im Jahr darauf bereitete dem »Hippie-trail« ein rasches Ende.

Die drei jungen Männer sind zwei oder drei Stunden gefahren, als sie die Schlange der Pilger einholen. Sie bewegt sich nicht. Es hat begonnen zu schneien. Der Nebel wird dichter. Das Auto gerät ins Rutschen. Said hat keine Schneeketten. »Mit Vierradantrieb braucht man keine Schneeketten«, versichert er.

Bei immer mehr Autos drehen die Räder in den tiefen Eis- und Schneespuren durch. Bleibt ein Wagen stecken, müssen alle anhalten. Die Straße ist zum Überholen zu schmal. An diesem Tag fließt der Verkehr von Süden nach Norden, von Kabul nach Mazar. Am nächsten Tag ist es umgekehrt. Die Gebirgsstraße ist nicht dafür gebaut, dass sie Autos in beide Richtungen benutzen können. Für die vierhundertfünfzig Kilometer lange Strecke von Kabul nach Mazar braucht man mindestens zwölf Stunden, manchmal auch doppelt oder sogar viermal so lang.

»Viele Autos, die in einen Schneesturm geraten oder von einer Lawine begraben werden, werden erst im Sommer ausgegraben. Jetzt im Frühling erwischt es die meisten«, spottet Akbar.

Sie fahren an dem Bus vorbei, der für den Stau verantwortlich ist. Man hat ihn ganz an den Straßenrand geschoben. Die Fahrgäste versuchen, mit den Autos, die im Schneckentempo vorbeifahren, zu trampen. Mansur lacht, als er die Buchstaben sieht, die auf die Seite des Busses gemalt sind: »Hmbork – Frankfork – Landan – Kabal«, liest er, und er lacht noch lauter, als er die Windschutzscheibe bemerkt: »Wellcam! Kaing of Road«, steht da mit frischen leuchtend roten Buchstaben. »Wirklich eine königliche Fahrt.« Er lacht. Obwohl sie Platz hätten, nehmen sie keinen Tramper aus dem Kabal-Express mit. Said, Mansur und Akbar sind sich selbst genug.

Sie fahren in die erste Galerie – dicke Betonsäulen mit Dach, die vor Lawinen schützen sollen. Aber auch die Galerien sind nur schwer passierbar. Da sie offen sind, sind sie voller Schnee, den es in sie hineingeweht hat und der zu Eis geworden ist. Tiefe vereiste Reifenspuren sind eine Herausforderung für das Auto ohne Schneeketten.

Der Salang-Tunnel in dreitausendvierhundert Metern über dem Meer und die Galerien in bis zu fünftausend Metern Höhe waren ein Geschenk der Sowjetunion, als diese versuchte, Afghanistan zu einem ihrer Satellitenstaaten zu machen. Die Arbeit wurde 1956 von sowjetischen Ingenieuren begonnen. Im Jahre 1964 war er fertig gestellt. Es waren auch die Russen, die in den fünfziger Jahren damit begannen, die ersten Straßen des Landes zu asphaltieren. Unter Zahir Schah galt Afghanistan als eine befreundete Macht. Der liberale König sah sich gezwungen, sich an die Sowjetunion zu wenden, da es weder die USA noch Europa interessierte, in dem Gebirgsland zu investieren. Der König brauchte Geld und Fachleute und er zog es vor, darüber hinwegzusehen, dass er von der kommunistischen Großmacht immer enger gehalten wurde.

Der Tunnel hatte beim Widerstand gegen die Taliban strategische Bedeutung. Ende der Neunziger wurde er vom

Mudschaheddinhelden Masud, in einem letzten verzweifelten Versuch, den Vormarsch der Taliban nach Norden aufzuhalten, gesprengt. Sie kamen zum Tunnel, aber nicht weiter.

Es war vollkommen dunkel geworden oder ganz grau. Das Auto rutscht, bleibt im Schnee stecken, verkeilt sich in den Reifenspuren. Der Wind heult und im Schneegestöber ist absolut nichts zu sehen. Said muss einfach in der Richtung weiterfahren, in der er die Spur vermutet. Sie fahren auf Schnee und Eis. Ohne Schneeketten kann ihnen nur noch Ali eine sichere Reise garantieren. Ich darf nicht sterben, bevor ich zu seinem Grab komme, denkt Mansur. Schließlich hat Ali mich gerufen.

Es wird etwas heller. Sie sind am Eingang des Salang-Tunnels angekommen. Auf einem Schild steht: »Warnung! Vergiftungsgefahr! Falls Sie im Tunnel eingeschlossen werden, dann stellen Sie den Motor ab und gehen rasch zum nächsten Ausgang.« Mansur sieht Akbar fragend an.

»Erst vor einem Monat sind fünfzig Menschen von einer Lawine im Tunnel eingeschlossen worden«, erzählt der gut informierte Akbar. »Es waren zwanzig Grad minus und die Fahrer ließen die Motoren laufen, damit es nicht kalt werden würde. Nach mehreren Stunden, als der Schnee weggeschaufelt war, fand man etwa zehn Menschen, die vom Kohlenmonoxyd eingeschläfert worden und gestorben waren. So etwas passiert oft«, sagt Akbar, während sie langsam in den Tunnel fahren.

Der Wagen hält an, die Schlange ist zum Stillstand gekommen.

»Das ist sicher nur Einbildung«, sagt Akbar. »Aber ich habe das Gefühl, Kopfschmerzen zu bekommen.«

»Genau«, sagt Mansur. »Sollen wir zum nächsten Ausgang gehen?«

»Nein, lass uns darauf setzen, dass sich die Kolonne bald aus dem Tunnel bewegt. Stell dir vor, wenn jetzt alle losfahren und wir nicht im Auto sitzen, dann sind wir für die Schlange verantwortlich.«

»Stirbt man so an Kohlenmonoxydvergiftung?«, fragt Mansur. Sie haben die Fenster geschlossen. Said zündet sich eine Zigarette an. Mansur schreit auf. »Bist du verrückt?« Akbar reißt ihm die Zigarette aus dem Mund und macht sie aus. »Willst du uns noch mehr vergiften?«

Panik breitet sich im Auto aus. Sie bewegen sich immer noch keinen Zentimeter. Da passiert etwas. Die Autos vor ihnen setzen sich langsam in Bewegung. Mit pochenden Kopfschmerzen fahren die drei jungen Männer im Schneckentempo aus dem Tunnel. Als sie raus an die frische Luft kommen, sind die Kopfschmerzen wie weggeblasen. Aber sie sehen immer noch nichts, denn der Nebel ist wie ein grauweißer, wirbelnder Brei. Sie können nur den Spuren im Schnee und den undeutlichen Rücklichtern vor ihnen folgen. Zu wenden ist unmöglich. Gemeinsam fahren sie – eine Schicksalsgemeinschaft. Alle Pilger folgen denselben, vereisten Reifenspuren. Sogar Mansur hat aufgehört, Plätzchen zu mampfen. Im Auto ist es totenstill. Als führen sie ins Nichts, aber in ein Nichts, in dem plötzlich ein Abgrund, eine Mine, eine Lawine oder andere Gefahren auftauchen können.

Endlich hebt sich der Nebel, aber sie befinden sich immer noch am Rande des Abgrunds. Jetzt, wo sie etwas sehen können, ist es fast noch schlimmer.

Es geht abwärts. Das Auto rutscht von einer Seite auf die andere. Plötzlich schlittert es seitlich die Straße hinunter. Said hat die Kontrolle über das Fahrzeug verloren und flucht. Akbar und Mansur klammern sich fest, als würde das helfen, wenn sie in den Abgrund stürzten. Wieder herrscht diese nervöse Stille im Auto. Es schlittert seitwärts, kommt dann wieder in die Spur, schlittert erneut seitwärts und dann von einer Seite auf die andere. Sie rutschen an einem Schild vorbei, das ihren Schrecken nur noch verstärkt: »Warnung!

Große Minengefahr!« Direkt außerhalb oder vielleicht sogar noch innerhalb des Schleuderbereichs liegen massenhaft Minen. Kein Schnee der Welt schützt vor Panzerminen. Das ist Irrsinn, denkt Mansur, sagt aber nichts. Er will sich nicht nachsagen lassen, er sei feige, außerdem ist er der Jüngste. Er schaut auf die Panzerwracks, die auch hier überall verstreut liegen, fast vollständig von Schnee bedeckt, daneben die Autowracks, die die Reise ebenfalls nicht überstanden haben. Mansur spricht ein Gebet; Ali wird ihn doch nicht gerufen haben, nur um ihn in einen Abgrund stürzen zu lassen! Obwohl viele seiner Taten mit dem Islam nicht in Einklang zu bringen waren, ist er schließlich gekommen, um sich zu läutern, die sündigen Gedanken hinter sich zu lassen und ein guter Moslem zu werden. Das letzte Wegstück herab vom Gebirge erlebt er wie in Trance.

Nach einer halben Ewigkeit befinden sie sich endlich wieder auf einer schneefreien Ebene. Die letzten Stunden nach Mazar-i-Scharif sind ein Kinderspiel.

Auf dem Weg in die Stadt werden sie von Pick-ups mit schwer bewaffneten Männern überholt. Auf den offenen Ladeflächen sitzen bärtige Soldaten mit Kalaschnikows, die in alle Richtungen zielen. Mit hundert rumpeln sie durch die Schlaglöcher. Die Landschaft besteht aus Wüste, Steppe und Geröllfeldern. Zwischendurch kommen sie an grünen Oasen vorbei und an Dörfern mit Lehmhäusern. Vor der Stadt werden sie an einem Posten angehalten. Barsche Männer winken sie durch die Sperre, die aus einem Tau zwischen zwei bereits verwendeten Raketen besteht.

Erschöpft und steif vom langen Sitzen fahren sie in die Stadt. Sie haben die Strecke in unglaublichen zwölf Stunden bewältigt. »Das war also eine ganze normale Durchfahrt durch den Salang-Tunnel«, meint Mansur. »Man stelle sich vor, dass das auch mehrere Tage dauern kann! Juchhu! Wir sind da! Ali, here I come!!!«

Auf allen Dächern stehen Soldaten mit der Waffe im

Anschlag. Am Silvesterabend werden Unruhen befürchtet und hier gibt es keine internationale Friedenstruppe, sondern im Gegenteil zwei oder drei Kriegsherren, die sich bekämpfen. Die Soldaten auf den Dächern sind die des Gouverneurs, einem Hasara. Die Soldaten in den Pick-ups gehören zu dem Tadschiken Atta Mohammed. Die Männer des Usbeken Abdul Raschid Dostum tragen noch eine andere Uniform. Alle zielen mit ihren Waffen auf die Straße, auf der tausende Pilger herumlaufen oder in Gruppen beisammensitzen und sich unterhalten, vor der Moschee, im Park und auf den Bürgersteigen.

Die blaue, in der Dunkelheit leuchtende Moschee ist eine Offenbarung. Sie ist das schönste Bauwerk, das Mansur je gesehen hat. Das Flutlicht ist ein Geschenk der amerikanischen Botschaft anlässlich des Neujahrsbesuchs des Botschafters in der Stadt. Rote Laternen erleuchten den Park, der die Moschee umgibt und der jetzt gedrängt voll von Pilgern ist.

Hier will Mansur um Vergebung für seine Sünden beten. Hier will er geläutert werden. Der Anblick der großen Moschee ermattet ihn. Und der Hunger. Coca-Cola und Plätzchen mit Bananen- und Kiwifüllung sind kein sättigender Proviant.

Die Restaurants sind von Pilgern überfüllt. Mansur, Said und Akbar finden schließlich ein freies Stück Teppich, auf dem sie sitzen können, in einem düsteren Lokal in der Kebabstraße. Über allem liegt der Geruch von gegrilltem Hammelfleisch. Es wird mit Brot und kleinen Zwiebeln serviert.

Mansur beißt ein großes Stück von der Zwiebel ab und fühlt sich fast berauscht. Er hat wieder Lust, zu jubeln und zu schreien, sitzt aber ruhig da und schlingt das Essen in sich hinein wie die beiden anderen auch, schließlich ist er kein kleines Kind mehr. Er versucht, so zu sein wie Akbar und Said. Cool, entspannt und weltgewandt.

Am nächsten Morgen erwacht Mansur vom Gebetsruf des Mullahs. »*Allahu akbar* – Gott ist groß!«, dröhnt es, als hätte jemand riesige Lautsprecher an seinen Gehörgängen befestigt. Er schaut aus dem Fenster und direkt auf die blaue Moschee, die in der Morgensonne schimmert. Hunderte weißer Tauben fliegen über den heiligen Bezirk. Sie nisten in zwei Türmen vor der Grabkammer. Es heißt, dass jede graue Taube, die sich in den Schwarm verirrt, im Laufe von vierzig Tagen weiße Federn bekommt. Außerdem soll jede Siebte von ihnen eine wiedergeborene Seele sein.

Zusammen mit Akbar und Said drängelt er sich gegen halb sieben durch die Umzäunung der Moschee. Mit Hilfe von Akbars Presseausweis kommt er bis vors Podium. Viele haben hier die Nacht verbracht, um möglichst nahe zu sein, wenn Alis Flagge von Afghanistans neuem Führer Hamid Karzai gehisst wird. Auf der einen Seite sitzen die Frauen, die einen in Burkha, andere nur in weißen Schleiern, auf der anderen die Männer. Während die Frauen ruhig auf der Erde sitzen, herrscht bei den Männern großes Gedränge. Selbst draußen auf den Bäumen drängen sich Menschen. Die Polizei patrouilliert mit Peitschen, trotzdem durchbrechen immer mehr Leute die Absperrungen. Sie springen über diese hinweg und laufen den Peitschenhieben davon. Weil sämtliche Minister erwartet werden, sind die Sicherheitsvorkehrungen streng.

Die Regierung kommt herein, Hamid Karzai mit seiner charakteristischen blau und grün gestreiften Seidenkappe an der Spitze. Er kleidet sich immer so, dass er ganz Afghanistan repräsentiert. Im Süden trägt er eine Schafspelzmütze aus Kandahar und an der iranischen Grenze eine Kappe aus den Nordprovinzen und ein langes Hemd aus dem Westen des Landes.

Mansur reckt seinen Hals und versucht näher zu kommen. Er hat Karzai noch nie gesehen, den Mann, dem es gelang, die Taliban aus ihrer Hochburg Kandahar zu vertreiben, und der fast getötet worden wäre, als eine amerikanische Rakete auf Abwege geriet und auf seine Truppen abgefeuert wurde. Karzai, der Paschtune aus Kandahar, hatte vorher selbst die Taliban kurzzeitig unterstützt, aber benutzte dann später seine Stellung als Stammesführer des mächtigen Popolzai-Klans, um Bundesgenossen zum Kampf gegen die Taliban zu gewinnen. Als die Amerikaner mit ihren Bombenangriffen begannen, ließ er sich auf ein Himmelfahrtskommando ein: Mit dem Motorrad fuhr er in die wichtigsten Gebiete der Taliban, um die Ältestenräte davon zu überzeugen, dass die Taliban erledigt seien. Es heißt, sie hätten sich mehr von seinem Mut als von seinen Argumenten überzeugen lassen. Während die Kämpfe bei Kandahar tobten und Karzai die Offensive auf die Stadt anführte, wählten ihn die Delegierten der UN-Konferenz in Bonn zum neuen Führer des Landes.

»Sie versuchten, unsere Kultur zu zerstören. Sie versuchten, unsere Traditionen zu vernichten. Sie versuchten, uns den Islam zu nehmen!«, ruft Karzai der Menge zu. »Die Taliban versuchten, den Islam zu beschmutzen, uns alle in den Schmutz zu ziehen und sich die ganze Welt zu Feinden zu machen. Aber wir wissen, was der Islam ist. Islam ist Frieden! Das neue Jahr, das heute, im Jahre 1381 [islamischer Zeitrechnung], beginnt, ist das Jahr des Wiederaufbaus. Es ist das Jahr, in dem es wieder sicher und ungefährlich sein wird, in Afghanistan zu wohnen. Wir werden den Frieden stärken und die gesellschaftliche Entwicklung vorantreiben. Heute erhalten wir Hilfe aus der ganzen Welt, und eines Tages werden wir das Land sein, das der Welt hilft!«, ruft er, und die Menge jubelt.

»Wir?«, flüstert Mansur, »und der Welt helfen?«

Dieser Gedanke ist zu absurd. Mansur hat sein ganzes Leben im Krieg gelebt. Für ihn ist Afghanistan ein Land, in das alles von außen kommt, von Lebensmitteln bis hin zu Waffen.

Nach Karzai ergreift der Expräsident Burhanuddin Rabbani das Wort. Ein Mann mit enormer Ausstrahlung, aber mit nur wenig Macht. Der Theologe und Professor an der Universität Kairo gründete die Partei Jamaat-e-Islami, die eine Fraktion der Mudschaheddin vereinigte. Auf seiner Seite hatte er den Militärstrategen Ahmed Schah Masud, der der große Held im Kampf gegen die Sowjetunion, im Bürgerkrieg und im Widerstand gegen die Taliban werden würde. Masud war ein charismatischer Führer, tiefreligiös, aber trotzdem nach Westen orientiert. Er sprach fließend Französisch und wollte das Land modernisieren. Zwei Tage vor den Terrorangriffen auf die USA wurde er von zwei tunesischen Selbstmordattentätern getötet und besitzt mittlerweile den Status eines Heiligen. Die Tunesier hatten belgische Pässe und sich als Journalisten ausgewiesen. »Kommandant, was werden Sie mit Osama bin Laden machen, wenn Sie ganz Afghanistan erobert haben?« war die letzte Frage, die Masud in seinem Leben hörte. Er hatte gerade noch Zeit für ein letztes Gelächter, ehe die Terroristen die Bombe in ihrer Kamera zündeten. Sogar die Paschtunen hängen sich inzwischen Bilder des Tadschiken Masud auf, des Löwen von Pandschir.

Rabbani widmet seine Rede dem Andenken Masuds, aber trotzdem bleibt der heilige Krieg gegen die Sowjetunion seine Glanzzeit. »Wir haben die Kommunisten aus dem Land vertrieben. Wir können alle Eindringlinge aus unserem heiligen Afghanistan vertreiben!«, ruft er.

Die russischen Truppen zogen sich im Frühjahr 1989 zurück. Einige Monate später fiel die Berliner Mauer, ein Ereignis, das Rabbani gern als sein Verdienst verbucht und den Zerfall der Sowjetunion noch dazu.

»Wäre der Dschihad nicht gewesen, dann befände sich die ganze Welt immer noch unter dem Joch der Kommunisten. Die Berliner Mauer fiel nur wegen der Wunden, die wir der Sowjetunion zugefügt hatten. Das inspirierte andere unterdrückte Völker. Wir haben die Sowjetunion in fünfzehn Teile zerschlagen. Wir haben alle Völker vom Kommunismus befreit! Der Dschihad hat eine freiere Welt geschaffen! Wir haben die Welt gerettet, weil der Kommunismus hier in Afghanistan sein Ende fand.«

Mansur fingert an seinem Fotoapparat. Er hat sich fast bis zum Podium durchgedrängelt, um Nahaufnahmen von den Rednern machen zu können. Am wichtigsten ist ihm Karzai. Immer wieder knipst er den kleinen, dünnen Mann. Die Fotos will er seinem Vater zeigen.

Nacheinander reden und beten die Männer auf dem Podium. Ein Mullah dankt Allah, und der Bildungsminister spricht darüber, dass Afghanistan ein Land werden müsse, in dem die Waffen dem Internet wichen.

»Tauscht die Gewehre gegen Computer!«, ruft er. Er fügt hinzu, dass die Afghanen aufhören müssten, zwischen ethnischen Gruppen zu unterscheiden. »Schaut auf Amerika, dort leben alle in einem Land zusammen, dort sind alle Amerikaner. Dort lebt es sich ohne Probleme!«

Während der Reden gehen die Peitschenhiebe auf die Zuhörer weiter, aber nützen nur wenig, immer mehr Leuten gelingt es, über die Absperrung zu klettern und in den heiligen inneren Bezirk einzudringen. Die Zuschauer schreien und rufen und kaum etwas ist von den Reden zu hören. Das Ganze erinnert mehr an eine Art »Happening« als an eine religiöse Zeremonie. Auf den Treppen und Dächern stehen bewaffnete Soldaten. Ein Dutzend Soldaten von der amerikanischen Spezialtruppe mit Maschinengewehren und dunklen Sonnenbrillen hat sich auf dem flachen Dach der Moschee aufgebaut, um den hellhäutigen Botschafter der USA zu beschützen. Weitere stehen vor und neben ihm. Für viele Afghanen stellt es einen Frevel dar, dass Ungläubige auf dem Dach der Moschee herumtrampeln. Keine Nichtmuslime dürfen die Moschee betreten. Wachen weisen diejenigen ab, die es trotzdem versuchen. Aber das wären ohnehin nicht viele, westliche Touristen fahren in diesem ersten Frühjahr nach dem Fall der Taliban ohnehin nicht nach Afghanistan. Nur einige Mitarbeiter der Hilfsorganisationen haben sich zu dieser Neujahrsfeier verirrt.

Auch die miteinander kämpfenden Kriegsherren der Stadt, Atta Mohammed und Abdul Rashid Dostum, haben auf dem Podium Platz genommen. Der Tadschike Atta Mohammed hat in der Stadt das Sagen, der Usbeke Dostum findet, dass er das Sagen haben sollte. Die beiden erbitterten Feinde stehen nebeneinander und lauschen den Rednern. Atta Mohammed trägt einen Bart wie die Taliban. Dostum erinnert an einen Boxer, der vorzeitig in den Ruhestand getreten ist. Widerwillig haben sie bei der letzten Offensive gegen die Taliban gemeinsame Sache gemacht. Jetzt verläuft zwischen ihnen wieder eine klare Front. Dostum ist das Mitglied der neuen Regierung mit dem schlechtesten Ruf und wurde nur in diese aufgenommen, damit er nicht in Versuchung gerät, diese Regierung zu sabotieren. Über den Mann, der jetzt, die Arme friedlich vor seiner riesigen Brust gekreuzt, in die Sonne blinzelt, sind in Afghanistan die meisten grausigen Geschichten in Umlauf. Als Strafe für ein Vergehen band er schon mal seine Soldaten an einem Panzer fest, der dann so lange herumfuhr, bis von ihnen nur noch blutige Fetzen übrig waren. Einmal ließ er tausende Talibansoldaten in die Wüste fahren und in Container sperren. Als sie mehrere Tage später geöffnet wurden, waren die Gefangenen tot und ihre Haut von der Hitze geschwärzt. Dostum ist auch als ein Meister des Verrats bekannt. Er hat einer Reihe Herren gedient und sie nacheinander verraten. Beim Angriff der Sowjetunion kämpfte er auf Seiten der Russen und war Atheist und dem Wodka verfallen. Jetzt steht er ehrfurchtsvoll da, preist Allah und predigt Pazifismus. Im Jahre 1381 [islamische Zeitrechnung] habe niemand das Recht, Waffen zu verteilen, weil das nur zu weiteren Kämpfen und Konflikten führen würde. Dies sei das Jahr, Waffen einzusammeln, nicht neue auszuteilen!

Mansur lacht. Von Dostum ist bekannt, dass er halber Analphabet ist. Er buchstabiert sich durch sein Manuskript und liest so abgehackt wie ein Erstklässler. Manchmal bleibt er ganz hängen, aber dann fängt er sich wieder und brüllt nur noch lauter.

Der letzte Mullah ruft zum Kampf gegen den Terrorismus auf. Im heutigen Afghanistan ist das ein Kampf gegen alles Missliebige und das ändert sich mit jedem Redner. »Der Islam ist die einzige Religion, in deren heiligem Buch steht, dass wir den Terrorismus bekämpfen sollen. Die Terroristen haben ihre Gesichter Afghanistan zugewandt. Es ist unsere Pflicht, sie zu bekämpfen. In keinem anderen heiligen Buch steht das. Gott sagte zu Mohammed: ›Du darfst nicht in einer Moschee beten, die von Terroristen erbaut ist.‹ Echte Moslems sind keine Terroristen, denn der Islam ist die toleranteste Religion überhaupt. Als Hitler die Juden in Europa tötete, waren die Juden in moslemischen Ländern sicher. Die Terroristen sind falsche Moslems!«

Nach den stundenlangen Reden soll endlich die Flagge gehisst werden, Alis grüne Flagge, Janda, die seit fünf Jahren nicht mehr geweht hat. Die Fahnenstange liegt mit der Spitze in der Richtung der Moschee auf der Erde. Mit einem Trommelwirbel und vom Jubel der Massen begleitet richtet Karzai die Fahnenstange auf. Die religiöse Flagge wird gehisst. Sie wird vierzig Tage lang wehen. Man schießt in die Luft und die Absperrungen werden geöffnet. Zehntausende, die draußen gewartet haben, strömen auf die Moschee, das Grab und die Flagge zu.

Mansur hat genug vom Gedränge und vom Feiern und will shoppen gehen. Ali muss warten. Er hat das schon lange vor, dass jedes seiner Familienmitglieder ein Geschenk bekommen soll. Wenn alle irgendwie von seiner Reise profitieren, dann ist sein Vater in Zukunft seinen Wünschen gegenüber möglicherweise aufgeschlossener.

Als Erstes kauft er Gebetsteppiche, Handtücher und Gebetsketten. Dann ersteht er Kandiszucker, der klein geschlagen zum Tee gegessen wird. Er weiß, dass ihm seine Großmutter Bibi Gul alle seine Sünden, die er einmal begangen hat und eventuell noch begehen wird, vergibt, wenn er mit dem kiloschweren Stück Kandis, der nur in Mazar hergestellt wird, nach Hause kommt. Außerdem kauft er Kleider und Schmuck für die Tanten und Sonnenbrillen für die Brüder und Onkel. Sonnenbrillen hat er in Kabul bisher nirgends gesehen. Beladen mit diesen Dingen in riesigen rosa Plastiktüten mit der Aufschrift »Pleasure – Special light cigarettes« geht er zurück zu Kalif Alis Grab. Er will die Neujahrsgeschenke segnen lassen.

Er nimmt sie mit in die Krypta und geht auf die Mullahs zu, die an der goldenen Wand der Grabkammer sitzen. Er legt die Geschenke vor einen von ihnen hin, der etwas aus dem Koran liest und sie anhaucht. Als er sein Gebet gesprochen hat, packt Mansur die Sachen wieder ein und eilt weiter.

An der goldenen Wand darf man sich etwas wünschen. Im Einklang mit den patriotischen Reden steht er da, die Stirn an die goldene Wand gelehnt, und betet: dass er einmal stolz darauf sein kann, Afghane zu sein, dass er einmal stolz auf sich und sein Land sein wird und dass Afghanistan ein Land wird, das man in aller Welt respektiert. Hamid Karzai hätte das auch nicht besser sagen können.

Berauscht von all den Eindrücken hat Mansur das Gebet um Läuterung und Vergebung vergessen, den Grund, warum er nach Mazar gekommen ist. Er hat den Verrat an dem kleinen Bettlermädchen vergessen, ihren dünnen Kinderkörper, ihre großen hellbraunen Augen und ihr verfilztes Haar. Er hat vergessen, dass er gegen das Verbrechen des kräftigen Schreibwarenhändlers nicht eingeschritten ist.

Er verlässt die Grabkammer und geht auf die Flagge Alis zu. An der Fahnenstange stehen ebenfalls Mullahs, die Mansurs Plastiktüten entgegennehmen. Die Schlange der Leute, die Teppiche, Ketten, Essen und Tücher segnen lassen wollen, ist gewaltig. Die Mullahs nehmen Mansurs Tüten nur kurz, halten sie gegen die Fahnenstange, sprechen ein kurzes Gebet und geben sie zurück. Mansur wirft ihnen ein paar Geldscheine zu und die Gebetsmatten und der Kandis sind ein weiteres Mal gesegnet.

Er freut sich darauf, alles zu verschenken, an die Großmutter, an Sultan, die Tanten und Onkel. Lächelnd läuft Mansur herum. Er freut sich von ganzem Herzen. Er ist nicht im Laden und außerdem jenseits der Reichweite seines Vaters. Zusammen mit Akbar und Said geht er den Bürgersteig vor der Moschee entlang.

»Das hier ist der beste Tag meines Lebens! Der beste Tag!«, ruft er. Akbar und Said sehen ihn erstaunt, fast verlegen an, finden es aber auch rührend, dass er so glücklich ist. »Ich liebe Mazar, ich liebe Ali, ich liebe die Freiheit!!! Ich liebe euch!«, ruft Mansur und hüpft die Straße entlang. Das ist die erste Reise, die er allein unternimmt, und der erste Tag seines Lebens, an dem er niemanden von seiner Familie gesehen hat.

Sie entschließen sich, einen Buzkashi-Kampf anzuschauen. Die härtesten, rohsten und schnellsten Buzkashi-Kämpfe finden in den Nordprovinzen statt. Bereits auf Abstand sehen sie, dass die Kämpfe bereits begonnen haben. Staubwolken hängen über der Ebene, auf der zweihundert Reiter sich um einen Kalbkadaver ohne Kopf prügeln. Die Pferde beißen und schlagen aus, bäumen sich auf und springen, während die Reiter, die Peitsche im Mund, versuchen, den Kadaver auf der Erde zu packen. So rasch wandert das Kalb von Hand zu Hand, dass der Eindruck entsteht, die Reiter würden es sich gegenseitig zuwerfen. Das Ziel ist, das Kalb von einem Ende der Ebene zur anderen zu schaffen und in einem auf die Erde gemalten Kreis abzulegen. Manche Kämpfe sind so brutal, dass das Tier in Stücke gerissen wird.

Ehe man sich an das Spiel gewöhnt, hat man den Eindruck, dass die Pferde einfach nur auf der Ebene hintereinander herjagen und dass die Reiter versuchen, im Sattel zu bleiben. Sie tragen lange bestickte Mäntel, dekorierte Lederstiefel mit hohen Absätzen, die ihnen bis zum Oberschenkel reichen, und Buzkashi-Hüte mit Kopfteil aus Schaffell und Krempe aus dickem Pelz.

»Karzai!«, ruft Mansur, als er den Führer Afghanistans auf der Ebene entdeckt. »Und Dostum!«

Der Stammesführer und der Kriegsherr kämpfen gegeneinander um das Kalb. Um sich als starker Führer zu gerieren, muss man sich mitten ins Getümmel stürzen und darf nicht nur am Rand des Chaos entlangreiten. Aber alles lässt sich für Geld kaufen: Mächtige Männer zahlen oft dafür, dass ihnen zum Sieg verholfen wird.

Karzai zieht am Rand des Getümmels seine Kreise. Es gelingt ihm nicht recht, beim mörderischen Tempo der anderen mitzuhalten. Der Stammesführer aus dem Süden hat die Regeln des Buzkashi nie richtig gelernt. Buzkashi ist ein Kampf von den Steppen. Der große Sohn der Steppen, General Dostum, gewinnt oder die Buzkashi-Männer lassen ihn gewinnen. Das kann sich für sie lohnen. Wie ein Heerführer sitzt Dostum zu Pferde und nimmt den Beifall entgegen.

Gelegentlich kämpfen zwei Mannschaften gegeneinander, dann wieder jeder gegen jeden. Buzkashi ist eine der wildesten Sportarten der Welt und kam mit den alles verwüstenden mongolischen Horden Dschingis Khans nach Afghanistan. Es wird auch um Geld gespielt, mächtige Männer im Publikum versprechen Millionen Afghani für jede Runde. Je mehr Geld, desto wilder der Kampf. Buzkashi ist auch ein Spiel von großer politischer Bedeutung. Ein örtlicher Führer muss entweder selbst ein guter Buzkashi-Kämpfer sein oder sich einen Stall mit guten Pferden und Reitern halten. Sieg verschafft Respekt.

Seit den fünfziger Jahren versuchen die Behörden in Afghanistan, die Kämpfe einem Regelwerk zu unterwerfen. Die Teilnehmer nickten nur und wussten, dass die Regeln ohnehin nicht zu befolgen sein würden. Auch noch nach der sowjetischen Invasion fanden Turniere statt, obwohl im Land das Chaos herrschte und viele Teilnehmer nie zum Austragungsort kamen, da sie dazu durch Kampfgebiete gemusst hätten. Die Kommunisten, die im Übrigen meist versuchten, den Afghanen ihre Traditionen auszutreiben, wagten nicht, etwas gegen die Buzkashi-Kämpfe zu unternehmen. Im Gegenteil versuchten sie sich beliebt zu machen, indem sie selbst Turniere veranstalteten, bei denen ein Kommunistendiktator nach dem anderen auf der Tribüne saß, je nachdem, wer gerade wieder bei einem blutigen Putsch abgelöst worden war. Gleichzeitig zerstörten sie jedoch die Basis des Buzkashi. Nach der Kollektivierung der Landwirtschaft gab es nur noch wenige, die sich einen Stall mit gut trainierten Pferden leisten konnten. Die Buzkashi-Pferde wurden verteilt und im Ackerbau eingesetzt. Mit dem Verschwinden der Gutsbesitzer gingen auch die Kampfpferde und deren Reiter unter.

Die Taliban verboten die Kämpfe und brandmarkten sie als nichtislamisch. Beim Neujahrsfest in Mazar findet der erste große Buzkashi-Kampf nach dem Fall der Taliban statt.

Mansur hat einen Platz ganz vorne ergattert. Hin und wieder muss er nach hinten rennen, um nicht von den Hufen der sich vor dem Publikum aufbäumenden Pferde getroffen zu werden. Er verknipst mehrere Filme: Pferdebäuche, als sie fast über ihn hinwegstürmen, Staub, der aufwirbelt, das malträtierte Kalb, der kleine Karzai in weiter Ferne und der siegende Dostum. Nach dem Kampf macht er noch ein Bild von sich selbst neben einem der Buzkashi-Kämpfer.

Die Sonne geht langsam unter und taucht die staubige Ebene in ein rotes Licht. Auch die Pilger sind von Staub bedeckt. Vor der Arena finden die Erschöpften ein Lokal. Auf dünnen Matten sitzen sie sich gegenüber und essen schweigend. Suppe, Reis und Hammelbraten mit rohen Zwiebeln. Mansur schlingt das Essen in sich hinein und bestellt noch eine Portion. Sie nicken ein paar Männern zu, die neben ihnen im Kreis sitzen und Armdrücken spielen. Als der Tee serviert ist, kann die Unterhaltung beginnen. »Aus Kabul?«, fragen die Männer.

Mansur nickt.

»Auch auf Wallfahrt?«

Die Männer zögern mit der Antwort. »Jein, eigentlich sind wir mit Wachteln auf Reisen«, erwidert ein fast zahnloser Alter. »Wir sind aus Herat. Wir haben eine große Runde gemacht, Kandahar, Kabul und dann hier hoch. Hier finden die besten Wachtelkämpfe statt.«

Vorsichtig zieht der Mann einen kleinen Stoffbeutel aus der Tasche. Aus diesem tapst ein Vogel, eine kleine struppige Wachtel. »Die hat alle Kämpfe gewonnen, in die wir sie geschickt haben«, sagt er. »Wir haben schon eine Menge Geld mit ihr gewonnen. Jetzt ist sie mehrere tausend Dollar wert«, prahlt er. Der alte Mann füttert die Wachtel mit seinen abgearbeiteten, verkrümmten Klauenhänden. Die Wachtel plustert sich auf und wird dann munter. Sie ist so klein, dass sie in den großen, narbigen Händen des Mannes Platz findet. Es sind Arbeiter, die sich freigenommen haben. Nach fünf Jahren mit heimlichen Wachtelkämpfen, versteckt vor den Taliban, können sie jetzt ihrer Leidenschaft frönen: Vögeln zuzusehen, wie sie sich gegenseitig zu Tode hacken. Genauer gesagt: zu jubeln, wenn ihre eigene kleine Wachtel eine andere zu Tode hackt.

»Kommt morgen um sieben wieder. Dann fangen wir an«, sagt der alte Mann. Als sie gehen, steckt er ihnen ein großes Stück Haschisch zu. »Das beste der Welt«, sagt er, »aus Herat.«

Im Hotel probieren sie es aus und rollen einen Joint nach dem anderen. Dann schlafen sie zwölf Stunden wie die Steine.

Mit einem Ruck erwacht Mansur vom zweiten Gebetsruf der Mullahs. Es ist halb eins. In der Moschee auf der anderen Seite beginnt gerade das Gebet. Das Freitagsgebet. Plötzlich hat er das Gefühl, ohne das Freitagsgebet nicht weiterleben zu können. Er muss dorthin. Und zwar rechtzeitig. Seinen Shalwar Kameez, das lange Hemd mit den weiten Hosen, hat er in Kabul vergessen. In westlichen Kleidern kann er das Freitagsgebet nicht besuchen. Er ist verzweifelt. Wo kann er nur richtige Gebetskleidung kaufen? Alle Läden sind geschlossen. Er flucht und tobt.

»Allah kümmert sich nicht darum, was du anhast«, brummt Akbar schlaftrunken und hofft, ihn damit loszuwerden.

»Ich muss mich waschen und im Hotel ist das Wasser abgestellt«, jammert Mansur. Aber hier kann er keine Leila ausschimpfen und Akbar schickt ihn vor die Tür, als er anfängt zu klagen. Aber das Wasser! Ein Moslem kann nicht beten, ohne sich Gesicht, Hände und Füße gewaschen zu haben. Mansur jammert noch immer. »Ich schaffe das nicht.«

»Vor der Moschee gibt es Wasser«, sagt Akbar, ehe er wieder die Augen schließt.

Mansur rennt in seinen schmutzigen Reisekleidern nach draußen. Wie konnte er nur auf dieser Wallfahrt sein langes Hemd vergessen? Und seine Gebetsmütze! Er verflucht seine Nachlässigkeit, während er zur blauen Moschee rennt, um noch rechtzeitig zum Gebet zu kommen. Am Eingang sitzt ein Bettler. Sein steifes Bein liegt geschwollen, missfarben und vollkommen infiziert im Weg. Mansur reißt ihm die Gebetsmütze vom Kopf.

»Du kriegst sie zurück!«, ruft er und läuft mit der grauweißen Mütze mit dem gelbbraunen Schweißrand weiter.

Er stellt seine Schuhe ab und geht barfuß über die Marmorplatten, die von tausenden nackter Füße blank poliert sind. Er wäscht sich Hände und Füße, setzt sich die Mütze auf und geht würdig auf die Reihen der Männer zu, die nach Mekka gewandt daliegen. Er hat es geschafft. In mehreren Dutzend Reihen mit mindestens hundert in jeder knien die Pilger auf dem großen Platz. Mansur setzt sich ganz nach hinten und nimmt am Gebet teil. Nach einer Weile befindet er sich mitten in der Menge, noch mehrere Reihen sind dazugekommen. Er ist der Einzige in westlicher Kleidung, aber macht mit wie die anderen, die Stirn auf dem Boden, das Hinterteil in der Luft, fünfzehn Mal. Er spricht die Gebete, die er kann, und hört sich Rabbanis Freitagsrede an. Dieser sagt dasselbe wie am Vortag.

Das Gebet findet auch in einigen Absperrungen um die Moschee herum statt. Hier sitzen die Schwerkranken und hoffen auf Heilung. Sie werden hinter hohe Zäune verwiesen, damit sie die Gesunden nicht anstecken. Mit gelbbleichen, eingesunkenen Wangen beten die schwindsüchtigen Männer zu Ali, ihnen Stärke zu geben. Zwischen ihnen sitzen auch geistig Behinderte. Ein schon größerer Junge klatscht fieberhaft in die Hände und sein älterer Bruder versucht ihn zu beruhigen. Aber die meisten schauen nur mit mattem Blick durch die Lücken im Zaun hindurch. Noch nie hat Mansur so viele Todkranke auf einmal gesehen. Von der Gruppe geht ein Geruch von Siechtum und Tod aus. Nur die Schwerkranken genießen die Ehre, hier sitzen und zu Ali für ihre Heilung beten zu dürfen. An der Wand der Grabkammer sitzen sie ganz dicht, je näher der blauen Mosaikwand, desto näher sind sie der Heilung.

In zwei Wochen sind doch alle tot, denkt Mansur. Er begegnet dem Blick eines Mannes mit stechenden schwarzen Augen und roten Narben. Die langen, knochigen Arme sind von blutig gekratztem Ausschlag und Wunden bedeckt, die unter dem Hemd hervorschauenden Beine ebenfalls. Er hat jedoch hübsche, schmale und hellrosa Lippen. Lippen wie eine der Aprikosenblüten dieses Frühlings.

Es schaudert Mansur und er wendet sich ab. Sein Blick schweift über die nächste Umzäunung. Dort sitzen kranke Frauen und Kinder. Blaue, verschossene Burkhas mit kranken Kindern auf dem Schoß. Eine Mutter ist eingeschlafen und ihr mongoloides Kind versucht ihr etwas zu erzählen, als versuchte es, mit einer Statue in blauem Gewand zu reden. Vielleicht ist die Mutter tagelang barfuß unterwegs gewesen, um zu Neujahr das Grab von Ali zu erreichen. Vielleicht hat sie ihr Kind in den Armen getragen, damit es geheilt würde. Kein Arzt kann ihr helfen, vielleicht Ali.

Ein anderes Kind schlägt sein Gesicht rhythmisch in die Hände. Ein paar Frauen hocken ganz apathisch da, andere schlafen, ein paar sind lahm oder blind. Aber die meisten sind mit ihren Kindern gekommen. Sie warten auf ein Wunder Alis.

Mansur läuft es kalt den Rücken herunter. Ergriffen von der allgemeinen Stimmung beschließt er, ein neuer Mensch zu werden. Er will ein guter Mensch werden und ein frommer Moslem. Er will die Gebetszeiten einhalten, Almosen verteilen, fasten, die Moschee besuchen, keine Mädchen anschauen, ehe er heiratet, sich einen Bart wachsen lassen und nach Mekka fahren.

Als das Gebet vorbei ist und Mansur sein Gelübde abgelegt hat, kommt, obwohl die Sonne scheint, der Regen. Das heilige Bauwerk und die polierten Marmorplatten funkeln. Die Regentropfen glitzern. Es gießt. Mansur rennt, findet seine Schuhe und den Bettler, dem die Gebetsmütze gehört. Er wirft ihm ein paar Scheine zu und läuft im kühlen Regen über den Platz. »Ich bin gesegnet!«, ruft er. »Er hat mir vergeben! Ich bin geläutert!«

»Das Wasser sagte zu dem Schmutzigen: ›Komm.‹
Der Schmutzige antwortete: ›Ich schäme mich zu sehr.‹
Das Wasser entgegnete: ›Wie willst du ohne mich deine Sünde abwaschen?‹«

Der Geruch von Staub

Die nackten Leiber dampfen. Die Hände bewegen sich rasch und rhythmisch. Die Sonnenstrahlen dringen durch die kleinen Öffnungen im Dach und tauchen die Hinterteile, Busen und Schenkel in ein malerisches Licht. Die Körper sind anfänglich kaum durch den Wasserdampf zu erkennen und erst, als man sich an das magische Licht gewöhnt hat. Die Gesichter sind konzentriert. Das hier ist kein Genuss, das ist harte Arbeit.

In zwei großen Hallen liegen, sitzen oder stehen Frauen und schrubben. Sie schrubben sich selbst, gegenseitig oder ihre Kinder. Ein paar sind fett wie die Frauen auf einem Rubensgemälde, andere sind dünn wie Bohnenstangen und haben hervortretende Rippen. Mit großen selbst gemachten Waschhandschuhen aus Hanffasern schrubben sie sich gegenseitig die Rücken, Arme und Beine. Mit Bimsstein bearbeiten sie die Hornhaut an den Füßen. Mütter schrubben ihre heiratsfähigen Töchter und betrachten eingehend ihre Körper. Es dauert nicht lang und aus den kleinen Mädchen mit den spitzen Brüsten werden stillende Mütter. Dünne Teenager haben breite Streifen auf der Haut von Geburten, für die ihr Körper noch nicht bereit war. Fast alle Frauen haben nach zu frühen oder zu zahlreichen Schwangerschaften Streifen auf dem Bauch.

Die Kinder heulen und schreien vor Angst und Freude. Die geschrubbten und abgespülten spielen mit den Waschschüsseln. Andere heulen vor Schmerz oder zappeln wie Fische im Netz. Hier wird niemandem ein Waschlappen vor die Augen gehalten, damit die Seife nicht brennt. Die Mütter schrubben mit dem Hanfhandschuh, bis die schmutzigen, dunkelbraunen Kinderkörper hellrot leuchten. Baden und Waschen ist ein Kampf, den die Kinder unter den festen Händen ihrer Mütter nur verlieren können.

Leila streift den Schmutz und die alte Haut von ihrem Körper ab. Schwarze Streifen werden in den Handschuh gerieben oder auf den Fußboden. Es ist mehrere Wochen her, dass sich Leila ordentlich gewaschen hat, und mehrere Monate, dass sie den Hamam besucht hat. Zu Hause haben sie nur selten Wasser und Leila sieht auch keine Veranlassung, sich zu oft zu waschen, sie wird ja doch sofort wieder schmutzig.

Aber heute ist sie mit ihrer Mutter und ihren Cousinen in den Hamam gegangen. Als unverheiratete Mädchen genieren sie und die Cousinen sich besonders und haben daher Slip und BH anbehalten. Der Handschuh fährt um diese herum, aber Arme, Oberschenkel, Waden, Rücken und Hals werden gründlich bearbeitet. Schweißperlen und Wassertropfen mischen sich in ihren Gesichtern, während sie schrubben, scheuern und kratzen, je härter, desto sauberer.

Leilas Mutter, die siebzigjährige Bibi Gul, sitzt nackt in einer Pfütze auf dem Fußboden. Über den Rücken hängt ihr das lange, graue Haar herab, das sonst immer unter einem hellblauen Tuch verborgen ist. Nur im Hamam trägt sie es offen. Es ist so lang, dass die Spitzen in der Pfütze auf dem Fußboden schwimmen. Wie in Trance sitzt sie mit geschlossenen Augen da und genießt die Wärme. Ab und zu macht sie einen trägen Versuch, sich zu waschen. Sie taucht einen Waschlappen in die Schüssel, die Leila ihr hingestellt hat, aber gibt bald wieder auf, sie kommt nicht um ihren

Bauch herum und ihre Arme erscheinen ihr zu schwer, um sie hochheben zu können. Ihre Brüste liegen schwer auf dem großen Bauch. Sie bleibt erstarrt wie eine große, graue Statue in ihrer Trance sitzen.

Zwischendurch wirft Leila immer wieder einen kurzen Blick auf ihre Mutter, um sich zu versichern, dass es ihr gut geht, während sie sich schrubbt und mit ihren Cousinen plaudert. Die Neunzehnjährige hat einen kindlichen Körper, noch zwischen Mädchen und Frau. Die gesamte Familie Khan ist recht rund, jedenfalls nach afghanischem Maßstab. Das Fett und Speiseöl, das sie reichlich über ihr Essen gießen, ist ihnen anzusehen. Frittierte Pfannkuchen, fetttriefende Kartoffelstücke, Hammelbraten in einer Sauce aus gewürztem Speiseöl. Leilas Haut ist blass, makellos und weich wie ein Kinderpopo. Die Gesichtsfarbe wechselt zwischen Weiß, Gelb und bleichem Grau. Ihr Leben spiegelt sich in ihrer Kinderhaut wider, die nie in die Sonne kommt, und in ihren Händen, die so rau und abgearbeitet sind wie die einer alten Frau. Leila fühlte sich lange Zeit schwindlig und schwach und ging schließlich zum Arzt. Er sagte, sie brauche Sonne, Vitamin D.

Paradoxerweise ist Kabul eine der sonnigsten Städte der Welt. Die Sonne scheint fast jeden Tag das ganze Jahr auf eintausendachthundert Metern über dem Meer. Die trockene Erde wird rissig, einmal feuchte Gärten verdorren, die Haut der Kinder verbrennt. Aber Leila sieht die Sonne nicht. In die Erdgeschosswohnung in Mikrorayon scheint sie nie und auch nicht hinter ihre Burkha. Nicht ein einziger wohltätiger Sonnenstrahl verirrt sich hinter das Fadengitter. Nur wenn sie ihre große Schwester Mariam besucht, die auf ihrem Dorf einen Hinterhof hat, lässt sie die Sonne ihre Haut wärmen. Aber das passiert nur selten, sie hat kaum Zeit, dorthin zu gehen.

Leila steht als Erste der Familie auf und geht als Letzte

zu Bett. Mit dünnen Holzscheiten macht sie Feuer im Ofen in der Stube. Die dort Schlafenden schnarchen noch. Anschließend macht sie Feuer im Ofen im Bad und erhitzt Wasser zum Kochen, Wäschewaschen und Spülen. Während es noch dunkel ist, füllt sie Wasser in Flaschen, Kessel und Schüsseln. Um diese Tageszeit gibt es nie Elektrizität, und Leila ist es gewohnt, sich im Dunkeln zurechtzufinden. Gelegentlich nimmt sie eine kleine Laterne mit. Dann kocht sie Tee. Der muss fertig sein, wenn die Männer des Hauses gegen halb sieben erwachen, sonst gibt es Ärger. Solange Wasser in der Leitung ist, füllt sie ständig die Schüsseln, denn sie weiß nie, wann es abgedreht wird, ob nach einer oder nach zwei Stunden.

Jeden Morgen heult Eqbal wie ein gestochenes Schwein. Seine Schreie gehen einem durch Mark und Bein. Ausgestreckt oder zusammengekrümmt liegt er auf seiner Matte und weigert sich, aufzustehen. Der Vierzehnjährige lässt sich jeden Tag neue Krankheiten einfallen, um nicht zwölf Stunden in seinem Laden stehen zu müssen. Aber es gibt keine Gnade. Jeden Tag steht der Junge schließlich doch auf, aber am nächsten Tag ist trotzdem dasselbe durchdringende Geheul zu hören.

»Du Hexe! Du Schlampe! Meine Socken haben Löcher!«, ruft er und wirft sie Leila hinterher. Er rächt sich an den Schwächeren.

»Leila, das Wasser ist kalt! Es ist nicht genug warmes Wasser da! Wo sind meine Kleider, wo sind meine Socken? Hol mir Tee! Frühstück! Putz meine Schuhe! Wieso bist du so spät aufgestanden?«

Türen knallen. Es wird an die Wände geklopft. Als sei in den wenigen Zimmern, auf dem Gang und im Bad Krieg ausgebrochen. Sultans Söhne streiten, schreien und weinen. Sultan trinkt davon unbehelligt mit Sonya Tee und frühstückt. Sonya kümmert sich um ihn, Leila kümmert sich um alle anderen. Sie füllt Waschschüsseln, sucht Kleider, gießt

Tee ein, brät Eier, holt Brot und putzt Schuhe. Die fünf Männer des Hauses müssen zur Arbeit.

Äußerst widerwillig hilft sie ihren drei Neffen, Mansur, Eqbal und Aimal, sich fertig zu machen. Sie bekommt nie einen Dank und nie hilft ihr mal jemand. »Ungezogene Bengel!«, zischt Leila, als die drei Jungen, die nur ein paar Jahre jünger sind als sie, sie herumkommandieren.

»Haben wir keine Milch? Du solltest doch welche kaufen!«, faucht Mansur. »Schmarotzerin«, meint er noch. Falls sie den Mund aufmacht, hat er immer dieselbe vernichtende Antwort: »Halt die Schnauze, Schlampe!« Gerne reißt er auch schon mal die Arme hoch, sodass diese sie in den Bauch oder am Rücken treffen. »Das ist nicht dein Zuhause, das ist mein Zuhause«, sagt er hart. Leila hat auch gar nicht das Gefühl, dass das ihr Zuhause ist. Es gehört Sultan, seinen Söhnen und seiner zweiten Frau. Sie, Bulbula, Bibi Gul und Yunus fühlen sich in der Familie nicht sonderlich willkommen. Aber Ausziehen ist keine Alternative. Die Familie zu zerstören wäre eine Skandal. Außerdem geben sie gute Diener ab, zumindest Leila.

Manchmal ist Leila verbittert darüber, dass sie nicht wie ihr älterer Bruder bei der Geburt weggegeben wurde. Dann wäre sie von klein auf zu Englischkursen und EDV-Kursen geschickt worden und hätte auf die Universität gehen können, träumt sie. Sie hätte schöne Kleider und müsste keine Sklavin sein.

Leila hat ihre Mutter gern, das ist es nicht, aber sie hat das Gefühl, dass sich eigentlich niemand um sie kümmert. Sie hat sich immer wie die Letzte in einer Reihe von vielen gefühlt, was sie schließlich auch geworden ist. Denn nach ihr hat Bibi Gul keine weiteren Kinder bekommen.

Nach dem Morgenchaos, wenn Sultan und seine Söhne weg sind, kann Leila aufatmen, Tee trinken und frühstücken. Dann müssen zum ersten Mal an diesem Tag die Zimmer gefegt werden. Mit einem kleinen Strohbesen bewegt sie sich vornübergebeugt und fegend durch die Räume. Der meiste Staub wird nur aufgewirbelt, schwebt einen Moment in der Luft und sinkt hinter ihr wieder zu Boden. Immer hängt der Geruch von Staub in der Wohnung. Sie wird den Staub nie los, er hat sich auf ihre Bewegungen gelegt, auf ihren Körper und ihre Gedanken. Aber die Brotkrümel, Papierfetzen und den Müll bekommt sie zumindest weg. Mehrmals täglich geht sie kehrend durch die Räume. Da sich alles auf dem Fußboden abspielt, wird dieser schnell schmutzig.

Es ist dieser schmutzige Staub, den sie jetzt von ihrem Körper schrubben will. Er fällt in dicken Rollen von ihr ab. Der Staub klebt an ihrem Leben.

»Wenn ich doch nur ein Haus hätte, das ich nur einmal am Tag putzen müsste und das dann den ganzen Tag sauber bliebe! Dann müsste ich erst am nächsten Morgen wieder kehren«, sagt Leila zu ihren Cousinen. Diese nicken. Als die jüngsten Mädchen ihrer Familien führen sie ein ähnliches Leben.

Leila hat Unterwäsche mitgebracht, die sie im Hamam waschen will. Normalerweise findet die Kleiderwäsche im Halbdunkeln auf einem Hocker neben dem Toilettenloch im Baderaum statt. Sie hat mehrere große Waschschüsseln vor sich stehen, in einer ist Seife im Wasser, in der nächsten nicht, eine ist für helle Kleider, die andere für dunkle. In den Schüsseln werden Laken, Teppiche, Handtücher und die Kleider der Familie gewaschen. Sie werden geschrubbt und ausgewrungen, ehe sie zum Trocknen aufgehängt werden. Das Trocknen ist schwierig, besonders im Winter. Vor den Blocks hängen Wäscheleinen, aber dort werden die Kleider häufig gestohlen und deswegen hängt Leila sie nicht dort auf, falls sie nicht eines der Kinder so lange bewacht, bis sie trocken sind. Sonst hängen sie dicht an dicht auf dem kleinen Balkon. Er ist nur wenige Quadratmeter groß und voll gestellt mit Lebensmitteln, Schrott, einer Kiste Kartoffeln, einem Korb Zwiebeln, einem Korb Knoblauch, einem großen Sack Reis, Pappkartons, alten Schuhen, Lumpen und anderen Dingen, die niemand wegwerfen will, weil sie vielleicht noch irgendwann gebraucht werden könnten.

Zu Hause läuft Leila mit alten fusseligen und ausgefransten Pullovern herum, mit Hemden voller Flecken und einem Rock, der auf dem Boden schleift. Er sammelt den Staub auf, der ihr beim Fegen entgangen ist. An den Füßen trägt sie ausgelatschte Plastiksandalen und auf dem Kopf ein Tuch. Nur ihre großen vergoldeten Ohrringe und ihre Plastikarmreifen funkeln.

»Leila!«

Eine schwache Stimme ruft müde zwischen den kreischenden Kindern und dem allgemeinen Geschrei. Sie übertönt nur eben das Platschen des Wassers, als sich die Frauen aus Eimern gegenseitig mit Wasser übergießen.

»Leilaaa!«

Bibi Gul ist aus ihrer Trance erwacht. Sie sitzt mit einem Lappen in der Hand da und sieht Leila hilflos an. Leila nimmt den Hanfhandschuh, die Seife, das Shampoo und die Schüssel zu ihrer riesigen nackten Mutter mit.

»Leg dich auf den Rücken«, sagt sie. Bibi Gul bugsiert ihren Rücken hinab auf den Boden. Leila reibt und knetet und der Körper ihrer Mutter bebt. Die Brüste hängen seitlich herab. Der Bauch, der so groß ist, dass er über das Geschlecht herabhängt, wenn sie sitzt oder steht, breitet sich weiß und unförmig aus. Bibi Gul lacht, auch sie sieht das Komische an dieser Situation. Die kleine zarte Tochter und die riesige alte Mutter. Der Altersunterschied beträgt etwa fünfzig Jahre. Als sie lachen, können die anderen ebenfalls lächeln. Plötzlich müssen dann alle über das Geschrubbe auf dem Boden lachen.

»Du bist so fett, Mama, du stirbst bald noch dran«, schimpft Leila und fährt mit dem Waschlappen an alle Stellen, die ihre Mutter nicht mehr erreicht. Dann rollt sie sie auf den Bauch. Die Cousinen helfen ihr und schrubben ebenfalls einen Teil von Bibi Guls enormem Körper. Zum Schluss wird das bereits nasse Haar gewaschen. Das rosa Shampoo aus China wird über die Kopfhaut gegossen. Leila massiert vorsichtig, sie hat Angst, dass der Rest des dünnen Haares auch noch ausfallen könnte. Die Shampooflasche ist fast leer. Sie stammt noch aus der Zeit der Taliban. Die Frau auf dem Etikett ist mit breitem, wasserfestem Filzstift übermalt. Genauso wie die Religionspolizei Sultans Bücher verstümmelte, ging sie auf Verpackungen los. Falls das Gesicht einer Frau auf einer Shampooflasche abgebildet war oder das eines Kindes auf einer Babyseife, wurde der Filzstift gezückt. Lebewesen durften nicht abgebildet werden.

Das Wasser wird langsam kalt. Die Kinder, die noch nicht fertig gewaschen sind, heulen lauter denn je. Bald gibt es nur noch kaltes Wasser in dem eben noch von Wasserdampfschwaden erfüllten Hamam. Die Frauen verlassen das Bad und je leerer es wird, desto mehr sieht man den Dreck. In den Ecken liegen Eierschalen und ein paar verfaulte Äpfel. Schmutzstreifen sind überall auf dem Fußboden, die Frauen tragen im Hamam dieselben Plastiksandalen, mit denen sie auch durchs Dorf, auf den Abort und auf den Hinterhof gehen.

Bibi Gul wankt, Leila und die Cousinen im Schlepptau, nach draußen. Dort ziehen sie ihre Kleider an. Niemand hat Sachen zum Wechseln. Sie ziehen dieselben Kleider an, in denen sie gekommen sind. Zum Schluss ziehen sie die Burkha über den frisch gewaschenen Kopf. Die Burkha mit ihrem eigenen Geruch. Weil die Luft trotzdem etwas zirkuliert, hat jede Burkha ihr eigenes Odeur. Bibi Guls den unbestimmten Geruch, mit dem sie sich selbst umgibt, schlechter Atem, süßliche Blumen und etwas Saures. Leilas riecht nach Schweiß und Küchendünsten. Eigentlich riechen alle Burkhas der Familie Khan nach Essen, weil sie an Nägeln vor der Küche hängen. Jetzt sind die Frauen vollkommen sauber unter den Burkhas und Kleidern, aber Schmierseife und rosa Shampoo kämpfen gegen eine Übermacht. Bald haben sie ihren eigenen Geruch wieder, die Burkhas zwingen ihn ihnen auf. Den Geruch alter Sklavin und junger Sklavin.

Bibi Gul übernimmt die Führung, ausnahmsweise sind die drei jungen Mädchen die Langsamen. Kichernd stecken sie die Köpfe zusammen. In einer menschenleeren Straße klappen sie die Burkhas vom Kopf. Hier treiben sich doch nur kleine Jungen und Hunde herum. Der kühle Wind ist angenehm auf der immer noch heißen Haut. Aber frisch ist die Luft nicht. In den Seitenstraßen und Gassen Kabuls stinkt es nach Müll und Abwasser. Eine offene Kloake verläuft in der Mitte des Wegs zwischen den Lehmhäusern. Aber die Mädchen nehmen den Gestank aus der Rinne und den Staub, der ihnen langsam wieder die Poren verklebt, nicht wahr. Die Sonne scheint ihnen auf die Haut und sie lachen. Plötzlich taucht ein Mann auf einem Fahrrad auf.

»Bedeckt euch, Mädchen, ich brenne!«, ruft er und saust an ihnen vorbei. Sie sehen sich an und amüsieren sich über seinen lustigen Gesichtsausdruck. Aber als er erneut auf sie zuradelt, ziehen sie sich ihre Burkha übers Gesicht.

»Wenn der König zurückkommt, werde ich nie mehr meine Burkha tragen«, sagt Leila, auf einmal ernst. »Dann herrscht im Land Frieden.«

»Er kommt sicher nie mehr zurück«, wendet ihre Cousine ein.

»Es heißt, dass er dieses Frühjahr zurückkommt«, meint Leila.

Aber bis auf weiteres ist es das Sicherste, sich zu verschleiern. Außerdem sind die drei Mädchen allein.

Ganz allein verlässt Leila nie das Haus. Für eine junge Frau ist es nicht gut, kein Gefolge zu haben. Wer kann wissen, wohin sie geht? Vielleicht trifft sie jemanden? Vielleicht sündigt sie? Nicht einmal zum Gemüsemarkt ein paar Minuten von der Wohnung entfernt geht Leila allein. Sie nimmt mindestens einen Nachbarjungen mit oder bittet diesen, den Einkauf für sie zu erledigen. »Allein« ist für Leila ein unbekannter Begriff. Sie war noch nie irgendwo allein. Sie war noch nie allein in der Wohnung, ist noch nie allein irgendwohin gegangen und hat noch nie allein in einem Zimmer geschlafen. Jede Nacht hat sie auf der Matte neben ihrer Mutter verbracht. Leila weiß nicht, was es heißt, allein zu sein, und das fehlt ihr auch nicht. Das Einzige, was sie sich wünscht, ist etwas mehr Ruhe und etwas weniger zu tun.

Als sie nach Hause kommt, herrscht dort Chaos. Kisten, Taschen und Koffer stehen überall herum.

»Sharifa ist nach Hause gekommen! Sharifa!«, ruft Bulbula überglücklich, dass Leila gekommen ist und die Rolle der Gastgeberin übernehmen kann. Sultans und Sharifas jüngste Tochter Shabnam rennt wie ein glückliches Fohlen umher. Sie umarmt Leila, die ihrerseits Sharifa umarmt. Inmitten des Durcheinanders steht Sultans zweite Frau mit Latifa auf dem Arm und lächelt. Vollkommen überraschend hat Sultan Sharifa und Shabnam aus Pakistan mitgenommen.

»Über den Sommer«, sagt Sultan. »Für immer«, flüstert Sharifa.

Sultan ist bereits zur Buchhandlung gefahren, nur die Frauen sind zu Hause. Sie setzen sich auf dem Boden in einen Kreis. Sharifa teilt die Geschenke aus. Ein Kleid für Leila, ein Schal für Sonya, eine Tasche für Bulbula, eine Strickjacke für Bibi Gul und Kleider und Plastikschmuck für den Rest der Familie. Für ihre Söhne hat sie mehrere Garnituren Kleider dabei, die sie auf den pakistanischen Märkten gekauft hat, Kleider, die es in Kabul nicht gibt. Außerdem hat sie ihre eigenen geliebten Habseligkeiten dabei. »Nie mehr zurück«, sagt sie. »Ich hasse Pakistan.«

Aber sie weiß, dass das von Sultan abhängt. Wenn Sultan wünscht, dass sie zurückkehrt, muss sie das tun.

Sultans zwei Frauen plaudern wie alte Freundinnen. Sie schauen Stoffe an und probieren Blusen und Schmuck an. Immer wieder nimmt Sonya die Sachen in die Hände, die sie für sich und ihre kleine Tochter bekommen hat. Nur selten hat Sultan Geschenke für seine junge Frau dabei, Sharifas Rückkehr stellt also eine willkommene Unterbrechung ihres sonst so monotonen Daseins dar. Sie kleidet Latifa mit dem hellroten Ballkleid, das diese bekommen hat, wie eine Puppe.

Sie tauschen Neuigkeiten aus. Die Frauen haben sich über ein Jahr nicht mehr gesehen. In der Wohnung gibt es kein Telefon und deswegen haben sie auch nicht miteinander reden können. Das Wichtigste, was bei den Frauen in Kabul vorgefallen ist, ist Shakilas Hochzeit, von der sie jede Einzelheit erzählen, von den Geschenken, die Shakila bekam, und von den Kleidern, die alle anhatten. Dann berichten sie von den Kindern der anderen Verwandten sowie von anderen Verlobungen und Hochzeiten und von Todesfällen.

Sharifa erzählt das Neueste vom Flüchtlingsdasein. Wer nach Hause zurückgekehrt und wer geblieben sei. »Saliqa hat sich verlobt«, erzählt sie. »Das musste sein, obwohl die Familie dagegen war. Schließlich besitzt der Junge gar nichts und ist faul und unbrauchbar.« Alle nicken. Sie erinnern sich alle an Saliqa als ein Mädchen, das sich immer herausputzen musste, aber trotzdem tut sie ihnen Leid, dass sie einen armen Jungen heiraten muss.

»Nachdem sie sich im Park getroffen hatten, hatte sie einen Monat lang Hausarrest«, erzählt Sharifa. »Dann gingen die Mutter und Tante des Jungen zu ihr, um um ihre Hand anzuhalten. Ihre Eltern willigten ein, es blieb ihnen nichts anderes übrig, der Schaden war bereits entstanden. Und dann erst das Verlobungsfest! Ein Skandal!«

Die Frauen lauschen mit großen Augen. Besonders

Sonya. Das sind Geschichten, mit denen sie etwas anfangen kann. Sharifas Erzählungen sind ihre Seifenopern.

»Ein Skandal«, wiederholt Sharifa, um dieses Faktum zu unterstreichen. Es ist üblich, dass die Familie des Bräutigams das Fest, das Kleid und den Schmuck bezahlt, wenn sich ein junges Paar verlobt.

»Bei der Planung des Fests wollte der Vater des Jungen Saliqas Vater, der aus Europa gekommen war, um die Familientragödie beizulegen, ein paar tausend Rupien in die Hand drücken. Dieser warf das Geld einfach auf den Fußboden. ›Glaubst du, dass man für diese paar Kröten ein Verlobungsfest ausrichten kann?‹, rief er. Ich saß auf der Treppe und habe alles gehört. Es ist also wahr. ›Nimm dein Kleingeld, dann bezahlen *wir* das Fest‹, sagte er.«

Saliqas Vater hatte ebenfalls nicht viel Geld, er wartete darauf, dass ihm Belgien Asyl gewähren würde, um dann seine Familie nachkommen lassen zu können. Holland hatte ihn bereits abgelehnt und jetzt lebte er von der Unterstützung des belgischen Staates. Aber ein Verlobungsfest ist eine wichtige symbolische Handlung und eine Verlobung kann nicht aufgelöst werden. Falls nichts aus der Hochzeit wird, bekommt das Mädchen ungeachtet der Gründe für den Bruch große Schwierigkeiten, wenn sie einen anderen heiraten will. Das Verlobungsfest ist auch ein Bild nach außen, wie es um die Familie bestellt ist. Welcher Schmuck, was kostet er? Welches Orchester, wie viel für die Gage? Die Veranstaltung soll zeigen, was der Familie des Jungen das zukünftige Familienmitglied wert ist. Ist das Fest armselig, zeigen sie damit, dass sie die Braut nicht zu schätzen wissen und damit ihre Familie ebenfalls nicht. Dass der Vater sich für das Verlobungsfest verschulden musste, über das sich eigentlich nur Saliqa und ihr Freund freuen konnten, war nichts verglichen mit der Schande, ein billiges Fest veranstaltet zu haben.

»Sie bereut es bereits«, enthüllt Sharifa weiterhin, »weil

er kein Geld hat. Recht bald erkannte sie, was für ein Taugenichts er ist. Aber jetzt ist es zu spät. Wenn sie die Verlobung auflöst, nimmt sie niemand mehr. Sie läuft rum und klappert mit den sechs Armreifen, die sie von ihm bekommen hat. Sie behauptet, sie seien aus Gold, aber ich weiß, und sie weiß es auch, dass es mit Goldfarbe bemalte Stahlarmreifen sind. Zum Neujahrsfest bekam sie nicht einmal ein neues Kleid. Habt ihr schon mal von einem Mädchen gehört, das von ihrem Verlobten kein neues Kleid zum Neujahrsfest bekommen hätte?«

Sharifa holt Atem und fährt fort:

»Den ganzen Tag ist er jetzt bei ihnen, viel zu lang. Ihre Mutter hat keine Kontrolle darüber, was sie anstellen. Fürchterlich, fürchterlich, was für eine Schande! Ich habe es ihr gesagt«, meint Sharifa und seufzt, ehe die drei anderen sie mit neuen Fragen bombardieren.

Über den und den und den. Sie haben immer noch viel Verwandtschaft in Pakistan, Tanten und Onkel und Cousins, die die Lage noch nicht für sicher genug halten, um zurückzukehren. Manche haben auch nichts, zu dem sie zurückkommen könnten. Die Häuser sind zerbombt, ihre Felder vermint, die Läden ausgebrannt. Aber alle sehnen sich nach Hause, wie Sharifa das auch getan hat. Es ist fast ein Jahr her, dass sie ihre Söhne zuletzt gesehen hat.

Leila muss in die Küche, um das Abendessen zu kochen. Sie ist froh, dass Sharifa zurück ist. Das ist richtig so. Aber es graut ihr vor den Streitigkeiten, die sie immer begleiten, mit den Söhnen, den Schwägerinnen und der Mutter. Sie erinnert sich, dass Sharifa schon mal alle gebeten hat, zu verschwinden.

»Nimm deine Töchter mit und verschwinde!«, sagte sie zu ihrer Schwiegermutter Bibi Gul. »Wir haben hier für euch keinen Platz! Wir wollen allein wohnen!« Solche Sachen schrie sie, wenn Sultan nicht zu Hause war, damals, als sie noch das Haus und Sultans Herz regierte. Erst in den letzten Jahren, seit sich Sultan eine neue Frau genommen hat, hat sie sich seinen Verwandten gegenüber einen milderen Ton angewöhnt.

»Jetzt wird es noch enger.« Leila seufzt. In den kleinen Zimmern wohnen jetzt nicht mehr elf, sondern dreizehn Menschen. Sie schält Zwiebeln und vergießt bittere Zwiebeltränen. Echte Tränen vergießt sie nur selten. Sie hat ihre Wünsche, Sehnsüchte und Enttäuschungen verdrängt. Der frisch gewaschene Seifenduft aus dem Hamam ist längst verschwunden. Das Öl aus der Pfanne spritzt ihr ins Haar und lässt es nach ranzigem Fett riechen. Die dünne Haut ihrer rauen Hände brennt vom Saft der Chilis.

Sie kocht ein einfaches Abendessen, nichts Besonderes, obwohl Sharifa wieder bei ihnen eingezogen ist. Bei Familie Khan ist es nicht üblich, die Frauen zu feiern. Außerdem muss sie das kochen, was Sultan mag: Braten, Reis, Spinat und Bohnen. In Hammelfett. Oft reicht das Fleisch nur für Sultan und die Söhne, vielleicht bleibt noch ein kleines Stück für Bibi Gul übrig. Die anderen essen Reis und Bohnen.

»Ihr habt nichts Besseres verdient. Ihr liegt mir auf der Tasche«, sagt er.

Jeden Abend kommt Sultan mit einem Bündel Geld aus seinen Läden nach Hause. Jeden Abend schließt er es in seinem Schrank ein. Oft hat er große Tüten mit saftigen Granatäpfeln, süßen Bananen, Mandarinen und Äpfeln dabei. Aber das Obst wird in einem Schrank weggeschlossen. Nur Sultan und Sonya dürfen es essen. Nur sie haben einen Schlüssel. Obst ist teuer, besonders außerhalb der Saison.

Leila betrachtet ein paar kleine, harte Orangen, die auf der Fensterbank liegen. Das Fruchtfleisch ist schon trocken und Sonya hat sie in die Küche gelegt – für die anderen. Es würde Leila nicht im Traum einfallen, sie zu probieren. Ist sie dazu verurteilt, Bohnen zu essen, dann isst sie eben Bohnen. Die Orangen können da liegen, bis sie verrotten oder vollkommen trocknen. Leila wirft den Kopf zurück und stellt den schweren Reiskessel auf die Gasflamme. Sie gibt die gehackte Zwiebel in die Pfanne, die halb gefüllt mit Öl ist, und legt Tomaten, Gewürze und Kartoffeln dazu. Leila ist eine gute Köchin. Leila kann das meiste. Deswegen muss sie auch das meiste tun. Während der Mahlzeiten sitzt sie in der Regel in der Ecke neben der Tür und springt auf, wenn jemand etwas braucht oder um die Schüsseln aufzufüllen. Erst wenn sie sieht, dass sich alle genommen haben, füllt sie ihren Teller mit dem, was übrig ist: öliger Reis und gekochte Bohnen.

Sie ist zum Dienen erzogen und ist Dienerin geworden. Alle kommandieren sie herum. Und mit immer neuen Befehlen nimmt der Respekt vor ihr immer weiter ab. Wenn jemand schlechte Laune hat, bekommt Leila es ab. Ein Fleck auf einem Pullover, der auch nach der Wäsche noch da ist, Fleisch, das falsch gebraten ist – man kann sich viel einfallen lassen, wenn man seine Wut an jemandem auslassen will.

Wenn Verwandte zu einem Fest eingeladen werden, steht Leila besonders früh auf, um, nachdem sie das Frühstück für ihre Familie gemacht hat, Kartoffeln zu schälen, Brühe zu kochen und Gemüse zu schnippeln. Bevor die Gäste kommen, hat sie gerade eben noch Zeit, sich umzuziehen, ehe sie anfängt zu bedienen, um dann den Rest des Festes in der Küche mit dem Abwasch zu verbringen. Sie ist wie Aschenputtel, nur dass es in ihrer Welt keine Prinzen gibt.

Sultan kommt mit Mansur, Eqbal und Aimal nach Hause. Er küsst Sonya in der Diele und begrüßt Sharifa kurz im Wohnzimmer. Sie haben den ganzen Tag im Auto von Peschawar nach Kabul verbracht und es ist alles gesagt. Sultan und seine Söhne setzen sich. Leila kommt mit einer Waschschüssel aus Zinn und einer Kanne. Sie stellt die Schüssel vor jeden Einzelnen hin, der sich die Hände wäscht und dann von ihr ein Handtuch gereicht bekommt. Die Plastiktischdecke liegt bereits auf dem Boden und das Mahl kann aufgetragen werden.

Yunus, Sultans jüngerer Bruder, ist nach Hause gekommen und begrüßt Sharifa herzlich. Er fragt sie nach den letzten Neuigkeiten über die Verwandten und schweigt dann wie sonst. Während der Mahlzeiten sagt er nur selten etwas. Er ist ruhig und nachdenklich und nimmt nur selten an der Unterhaltung der Familie teil. Als würde es ihn alles nicht kümmern und als würde er seine unglückliche Natur für sich behalten. Der Achtundzwanzigjährige ist mit seinem Leben zutiefst unzufrieden.

»Ein Hundeleben«, sagt er, »Arbeit von Morgen bis Abend und Krümel vom Tisch des Bruders.«

Yunus ist der Einzige, für den sich Leila gern einsetzt. Diesen Bruder mag sie wirklich. Manchmal bringt er ihr etwas Kleines mit, eine Haarspange oder einen Kamm.

An diesem Abend denkt Yunus über eine Sache ganz besonders nach. Aber er will mit der Frage noch warten. Sharifa kommt ihm zuvor und ruft:

»Mit Belqisa gibt es Ärger. Der Vater will, aber die Mutter nicht. Zuerst wollte die Mutter, aber dann sprach sie mit einer Verwandten, die einen Sohn hat, einen jüngeren Sohn, der Belqisa heiraten will. Sie haben Geld geboten und jetzt hat die Mutter angefangen zu zweifeln. Diese Verwandte hat auch Gerüchte über unsere Familie ausgestreut. Ich kann dir also keine Antwort geben.«

Yunus errötet und schaut schweigend im Zimmer umher. Die ganze Situation ist peinlich. Mansur grinst. »Die Enkelin will den Opa nicht heiraten«, murmelt er leise, aber so, dass Yunus es hören kann, Sultan aber nicht. Damit hat sich Yunus' letzte Hoffnung auch noch zerschlagen. Er ist erschöpft vom Warten, vom Suchen und davon, in einer Konservendose zu wohnen.

»Tee!«, kommandiert er, um Sharifas Redeschwall zu unterbrechen, warum die Familie von Belqisa ihm ihre Tochter nicht geben wolle. Leila erhebt sich. Sie ist enttäuscht, dass Yunus' Hochzeit offenbar auf sich warten lässt. Sie hatte gehofft, dass Yunus heiraten und sie und seine Mutter mitnehmen würde. Sie würden alle zusammenwohnen können und sie würde ganz, ganz freundlich sein. Sie würde Belqisa alles beibringen und die schwersten Arbeiten selbst verrichten. Belqisa würde sogar weiter die Schule besuchen können, wenn sie das wollte. Sie würden es recht nett haben. Alles nur, um dem Haus von Sultan zu entkommen, in dem sie niemand zu schätzen weiß. Sultan klagt, dass sie das Essen nicht so zubereitet, wie er will, dass sie zu viel isst und dass sie nicht alles tut, worum Sonya sie bittet. Mansur hackt dauernd auf ihr herum. Oft bittet er sie, zu verschwinden. »Leute, die keine Bedeutung für meine Zukunft haben, sind mir gleichgültig«, sagt er. »Und du, du bedeutest mir überhaupt nichts. Du lebst von meinem Vater, raus mit dir«, sagt er mit einem Hohnlächeln, wohl wissend, dass sie nirgends hinkann.

Leila kommt mit dem Tee. Schwachem, grünem Tee. Sie fragt Yunus, ob sie seine Hosen für den nächsten Tag bügeln soll. Sie hat sie gerade gewaschen und Yunus besitzt nur zwei Hosen, also muss sie wissen, ob er die frisch gewaschenen tragen will. Yunus nickt stumm.

»Meine Tante ist so dumm«, sagt Mansur andauernd. »Immer wenn sie den Mund aufmacht, weiß ich, was sie sagen wird. Sie ist die langweiligste Person, die ich kenne.« Er lacht höhnisch und macht sie nach. Er ist zusammen mit seinen drei älteren Tanten aufgewachsen, und zwar nicht wie ein Bruder, sondern wie ein Chef.

Leila sagt deswegen alles immer zweimal, weil sie glaubt, dass niemand ihr zuhört. Meist redet sie über alltägliche Dinge, weil diese ihr Universum sind. Aber mit ihren Cousinen, Schwestern oder Nichten kann sie auch lachen und strahlen. Sie kann auch alle überraschen und lustige Geschichten erzählen. Dann lacht sie so, dass sich ihr ganzes Gesicht verzieht, aber nicht, wenn die ganze Familie zu Abend isst. Dann schweigt sie meist. Zwischendurch lacht sie auch mal über die plumpen Witze ihrer Neffen, aber es ist, wie sie zu ihren Cousinen sagt: »Ich lache mit dem Mund und nicht mit dem Herzen.«

Nach dem enttäuschenden Bescheid über Belqisa sagt kaum noch jemand etwas bei Sharifas erstem Abendessen. Aimal spielt mit Latifa, Shabnam spielt mit ihren Puppen, Eqbal streitet mit Mansur und Sultan flirtet mit Sonya. Die anderen essen unter Schweigen, dann geht die Familie zu Bett. Sharifa und Shabnam werden in das Zimmer gelegt, in dem Bibi Gul, Leila, Bulbula, Eqbal, Aimal und Fazil bereits schlafen. Sultan und Sonya behalten ihr Schlafzimmer. Um Mitternacht liegen alle auf ihren Matten – bis auf eine.

Im Schein einer Kerze kocht Leila. Sultan will nur Hausgemachtes mit zur Arbeit. Sie brät ein Huhn in Öl und kocht Reis und Gemüse. Während alles kocht, spült sie. Der Schein der Kerze fällt ihr ins Gesicht. Sie hat dunkle Ringe um die Augen. Als das Essen fertig ist, nimmt sie die Töpfe von den Gasflammen und bindet große Tücher um sie herum und verknotet sie, damit die Deckel nicht herabfallen, wenn Sultan und seine Söhne sie am nächsten Morgen mitnehmen. Sie wäscht sich das Speiseöl von den Fingern und legt sich in den Kleidern hin, die sie den ganzen Tag getragen hat. Sie rollt ihre Matte aus, deckt sich mit einer Decke zu und schläft ein, bis die Mullahs sie ein paar Stunden später wecken und sie den neuen Tag mit »*Allahu akbar* – Gott ist groß« beginnt.

Ein neuer Tag, der riecht und schmeckt wie alle anderen Tage. Nach Staub.

Versuch

Eines Nachmittags zieht sich Leila die Burkha über und die Straßenschuhe mit den hohen Absätzen an und schleicht aus der Wohnung, durch die schiefe Wohnungstür hindurch und an der aufgehängten Wäsche vorbei auf den Hof. Einen kleinen Nachbarsjungen nimmt sie als Eskorte mit. Sie gehen über die Brücke über den ausgetrockneten Kabulfluss und verschwinden unter den Bäumen einer der wenigen Alleen Kabuls. Sie kommen an Schuhputzern, Melonenverkäufern und Brotbäckern vorbei. Und an Männern, die einfach nur herumstehen. Vor ihnen hat Leila Angst. Sie haben Zeit und nehmen sich Zeit, um zu *sehen*.

Die Blätter der Bäume sind zum ersten Mal seit langem wieder grün. In den letzten drei Jahren hat es in Kabul kaum einen Tropfen geregnet. Die Knospen waren immer bereits von der Sonne verbrannt, ehe die Bäume noch ausschlugen. In diesem Frühling, dem ersten Frühling seit dem Fall der Taliban, hat es viel geregnet, gesegneter Regen, wunderbarer Regen. Zwar nicht so viel, dass sich der Kabulfluss wieder gefüllt hätte, aber ausreichende Mengen, dass die wenigen Bäume, die überlebt haben, wieder grün werden, und ausreichende Mengen, dass der Staub zwischendurch immer mal wieder gebunden wird, der feine Sandstaub, der Fluch Kabuls. Regnet es, verwandelt sich der Staub in Schlamm, bei Trockenheit wirbelt er auf, verstopft die Nase, führt zu Augenentzündungen, kratzt im Hals und verschleimt die Lungen. An diesem Morgen hat es geregnet und es ist etwas kühler. Aber die feuchte Luft dringt nicht unter die Burkha. Leila riecht nur ihren eigenen nervösen Atem und spürt den Puls an den Schläfen.

An einem Betonblock in Mikrorayon Nummer 4 hängt ein großes Schild, auf dem »Kurs« steht. Vor dem Haus stehen lange Schlangen, hier kann man das Abc, EDV und das Schreiben erlernen. Leila will sich für einen Englischkurs anmelden. Vor dem Eingang sitzen zwei Männer an einem Tisch und nehmen die Einschreibung vor. Leila bezahlt die Kursgebühr und stellt sich an der nächsten Schlange an. Hunderte wollen in ihre Klassenzimmer. Sie gehen eine Treppe hinunter und kommen in einen Keller, der an einen Luftschutzraum erinnert. Einschusslöcher bilden ein Muster an der Wand. Der Raum war während des Bürgerkriegs ein Waffenlager, direkt unter den Wohnungen! Die verschiedenen »Klassenzimmer« sind mit Bretterwänden abgeteilt. In jedem Kabuff gibt es eine Tafel, einen Zeigestock und ein paar Bänke. In einigen der Kabuffs stehen auch Pulte. Ein leises Stimmengewirr ist zu hören, es wird wärmer.

Leila findet ihr Kabuff. Englisch für Fortgeschrittene, Grundstufe. Sie ist früh dran, ein paar hoch aufgeschossene Jungen sind das ebenfalls.

Ist das möglich? Jungen in der Klasse? Sie hat Lust, auf dem Absatz kehrtzumachen, aber sie beherrscht sich. Ganz hinten setzt sie sich hin. Zwei weitere Mädchen sitzen still in der anderen Ecke. Die Stimmen aus den anderen Kabuffs vereinigen sich zu einem großen Brausen. Gelegentlich dringen scharfe Lehrerstimmen durch sie hindurch. Es vergeht eine Weile, bis ihr Lehrer kommt. Die Jungen beginnen, auf der Tafel herumzukritzeln. »Pussy«, schreiben sie. »Dick«, »Fuck«. Uninteressiert schaut sich Leila die Worte an. Sie hat ein englisch-persisches Wörterbuch dabei und schlägt unter der Bank nach, damit die Jungen es nicht merken. Aber sie findet die Wörter nicht. Ihr wird fürchterlich unbehaglich zumute. Allein, oder fast allein, mit einer Menge Jungen in ihrem Alter, ein paar sogar älter. Sie hätte nie herkommen sollen! Sie bereut es. Wenn einer der Jungen sie jetzt anspräche, wäre das wirklich beschämend. Und sogar die Burkha hat sie abgelegt. Man trägt im Klassenzimmer keine Burkha, hatte sie gedacht. Und jetzt hat sie sich ihnen bereits gezeigt.

Der Lehrer kommt und die Jungen wischen eilig die Worte aus, die sie geschrieben haben. Die Stunde wird quälend. Alle müssen sich vorstellen, sagen, wie alt sie sind und außerdem etwas auf Englisch erzählen. Der Lehrer, ein dünner junger Mann, deutet mit dem Zeigestock auf sie und bittet sie, etwas zu sagen. Sie hat das Gefühl, für den Lehrer vor diesen Jungen ihre Seele zu entblößen und sich zu beschmutzen. Sie hat sich gezeigt und ihre Ehre zerstört. Was hat sie sich nur gedacht, als sie diesen Kurs besuchen wollte? Nie im Leben hätte sie sich vorstellen können, dass Jungen und Mädchen in derselben Klasse unterrichtet werden würden. Niemals. Das war nicht ihre Schuld.

Sie wagt nicht, aufzustehen und zu gehen. Der Lehrer könnte fragen, warum. Aber als die Stunde um ist, stürzt sie davon. Sie zieht sich die Burkha über und verschwindet. Wieder sicher zu Hause, hängt sie die Burkha an den Nagel in der Diele.

»Schrecklich! Da waren Jungen in der Klasse!«

Die anderen sind sprachlos. »Das war nicht gut«, sagt ihre Mutter schließlich. »Da gehst du nicht mehr hin.«

Das wäre Leila auch nicht im Traum eingefallen. Obwohl die Taliban weg sind, sind sie immer noch in Leilas Kopf vorhanden. Und in Bibi Guls, Sharifas und Sonyas. Die Frauen in Mikrorayon sind froh, dass die Talibanzeit vorüber ist. Sie können jetzt wieder Musik hören, tanzen und ihre Zehennägel lackieren, solange niemand sie sieht und sie sich weiter in der Geborgenheit ihrer Burkha verstecken können. Leila ist ein Kind des Bürgerkriegs, der Mullahherrschaft und der Taliban. Ein Kind der Angst. Innerlich weinte sie. Der Versuch, auszubrechen, selbstständig etwas zu tun und etwas zu lernen, ist fehlgeschlagen. Fünf Jahre lang war es Mädchen verboten, etwas zu lernen, jetzt dürfen sie es wieder, und die, die es ihr verbietet, ist sie selbst. Hätte Sultan ihr doch nur erlaubt, das Gymnasium zu besuchen, dann wäre das alles kein Problem. Dort gibt es reine Mädchenklassen.

Sie setzt sich auf den Küchenfußboden, um Zwiebeln zu hacken und Kartoffeln klein zu schneiden. Sonya sitzt ebenfalls dort, isst Spiegeleier und stillt Latifa. Leila hat keine Lust, sich mit ihr zu unterhalten. Die dumme Gans, die nicht einmal das Abc kann. Die nicht mal versucht, es zu lernen. Sultan hatte einen Privatlehrer für sie engagiert, damit sie Lesen und Schreiben lernte. Aber nichts blieb hängen, jede Stunde war wie die erste. Nachdem sie in ein paar Monaten fünf Buchstaben gelernt hatte, gab sie auf und bat Sultan, ihr das zu ersparen. Mansur hatte bereits zu Beginn von Sonyas privatem Lesekurs höhnisch gelacht. »Wenn ein Mann alles hat und nicht mehr weiß, was er mit seinem Geld anfangen soll, dann versucht er, seinem Esel das Sprechen beizubringen«, sagte er laut und lachte. Obwohl Leila sonst nichts von dem gefiel, was Mansur sagte, musste sie über diesen Witz lachen.

Leila versuchte Sonya unterzubuttern, so gut es ging. Sie wies sie zurecht, wenn sie etwas Dummes gesagt hatte oder wenn ihr etwas nicht gelang, aber nur dann, wenn Sultan nicht zu Hause war. Für Leila war Sonya der arme Dorftrampel, der nur Zugangtritt zu ihrem relativen Reichtum erhalten hatte, weil sie hübsch war. Sie mochte sie nicht wegen all der Privilegien, die sie von Sultan erhalten hatte, und weil die Arbeit zwischen den beiden gleichaltrigen Mädchen so ungleich verteilt war. Persönlich hatte sie aber eigentlich nichts gegen Sonya, die meist mit einem milden, etwas zerstreuten Gesichtsausdruck dasaß und verfolgte, was um sie herum vorging. In Wirklichkeit war sie auch gar nicht faul, sie war fleißig gewesen, als sie sich auf dem Dorf noch um den Haushalt ihrer Eltern gekümmert hatte. Sultan ließ sie einfach nicht arbeiten. Wenn er nicht zu Hause war, packte sie gern mit an. Trotzdem ärgerte sich Leila über sie. Den ganzen Tag saß Sonya da und wartete auf Sultan. Wenn er kam, sprang sie auf. War er auf Geschäftsreise, wusch sie sich nicht und vernachlässigte ihre Kleidung. War er zu Hause, puderte sie ihre dunkle Haut hell, schwärzte die Augen und bemalte die Lippen.

Mit sechzehn hatte sich Sonya vom Kind in eine Frau verwandelt. Vor der Hochzeit hatte sie geweint, aber da sie ein wohlerzogenes Mädchen war, hatte sie sich bald an den Gedanken gewöhnt. Sie war aufgewachsen, ohne Erwartungen an das Leben zu haben, und Sultan hatte die zweimonatige Verlobungszeit gut genutzt. Er hatte ihre Eltern bestochen, um vor der Hochzeit mit Sonya allein sein zu können. Eigentlich sollen sich Verlobte zwischen Verlobungsfest und Hochzeitstag nicht sehen, aber daran hält sich kaum jemand. Aber zusammen die Aussteuer zu kaufen war eine Sache, eine andere, die Nächte zusammen zu verbringen. Das war unerhört. Ihr großer Bruder wollte ihre Ehre mit dem Messer verteidigen, als er hörte, dass Sultan seinen Eltern Geld gegeben hatte, um vor der Hochzeitsnacht mit Sonya die Nächte verbringen zu dürfen. Aber selbst Sonyas rasender Bruder wurde mit klingender Münze zum Schweigen gebracht und Sultan setzte seinen Willen durch. In seinen Augen erwies er ihr damit einen Gefallen.

»Sie muss auf die Hochzeitsnacht vorbereitet werden. Sie ist so furchtbar jung und ich bin ein erfahrener Mann«, sagte er zu ihren Eltern. »Wenn wir jetzt ein wenig Zeit zusammen verbringen, wird die Hochzeitsnacht nicht so ein

Schock. Aber ich verspreche, mich nicht an ihr zu vergreifen«, sagte er. Schritt für Schritt bereitete er die Sechzehnjährige auf die Hochzeitsnacht vor.

Zwei Jahre später ist Sonya mit ihrem einförmigen Leben zufrieden. Sie wünscht sich gar nichts anderes, als zu Hause zu sitzen, zwischendurch Verwandtenbesuche zu machen oder zu empfangen, ab und zu ein neues Kleid zu bekommen und jedes fünfte Jahr ein Goldarmband.

Einmal nahm Sultan sie auf eine Geschäftsreise nach Teheran mit. Sie waren einen Monat lang dort und die anderen Frauen in Mikrorayon waren neugierig, was sie im Ausland erlebt hatte. Aber als sie zurückkam, hatte Sonya nichts zu erzählen. Sie hatten bei Verwandten gewohnt und sie hatte wie immer auf dem Fußboden mit Latifa gespielt. Sie hatte nur wenig von Teheran gesehen und auch gar nicht den Wunsch gehabt, diese Stadt näher zu erkunden. Ihr fiel nur ein, dass es dort auf dem Basar schönere Dinge gegeben habe als in Kabul.

Das Wichtigste für Sonya ist, weitere Kinder zu bekommen. Genauer gesagt: Söhne. Jetzt ist sie erneut schwanger und hat eine Heidenangst, dass sie wieder eine Tochter bekommen könnte. Wenn ihr Latifa das Tuch von den Schultern zieht oder anfängt, damit zu spielen, schlägt Sonya nach ihr und befestigt es wieder. Denn wenn das zuletzt geborene Kind beginnt, mit dem Tuch der Mutter zu spielen, bedeutet das, dass es ein Mädchen wird.

»Wenn ich ein Mädchen bekomme, wird sich Sultan eine dritte Frau nehmen«, sagt sie, nachdem die Schwägerinnen eine Weile schweigend auf dem Küchenboden gesessen haben.

»Hat er das gesagt?«, fragt Leila verblüfft.

»Ja, gestern.«

»Er will dir nur Angst machen.«

Sonya hört nicht zu. »Ich darf keine Tochter bekommen, ich darf keine Tochter bekommen«, murmelt sie, und die

Einjährige, die ihr an der Brust hängt, schläft von der monotonen Stimme ihrer Mutter ein.

Dumme Kuh!, denkt Leila über ihre gleichaltrige Schwägerin. Sie ist nicht in Plauderstimmung. Sie muss hier raus, das weiß sie. Sie weiß, dass sie es nicht aushält, den ganzen Tag mit Sonya, Sharifa, Bulbula und ihrer Mutter zu Hause zu sitzen. Ich werde verrückt. Ich halte es hier nicht mehr aus, denkt sie. Ich gehöre hier nicht hin.

Sie denkt an Fazil, daran, wie Sultan ihn behandelt hat. Damals hatte sie eingesehen, dass sie auf eigenen Beinen stehen musste, und es mit dem Englischkurs versucht.

Der Elfjährige hatte jeden Tag Kisten in der Buchhandlung geschleppt, jeden Abend mit ihnen gegessen und jede Nacht mit angezogenen Beinen auf der Matte neben Leila geschlafen. Fazil ist Mariams Ältester und Sultans und Leilas Neffe. Mariam und ihr Mann hatten nicht genug Geld für alle Kinder, und als Sultan Hilfe im Laden brauchte, nahmen sie dankbar das Angebot an, dass ihr Sohn bei Sultan wohnen und essen könne. Als Bezahlung musste sich Fazil zwölf Stunden am Tag abrackern. Nur freitags hatte er frei und konnte nach Hause zu seinen Eltern aufs Dorf fahren.

Fazil fühlte sich wohl. Tagsüber räumte er in den Läden auf und schleppte Kisten und abends spielte und prügelte er sich mit Aimal. Nur Mansur mochte er nicht, weil er ihn auf den Kopf schlug oder mit der Faust in den Rücken, wenn er etwas falsch machte. Aber Mansur konnte auch nett sein, einmal nahm er ihn plötzlich in einen Laden mit und kaufte ihm neue Kleider. Oder er lud ihn zum Mittagessen ins Restaurant ein. Im Großen und Ganzen hatte Fazil das Leben weit weg von den schmutzigen Straßen des Dorfes gefallen. Aber eines Abends sagte Sultan:

»Ich hab dich satt. Fahr nach Hause. Lass dich nicht mehr im Laden blicken!«

Die Familie war sprachlos. Schließlich hatte er Mariam versprochen, sich ein Jahr lang um den Jungen zu kümmern.

Niemand sagte etwas. Auch Fazil nicht. Erst als er auf seiner Matte lag, weinte er. Leila versuchte ihn zu trösten, aber es war nichts zu sagen, denn Sultans Wort war Gesetz.

Am nächsten Morgen packte sie seine wenigen Habseligkeiten zusammen und schickte ihn nach Hause. Er musste seiner Mutter selbst erklären, warum er weggeschickt worden war. Dass Sultan ihn satt hatte.

Leila war außer sich. Wie konnte Sultan Fazil nur so behandeln? Sie konnte die Nächste sein, die er verstieß. Sie musste sich etwas einfallen lassen.

Leila dachte sich einen neuen Plan aus. Eines Morgens, nachdem Sultan und seine Söhne weg waren, zog sie erneut ihre Burkha über und verschwand durch die Tür. Wieder nahm sie einen kleinen Jungen als Eskorte mit. Dieses Mal wählte sie einen anderen Weg und verließ Mikrorayon, die zerbombte Betonwüste. Am Rand des Ortsteils waren die Häuser so zerstört, dass man in ihnen nicht wohnen konnte. Einige Familien hatten trotzdem in den Ruinen Unterschlupf gefunden und lebten von der Bettelei bei ihren fast ebenso armen Nachbarn, die aber zumindest ein Dach über dem Kopf besaßen. Leila kam über eine Wiese, auf der eine Ziegenherde an den wenigen Grasbüscheln nagte, während der Hirtenjunge unter dem einen Baum döste, der übrig war und Schatten spendete. Hier verlief die Grenze zwischen Stadt und Dorf. Auf der anderen Seite der Wiese lag das Dorf Deh Khudaidad. Als Erstes schaute sie bei ihrer großen Schwester Shakila vorbei.

Das Tor wurde von Said aufgeschlossen, dem ältesten Sohn von Wakil, dem Mann, den Shakila gerade geheiratet hatte. Said fehlten drei Finger an einer Hand. Er hatte sie verloren, als eine Autobatterie, die er gerade reparierte, explodiert war. Er sagte jedoch zu allen, er habe versehentlich eine Mine angefasst. Es war vorzeigbarer, von einer Mine verstümmelt zu werden, fast so, als hätte man im Krieg gekämpft. Leila mochte ihn nicht. Sie fand ihn naiv und grob. Er konnte nicht lesen und schreiben und er sprach wie ein Bauer. Wie Wakil. Als sie ihn sah, schauderte es sie. Er warf ihr ein schiefes Lächeln zu und streifte ihre Burkha, als sie an ihm vorbeiging. Es schauderte sie erneut. Es schauderte sie auch vor Angst, dass sie ihn heiraten müsste. Viele ihrer Familie versuchten sie zu verkuppeln. Shakila und Wakil hatten bei Bibi Gul ihretwegen angefragt.

»Zu früh«, hatte Bibi Gul gesagt, obwohl es an der Zeit war, Leila zu verheiraten.

»Höchste Zeit«, hatte Sultan gesagt. Niemand hatte Leila gefragt und Leila hätte auch gar nicht geantwortet. Ein wohlerzogenes Mädchen antwortet nicht auf die Frage, ob sie jemanden mag oder nicht. Aber sie hoffte, dass ihr das erspart bleiben würde.

Wiegenden Schritts kam Shakila auf sie zu. Lächelnd, strahlend. Alle Furcht, was ihre Ehe mit Wakil betraf, war unbegründet gewesen. Sie durfte weiterhin als Biologielehrerin arbeiten. Seine Kinder vergötterten sie, sie putzte ihnen die Nase und wusch ihre Kleider. Sie brachte ihren Mann dazu, das Haus zu renovieren und ihr Geld zu geben, um neue Gardinen und Kissen zu kaufen. Sie schickte seine Kinder in die Schule, was ihm und seiner ersten Frau nie so wichtig gewesen war. Als seine ältesten Söhne meuterten, weil sie es peinlich fanden, mit den Kleinen im selben Klassenzimmer zu sitzen, sagte sie nur: »Wenn ihr jetzt nicht geht, wird es später noch peinlicher.«

Shakila war überglücklich, endlich einen Mann zu haben. Ihre Augen leuchteten. Sie sah verliebt aus. Nach fünfunddreißig Jahren als alte Jungfer hatte sie sich in der Hausfrauenrolle hervorragend zurechtgefunden.

Die Schwestern küssten sich auf beide Wangen. Sie zogen die Burkha über den Kopf und traten durch die Tür. Leila in ihren schwarzen Straßenschuhen mit hohen Absätzen, Shakila in ihren weißen, hohen Pumps mit Goldschnalle, ihren Hochzeitsschuhen. Schuhe sind wichtig, wenn man Körper, Kleider, Haar und Gesicht nicht zeigen kann.

Sie machten große Schritte über schlammige Pfützen und umrundeten Schlammwälle und tiefe Reifenspuren. Spitze Steine setzten den dünnen Sohlen zu. Sie gingen den Weg zur Schule entlang. Leila wollte sich dort um eine Stelle bewerben. Das war ihr heimlicher Plan.

Shakila hatte sich bei der Dorfschule erkundigt, an der sie arbeitete. Dort gab es keine Englischlehrerin. Obwohl Leila nur neun Jahre die Schule besucht hatte, glaubte sie, dass sie mit den Anfängern schon zurechtkommen würde. In Pakistan hatte sie abends zusätzlichen Englischunterricht genommen.

Die Schule liegt hinter einer Lehmmauer, die so hoch ist, dass man nicht darüber hinwegschauen kann. Vor dem Tor sitzt ein alter Wachmann. Er achtet darauf, dass keine Unbefugten eintreten, insbesondere keine Männer, weil es sich um eine reine Mädchenschule handelt und alle Lehrkräfte Frauen sind. Der Hof war einmal eine Wiese, jetzt werden dort Kartoffeln angebaut. Um den Acker herum sind kleine Verschläge an die Mauer angebaut. Das sind die Klassenzimmer mit drei Wänden: die Mauer und zwei Seitenwände, zum Platz hin sind sie offen. So kann die Rektorin die ganze Zeit sehen, was in allen Klassen vorgeht. In den Klassenzimmern ist Platz für ein paar Bänke und Tische und eine Tafel. Nur die größten Mädchen haben Stühle und Tische, die anderen sitzen auf der Erde und schauen auf die Tafel. Viele Schülerinnen können sich keine Schreibhefte leisten, sondern schreiben auf kleine Tafeln oder Papierfetzen, die sie irgendwo gefunden haben.

Es herrscht ein großes Durcheinander. Täglich tauchen neue Schülerinnen auf, die an der Schule anfangen wollen, und die Klassen werden immer größer. Die Schulkampagne der Behörden war ungemein erfolgreich. Im ganzen Land hängen große Transparente, auf denen glückliche Kinder mit Büchern unterm Arm abgebildet sind. »Zurück zur Schule« ist der einzige Text, den Rest erzählen die Bilder.

Als Shakila und Leila kommen, ist die Rektorin mit einer jungen Frau beschäftigt, die sich als Schülerin anmelden will. Sie sagt, sie habe bereits drei Klassen besucht und will jetzt in der vierten beginnen.

»Ich kann dich nicht in unseren Listen finden«, sagt die Rektorin und sucht in der Schülerkartei, die in einem Schrank zufällig die Talibanzeit überdauert hat. Die junge Frau sagt nichts.

»Kannst du lesen und schreiben?«, fragt die Rektorin.

Die Frau zögert mit der Antwort. Schließlich gibt sie zu, nie zur Schule gegangen zu sein.

»Aber es wäre schön gewesen, in der vierten Klasse anfangen zu können«, flüstert sie. »In der ersten Klasse sind alle so klein, es ist beschämend, mit ihnen zusammen sein zu müssen.«

Die Rektorin erwidert, falls sie etwas lernen wolle, müsse sie schon von vorne beginnen, und zwar in der ersten Klasse. Diese Klasse besteht aus Mädchen von fünf Jahren bis hin zu Teenagern. Die Frau wäre die Älteste. Sie dankt und geht.

Dann kommt Leila an die Reihe. Die Rektorin erinnert sich noch aus der Zeit vor den Taliban an sie. Leila war Schülerin an dieser Schule gewesen und die Rektorin will sie gern als Lehrerin beschäftigen.

»Aber erst musst du dich registrieren lassen«, sagt sie. »Du musst mit deinen Papieren zum Unterrichtsministerium gehen und einen Antrag stellen, damit du hier arbeiten kannst.«

»Aber ihr habt doch keine Englischlehrer, könnt nicht ihr diesen Antrag für mich stellen? Oder kann ich nicht jetzt schon anfangen und mich später registrieren lassen?«, will Leila wissen.

»Nein, erst brauchst du die Genehmigung der Behörden. So sehen die Vorschriften aus.«

Die Schreie streitender kleiner Mädchen dringen in das offene Büro. Eine Lehrerin schlägt mit einem Ast nach ihnen, damit sie still sind, und sie verschwinden in ihre Klassenzimmer.

Niedergeschlagen geht Leila wieder durch das Schultor und das Geräusch ausgelassener Schulmädchen wird schwächer. Sie trottet nach Hause und vergisst sogar, dass sie allein mit ihren hochhackigen Schuhen unterwegs ist. Wie soll sie nur zum Unterrichtsministerium kommen, ohne dass jemand es bemerkt? Ihr Plan war, sich erst die Arbeit zu besorgen und dann Sultan davon zu erzählen. Wenn er vorher davon erfährt, wird er es ihr verbieten, aber wenn sie die Arbeit bereits hat, wird er sie vielleicht weitermachen lassen. Sie hätte ohnehin nur ein paar Stunden pro Tag unterrichtet und wäre einfach noch früher aufgestanden und hätte noch härter gearbeitet.

Ihre Zeugnisse liegen in Pakistan. Sie hat Lust, einfach aufzugeben. Aber dann denkt sie an die dunkle Wohnung und die staubigen Fußböden in Mikrorayon und geht zum Telegrafenamt in der Nähe. Sie ruft Verwandte in Pakistan an, damit diese ihr ihre Papiere schicken. Sie versprechen ihr, ihr zu helfen und sie jemandem mitzugeben, der nach Kabul fährt. Die afghanische Post funktioniert nicht, also wird das meiste mit Reisenden mitgeschickt.

Nach ein paar Wochen kommen die Papiere. Der nächste Schritt ist, das Unterrichtsministerium aufzusuchen. Aber wie soll sie dorthin kommen? Sie kann unmöglich allein gehen. Sie fragt Yunus, aber der findet nicht, dass sie arbeiten soll. »Du weißt nie, welche Arbeit du bekommst«, sagt er. »Bleib zu Hause und kümmer dich um deine alte Mutter.«

Ihr Lieblingsbruder ist also keine Hilfe. Ihr Neffe Mansur schnaubt nur höhnisch, als sie ihn fragt. Es ist aussichtslos. Das Schuljahr hat schon längst angefangen. »Es ist zu spät«, sagt ihre Mutter, »warte bis nächstes Jahr.«

Leila ist verzweifelt. Vielleicht will ich ja überhaupt nicht unterrichten?, denkt sie, damit es ihr leichter fällt, den Plan zu begraben. Vielleicht habe ich ja eigentlich schon keine Lust mehr?

Die Situation ist ausweglos. Sie ist im Morast der Gesellschaft und im Staub der Traditionen gefangen. Sie sieht sich einem über Jahrhunderte gewachsenen System ausgesetzt, das die halbe Bevölkerung lähmt. Das Unterrichtsministerium liegt eine halbe Stunde mit dem Bus entfernt. Eine unmögliche halbe Stunde. Leila ist es nicht gewohnt, um etwas zu kämpfen, im Gegenteil, sie ist es gewohnt, aufzugeben. Aber es muss einen Ausweg geben. Sie muss ihn nur finden.

Kann Gott sterben?

Die ewige Langeweile der Strafarbeit wird Fazil fast zu viel. Er hat Lust, aufzuspringen und laut zu schreien, aber er nimmt sich zusammen. Er nimmt die Strafe auf sich, wie ein elfjähriger Junge das tut, der seine Hausaufgabe nicht gekonnt hat. Ruckartig bewegt er die Hand über das Papier. Er schreibt mit kleinen Buchstaben, damit die Schrift nicht zu viel Platz verbraucht. Schreibhefte sind teuer. Das Licht der Gaslampe taucht die Seite in einen rötlichen Schimmer. Als würde er auf Flammen schreiben.

Aus der Ecke sieht ihn seine Großmutter mit ihrem einen Auge an. Das andere verlor sie, als sie in einen in den Boden gemauerten Ofen fiel. Seine Mutter Mariam stillt den zweijährigen Osip. Je müder er wird, desto besessener schreibt er. Er will fertig werden, und wenn er die ganze Nacht dort sitzen müsste. Die Schläge des Lehrers mit dem Zeigestock auf die Finger erträgt er kein zweites Mal, jedenfalls erträgt er die Schmach nicht.

Zehn Mal muss er schreiben, was Gott ist: Gott ist der Schöpfer, Gott ist ewig, Gott ist allmächtig, Gott ist gut, Gott ist Wissen, Gott ist das Leben, Gott sieht alles, Gott hört alles, Gott weiß alles, Gott regiert alles, Gott richtet alles, Gott …

Er bekam die Strafarbeit aufgebrummt, weil er in der

Islamstunde falsch geantwortet hat. »Ich antworte immer falsch«, beklagt er sich bei seiner Mutter, »denn wenn ich den Lehrer sehe, kriege ich solche Angst, dass ich alles vergesse. Er ist immer schlecht gelaunt, und wenn du nur den geringsten Fehler machst, hasst er dich.«

Von Anfang an war alles schief gegangen, als Fazil an die Tafel gerufen worden war, um in der Hausaufgabe über Gott abgefragt zu werden. Er hatte sie gemacht, aber als er vor der Tafel stand, kam es ihm vor, als hätte er beim Lernen an etwas anderes gedacht. Er erinnerte sich an überhaupt nichts. Der Islamlehrer mit langem Bart, Turban, langem Hemd und weiten Hosen sah ihn mit schwarzen, stechenden Augen an und fragte:

»Kann Gott sterben?«

»Nein«, antwortete Fazil und zitterte unter seinem Blick. Egal was er sagte, er hatte Angst, das Falsche zu sagen.

»Warum nicht?«

Fazil schweigt. Warum kann Gott nicht sterben? Gibt es keine Messer, die durch ihn hindurchgehen, und keine Kugeln, die ihn verletzen können? Seine Gedanken überschlagen sich.

»Und?«, sagt der Lehrer. Fazil wird rot und stammelt, wagt es aber nicht, ein Wort zu sagen. Ein anderer Junge muss antworten: »Weil er ewig ist«, erklärt er rasch.

»Richtig. Kann Gott sprechen?«, fährt der Lehrer fort.

»Nein«, antwortet Fazil, »oder ja.«

»Wenn du findest, dass er sprechen kann, wie spricht er dann?«, fragt der Lehrer.

Fazil steht wieder stumm da. Wie er spricht? Dröhnende Stimme? Leise Stimme? Flüsternd? Wieder gelingt es ihm nicht, zu antworten.

»Du sagst also, dass er sprechen kann. Hat er eine Zunge?«, fragt der Lehrer.

Ob Gott eine Zunge hat?

Fazil versucht, darauf zu kommen, was richtig sein könnte. Er glaubt nicht, dass Gott eine Zunge hat, wagt es aber nicht, etwas zu sagen. Es ist besser, nichts zu sagen, als was Falsches zu sagen und sich vor der ganzen Klasse lächerlich zu machen. Wieder erteilt der Lehrer einem anderen Jungen das Wort.

»Er spricht durch den Koran«, antwortet er. »Der Koran ist seine Zunge.«

»Korrekt. Kann Gott sehen?«, fährt der Lehrer fort.

Fazil sieht, dass er mit dem Zeigestock spielt und sich leicht auf die eine Handfläche schlägt, als wolle er schon einmal für die Schläge üben, die bald auf Fazils Finger niedersausen werden.

»Ja«, antwortet Fazil.

»Wie sieht er? Hat er Augen?«

Fazil erstarrt, ehe er antwortet: »Ich habe Gott nicht gesehen. Woher soll ich das wissen?«

Der Lehrer schlug ihm mit dem Lineal auf die Finger, bis ihm die Tränen herunterliefen. Er kam sich vor wie der Klassendümmste, der Schmerz der Finger war nichts dagegen, vor allen so dastehen zu müssen. Zum Schluss bekam er dann noch diese Strafarbeit.

Der Lehrer erinnerte ihn an einen der Taliban. Noch vor einem halben Jahr waren alle gekleidet gewesen wie er. »Wenn du das nicht lernst, kannst du hier in der Klasse nicht weitermachen«, sagte er schließlich. Vielleicht war der Lehrer wirklich einer von den Taliban, dachte Fazil. Er wusste, dass sie streng waren.

Nachdem er zehn Mal geschrieben hat, was Gott ist, muss er das auswendig lernen. Er murmelt vor sich hin und wiederholt es dann laut seiner Mutter. Schließlich sitzt es. Der Großmutter tut ihr Enkel Leid. Sie ist nie zur Schule gegangen und findet die Hausaufgaben für den kleinen Jungen viel zu schwer. Zwischen den Stümpfen ihrer Hände hält sie ein Glas Tee und trinkt schlürfend.

»Wenn der Prophet Mohammed trank, machte er nie ein

Geräusch«, sagt Fazil streng. »Jedes Mal wenn er trank, nahm er das Glas dreimal von den Lippen und dankte Gott«, erzählt er weiter.

Die Großmutter sieht ihn mit ihrem einen Auge an und sagt: »Ja, ja, das sagst du.«

Das Leben des Propheten Mohammed ist die nächste Hausaufgabe. Sie sind bis zu dem Kapitel gekommen, das von seinen Gewohnheiten handelt, und Fazil liest laut vor, während sein Zeigefinger an den Buchstaben entlangfährt, von rechts nach links:

»Der Prophet Mohammed, der Friede sei mit ihm, saß immer auf dem Boden. Er hatte in seinem Haus keine Möbel, weil er fand, dass man wie ein Reisender durchs Leben gehen soll, der sich nur einen Moment im Schatten ausruht und dann weiterzieht. Ein Haus sollte nichts anderes sein als ein Ort zum Verweilen und ein Schutz vor Kälte und Hitze, vor wilden Tieren und um den Frieden des Privatlebens zu bewahren.

Mohammed, der Friede sei mit ihm, schlief immer auf seinem rechten Arm. Wenn er tief in Gedanken versunken war, grub er mit einem Spaten oder Stock in der Erde oder saß die Arme um die Beine verschränkt da. Wenn er schlief, schlief er auf der rechten Seite mit der Handfläche der rechten Hand unter dem Gesicht. Gelegentlich schlief er auf dem Rücken, gelegentlich legte er beim Schlafen auch ein Bein über das andere, aber er achtete stets darauf, dass sein ganzer Körper zugedeckt war. Er lag überhaupt nicht gern mit dem Gesicht nach unten und verbot auch anderen, das zu tun. Es gefiel ihm nicht, in einem dunklen Zimmer oder auf einem offenen Dach zu schlafen. Er wusch sich immer, bevor er sich hinlegte, und betete, bis er einschlief. Beim Schlafen schnarchte er leise. Wenn er mitten in der Nacht aufwachte, weil er Wasser lassen musste, wusch er immer Hände und Gesicht, ehe er zurückkam. Im Bett trug er ein Tuch um die Lenden, aber meist zog er das Hemd aus. Da es zu dieser Zeit keine Latrinen in den Häusern gab, ging der Prophet oft mehrere Kilometer aus dem Ort, damit ihn niemand sehen würde, und suchte weiche Erde, damit es nicht auf ihn zurückspritzen würde. Sehr genau achtete er auch darauf, hinter einem Stein oder einer Anhöhe in Deckung zu gehen. Er badete immer hinter einem Tuch oder trug ein Lendentuch, wenn er ein Bad im Regen nahm. Wenn er sich schnäuzte, hielt er sich immer ein Stück Tuch vor die Nase.«

Dann las Fazil etwas über die Essgewohnheiten des Propheten vor. Dass er Datteln mochte, vorzugsweise mit Milch oder Butter gemischt. Dass er das Nackenstück oder die Seiten eines Tieres bevorzugte und nie Zwiebeln und Knoblauch aß, weil er schlechten Atem verabscheute. Ehe er sich zum Essen hinsetzte, zog er immer die Schuhe aus und wusch sich die Hände. Zum Essen verwendete er nur die rechte Hand. Er nahm immer nur von seiner Seite der Schüssel und langte mit der Hand nie in die Mitte. Besteck verwendete er nie, sondern nur drei Finger. Vor jedem Bissen, den er in den Mund schob, dankte er Gott.

»Und Folgendes: Wenn er trank, tat er das vollkommen geräuschlos.«

Er schlägt das Buch zu.

»Jetzt musst du dich hinlegen, Fazil.«

Mariam hat ihm in dem Zimmer, in dem sie gesessen und gegessen haben, das Lager bereitet. Um ihn herum sind bereits die Atemzüge der Geschwister zu hören. Aber Fazil muss noch die Gebete auf Arabisch lernen. Er lernt die unverständlichen Worte des Korans auswendig, ehe er, noch in allen Kleidern, auf seine Matte fällt. Um sieben am nächsten Tag muss er in der Schule sein. Es schaudert ihn. Islam hat er in der ersten Stunde. Er schlummert vollkommen erschöpft ein und schläft unruhig und träumt, dass er erneut abgefragt wird und dass es ihm wieder nicht gelingt, ordentlich zu antworten. Er kann die Antworten, aber sie kommen ihm nicht über die Lippen.

Hoch über ihm ziehen große, schwere Wolken über das Dorf. Nachdem er eingeschlafen ist, prasselt der Regen nieder. Er wird vom Lehmdach aufgesogen und trommelt draußen auf den Absatz. Die Tropfen laufen das Plastik herunter, mit dem die Fensteröffnungen abgedeckt sind. Ein kühler Luftzug weht durchs Zimmer. Die Großmutter erwacht und dreht sich zur Seite. »Gott sei gelobt!«, sagt sie, als sie den Regen hört. Wie beim Gebet streicht sie sich mit ihren Handstümpfen übers Gesicht, dreht sich noch mal um und schläft weiter. Die Atemzüge der vier Kinder um sie herum geben ihr das Gefühl von Geborgenheit.

Als Fazil um halb sechs am nächsten Morgen geweckt wird, hat es aufgehört zu regnen und die ersten Sonnenstrahlen fallen über die Anhöhen, die Kabul umgeben. Als er sich mit dem Wasser gewaschen hat, das seine Mutter ihm hingestellt hat, sich angekleidet und seine Sachen zusammengepackt hat, trocknet die Sonne bereits die Pfützen des Nachtregens. Fazil trinkt Tee und frühstückt und rennt dann los. Seiner Mutter gegenüber ist er mürrisch. Er wird wütend, wenn sie nicht schnell genug tut, worum er sie gebeten hat. Er denkt nur an seinen Islamlehrer.

Mariam weiß nicht, was sie ihrem Ältesten Gutes tun kann. Von ihren vier Kindern bekommt er das beste Essen und die meiste Zuwendung. Ständig macht sie sich Sorgen darüber, dass sie Fazil Essen gibt, das für sein Gehirn nicht gut genug ist. Für ihn kauft sie ein neues Kleidungsstück, wenn sie ein seltenes Mal Geld hat. Auf ihn setzt sie all ihre großen Hoffnungen. Sie erinnert sich, wie glücklich sie vor elf Jahren war. In der Ehe mit Karimullah fühlte sie sich wohl. Sie erinnert sich an die Geburt und an die Freude darüber, dass es ein Junge war. Ein großes Fest wurde veranstaltet und sie und ihr Sohn bekamen schöne Geschenke. Sie bekam eine Menge Besuch und man kümmerte sich um sie. Zwei Jahre später bekam sie ein Mädchen. Da war weder von einem Fest noch von Geschenken die Rede.

Mit Karimullah hatte sie nur wenige Jahre. Als Fazil drei war, wurde sein Vater bei einem Schusswechsel getötet. Mariam wurde Witwe und dachte, das Leben sei vorbei. Die einäugige Schwiegermutter und Bibi Gul entschieden daraufhin, dass sie Karimullahs jüngeren Bruder Hazim heiraten sollte. Aber er war nicht wie sein großer Bruder, nicht so tüchtig und nicht so stark. Der Laden, den Karimullah besessen hatte, war während des Bürgerkriegs zerstört worden, und sie mussten von dem leben, was Hazim als Zöllner verdiente.

Aber Fazil wird studieren und ein berühmter Mann werden, hofft sie. Erst fand sie, dass er im Laden ihres Bruders Sultan arbeiten sollte. Sie dachte, dass er in einer Buchhandlung etwas lernen könnte. Sultan hatte sich bereit erklärt, ihn zu verköstigen, und Fazil hatte besseres Essen bekommen als zu Hause bei ihr. An dem Tag, an dem Fazil von Sultan nach Hause geschickt wurde, weinte sie. Sie hatte Angst, er könnte etwas angestellt haben. Sie kannte aber auch Sultans Launen und verstand allmählich, dass er einfach keinen Kistenträger mehr gebraucht hatte.

Da hatte sich ihr kleiner Bruder Yunus erboten, zu versuchen, Fazil an der »Esteqlal«, einer der besten Schulen Kabuls, anzumelden. Fazil hatte Glück und durfte in der vierten Klasse anfangen. Besser hätte es nicht gehen können, dachte Mariam. Mit Entsetzen dachte sie an Fazils gleichaltrigen Cousin Aimal, den Sohn von Sultan, der nur selten die Sonne sah und von frühmorgens bis spätabends in einem von Sultans Läden arbeitete.

Sie tätschelt Fazil den Kopf, bevor er aus dem Haus und auf dem schlammigen Weg davonläuft. Er versucht die Pfützen zu umgehen und springt von einer trockenen Stelle zur nächsten. Fazil muss das ganze Dorf durchqueren, um zur Bushaltestelle zu kommen. Er steigt vorn ein, wo die Männer sitzen, und rumpelt Richtung Kabul.

Im Klassenzimmer ist er einer der Ersten und setzt sich auf seinen Platz in der dritten Reihe. Einer nach dem andern treten die Jungen ein. Die meisten sind dünn und schlecht gekleidet. Sie tragen viel zu große Kleider, die sie wahrscheinlich von älteren Brüdern geerbt haben, eine bunte Mischung von Stilen. Einige haben immer noch die Sachen, die alle Jungen und Männer unter den Taliban tragen mussten. Meist sind die Hosen unten angestückt und mitgewachsen. Andere haben Hosen und Pullover der siebziger Jahre aus Kellern und von Speichern hervorgesucht, die ihre großen Brüder trugen, ehe die Taliban an die Macht kamen. Ein Junge trägt eine Jeans, die an einen Ballon erinnert und von einem Gürtel gehalten wird, andere haben ausgestellte Hosen. Einer trägt viel zu kleine Kleider. Der Bund der Unterhose reicht über seinen zu kurzen Pullover. Bei ein paar Jungen steht der Reißverschluss offen. Da sie lange Hemden getragen haben, seit sie klein waren, fällt es ihnen jetzt schwer, an den ungewohnten Verschlussmechanismus zu denken. Einige besitzen dieselben abgetragenen, karierten Baumwollhemden, die Jungen in russischen Kinderheimen immer tragen. Sie haben auch denselben hungrigen, unsteten Blick. Einer trägt ein zu großes, verschlissenes Jackett, das er bis zu den Ellbogen hochgekrempelt hat.

Die Jungen spielen, rufen durcheinander und werfen Sachen durchs Klassenzimmer. Mit einem schrammenden Geräusch werden die Pulte hin und her geschoben. Als es klingelt und der Lehrer eintritt, sind alle fünfzig Schüler da. Sie sitzen auf hohen Bänken, die an den Pulten festgeschraubt sind. Diese Bänke sind für zwei Schüler gedacht, aber auf vielen sitzen drei, damit alle Platz finden.

Als der Lehrer eintritt, springen alle Schüler auf und grüßen.

»*Salam aleikum!* Heil, Friede mit dir!«

Der Lehrer geht langsam an den Pulten entlang, um zu kontrollieren, dass alle die richtigen Bücher dabei- und ihre Hausaufgaben gemacht haben. Er überprüft ebenfalls, dass Fingernägel, Kleider und Schuhe sauber sind. Auch wenn sie nicht ganz sauber sind, so sollen sie jedenfalls auch nicht ganz schmutzig sein. Sonst geht es sofort wieder nach Hause.

Dann fragt der Lehrer sie ab und an diesem Morgen können alle, die abgefragt werden, ihre Hausaufgaben.

»Dann machen wir weiter«, sagt er. »*Haram*!«, sagt er laut und schreibt das unbekannte Wort an die Tafel. »Weiß jemand, was dieses Wort bedeutet?«

Ein Junge zeigt auf. »Eine schlechte Tat ist *haram*.«

Er hat Recht. »Eine schlechte Tat, die unmoslemisch ist, ist *haram*«, sagt der Lehrer. »Beispielsweise ohne Grund zu töten oder zu strafen. Alkohol zu trinken ist *haram*, Drogen zu nehmen und zu sündigen ist *haram*. Schweinefleisch zu essen ist *haram*. Die Ungläubigen kümmern sich nicht darum, dass etwas *haram* ist. Vieles von dem, was für Moslems *haram* ist, betrachten sie als gut. Das ist schlecht.«

Der Lehrer schaut auf die Klasse. Er malt ein großes Schema über die drei Begriffe *haram*, *halal* und *mubah* an die Tafel. *Haram* ist, was schlecht oder verboten ist, *halal* das Gute und Erlaubte, *mubah* bezeichnet die Zweifelsfälle.

»*Mubah* ist das, was nicht gut, aber auch keine Sünde ist. Beispielsweise Schweinefleisch zu essen, weil man sonst verhungert wäre. Oder zu jagen und zu töten, um zu überleben.«

Die Jungen schreiben eifrig mit. Zum Schluss stellt der Lehrer wie immer Fragen, um zu kontrollieren, ob sie auch alles verstanden haben.

»Wenn ein Mann findet, dass *haram* eine gute Sache ist, was ist er dann?« Keiner weiß die Antwort.

»Ein Ungläubiger«, muss der Islamlehrer schließlich seine Frage selbst beantworten.

»Und ist *haram* gut oder schlecht?«

Jetzt sind fast alle Hände in der Luft. Fazil wagt es aber nicht, aufzuzeigen, er hat eine wahnsinnige Angst, die falsche Antwort zu geben. In seiner dritten Reihe macht er sich so klein wie möglich. Der Lehrer deutet auf einen der Jungen, dieser stellt sich neben sein Pult und antwortet: »Schlecht.«

Das hätte Fazil ebenfalls antworten wollen. Ein Ungläubiger ist schlecht.

Das traurige Zimmer

Aimal ist Sultans jüngster Sohn. Er ist zwölf Jahre alt und hat einen Arbeitstag von zwölf Stunden. Jeden Tag, sieben Tage die Woche, wird er bei Morgengrauen geweckt. Er rollt sich wieder zusammen, bis ihn Leila oder seine Mutter hochzerren. Er wäscht sich sein bleiches Gesicht, zieht sich an, isst mit den Fingern ein Spiegelei, indem er Brotstücke in das Eigelb tunkt, und trinkt Tee.

Punkt acht schließt Aimal die Tür seines kleinen Ladens in der dunklen Lobby eines Hotels in Kabul auf. Hier verkauft er Schokolade, Kekse, Limo und Kaugummi. Er zählt Geld und langweilt sich. Für sich nennt er den Laden immer nur »das traurige Zimmer«. In seinem Herzen tut es jedes Mal einen Stich, wenn er die Tür öffnet. Hier muss er sitzen, bis er abends um acht abgeholt wird. Dann ist es bereits dunkel und er fährt direkt nach Hause, um zu Abend zu essen und zu schlafen.

Direkt vor seiner Tür stehen drei große Bottiche. Vergeblich versucht der Portier, das Wasser aufzusammeln, das von der Decke tropft. Egal wie viele Bottiche er aufstellt, vor Aimals Tür sammeln sich immer große Pfützen und alle Leute machen um die Gefäße und den Laden einen großen Bogen. Oft ist die Lobby dunkel. Tagsüber werden die schweren Gardinen geöffnet, aber das Tageslicht dringt trotzdem nicht in die dunklen Ecken. Abends werden die Lampen angemacht, falls es Strom gibt, sonst stehen große Gaslampen auf dem Empfangstisch.

Als das Hotel in den sechziger Jahren gebaut wurde, war es das modernste in Kabul. Im Foyer drängten sich Männer in eleganten Anzügen und Frauen in kurzen Röcken und mit modernen Frisuren. Es gab Alkohol und westliche Musik wurde gespielt. Sogar der König kam gern hierher, um Leute zu treffen oder zu Abend zu essen.

Die liberalsten Regimes Kabuls prägten die sechziger und siebziger Jahre. Erst unter dem Lebemann Zahir Schah, dann unter seinem Cousin Daoud. Unter diesem herrschte politisch ein raueres Klima. Er füllte die Gefängnisse mit politischen Gefangenen, aber an der Oberfläche war immer noch alles festlich, westlich und modern. In dem Hotel gab es Bars und Nachtclubs. Dann ging es mit dem Hotel bergab, wie es auch mit dem Land bergab ging. Während des Bürgerkriegs wurde das Hotel vollkommen zerstört. Die Zimmer Richtung Stadt wurden von Kugeln durchsiebt, Granaten landeten auf den Balkons und Raketen deckten das Dach ab.

Nach dem Bürgerkrieg, als die Taliban die Macht übernahmen, kamen die Renovierungsarbeiten nicht voran. Die Auslastung war ohnehin sehr schlecht und für die zerstörten Räume hatte niemand Verwendung. Für die herrschenden Mullahs war der Tourismus bedeutungslos, mehr als das, sie wünschten so wenige Ausländer wie möglich im Land. Zimmerdecken stürzten ein und die Korridore waren schief, da das Betongerüst zur Hälfte zerbombt war.

Jetzt will ein neues Regime Kabul seinen Stempel aufdrücken, und Arbeiter haben damit begonnen, die Wände abzudichten und die zerbrochenen Fensterscheiben auszutauschen. Aimal sieht oft zu, wenn sie versuchen, das Dach zu reparieren, oder er geht mit den Elektrikern mit, wenn diese verzweifelt versuchen, das Notstromaggregat in Gang zu bringen, weil eine wichtige Konferenz stattfindet, bei der Mikrofone und Lautsprecher benötigt werden. Die Lobby ist Aimals Spielplatz. Hier kann er in den Pfützen herumrutschen und hier zieht er seine Kreise. Aber das ist auch alles. Wahnsinnig langweilig. Wahnsinnig einsam.

Manchmal redet er an diesem einsamen Ort mit anderen, den Männern, die putzen und fegen, mit den Portiers, den Türstehern, den Sicherheitsleuten, dem einen oder anderen Gast und den anderen Verkäufern. Es kommt nur selten vor, dass einer von ihnen einen Kunden hat. Ein Mann steht hinter einem Ladentisch und verkauft traditionellen afghanischen Schmuck. Auch er steht fast den ganzen Tag dort und langweilt sich. Bei den Hotelgästen ist die Nachfrage nach Schmuck nicht sonderlich groß. Ein anderer verkauft Souvenirs zu überhöhten Preisen. Niemand kauft, zumindest kein zweites Mal.

Viele Ladenfenster sind schmutzig und mit Gardinen oder Pappe bedeckt. »Ariana Airlines« steht auf einem zerbrochenen Schild, die nationale Fluggesellschaft Afghanistans. Früher besaß sie eine große Flotte. Schicke Stewardessen bedienten die Passagiere, die zwischen Whisky und Kognak wählen konnten. Viele Flugzeuge wurden während des Bürgerkriegs zerstört, der Rest musste dran glauben, als die Amerikaner Osama Bin Laden und Mullah Omar jagten. Nur ein Flugzeug entging den Bomben. Das stand am 11. September auf dem Flugplatz von Neu-Delhi. Diese Maschine, die immer noch auf der Strecke Kabul–Neu-Delhi verkehrt, soll Ariana retten, aber sie reicht nicht aus, das Ariana-Büro im Hotel wieder zu eröffnen.

An einem Ende des Foyers liegt das Restaurant mit dem schlechtesten Essen Kabuls, aber mit den nettesten Kellnern. Als sähen sie sich gezwungen, den zerkochten Reis, das trockene Huhn und die faden Möhren zu kompensieren.

Mitten in der Lobby sind ein paar Quadratmeter mit einem niedrigen Geländer aus Holz abgesperrt. Dort liegt ein grüner Teppich. Ständig sieht man dort Gäste, Minister, Hausmeister und Kellner Seite an Seite auf den kleinen Matten, die sie auf dem grünen Teppich ausbreiten. Im Gebet sind alle gleich. Im Keller gibt es einen größeren Gebetsraum, aber die meisten begnügen sich mit ein paar Minuten auf dem grünen Teppich zwischen zwei Sitzgruppen.

Auf einem wackligen Tisch thront ein Fernseher, der ständig läuft. Obwohl er direkt vor Aimals Schokoladenbude steht, schaut dieser nur selten. Kabul TV, Afghanistans einziger Fernsehsender, hat nur selten etwas Interessantes zu berichten. Es gibt eine Menge religiöser Programme, lange Diskussionssendungen, gelegentlich ein paar Nachrichten und eine Menge traditionelle Musik als Begleitung von Standbildern afghanischer Landschaften. Der Sender zeigt neuerdings wieder Nachrichtensprecherinnen, aber keine Sängerinnen und Tänzerinnen. »Die Leute sind noch nicht reif dafür«, meint die Leitung. Manchmal werden polnische oder tschechische Zeichentrickfilme gesendet. Dann ist Aimal sofort da. Aber oft ist er enttäuscht, denn die meisten hat er bereits gesehen.

Vor dem Hotel liegt das, was einmal sein Stolz war: ein Pool. An einem schönen Sommertag wurde er mit Pauken und Trompeten eröffnet und alle Einwohner Kabuls, zumindest die männlichen, wurden in diesem ersten Sommer willkommen geheißen. Das Bassin erlebte jedoch ein unrühmliches Ende. Rasch wurde das Wasser graubraun, denn niemand hatte daran gedacht, eine Filteranlage zu installieren. Als das Wasser zu dreckig war, wurde der Pool geschlossen. Einige meinten sogar, nässende Ausschläge und andere Hautkrankheiten vom Baden bekommen zu haben. Gerüchteweise hieß es, ein paar Leute seien sogar gestorben. Das Wasser wurde abgelassen und nie mehr aufgefüllt.

Jetzt bedeckt eine dicke Staubschicht den hellblauen

Boden, und die vertrockneten Rosenbüsche am Zaun versuchen vergeblich, diese Missgeburt zu verstecken. Direkt daneben liegt ein Tennisplatz, der ebenfalls nicht benutzt wird. Der Tennistrainer steht aber immer noch auf der Telefonliste des Hotels. Aber er hatte Glück, er hat eine andere Arbeit gefunden, denn seine Dienste werden in diesem Frühjahr, in dem in Kabul alles von neuem beginnt, von niemandem verlangt.

Aimals Tage bestehen aus rastlosen Wanderungen zwischen Laden, Restaurant und den verschlissenen Sitzgruppen. Er ist gewissenhaft und hat ein Auge auf den Laden, falls jemand kommen sollte. Früher war sehr viel los und die Waren wurden ihm förmlich aus den Regalen gerissen. Als die Taliban aus der Stadt geflüchtet waren, drängten sich die Journalisten in den Korridoren. Diese hatten monatelang bei den Soldaten der Nordallianz von schimmeligem Reis und grünem Tee gelebt und schlugen sich jetzt den Bauch mit Aimals »Snickers« und »Bountys« voll, die aus Pakistan nach Afghanistan geschmuggelt worden waren. Sie kauften Mineralwasser für drei Dollar die Flasche und kleine runde Camemberts für neun Dollar die Dose und Gläser mit Oliven. Jede Olive kostete ein Vermögen.

Die Journalisten kümmerten sich nicht um die Preise, denn jetzt hatten sie Kabul erobert und die Taliban vertrieben. Sie waren so schmutzig und bärtig wie die Guerillasoldaten, die Frauen waren wie Männer gekleidet und trugen große, dreckige Stiefel. Viele hatten gelbes Haar und hellrosa Haut.

Manchmal schlich sich Aimal hoch aufs Dach, auf dem die Reporter mit Mikrofonen standen und zu großen Kameras sprachen. Dann sahen sie nicht mehr aus wie Guerillasoldaten, sondern hatten sich gewaschen und rasiert. Das Foyer war voller lustiger Typen, die Späße mit ihm machten und sich mit ihm unterhielten. Aimal hatte in Pakistan, wo er den größten Teil seines Lebens als Flüchtling gelebt hatte, etwas Englisch gelernt.

Damals hatte ihn auch niemand gefragt, warum er nicht in der Schule sei. Es gab einfach keine funktionierenden Schulen. Er zählte Dollars, rechnete mit seinem Taschenrechner und träumte davon, ein bedeutender Geschäftsmann zu werden. Damals war auch Fazil mit ihm zusammen und die beiden Jungen folgten mit großen Augen der seltsamen Welt, die das Hotel vereinnahmt hatte, während sie ihre Kasse mit Geld füllten. Nach ein paar kurzen Wochen verschwanden die Journalisten aus dem Hotel, in dem die meisten in Zimmern ohne fließendes Wasser, Strom oder Fenster gewohnt hatten. Der Krieg war vorbei, eine Regierung eingesetzt und Afghanistan nicht mehr interessant.

Als die Journalisten verschwanden, zogen die neuen afghanischen Minister und ihre Sekretäre und Helfer ein. Dunkle Paschtunen mit Turban aus Kandahar, aus dem Exil zurückgekehrte Afghanen in Maßanzügen und frisch rasierte Kriegsherren von den Steppen saßen auf den Sofas in der Lobby. Das Hotel wurde das Zuhause der Leute, die das Land regierten und in Kabul keine Wohnung besaßen. Keiner von ihnen kümmerte sich um Aimal oder kaufte etwas in seinem Laden. »Bounty« kannten sie nicht und Wasser tranken sie aus dem Kran. Es fiel ihnen nicht im Traum ein, Geld für Aimals Importwaren zu verschwenden. Italienische Oliven, »Weetabix« und der französische Camembert, dessen Haltbarkeitsdatum überschritten war, lockten sie nicht.

Nur selten verirrte sich der eine oder andere Journalist zurück nach Afghanistan, in das Hotel und zu Aimals Laden.

»Bist du immer noch hier? Warum bist du nicht in der Schule?«, fragten sie dann.

»Ich gehe nachmittags«, antwortete Aimal, wenn sie ihn morgens fragten.

»Ich gehe vormittags«, sagte er, wenn es schon Nachmittag war.

Er wagte nicht, zuzugeben, dass er wie die Straßenkinder nicht zur Schule ging. Denn Aimal ist ein reicher Junge. Sein Vater ist ein wohlhabender Buchhändler, der sich für Worte und Geschichten begeistert und der große Träume und Pläne für sein Buchimperium hat, aber auch ein Vater, der sich nur auf seine eigenen Söhne verlässt, wenn es um die Leitung seiner Läden geht. Diesem Vater war es nicht wichtig gewesen, seine Söhne anzumelden, als die Schulen nach dem Neujahrsfest zur Tagundnachtgleiche in Kabul wieder geöffnet wurden. Aimal quengelte immer wieder, aber Sultan schärfte ihm ein: »Du wirst Geschäftsmann und das lernst du am besten im Laden.«

Mit jedem Tag wurde Aimal kränker und verdrossener. Er wurde bleich, seine Haut fleckig. Sein Kinderkörper war gebeugt und ohne jede Elastizität. Man nannte ihn nur noch den »traurigen Jungen«. Wenn er nach Hause kam, stritt und prügelte er sich mit seinen Brüdern. Nur so wurde er seine überschüssige Energie los. Aimal beneidete seinen Cousin Fazil, der in die »Esteqlal« reingekommen war, eine Schule, die vom französischen Staat unterstützt wurde. Fazil kam mit Schreibheften, Stiften, Lineal, Zirkel, Spitzer, Flecken auf den Hosen und einer Menge lustiger Geschichten nach Hause.

»Der arme, vaterlose Fazil darf auf die Schule«, beklagte sich Aimal bei seinem ältesten Bruder Mansur. »Aber ich muss zwölf Stunden am Tag arbeiten, obwohl ich einen Vater habe, der alle Bücher der Welt gelesen hat. Das sind jetzt die Jahre, in denen ich Fußball spielen, Freunde haben und herumrennen sollte.«

Mansur war ganz seiner Meinung. Es gefiel ihm nicht, dass Aimal den ganzen Tag in dem dunklen Laden stehen musste. Auch er bat Sultan darum, seinen Jüngsten zur Schule zu schicken.

»Später«, sagt der Vater. »Später, jetzt müssen wir zusammenhalten. Jetzt schaffen wir das Fundament unseres Imperiums.«

Was soll Aimal machen? Weglaufen? Sich weigern, morgens aufzustehen?

Wenn sein Vater weg ist, dann wagt sich Aimal aus der Lobby. Er schließt den Laden ab und geht eine Runde auf dem Parkplatz. Vielleicht trifft er ja dort jemanden, mit dem er sich unterhalten oder Steine durch die Gegend kicken kann. Einmal, als er dort stand, kam ein Brite, der bei einer Hilfsorganisation arbeitete. Er fand plötzlich sein Auto wieder, das in der Zeit der Taliban gestohlen worden war. Er ging ins Hotel, um deswegen nachzufragen. Jetzt gehörte das Auto einem Minister, der ihm beteuerte, er hätte den Wagen ganz legal erworben. Der Brite, der Klage erhoben hatte, kam manchmal in Aimals Laden. Dann fragte Aimal immer, wie er mit seinem Auto weiterkomme.

»Ja, das ist natürlich für immer weg«, erwiderte der Brite. »Neue Räuber ersetzen die alten.«

Nur selten unterbrach etwas die Monotonie, und die Lobby war so voll mit Menschen, dass das Echo seiner Schritte nicht zu hören war, wenn er auf die Toilette schlich. Beispielsweise als der Luftfahrtminister ermordet wurde. Wie alle anderen Minister, die nicht aus Kabul kamen, wohnte Abdur Rahman im Hotel. Während der UN-Konferenz in Bonn nach dem Fall der Taliban, als in aller Eile die neue Regierung Afghanistans bestimmt wurde, hatte er genug Protektion, um einen Ministerposten zu bekommen. »Ein Playboy und Scharlatan«, sagten seine Gegner über ihn.

Das Drama geschah, als tausende Hadschis, Mekkapilger, auf dem Flughafen von Kabul stehen blieben, da sie von einem Reiseunternehmen betrogen worden waren. Dieses hatte Tickets verkauft, ohne dass es Flüge gegeben hätte.

Ariana hatte ein Flugzeug gechartert, das im Pendelverkehr nach Mekka eingesetzt wurde, aber mit dem kam nur der geringste Teil der Pilger mit.

Plötzlich sahen die Pilger eine Ariana-Maschine heranrollen und stürzten vor, um einen Platz zu ergattern. Aber das große Flugzeug war nicht auf dem Weg nach Mekka, sondern sollte den Luftfahrtminister nach Neu-Delhi bringen. Die Hadschis in ihren weißen Kleidern durften nicht an Bord. Rasend schlugen sie die Stewards nieder, rannten die Treppe hoch und in die Maschine. Dort hatte der Minister mit seinen Mitarbeitern bereits Platz genommen. Die Pilger zerrten ihn in den Mittelgang und schlugen ihn tot.

Aimal war der Erste, der von dieser Sache hörte. Die Hotellobby kochte, alle wollten Details wissen. Sollten Pilger einen Minister erschlagen haben? Wer steckte dahinter?

Aimal kam eine Konspirationstheorie nach der anderen zu Ohren. »Ist das der Anfang eines bewaffneten Aufruhrs? Ist das ein ethnisch motivierter Aufstand? Wollen die Tadschiken die Paschtunen umbringen? Handelt es sich um eine persönliche Rache oder doch nur um Pilger, die in Wut geraten sind?«

Plötzlich war es in der Lobby noch schrecklicher. Das Geräusch von Stimmen, die ernsten und erregten Gesichter. Aimal wollte nur noch heulen.

Er ging zurück in das »traurige Zimmer«, setzte sich hinter den Ladentisch und aß ein Snickers. Erst in vier Stunden durfte er nach Hause.

Der Putzmann kam, fegte den Fußboden und leerte den Papierkorb.

»Du siehst traurig aus, Aimal.«

»Djigar chun«, sagte Aimal. Mein Herz blutet, heißt das auf Persisch und ist ein Ausdruck tiefster Trauer.

»Hast du ihn gekannt?«

»Wen?«

»Den Minister.«

»Nein«, antwortete Aimal, »oder doch, ein wenig.«

Es war besser, dass sein Herz für den Minister blutete als für seine eigene verlorene Kindheit.

Der Tischler

Mansur kommt ganz außer Atem in den Laden seines Vaters. In der Hand hält er ein kleines Paket.

»Zweihundert Ansichtskarten!«, keucht er. »Er hat versucht, zweihundert Ansichtskarten zu stehlen!«

Mansur hat Schweißperlen im Gesicht. Er ist die letzten Meter gerannt.

»Wer?«, fragt sein Vater. Er legt den Taschenrechner vor sich auf den Tisch, schreibt eine Zahl ins Kassenbuch und sieht seinen Sohn an.

»Der Tischler!«

»Der Tischler?«, fragt sein Vater erstaunt. »Bist du dir sicher?«

So stolz, als hätte er das Geschäft seines Vaters vor einer gefährlichen Mafiabande gerettet, überreicht ihm sein Sohn den braunen Umschlag. »Zweihundert Ansichtskarten«, sagt er erneut. »Als er gehen wollte, fand ich, dass sein Gesicht etwas seltsam aussieht. Aber schließlich war auch sein letzter Tag, also dachte ich, es sei deswegen. Er fragte, ob es noch mehr für ihn zu tun gebe, dass er Arbeit bräuchte. Ich sagte, dass ich dich fragen wolle. Die Regale waren schließlich fertig. Da entdeckte ich etwas in seiner Westentasche. ›Was ist das?‹, frage ich. – ›Was?‹, sagt er und sieht vollkommen verstört aus. – ›In der Tasche‹, sage ich. – ›Das ist was, was ich dabeihatte‹, antwortet er. – ›Zeig mir das‹, sage ich. Er weigerte sich. Zum Schluss zog ich ihm das Paket aus der Tasche. Hier ist es! Er hat versucht, Ansichtskarten von uns zu stehlen! Aber das geht nicht, denn ich passe auf!«

Mansur hat die Geschichte ausgeschmückt. Er war wie immer dagesessen und döste vor sich hin, als Jalaluddin gehen wollte. Abdur, die Einräumhilfe, erwischte den Tischler. Abdur hatte gesehen, wie er die Karten nahm. »Willst du Mansur nicht zeigen, was du in der Tasche hast?«, hatte er gesagt. Jalaluddin war einfach weitergegangen.

Die Einräumhilfe war ein armer Hasara, die ethnische Gruppe, die in der Rangordnung Kabuls ganz unten steht. Er sagte nur selten etwas. »Zeig Mansur deine Taschen!«, rief er dem Tischler hinterher. Erst da hatte Mansur reagiert und die Ansichtskarten aus Jalaluddins Tasche gezogen. Jetzt steht er da und wartet ungeduldig auf ein Lob seines Vaters.

Aber Sultan sieht den Packen nur gelassen durch und sagt: »Hm. Wo ist er jetzt?«

»Ich habe ihn nach Hause geschickt, aber habe gesagt, dass er nicht billig davonkommen wird!«

Sultan steht schweigend da. Er erinnert sich, wie der Tischler zu ihm in den Laden kam. Sie waren aus demselben Dorf und früher fast Nachbarn gewesen. Jalaluddin war, wie schon als Junge, dünn wie eine Bohnenstange mit großen, furchtsamen, hervortretenden Augen. Vielleicht war er noch schmaler als früher und außerdem gebeugt, obwohl er erst vierzig war. Er stammte aus einer armen, aber angesehenen Familie. Sein Vater war ebenfalls Tischler gewesen, ehe er sich vor einigen Jahren eine Verletzung der Augen zugezogen hatte, derentwegen er nicht mehr arbeiten konnte.

Sultan hatte sich gefreut, ihm einen Auftrag geben zu können. Jalaluddin war geschickt und Sultan brauchte neue

Regale. Bisher hatte er normale Regale in seinen Läden gehabt, in denen die Bücher so standen, dass man die Titel auf den Rücken lesen konnte. Die Regale bedeckten die Wände und außerdem gab es Regale in der Mitte des Ladens. Jetzt wollte er Regale, in denen er die Bücher ausstellen konnte. Inzwischen hatte er so viele Titel drucken lassen, dass er Regale mit einer Leiste davor brauchte, damit auch das Cover zu sehen war. Dann würde es bei ihm im Laden aussehen wie im Westen. Sie einigten sich auf einen Lohn von drei Euro am Tag und am nächsten Tag erschien Jalaluddin mit Hammer, Säge, Zollstock, Nägeln und den ersten Brettern.

Das Lager hinter dem Laden wurde zur Tischlerwerkstatt. Jeden Tag hämmerte Jalaluddin umgeben von Regalen mit Ansichtskarten. Diese Karten stellten Sultans größte Einnahmequelle dar. Er ließ sie billig in Pakistan drucken und verkaufte sie teuer in Kabul. In der Regel nahm Sultan Motive, die ihm gefielen, ohne sich um die Fotografen oder Zeichner zu kümmern. Fand er irgendwo ein Bild, nahm er es mit nach Pakistan und ließ es nachdrucken. Einige Fotografen hatten ihm auch ihre Bilder gegeben, ohne Geld zu verlangen. Die Ansichtskarten verkauften sich gut. Die größte Käufergruppe waren die Soldaten der internationalen Friedenstruppe. Wenn sie durch Kabul patrouillierten, blieben sie gern vor Sultans Laden stehen und kauften Karten. Karten von Frauen in Burkha, Kindern, die auf Panzern spielten, Königinnen vergangener Zeiten mit gewagten Kleidern, von den Bamiyan-Buddhas vor und nach der Sprengung durch die Taliban, von Buzkashi-Pferden, Kindern in Volkstrachten, wilden Landschaften und von Kabul früher und heute. Sultan suchte die Motive mit Geschick aus und die Soldaten verließen den Laden häufig jeder mit zehn Karten.

Jalaluddins Lohn entsprach genau dem Preis von neun Ansichtskarten pro Tag. Im Hinterzimmer lagen sie bündel- und stapelweise, von jedem Motiv hundert. In Tüten und ohne Tüten, mit einem Gummiband zusammengehalten, in Kisten und Schächtelchen und in Regalen.

»Zweihundert sagst du.« Sultan dachte nach. »Glaubst du, das war das erste Mal?«

»Weiß nicht. Er sagte, er hätte sie bezahlen wollen, hätte es aber vergessen.«

»Das glaubt er doch selbst nicht.«

»Jemand muss ihn gebeten haben, sie zu stehlen«, konstatierte Mansur. »Um diese Karten selbst weiterzuverkaufen, ist er nicht schlau genug. Und vermutlich hat er sie nicht gestohlen, um sie an die Wand zu hängen«, meinte er. Kaum jemand lässt sich einfacher verhöhnen als ein ertappter Dieb.

Sultan fluchte. Dafür hatte er keine Zeit. In zwei Tagen wollte er zum ersten Mal seit vielen Jahren in den Iran reisen. Vorher musste er noch viel erledigen, aber um diese Sache musste er sich jetzt zuerst kümmern. Niemand sollte ihn ungestraft bestehlen können.

»Kümmer du dich um den Laden, dann fahr ich zu ihm nach Hause. Dieser Sache müssen wir auf den Grund gehen. Er nahm Rasul mit, der den Tischler gut kannte. Sie fuhren nach Deh Khudaidad.

Eine Staubwolke folgte ihnen durch das Dorf, bis sie zu dem Weg kamen, der zu Jalaluddins Haus führte. »Denk dran, niemand darf davon erfahren. Es ist unnötig, seine Familie dieser Schmach auszusetzen«, sagte Sultan zu Rasul.

Vor dem Krämer an der Ecke, an der der Weg abzweigte, stand eine Gruppe Männer, auch Jalaluddins Vater Faiz. Er lächelte sie an, drückte Sultan die Hand und umarmte ihn. »Kommt doch auf einen Tee rein«, lud er sie herzlich ein, von den gestohlenen Ansichtskarten wusste er offenbar noch nichts. Die anderen Männer wollten auch gern ein paar Worte mit Sultan, der es zu etwas gebracht hatte, wechseln.

»Wir wollten nur mit deinem Sohn sprechen«, sagte Sultan. »Kannst du ihn holen?«

Der alte Mann ging weg. Seinen Sohn zwei Schritte hinter sich, kam er zurück. Mit unstetem Blick schaute Jalaluddin Sultan an.

»Wir brauchen dich im Laden, kannst du mitkommen?«, fragte Sultan. Jalaluddin nickte.

»Dann müsst ihr ein andermal zum Teetrinken vorbeikommen!«, rief sein Vater hinter ihnen her.

»Du weißt, worum es geht«, sagt Sultan trocken, als sie beide auf dem Rücksitz sitzen und Rasul aus dem Dorf fährt. Sie sind auf dem Weg zu Wakils Bruder Mirdzjan, einem Polizisten.

»Ich wollte sie nur anschauen. Ich hätte sie zurückgegeben. Ich wollte sie meinen Kindern zeigen. Sie waren so schön.«

Der Tischler sitzt zusammengekrümmt mit heruntergezogenen Schultern auf dem Rücksitz, als versuche er, so wenig Platz wie möglich einzunehmen. Die Hände hat er gefaltet. Manchmal bohrt er die Fingernägel in die Knöchel. Wenn er spricht, sieht er Sultan rasch und nervös an und erinnert dann an ein verängstigtes, struppiges Hühnchen. Sultan sitzt bequem und behäbig zurückgelehnt neben ihm und fragt ihn aus.

»Ich muss wissen, wie viele Ansichtskarten du genommen hast.«

»Nur die, die ihr gesehen habt ...«

»Das glaube ich nicht.«

»Aber das ist wahr.«

»Wenn du nicht zugibst, dass du mehr genommen hast, zeige ich dich bei der Polizei an.«

Der Tischler packt Sultans Hand und bedeckt sie mit Küssen. Sultan entreißt sie ihm.

»Hör schon auf! Benimm dich nicht wie ein Idiot!«

»Bei Allah, auf Ehre und Gewissen, ich habe nicht noch mehr genommen! Ich will nicht ins Gefängnis, hab Erbarmen, ich zahle alles zurück. Ich bin ein ehrlicher Mann, verzeih mir, ich war dumm, vergib mir. Ich habe sieben kleine Kinder, zwei der Mädchen haben Kinderlähmung. Meine Frau erwartet das nächste Kind und wir haben nichts zu essen. Meine Kinder werden immer schwächer. Meine Frau weint jeden Tag, weil mein Verdienst nicht für Essen für alle reicht. Wir essen nur Kartoffeln und gekochtes Gemüse, nicht mal Reis können wir uns leisten. Meine Mutter geht zu den Krankenhäusern und Restaurants und kauft Reste. Manchmal bleibt dort gekochter Reis übrig. Manchmal verkaufen sie ihre Reste auf dem Markt. Die letzten Tage hatten wir nicht einmal Brot. Außerdem muss ich noch die fünf Kinder meiner Schwester durchbringen, ihr Mann hat keine Arbeit und es wohnen bei uns noch meine alte Mutter, mein Vater und meine Großmutter.«

»Du hast die Wahl. Gib zu, dass du noch mehr genommen hast, und du musst nicht ins Gefängnis«, sagt Sultan.

Das Gespräch bewegt sich im Kreis, der Tischler beklagt sich über seine Armut und Sultan verlangt, dass er einen größeren Diebstahl zugibt und außerdem verrät, an wen er die Karten verkauft hat.

Sie fahren durch Kabul und wieder aufs Land. Rasul chauffiert sie durch ungeteerte Straßen und an dahineilenden Menschen vorbei, die noch vor dem Einbruch der Dunkelheit nach Hause wollen. Einige streunende Hunde prügeln sich um einen Knochen. Die Kinder sind barfuß. Ein Mann nimmt seine mit Burkha bekleidete Frau auf dem Fahrrad mit. Sie sitzt seitlich auf dem Gepäckträger. Ein alter Mann in Sandalen müht sich mit einer Karre Orangen ab. Er versinkt in den tiefen Fahrrillen, die bei den Wolkenbrüchen der letzten Tage entstanden sind. Die festgetretene Erde des Wegs hat sich in eine Rinne aus Dreck, Essensresten und Tierabfällen verwandelt, die der Regen aus allen Gassen und von allen Wegrändern herangespült hat.

Rasul hält vor einem Tor. Sultan bittet ihn, auszusteigen

und zu klopfen. Mirdzjan öffnet, begrüßt alle freundlich und bittet sie nach oben.

Die Männer gehen die Treppe hoch. Das Rascheln von Stoff ist zu hören. Die Frauen des Hauses verstecken sich. Ein paar stehen hinter Türen, die einen Spalt offen sind, andere hinter einem Vorhang. Ein junges Mädchen schaut hervor, um zu sehen, wer so spät noch kommt. Nur die Männer der Familie dürfen sie sehen. Die ältesten Jungen servieren den Tee, den die Schwestern und die Mutter in der Küche gekocht haben.

»Und?«, sagt Mirdzjan. Er sitzt im traditionellen Hemd mit dazugehörigen weiten Hosen im Schneidersitz, der Tracht, die die Taliban allen aufzwangen. Mirdzjan liebt diese Kleider. Er ist klein und rund und fühlt sich in dem weiten Gewand wohl. Jetzt ist er jedoch gezwungen, Sachen zu tragen, die ihm überhaupt nicht gefallen, die alte afghanische Polizeiuniform, die die Polizei vor den Taliban benutzte. Nach fünf Jahren im Schrank ist sie zu eng. Außerdem ist sie zu warm. Nur die Winteruniform aus schwerem Loden hat die Lagerung überlebt. Die Uniform ist nach russischem Vorbild geschneidert und besser für Sibirien als Kabul geeignet. In diesen Frühsommertagen, in denen es oft zwanzig bis dreißig Grad warm wird, schwitzt Mirdzjan außerordentlich.

Sultan erklärt ihm die Sache kurz. Wie bei einem Verhör lässt Mirdzjan sie nacheinander eine Aussage machen. Sultan sitzt neben ihm, Jalaluddin gegenüber. Er nickt verständnisvoll und gibt sich milde. Er bietet Sultan und Jalaluddin Tee und Sahnebonbons an und diese reden aneinander vorbei.

»Das ist in deinem Interesse, die Sache hier zu lösen, statt mit ihr zur richtigen Polizei zu gehen«, sagt Mirdzjan.

Jalaluddin schaut zu Boden, windet seine Hände und bringt schließlich stotternd ein Geständnis vor, nicht an Sultan gewandt, sondern an Mirdzjan: »Vielleicht habe ich fünfhundert genommen. Aber alle habe ich zu Hause liegen. Ihr bekommt sie zurück. Ich habe sie nicht angefasst.«

»Na also«, sagt der Polizist.

Aber Sultan genügt das Geständnis des Tischlers nicht. »Ich bin mir sicher, dass du noch viel mehr genommen hast. Nun sag schon! An wen hast du sie verkauft?«

»Es ist besser, gleich alles zu gestehen«, sagt Mirdzjan. »Wenn es ein Polizeiverhör gibt, dann sieht das ganz anders aus, ohne Tee und Sahnebonbons«, sagt er kryptisch und sieht Jalaluddin durchdringend an.

»Aber das ist die Wahrheit. Ich habe sie nicht weiterverkauft. Bei Allah, ich schwöre!«, sagt er und sieht von einem zum anderen. Sultan besteht darauf, die Worte werden noch einmal wiederholt, dann es ist Zeit, zu gehen. Die Ausgangssperre um zehn Uhr nähert sich und Sultan muss den Tischler noch nach Hause bringen, ehe er selbst nach Mikrorayon fährt. Wer nach der Ausgangssperre noch herumfährt, wird festgenommen. Es sind sogar schon Leute erschossen worden, weil sich Soldaten von den vorbeifahrenden Autos bedroht fühlten.

Schweigend sitzen sie im Auto. Inständig bittet Rasul den Tischler darum, die ganze Wahrheit zu sagen. »Sonst wirst du mit dieser Sache nie fertig, Jalaluddin«, sagt er. Als sie angekommen sind, geht der Tischler ins Haus, um die Ansichtskarten zu holen. Rasch tritt er mit einem kleinen Bündel wieder ins Freie. Die Karten liegen in einem orange und grün gemusterten Tuch. Sultan packt sie aus und schaut die Bilder bewundernd an, die jetzt wieder bei ihrem rechtmäßigen Besitzer sind und wieder in ihre Regal können. Aber erst braucht er sie als Beweis. Rasul fährt Sultan nach Hause. Niedergeschlagen bleibt der Tischler an der Ecke zurück, von der der Weg zu seinem Haus hochführt.

480 Ansichtskarten. Eqbal und Aimal sitzen auf ihren Matten und zählen. Sultan überlegt, wie viele der Tischler genommen haben könnte. Die Karten haben verschiedene

Motive. Im Hinterzimmer liegen sie in Paketen mit jeweils hundert Stück. »Falls ganze Pakete fehlen, ist es schwer zu kontrollieren, aber falls ein Dutzend Karten aus mehreren Paketen fehlen, hat er vielleicht nur einige geöffnet und immer nur ein paar genommen«, überlegt Sultan. »Morgen müssen wir nachzählen.«

Am nächsten Morgen, während sie noch zählen, steht der Tischler plötzlich in der Tür. Er ist noch gebeugter als am Vortag. Plötzlich stürzt er auf Sultan zu und küsst ihm die Füße. Sultan zieht ihn hoch und faucht: »Nimm dich zusammen, Mann! Ich verbitte mir deine Unterwürfigkeit!«

»Vergib mir, vergib mir, ich zahle alles zurück, ich zahle alles zurück, aber meine Kinder zu Hause hungern«, sagt der Tischler.

»Ich sage dasselbe wie gestern. Ich brauche dein Geld nicht, aber ich will wissen, an wen du verkauft hast. Wie viele hast du genommen?«

Jalaluddins alter Vater Faiz ist ebenfalls mitgekommen. Er will ebenfalls niederknien und Sultan die Füße küssen. Aber Sultan zieht ihn hoch, ehe er noch den Boden erreicht. Es gehört sich nicht, dass ihm jemand die Schuhe küsst, am allerwenigsten ein alter Nachbar.

»Du sollst wissen, dass ich ihn die ganze Nacht geprügelt habe. Ich schäme mich so. Ich habe ihn immer so erzogen, dass er ein ehrlicher Arbeiter wird, und jetzt das! Jetzt habe ich einen Dieb als Sohn«, sagt er und sieht seinen Sohn finster an, der zitternd in der Ecke steht. Der Tischler mit dem krummen Rücken sieht aus wie ein Junge, der gestohlen und gelogen hat und jetzt Prügel bekommen soll.

Ruhig erzählt Sultan dem Vater, was vorgefallen ist, dass Jalaluddin die Ansichtskarten mit nach Hause genommen habe und dass er jetzt wissen müsse, wie viele er genommen und an wen er sie verkauft habe.

»Gib mir einen Tag Zeit, dann habe ich ihn so weit, dass

er gesteht, falls es mehr zu gestehen gibt«, bittet Faiz. Die Nähte seiner Schuhe sind an mehreren Stellen aus dem Leim. Er trägt keine Socken und seine Hose wird von einem Stück Schnur gehalten. Die Ellenbogen seiner Jacke glänzen. Er hat dasselbe Gesicht wie sein Sohn, nur dunkler, kompakter und hohlwangiger. Beide sind schmal und dünn. Ratlos steht der Vater vor Sultan. Dieser weiß ebenfalls nicht, was er tun soll. Der alte Mann macht ihn verlegen. Er könnte sein Vater sein.

Endlich bewegt sich Faiz. Festen Schritts geht er auf seinen Sohn zu, der vor einem Regal steht. Dann reißt er blitzartig den Arm hoch. Mitten im Laden verprügelt er seinen Sohn. »Du Nichtsnutz, Diebsgesindel, du bist eine Schande für deine Familie, du hättest nie zur Welt kommen sollen, du bist ein Verlierer, ein Schurke!«, schreit sein Vater und tritt und schlägt. Er stößt seinem Sohn das Knie in den Bauch, tritt ihn vor den Oberschenkel und prügelt auf seinen Rücken ein. Jalaluddin nimmt die Schläge einfach hin. Er steht gebeugt da und schützt die Brust mit den Armen, während sein Vater auf ihn eindrischt. Zum Schluss reißt er sich los und läuft aus dem Laden. Drei lange Schritte bis zur Tür, die Treppe hinunter und auf die Straße.

Auf dem Boden liegt Faiz' Schafsfellmütze, die ihm beim Kampf runtergefallen ist. Er hebt sie auf, klopft den Staub ab und setzt sie auf. Er richtet sich auf, verabschiedet sich von Sultan und geht nach draußen. Durchs Fenster sieht Sultan, wie er mühevoll auf sein altes Fahrrad steigt, nach rechts und links schaut und steif und langsam in sein Dorf zurückradelt.

Als sich der Staub nach diesem peinlichen Auftritt gelegt hat, rechnet Sultan unbeeindruckt weiter. »Er hat hier vierzig Tage gearbeitet. Lass uns einmal davon ausgehen, dass er jeden Tag zweihundert Karten mitgenommen hat, dann sind das achttausend. Ich bin mir sicher, dass er mindestens achttausend Ansichtskarten gestohlen hat«, sagt er und schaut Mansur an, der nur die Achseln zuckt. Er fand es eine Qual, zuzuschauen, wie der Tischler, der Ärmste, von seinem Vater verprügelt wurde. Ansichtskarten sind Mansur scheißegal. Er findet, man sollte die ganze Sache vergessen, jetzt, wo sie alle Karten zurückbekommen haben. »Er ist nicht schlau genug, die Karten weiterzuverkaufen, vergiss es«, bittet er.

»Es kann ein Diebstahl auf Bestellung gewesen sein. Du weißt schon, all die Kioskbesitzer, die bei uns Karten gekauft haben, die waren schon lang nicht mehr hier. Ich dachte, sie haben noch genug, aber siehst du, sie haben billige Karten beim Tischler gekauft. Und der war so dumm, sie wahnsinnig billig zu verkaufen. Was glaubst du?«

Mansur zuckt wiederum mit den Achseln. Er kennt seinen Vater und ihm ist klar, dass er dieser Sache auf den Grund gehen will. Ihm ist ebenfalls klar, dass ihm diese Aufgabe zufallen wird, denn sein Vater fährt in den Iran und bleibt einen Monat lang dort.

»Wie wäre es, wenn du mit Mirdzjan ein paar Nachforschungen anstellst, während ich weg bin? Dann kommt die Wahrheit schon ans Licht. Niemand bestiehlt Sultan«, sagt er mit starrem Blick. »Er hätte mein Geschäft ruinieren können«, meint er. »Stell dir vor, er stiehlt tausende Ansichtskarten, die er dann an die Kioske und Buchhandlungen in ganz Kabul verkauft. Die bieten sie dann viel billiger an als ich. Dann gehen die Leute dorthin statt zu mir. Ich verliere alle Soldaten, die Ansichtskarten kaufen, als Kunden und dazu alle, die auch noch Bücher kaufen. Dann heißt es, ich sei teurer als die anderen. Zum Schluss wäre ich womöglich Konkurs gegangen.«

Nur mit halbem Ohr hört sich Mansur die Untergangstheorien seines Vaters an. Er ist wütend und verärgert, dass er noch etwas zusätzlich zu erledigen hat, während sein Vater weg ist. Nicht nur, dass er alle Bücher registrieren und ständig neue Kisten mit Büchern abholen muss, die von den

Druckereien in Pakistan kommen, von dem Papierkram, den eine Buchhandlung in Kabul mit sich bringt, dem Herumkutschieren seiner Brüder und Betreuen seiner eigenen Buchhandlung ganz zu schweigen, jetzt soll er sich auch noch als polizeilicher Ermittler betätigen.

»Ich kümmer mich drum«, sagt er kurz. Etwas anderes kann er auch gar nicht antworten.

»Sei nicht weich, sei nicht weich« ist das Letzte, was Sultan zu ihm sagt, ehe er die Maschine nach Teheran besteigt.

Als sein Vater weg ist, vergisst Mansur die ganze Sache. Seine fromme Periode nach der Wallfahrt hat er schon längst wieder hinter sich. Sie dauerte gerade mal eine Woche. Es gab ihm nichts, fünfmal am Tag zu beten. Der Bart begann zu jucken und alle sagten, er sehe ungepflegt aus. In dem weiten Hemd fühlte er sich ebenfalls nicht wohl. Wenn es mir nicht gelingt, die erlaubten Gedanken zu denken, kann ich auch gleich den Rest bleiben lassen, sagte er sich und gab die Gottesfürchtigkeit genauso schnell auf, wie er sie angenommen hatte. Die Wallfahrt nach Mazar war nichts anderes gewesen als eine Ferienreise.

Am ersten Abend, an dem sein Vater fort war, plante er ein Fest mit zwei Freunden. Sie hatten usbekischen Wodka, armenischen Kognak und Rotwein zu enormen Preisen auf dem Schwarzmarkt erstanden. »Das ist das Beste, was es gibt, alles hat vierzig Prozent, ja der Wein hat sogar zweiundvierzig«, sagte der Händler. Die Jungen bezahlten vierzig Dollar pro Flasche. Sie wussten nicht, dass der Händler aus den zwölf Prozent auf dem französischen Tischwein mit ein paar dünnen Strichen eine Zweiundvierzig gemacht hatte. Der Alkoholgehalt war wichtig. Die meisten Kunden waren Jungen, die sich, dem strengen Blick der Eltern entronnen, betrinken wollten.

Mansur hatte noch nie Alkohol getrunken, da das mit

das Verbotenste im Islam ist. Am frühen Abend begannen die beiden Freunde Mansurs zu trinken. Sie mischten Kognak und Wodka in einem Glas und nach einigen solchen Drinks schwankten sie in dem düsteren Hotelzimmer herum, das sie gemietet hatten, damit ihre Eltern sie nicht sehen würden. Mansur war noch nicht da, weil er seine kleinen Brüder erst noch nach Hause fahren musste. Als er kam, wollten seine Freunde gerade vom Balkon springen. Dann liefen sie davon und übergaben sich.

Mansur überlegte es sich anders. Alkohol interessierte ihn doch nicht. Wenn einem so übel wurde, wenn man trank, konnte er es genauso gut lassen.

Alkoholismus ist in Afghanistan ein wenig verbreitetes Problem. Kaum jemand riskiert, Alkohol ins Land zu schmuggeln, und die kostbaren Flaschen werden sehr diskret nur im Hinterzimmer verkauft. So war es nicht immer. Während der Regierung des liberalen Zahir Schah konnte man in Restaurants und Bars einen Drink bestellen und während der sowjetischen Okkupation strömte Wodka ins Land, den die Soldaten billig verscherbelten. Dann kamen der Bürgerkrieg und die Mudschaheddin, und die Islamisten führten strenge Strafen für den Kauf, Verkauf und Verzehr von Alkohol ein. Die Taliban verschärften diese Strafen noch.

Die beiden älteren Jungen lallten und schmiedeten finstere Pläne. Es gab ein japanisches Mädchen, das sie mochten, eine hübsche, junge Journalistin. Sie überlegten sich, ob sie sie nicht auf ihr Zimmer einladen sollten, da sie im selben Hotel wohnte. Doch ihr passte es gerade nicht. Aber einer von ihnen hatte einen heimtückischen Plan. Ein Jahr lang hatte er in der Apotheke seines Vaters gearbeitet. Als er dort aufgehört hatte, hatte er eine Menge Medikamente mitgehen lassen. Er suchte ein Betäubungsmittel hervor. »Wir können sie einladen, wenn wir nüchtern sind. Dann tun wir das hier in ihren Drink, und wenn sie eingeschlafen ist, können wir mit ihr schlafen, ohne dass sie das merkt!« Den anderen beiden gefiel die Idee. »Das dürfen wir nicht vergessen. Das müssen wir wirklich mal machen«, sagten sie.

Zu Hause bei Jalaluddin kann niemand schlafen. Die Kinder liegen auf dem Boden und weinen leise. Die letzten vierundzwanzig Stunden waren das Schlimmste, was sie je erlebt haben: zuzuschauen, wie ihr freundlicher Vater vom Großvater verprügelt und Dieb geschimpft wird. Als würde das Leben auf den Kopf gestellt. Auf dem Hof geht Jalaluddins Vater hin und her. »Dass ich nur so einen Sohn bekommen konnte, der Schande über die ganze Familie bringt! Was habe ich nur falsch gemacht?«

Der älteste Sohn, das Diebsgesindel, sitzt auf einer Matte in dem einen Zimmer. Er kann nicht liegen, denn sein Rücken ist voll roter Striemen, seit ihn sein Vater mit einem dicken Ast verprügelt hat. Beide waren sie nach den Schlägen in der Buchhandlung nach Hause zurückgekehrt. Der Vater auf dem Fahrrad vorweg, dahinter der Sohn zu Fuß. Der Vater hatte einfach dort weitergemacht, wo er im Laden aufgehört hatte, und sein Sohn hatte keinen Widerstand geleistet. Während es Schläge auf seinen Rücken und Schimpfworte hagelte, hatte die Familie entsetzt zugeschaut. Die Frauen versuchten die Kinder wegzuschaffen, aber es gab keinen anderen Ort, an den sie hätten gehen können.

Das Haus lag um einen Innenhof herum, dessen eine Mauer auf den Weg ging, der draußen vorbeiführte. Vor zwei Mauern war ein Absatz und hinter diesem lagen die Zimmer mit großen Fenstern, die mit Plastikfolie abgedeckt waren. Eines für den Tischler, seine Frau und ihre sieben Kinder, eines für die Mutter, den Vater und die Großmutter, eines für die Schwester und ihren Mann mit ihren fünf Kindern, ein Esszimmer und eine Küche mit einem in die

Erde gemauerten Ofen, einem Petroleumkocher und ein paar Wandbrettern.

Die Matten, auf denen sich die Kinder des Tischlers zusammenkauerten, waren ein Sammelsurium aus Lumpen und Stoffresten. An einigen Stellen lagen Pappe, Plastikfolie oder alte Säcke. Die zwei Mädchen mit Kinderlähmung hatten den einen Fuß geschient und eine Krücke neben sich liegen. Zwei andere hatten hässlichen Ausschlag am ganzen Körper mit blutigem Schorf, den sie immer wieder aufkratzten.

Erst als Mansurs Freunde zweimal aufgestanden waren und sich übergeben hatten, schliefen die Kinder der Tischlerfamilie am anderen Ende der Stadt ein.

Als Mansur erwachte, übermannte ihn ein berauschendes Freiheitsgefühl. Er war frei! Sultan war weg. Der Tischler war vergessen. Mansur setzte die Sonnenbrille aus Mazar auf und raste mit hundert durch die Straßen Kabuls und an bepackten Eseln, schmutzigen Ziegen, Bettlern und durchtrainierten Soldaten aus Deutschland vorbei. Er zeigte den Deutschen den Finger und rumpelte durch die unzähligen Schlaglöcher. Er schimpfte und fluchte und die Fußgänger sprangen auf die Seite. Mansur ließ ein Viertel nach dem anderen von Kabuls verwirrendem Mosaik aus durchlöcherten Ruinen und baufälligen Häusern hinter sich.

»Er muss Verantwortung übernehmen, das ist gut für seinen Charakter«, hatte Sultan gesagt. Mansur schneidet Grimassen. Von jetzt an muss Rasul Kisten holen und Nachrichten überbringen. Bis sein Vater nach Hause kommt, will er nur noch seinen Spaß haben. Abgesehen vom Fahrdienst jeden Morgen, damit seine Brüder ihn nicht verpfeifen können, will er überhaupt nichts mehr machen. Sein Vater ist der Einzige, vor dem Mansur Angst hat. Er wagt es nie, sich gegen Sultan aufzulehnen. Er ist der Einzige, den er respektiert, jedenfalls solange er ihm gegenübersteht.

Mansurs Ziel ist es, Mädchen kennen zu lernen. In Kabul ist das nicht leicht, da die meisten Familien ihre Töchter wie einen Goldschatz bewachen. Er hat eine geniale Idee und belegt einen Englischkurs für Anfänger. Nach den Schuljahren in Pakistan ist Mansur gut in Englisch, aber er denkt, dass in den Anfängerklassen die jüngsten und hübschesten Mädchen sitzen. Da irrt er nicht. Nach der ersten Stunde hat er bereits eine ins Auge gefasst. Vorsichtig versucht er, sich mit ihr zu unterhalten. Einmal darf er sie sogar nach Hause fahren. Er bittet sie, in den Laden zu kommen, aber sie kommt nie. Er sieht sie nur in der Stunde. Er kauft ein Handy, damit sie telefonieren können, und er zeigt ihr, wie man es auf Vibrieren statt auf Klingeln stellt, damit niemand von ihrer Familie merkt, dass sie es hat. Er verspricht ihr die Ehe und schöne Geschenke. Einmal erzählt er ihr, dass er sie nicht treffen kann, weil er einen ausländischen Freund seines Vaters durch die Gegend fahren muss. Das erfindet er, um sich wichtig zu machen. Am selben Nachmittag sieht sie ihn, wie er ein anderes Mädchen durch die Gegend fährt. Da gibt es keine Gnade. Sie nennt ihn einen Schurken und Taugenichts und sagt, dass sie ihn nie mehr sehen wolle. Sie kommt nie mehr in den Unterricht. Mansur weiß auch nicht, wo er sie suchen soll, da er ihre Adresse nicht kennt. Ans Telefon geht sie auch nicht mehr. Sie fehlt ihm, aber hauptsächlich tut sie ihm Leid, weil sie den Kurs abgebrochen hat, obwohl sie so gern Englisch lernen wollte.

Die Englischschülerin ist schnell vergessen, denn in Mansurs Leben ist in diesem Frühjahr nichts ewig und nichts echt. Einmal wird er auf ein Fest am Stadtrand eingeladen. Einige Bekannte von ihm mieten ein Haus, während der Besitzer im Garten Wache hält.

»Wir haben getrocknete Skorpione geraucht«, erzählt Mansur einem Freund am nächsten Tag begeistert. »Wir haben sie zerkrümelt und mit Tabak gemischt. Wir wurden wahnsinnig high. Auch etwas wütend. Ich schlief als Letzter ein. Super Fest«, prahlt Mansur.

Der Putzmann Abdur hat gemerkt, dass Mansur auf Mädchenjagd ist, und bietet ihm an, ihn mit einer Verwandten bekannt zu machen. Am nächsten Tag sitzt ein Hasara-Mädchen mit schrägen Augen auf dem Sofa im Laden. Aber noch ehe Mansur mit ihr näher bekannt werden kann, erreicht ihn die Nachricht seines Vaters, er komme am nächsten Tag nach Hause. Augenblicklich erwacht Mansur aus seinem Rausch. Nichts von dem, worum sein Vater ihn gebeten hatte, hat er erledigt, die Bücher nicht registriert, das Hinterzimmer nicht aufgeräumt, die neuen Bestelllisten nicht angefertigt, die Buchpakete nicht abgeholt, die sich im Lager der Spedition stapeln. An die Sache mit dem Tischler und die Nachforschungen hat er keinen Gedanken verschwendet.

Sharifa umkreist ihn. »Was ist mit dir, mein Junge? Bist du krank?«

»Es ist nichts!«, faucht er.

Sie liegt ihm weiter in den Ohren. »Fahr nach Pakistan mit deinem Gejammer!«, ruft Mansur. »Seit du da bist, ist hier ein dauerndes Gemecker.«

Sharifa beginnt zu weinen. »Wie habe ich nur solche Jungen bekommen können, was habe ich nur falsch gemacht, sie wollen nicht einmal ihre Mutter in ihrer Nähe haben!«

Sharifa heult und schimpft alle ihre Kinder aus, Latifa beginnt zu weinen. Bibi Gul sitzt da und wiegt sich hin und her. Bulbula starrt leer vor sich hin. Sonya versucht, Latifa zu trösten, und Leila erledigt den Abwasch. Mansur knallt die Tür des Zimmers zu, das er mit Yunus teilt. Dort schnarcht dieser bereits. Er hat Hepatitis B, liegt den ganzen Tag im Bett und nimmt Medizin. Die Augen sind gelb und sein Blick ist noch matter und trauriger als sonst.

Als Sultan am nächsten Tag nach Hause kommt, ist Mansur so nervös, dass er seinem Blick ausweicht. Aber er hätte gar nicht so nervös zu sein brauchen, denn Sultan interessiert sich nur für Sonya. Erst am nächsten Tag im Laden fragt er seinen Sohn, ob er alles erledigt hat. Ehe Mansur noch antworten kann, gibt ihm sein Vater schon neue Aufträge. Sultans Reise in den Iran war sehr erfolgreich, er hat seine alten Partner wiedergefunden und bald erwartet er eine Kiste persischer Bücher nach der anderen. Aber eines hatte er nicht vergessen: die Sache mit dem Tischler.

»Hast du nichts rausgekriegt?« Sultan sieht seinen Sohn fragend an. »Untergräbst du mein Geschäft? Morgen gehst du zur Polizei und zeigst ihn an. Sein Vater hatte mir sein Geständnis nach einem Tag versprochen und jetzt ist schon ein Monat vergangen! Falls er nicht hinter Schloss und Riegel sitzt, wenn ich aus Pakistan zurückkomme, dann bist du nicht mehr mein Sohn«, droht er. »Wer sich an meinem Besitz vergreift, wird nie mehr froh!«, sagt er mit Nachdruck.

Sultan wollte bereits am nächsten Morgen weiter nach Pakistan. Erleichtert atmet Mansur auf. Er hatte befürchtet, dass eine seiner Damenbekanntschaften hereinkommen könnte. Nicht auszudenken, dass sie auf ihn zugekommen wäre und ihn angesprochen hätte, während sein Vater im Laden war! Er muss ihnen sagen, wie sein Vater aussieht. Dann könnten sie einfach die Regale anschauen und wieder rausgehen, falls er gerade anwesend wäre. Sein Vater beschäftigte sich sowieso nie mit Kundinnen in Burkha.

Am nächsten Tag fährt Mansur zum Innenministerium, um den Tischler anzuzeigen. Mit Hilfe von Mirdzjan bekommt er innerhalb weniger Stunden alle Stempel, die er braucht. Diese nimmt er auf die Wache in Deh Khudaidad mit, eine Lehmbaracke mit ein paar bewaffneten Polizisten davor. Er zeigt einem Polizeioffizier in Zivil das Haus des Tischlers. Sie wollen ihn noch am selben Abend festnehmen.

Am nächsten Morgen, während es noch dunkel ist, hämmern zwei Frauen mit zwei Kindern an die Tür von Familie Khan. Schlaftrunken öffnet Leila. Die Frauen weinen und lamentieren und es vergeht eine Weile, bis Leila begreift, dass es sich um die Großmutter und Tante des Tischlers handelt, die dort mit seinen Kindern stehen.

»Seid so nett, vergebt ihm, vergebt ihm«, sagen sie. »Seid so nett, bei Gott!«, rufen sie. Die alte Großmutter ist fast neunzig und klein und verschrumpelt. Ihr Gesicht erinnert an das einer Maus. Sie hat ein spitzes Kinn mit sehr viel Haaren. Sie ist die Mutter des Vaters des Tischlers, der die letzten Wochen versucht hat, die Wahrheit aus ihm herauszuprügeln.

»Wir haben nichts zu essen, wir hungern, schaut die Kinder an. Aber wir werden für die Karten bezahlen.«

Leila bleibt nichts anderes übrig, als sie hereinzubitten. Die kleine Mausgroßmutter wirft sich den Frauen der Familie zu Füßen, die von den Klagerufen geweckt worden sind und ins Zimmer kommen. Alle sind betroffen über das große Elend, das so unvermittelt in ihre Stube gekommen ist. Die Frauen haben einen Zweijährigen und eines der Mädchen mit Kinderlähmung dabei. Mit großer Mühe setzt sich das Mädchen auf den Boden. Das steife, geschiente und gelähmte Bein ragt vor. Ernst sitzt sie da und hört sich alles an.

Jalaluddin sei beim Eintreffen der Polizei nicht zu Hause gewesen und sie hätten den Vater und Onkel mitgenommen. Sie sagten, sie würden ihn am nächsten Morgen abholen. Niemand hatte geschlafen. Früh am nächsten Morgen, noch ehe die Polizei da gewesen war, waren die alten Frauen losgezogen, um Sultan um Gnade und Vergebung für ihren Verwandten zu bitten.

»Falls er etwas gestohlen hat, dann nur, um seine Familie zu retten. Schaut sie nur an, schaut die Kinder an, vollkommen abgemagert. Keine ordentlichen Kleider und nichts zu essen.«

Die Herzen in Mikrorayon lassen sich erweichen, aber der Besuch führt nur zu Mitleid. Die Frauen der Familie Khan können nichts machen, wenn sich Sultan einmal etwas in den Kopf gesetzt hat. Insbesondere, wenn es seine Läden betrifft.

»Wir würden gern helfen, können aber nichts machen. Sultan entscheidet«, sagen sie, »und Sultan ist nicht zu Hause.«

Die Frauen weinen und jammern weiter. Sie wissen, dass das stimmt, aber wollen die Hoffnung nicht aufgeben. Leila kommt mit Spiegeleiern und Brot herein. Für die zwei Kinder hat sie Milch warm gemacht. Als Mansur eintritt, laufen die beiden Frauen auf ihn zu und küssen ihm die Füße. Er tritt nach ihnen. Sie wissen, dass er als ältester Sohn in Abwesenheit des Vaters die Macht hat. Aber Mansur hat sich entschlossen, zu tun, worum sein Vater ihn gebeten hat.

»Da Sultan sein Tischlerwerkzeug konfisziert hat, konnte er auch nicht mehr arbeiten. Es ist mehrere Wochen her, dass wir richtig gegessen haben. Den Geschmack von Zucker haben wir vergessen.« Die Großmutter weint. »Der Reis, den wir kaufen, ist vollkommen verschimmelt. Die Kinder werden immer dünner. Schaut doch nur. Sie sind nur noch Haut und Knochen. Jeden Tag wird Jalaluddin von seinem Vater geschlagen. Ich hätte nie geglaubt, dass ich einen Dieb zum Sohn haben könnte«, sagt die Großmutter. Die Frauen in Mikrorayon versprechen, den Versuch zu machen, Sultan zu überreden, obwohl sie wissen, dass das keinen Sinn hat.

Als die Großmutter und die Tante sich wieder schwankend mit den zwei Kindern Richtung Dorf auf den Weg machen, hat die Polizei Jalaluddin bereits abgeholt.

Am Nachmittag muss Mansur seine Zeugenaussage machen. Er sitzt mit übereinander geschlagenen Beinen am Tisch des Polizeichefs. Sieben Männer hören sich das Verhör des Polizeichefs an. Es gibt zu wenige Stühle und zwei müssen sich einen teilen. Der Tischler sitzt in der Hocke auf dem Boden. Es handelt sich um eine bunte Versammlung Polizisten, einige tragen warme, graue Winteruniformen, andere traditionelle Kleidung, eine dritte Gruppe die grünen Uniformen der Miliz. Auf dieser Wache ist nicht viel los, der Ansichtskartendiebstahl ist also eine große Sache. Einer der Polizisten bleibt in der Tür stehen und kann sich nicht recht entscheiden, ob er eintreten soll oder nicht.

»Du musst uns sagen, an wen du verkauft hast, sonst landest du im Zentralgefängnis«, sagt der Polizeichef. Beim Wort Zentralgefängnis wird es ein paar Grad kälter, dorthin kommen die richtigen Kriminellen. Der Tischler kauert sich auf dem Boden zusammen und sieht hilflos aus. Er faltet seine Tischlerhände, auf denen die Narben im Zickzack verlaufen. In dem starken Sonnenlicht, das durch das Fenster über ihm fällt, kann man sich vorstellen, wie Messer, Sägen und Ahlen seine Haut verletzt haben. Seine Hände stehen für ihn, den Tischler, und nicht sein Gesicht, passiv schaut er auf die sieben Männer im Zimmer. Als würde ihn alles nichts angehen. Nach einer Weile schicken sie ihn weg, zurück in die quadratmetergroße Zelle, in der er nicht ausgestreckt liegen kann. Er kann stehen, sitzen oder mit angezogenen Beinen liegen.

Mansurs Familie muss entscheiden, was mit Jalaluddin geschehen soll. Sie können die Anzeige zurücknehmen oder aufrechterhalten. Wenn sie sie aufrechterhalten, nimmt alles seinen Lauf und dann ist es zu spät, dann kommt er nicht mehr auf freien Fuß. Dann entscheidet die Polizei. »Wir können ihn hier zweiundsiebzig Stunden lang festhalten, bis dahin müsst ihr euch entscheiden«, sagt der Polizeichef. Er findet, dass Jalaluddin seine Strafe bekommen muss. Für ihn ist Armut kein Grund zum Stehlen.

»Viele Menschen sind arm. Wenn sie nicht bestraft werden, wenn sie stehlen, bekommen wir eine vollkommen unmoralische Gesellschaft. Es ist wichtig, dass wir Exempel statuieren, wenn gegen die Regeln verstoßen wird.« Der lautstarke Polizeichef diskutiert mit Mansur, dem langsam Zweifel an der ganzen Sache kommen. Als er begreift, dass Jalaluddin für den Diebstahl der Ansichtskarten für sechs Jahre ins Gefängnis kommen kann, denkt er an seine Kinder, die hungrigen Blicke und die zerlumpten Kleider. Er denkt an sein eigenes Leben und daran, dass er manchmal in wenigen Tagen so viel Geld ausgibt wie die Tischlerfamilie in einem ganzen Monat.

Fast den halben Schreibtisch nimmt ein riesiger Strauß Plastikblumen ein. Sie sind schon lang verstaubt, aber machen das Zimmer trotzdem immer noch freundlich. Die Polizisten der Wache in Deh Khudaidad mögen Farben offenbar. Die Wände sind minzgrün und die Lampe ist rot, sehr rot. An der Wand hängt wie in allen Behörden ein großes Bild des Kriegshelden Massud.

»Und vergiss nicht, unter den Taliban hätte man ihm die Hand abgehackt«, sagt der Polizeichef mit Nachdruck. »Das haben sie mit Leuten gemacht, die geringfügigere Verbrechen begangen haben als dieses hier.« Der Polizeichef erzählt von einer Frau im Dorf, die nach dem Tod ihres Mannes ihre Kinder allein durchbringen musste. »Sie war sehr arm. Der Kleinste hatte keine Schuhe und fror an den Füßen. Es war Winter und er konnte das Haus nicht verlassen. Der Älteste, der noch nicht mal zehn war, stahl ein Paar Schuhe für seinen kleinen Bruder. Er wurde auf frischer Tat ertappt und man hackte ihm die rechte Hand ab.« Zu streng, findet der Polizeichef.

»Aber dieser Tischler, er hat seine Schurkenmentalität dadurch unter Beweis gestellt, dass er mehrmals gestohlen hat. Wenn du stiehlst, um deinen Kindern Essen zu geben, dann tust du das nur einmal«, stellt er fest.

Der Polizeichef zeigt Mansur die Asservate im Schrank hinter sich: Stiletts, Küchenmesser, Taschenmesser, Messer mit Dolchen als Handgriff, Pistolen, Taschenlampen, sogar ein Kartenspiel – alles sichergestellt. Um Geld zu spielen, bringt einen sechs Monate ins Gefängnis. »Dieses Kartenspiel wurde konfisziert, weil der Verlierer den Gewinner niederschlug und mit diesem Messer auf ihn einstach. Sie hatten getrunken, also wurde er für Messerstecherei, Trinken und Kartenspielen bestraft.« Er lacht. »Der andere Spieler wurde nicht bestraft, denn er wurde zum Krüppel und das ist Strafe genug!«

»Was ist die Strafe fürs Trinken?«, fragt Mansur etwas nervös. Er weiß, dass das nach der Scharia eine große Sünde ist und streng bestraft wird. Laut Koran ist die Strafe achtzig Peitschenhiebe.

»Um ehrlich zu sein, mache ich bei so was die Augen zu. Wenn irgendwo Hochzeit gefeiert wird, sage ich, dass das keine Rolle spielt, solange es maßvoll und innerhalb der Familie stattfindet«, sagt der Polizeichef.

»Und Untreue?«

»Wenn sie verheiratet sind, werden sie gesteinigt. Wenn sie unverheiratet sind, ist die Strafe hundert Peitschenhiebe und dass sie heiraten müssen. Wenn der Mann verheiratet ist und die Frau unverheiratet, muss er sie zu seiner zweiten Frau machen. Wenn sie verheiratet ist und er unverheiratet, wird die Frau getötet und der Mann ausgepeitscht und ins Gefängnis geworfen«, sagt der Polizeichef. »Aber ich nehme das nicht so genau. Es kann sich um Witwen handeln, die Geld brauchen. Dann versuche ich ihnen zu helfen und sie auf die rechte Bahn zu bringen.«

»Ja, die Prostituierten – aber was ist mit normalen Leuten?«

»Einmal haben wir ein Paar in einem Auto gefasst. Wir, genauer gesagt die Eltern, zwangen sie, zu heiraten«, erzählt er. »Das ist doch in Ordnung, oder nicht?«

»Hm«, murmelt Masur.

»Schließlich sind wir nicht die Taliban«, meint der Polizeichef. »Wir müssen es vermeiden, Leute zu steinigen. Die Afghanen haben genug gelitten.«

Der Polizeichef setzt Mansur eine Frist von drei Tagen. Sie können den Sünder immer noch begnadigen, aber wenn sie die Sache weiterverfolgen, ist es zu spät.

Nachdenklich verlässt Mansur die Wache. Er ist nicht in der Stimmung, zum Laden zurückzukehren, sondern geht zum Mittagessen nach Hause, was er sonst fast nie mehr tut. Er lässt sich auf eine der Matten fallen und zum Glück für den Hausfrieden ist das Essen fertig.

»Zieh die Schuhe aus, Mansur«, sagt seine Mutter.

»Den Teufel tu ich«, erwidert dieser.

»Mansur, du sollst deiner Mutter gehorchen«, fährt Sharifa fort. Mansur antwortet nicht, sondern legt sich, die Beine übereinander geschlagen, auf den Rücken. Er behält die Schuhe an. Seine Mutter kneift die Lippen zusammen.

»Bis morgen müssen wir entscheiden, was mit dem Tischler geschehen soll«, sagt Mansur. Er zündet sich eine Zigarette an. Damit bringt er seine Mutter zum Weinen. Mansur hätte vor den Augen seines Vaters nie eine Zigarette angezündet. Aber sobald sein Vater aus dem Haus ist, raucht er und reizt seine Mutter damit, dass er vor, unter und nach den Mahlzeiten Zigaretten anzündet. Der Rauch hängt dicht in dem kleinen Zimmer. Bibi Gul hat lange darüber geklagt, wie unhöflich das seiner Mutter gegenüber ist, und ihm befohlen, seiner Mutter zu gehorchen und nicht mehr zu rauchen. Aber an diesem Tag gewinnt ihre Lust die Oberhand und sie streckt die Hand aus und flüstert: »Kann ich auch eine haben?«

Es wird totenstill. Will Großmutter anfangen zu rauchen?

»Mama!«, ruft Leila und reißt ihr die Zigarette aus den

Fingern. Mansur gibt ihr eine neue. Leila verlässt unter Protest das Zimmer. Bibi Gul raucht zufrieden die Zigarette und lächelt. Sie hört sogar auf, hin und her zu wiegen, als sie den Rauch tief inhaliert. »Dann esse ich weniger«, erklärt Bibi Gul.

»Lasst ihn raus«, sagt sie nach dem Genuss der Zigarette. »Er hat seine Strafe bekommen, die Schläge des Vaters, die Schande, außerdem hat er die Ansichtskarten zurückgegeben.«

»Hast du seine Kinder gesehen? Wie sollen die ohne das Einkommen ihres Vaters klarkommen?«, pflichtet ihr Sharifa bei.

»Wir könnten schuld sein, wenn seine Kinder sterben«, sagt Leila, die zurückgekommen ist, nachdem ihre Mutter die Zigarette ausgedrückt hat. »Stellt euch vor, sie werden krank und können sich den Arzt nicht leisten. Dann sterben sie unseretwegen oder sie sterben, weil sie nicht genug zu essen haben«, sagt sie. »Außerdem könnte der Tischler selbst im Gefängnis sterben. Sechs Jahre überleben nicht viele. Es wimmelt dort von Bazillen, von Tuberkulose und einer Menge anderer Krankheiten.«

»Zeigt Mitgefühl«, sagt Bibi Gul.

Mit dem neu erworbenen Mobiltelefon ruft Mansur Sultan in Pakistan an. Er bittet um Erlaubnis, den Tischler laufen zu lassen. Im Zimmer ist es vollkommen still, alle folgen dem Wortwechsel. Sie hören, dass Sultan in Pakistan schreit:

»Er wollte mein Geschäft ruinieren, die Preise verderben! Er hat von mir einen guten Lohn bekommen! Er brauchte nicht zu stehlen! Er ist ein Schurke! Er ist schuldig und die Wahrheit müssen wir aus ihm herausprügeln! Niemand darf mein Geschäft ruinieren!«

»Er kann sechs Jahre Gefängnis kriegen! Seine Kinder sind vielleicht tot, wenn er rauskommt«, entgegnet Mansur hitzig.

»Auch wenn er sechzig Jahre Gefängnis kriegt! Das ist mir egal. Man soll ihn so lange prügeln, bis er erzählt, an wen er die Karten verkauft hat.«

»Das sagst du, weil dein Bauch voll ist!«, ruft Mansur. »Ich weine, wenn ich nur an seine abgemagerten Kinder denke. Seine Familie ist vollkommen fertig.«

»Wie wagst du es, deinem Vater zu widersprechen!« Sultan brüllt in den Hörer. Alle im Zimmer erkennen seine Stimme und wissen, dass er hochrot im Gesicht ist und am ganzen Körper zittert. »Was für ein Sohn bist du nur? Du hast alles zu tun, was ich dir sage, alles! Was ist bloß mit dir los? Wieso bist du deinem Vater gegenüber so unhöflich?«

Sein innerer Kampf ist Mansur anzusehen. Er hat nie etwas anderes getan als das, was sein Vater ihm befohlen hat, jedenfalls solange es um Dinge ging, von denen dieser wusste. Er hat sich nie offen mit ihm gestritten und er wagt es auch jetzt nicht. Er will nicht riskieren, dass sich der Zorn seines Vaters auf ihn richtet.

»Ja gut, Vater«, sagt Mansur zum Schluss und legt auf. Die Familie schweigt. Mansur flucht.

»Er hat ein Herz aus Stein«, sagt Sharifa seufzend. Sonya schweigt.

Jeden Morgen und jeden Abend kommt die Familie des Tischlers nun zu ihnen. Manchmal die Großmutter, gelegentlich die Mutter, die Tante oder seine Frau. Sie haben immer einige Kinder dabei. Jedes Mal erhalten sie dieselbe Antwort. Sultan entscheide. Wenn er nach Hause zurückkehre, würde schon alles in Ordnung kommen. Aber sie wissen, dass das nicht wahr ist, denn Sultan hat sein Urteil bereits gefällt.

Zum Schluss haben sie nicht mehr die Kraft, die Tür zu öffnen, wenn die arme Familie kommt. Sie verhalten sich dann ganz still und tun so, als sei niemand zu Hause. Mansur geht zur Wache und bittet darum, abzuwarten. Er will warten, bis sein Vater nach Hause kommt, damit dieser sich selbst darum kümmern kann. Aber der Polizeichef kann nicht länger warten. In dem quadratmetergroßen Verschlag kann er Gefangene nur ein paar Tage unterbringen. Sie bitten den Tischler noch einmal, zu gestehen, dass er weitere Karten gestohlen hat, und fragen ihn, an wen er verkauft hat, aber wie vorher leugnet er alles. Dann legen sie Jaladdin Handschellen an und führen ihn aus dem kleinen Lehmhaus.

Weil die örtliche Wache kein Auto hat, muss Mansur den Tischler zur Hauptwache im Zentrum von Kabul fahren.

Vor der Dorfwache warten sein Vater, Sohn und seine Großmutter. Als Mansur kommt, nähern sie sich zögernd. Mansur findet die Situation fürchterlich. In Sultans Abwesenheit ist ihm die Rolle des Herzlosen zugefallen.

»Ich tue nur, was mein Vater sagt«, entschuldigt er sich, setzt seine Sonnenbrille auf und steigt ins Auto. Die Großmutter und der kleine Sohn gehen nach Hause und der Vater setzt sich auf sein klappriges Fahrrad und fährt hinter Mansur her. Er gibt nicht auf und folgt seinem Sohn, so weit er kann. Sie sehen seine aufrechte Gestalt hinter sich verschwinden.

Mansur fährt langsamer als sonst. Es könnte das letzte Mal für viele Jahre sein, dass der Tischler diese Straßen sieht.

Sie kommen zur Hauptwache, unter den Taliban eines der verhasstesten Gebäude in Kabul. Hier hatte die Religionspolizei im Sittlichkeitsministerium ihr Hauptquartier. Hierher wurden die Männer gebracht, die einen zu kurzen Bart oder zu kurze Hosen trugen, Frauen, die mit anderen Männern als ihren Verwandten auf der Straße unterwegs gewesen waren, und Frauen, die sich unter der Burkha geschminkt hatten. Manchmal saßen sie wochenlang im Keller, ehe sie in andere Gefängnisse verlegt oder freigelassen wurden. Als die Taliban flüchteten und das Untersuchungsgefängnis geöffnet und die Gefangenen freigelassen wurden, lagen dort Kabel und Stöcke, die als Folterwerkzeuge verwendet worden waren. Die Männer wurden nackt geschlagen, die Frauen durften sich während der Folter mit einem Laken bedecken. Vor den Taliban war der gnadenlose Geheimdienst der Sowjetunion und anschließend die chaotische Polizei der Mudschaheddin in dem Gebäude untergebracht gewesen.

Schweren Schrittes geht der Tischler die Treppen in den vierten Stock hoch. Er versucht, Mansur auf seine Seite zu ziehen, und sieht ihn flehend an. Seine Augen scheinen in der knappen Woche seiner Gefangenschaft noch größer geworden zu sein. Bittend fallen sie ihm beinahe aus dem Gesicht. »Verzeih mir, verzeih mir. Ich werde den Rest meines Lebens umsonst für dich arbeiten. Verzeih mir!«

Mansur schaut geradeaus. Er darf jetzt nicht weich werden. Sultan hat entschieden und er kann sich Sultan nicht widersetzen. Er könnte ihn enterben und auf die Straße setzen. Er hat bereits das Gefühl, dass sein Bruder Sultans neuer Liebling ist. Eqbal darf einen EDV-Kurs besuchen und Sultan hat ihm ein Fahrrad versprochen. Wenn er ihm jetzt nicht gehorcht, dann wird Sultan die Hand von ihm nehmen. Nur wegen des Tischlers will er das nicht riskieren, egal wie Leid er ihm tut.

Sie warten auf das Verhör und auf das Registrieren der Anzeige. Der Angeklagte sitzt im Gefängnis, bis seine Schuld oder seine Unschuld bewiesen ist. Es ist kein Problem, jemanden anzuzeigen und ins Gefängnis zu bringen.

Mansur trägt die Sache vor. Der Tischler sitzt wieder in der Hocke auf dem Boden. Er hat lange, krumme Zehen. Die Nägel haben schwarze Ränder. Weste und Pullover hängen zerlumpt über seinen Rücken. Die Hose ist ihm zu weit.

Der Leiter des Verhörs am Tisch schreibt die beiden Aussagen genau auf. Er schreibt ordentlich und mit Durchschlag.

»Wieso gefallen dir Ansichtskarten von Afghanistan so gut?« Der Polizist lacht und findet die ganze Sache eher seltsam. Aber ehe der Tischler noch antworten kann, fährt er fort: »Erzähl uns jetzt, an wen du verkauft hast, uns ist allen klar, dass du sie nicht gestohlen hast, um sie deinen Verwandten zu schicken.«

»Ich habe nur zweihundert genommen und Rasul hat mir ein paar gegeben«, sagt der Tischler versuchsweise.

»Rasul hat dir keine Karten gegeben, das ist reine Lüge«, sagt Mansur.

»Du wirst dich an dieses Zimmer als an das erinnern, in dem du die Gelegenheit hattest, die Wahrheit zu sagen«, meint der Polizist. Jalaluddin schluckt, knackt mit seinen Fingergelenken und atmet erleichtert auf, als sich der Polizist an Mansur wendet, um diesen weiter zu verhören, wann, wie und warum das Ganze passiert ist. Hinter dem Leiter des Verhörs sind die Anhöhen von Kabul zu sehen. Sie sind von kleinen Häusern bedeckt, die sich an die Felsen klammern. Zu ihnen führen Wege in Serpentinen. Durch das Fenster kann der Tischler Menschen sehen. Sie erinnern an Ameisen. Die Häuser bestehen aus allem, was man in dem vom Krieg arg mitgenommenen Kabul finden kann: Wellbleche, Säcke, Plastik, ein paar Ziegel, Teile anderer Ruinen.

Plötzlich hockt sich der Leiter des Verhörs neben ihn. »Ich weiß, dass deine Kinder hungern und dass du nicht kriminell bist. Ich gebe dir jetzt eine letzte Chance. Die solltest du ergreifen. Wenn du mir erzählst, an wen du die Karten verkauft hast, lasse ich dich frei. Wenn du das nicht sagst, musst du für mehrere Jahre ins Gefängnis.«

Uninteressiert hört Mansur zu. Das ist das hundertste Mal, dass der Tischler gestehen soll, an wen er verkauft hat. Vielleicht sagt er ja die Wahrheit und hat die Karten behalten. Mansur schaut auf seine Uhr und gähnt.

Plötzlich kommt ein Name über Jalaluddins Lippen. So leise, dass er kaum zu hören ist.

Mansur springt auf.

Der Mann, dessen Namen Jalaluddin genannt hat, hat einen Kiosk auf dem Markt, in dem er Kalender, Stifte und Karten verkauft. Karten für religiöse Feiertage, Hochzeit, Verlobung und Geburtstag – und Ansichtskarten mit Motiven von Afghanistan. Diese Karten kaufte er früher immer in Sultans Buchhandel. Jetzt war er aber schon eine Weile nicht mehr dort gewesen. Mansur kann sich gut an ihn erinnern, weil er sich immer so laut über den Preis beklagt hat.

Zitternd spricht Jalaluddin, als hätte sich ein Pfropfen gelöst.

»Eines Nachmittags kam er zu mir, als ich gerade mit der Arbeit fertig war. Wir unterhielten uns etwas und dann fragte er mich, ob ich Geld bräuchte. Das tat ich natürlich. Er fragte mich, ob ich ein paar Karten für ihn holen könnte. Erst weigerte ich mich, aber dann sagte er mir, wie viel Geld ich bekommen würde. Ich dachte an meine Kinder zu Hause. Es gelingt mir nicht, meine Familie von meinem Tischlerlohn durchzubringen. Ich dachte an meine Frau, der schon die Zähne ausfallen, obwohl sie erst dreißig ist. Ich dachte an alle vorwurfsvollen Blicke zu Hause, weil ich nicht genug verdiene. Ich dachte an die Kleider und Schuhe, die meine Kinder nie bekamen, an den Arzt, den wir uns nicht leisten können, und an das schlechte Essen, das sie bekommen. Ich dachte, wenn ich immer nur ein paar nehme, solange ich dort arbeite, dann kann ich einige meiner Probleme lösen. Sultan würde es schon nicht wehtun. Er hat so viele Karten und so viel Geld. Und dann nahm ich also ein paar Karten und verkaufte sie.«

»Wir müssen dorthin und Beweise sichern«, sagt der Polizist, erhebt sich und befiehlt dem Tischler, Mansur und einem weiteren Beamten mitzukommen. Sie fahren zum Markt und zum Postkartenstand. Ein kleiner Junge steht hinter dem Verkaufstisch.

»Wo ist Mahmud?«, fragt der Polizist, der in Zivil ist.

Mahmud ist beim Mittagessen. Der Polizist zeigt dem Jungen seine Dienstmarke und sagt, dass er die Ansichtskarten sehen wolle. Der Junge lässt sie durch die Tür auf der Seite der Bude herein. Zwischen der Wand, den aufgestapelten Waren und dem Verkaufstisch ist nicht viel Platz. Mansur und ein Polizist reißen die Karten aus den Regalen. Alle von Sultan gedruckten werden in eine Tüte gelegt. Zum Schluss haben sie mehrere tausend Ansichtskarten. Aber welche Mahmud legal erworben und welche er von Jaladdin gekauft hat, ist schwer zu sagen. Sie nehmen den Jungen und die Karten auf die Wache mit.

Ein Polizist bleibt zurück, um auf Mahmud zu warten. Seine Bude wird verschlossen. Niemand kann an diesem Tag mehr Dankeskarten und Heldenbilder von stolzen Kriegern bei Mahmud kaufen.

Als Mahmud endlich mit Händen, die noch nach Kebab riechen, auf die Wache gebracht wird, finden weitere Verhöre statt. Mahmud leugnet erst, den Tischler überhaupt je gesehen zu haben. Er sagt, er habe alles ganz legal bei Sultan, Yunus, Eqbal und Mansur erworben. Später ändert er das und sagt, einmal sei der Tischler zu ihm gekommen, er habe aber nichts gekauft.

Auch der Ladenbesitzer muss die Nacht in Untersuchungshaft verbringen. Mansur darf endlich gehen. Auf dem Gang stehen der Vater, Onkel, Neffe und Sohn des Tischlers. Sie kommen auf ihn zu, fassen nach ihm und sehen ihm entsetzt hinterher, als er sich losmacht. Er erträgt sie nicht mehr. Jalaluddin hat gestanden, Sultan wird zufrieden sein, die Sache ist geklärt. Jetzt sind der Diebstahl und der Weiterverkauf bewiesen und der Prozess kann beginnen.

Er denkt daran, was der Polizeichef gesagt hat: »Das ist deine letzte Chance. Wenn du gestehst, lasse ich dich frei und du kannst zu deiner Familie zurück.«

Mansur fühlt sich elend. Er eilt nach draußen. Er denkt an das Letzte, was Sultan zu ihm vor seiner Reise gesagt hat: »Ich habe mein Leben riskiert, um meine Läden aufzubauen. Ich bin ins Gefängnis geworfen und geschlagen worden. Ich arbeite mich fast zu Tode, um etwas für Afghanistan aufzubauen, und dann kommt so ein verdammter Tischler und bedient sich einfach. Er hat seine Strafe verdient. Sei nicht weich, Mansur, sei nicht weich!«

In einem verfallenen Lehmhaus in Deh Khudaidad sitzt eine Frau und starrt in die Luft. Ihre kleinsten Kinder weinen, sie haben noch nichts zu essen bekommen und warten darauf, dass ihr Großvater aus der Stadt zurückkommt. Vielleicht hat er etwas zu essen gekauft. Sie laufen auf den Großvater zu, als er mit seinem Fahrrad durchs Tor kommt. Er hält nichts in den Händen. Auf dem Gepäckträger liegt ebenfalls nichts. Sie bleiben stehen, als sie seine düstere Miene bemerken. Einen Augenblick sind sie still, dann beginnen sie wieder zu weinen und klammern sich an ihn: »Wo ist Papa? Wann kommt Papa?«

Meine Mutter »Osama«

Tajmir hält den Koran gegen die Stirn, küsst ihn und liest einen beliebigen Vers. Er küsst ihn erneut, steckt ihn in die Jackentasche und schaut aus dem Fenster. Mit dem Auto verlassen sie Kabul. Sie fahren Richtung Osten ins unruhige Grenzgebiet zwischen Afghanistan und Pakistan, in dem die Taliban und Al-Qaida immer noch Rückhalt haben. Außerdem sind die Amerikaner der Meinung, dass sich Terroristen in dem unzugänglichen Gebirge verstecken. Sie durchkämmen die Gegend, verhören die Lokalbevölkerung, sprengen Höhlen, suchen nach Waffenlagern, finden Verstecke und werfen Bomben ab und töten dabei Zivilisten, alles der Jagd nach Terroristen und der großen Trophäe wegen, von der sie träumen: Osama Bin Laden.

In diesem Gebiet fand die große Offensive dieses Frühjahrs gegen Al-Qaida statt, die »Operation Anaconda«. Internationale Truppen unter Führung der Amerikaner trugen mit den noch verbliebenen Jüngern Osamas in Afghanistan schwere Kämpfe aus. Etliche Al-Qaida-Soldaten sollen sich immer noch in diesem Grenzgebiet aufhalten. Hier gelten immer noch die alten Stammesgesetze und die Führer haben die zentrale Regierung nie anerkannt. Im Paschtunengürtel auf beiden Seiten der Grenze haben die Amerikaner und Zentralbehörden Mühe, die Dörfer zu infiltrieren. Spionageexperten glauben, dass, falls Osama Bin Laden und der Talibanführer Mullah Omar immer noch leben und sich in Afghanistan aufhalten, sie nur hier sein können.

Tajmir soll sie finden. Auf jeden Fall soll er jemanden finden, der etwas gehört hat über jemanden, der die beiden gesehen hat oder jemanden gesehen zu haben glaubt, der den beiden ähnlich sieht. Im Unterschied zu seinem Reisebegleiter hofft Tajmir, dass sie überhaupt niemanden finden. Tajmir mag die Gefahr nicht. Er fährt nicht gern in Stammesgebiete, in denen jederzeit Kämpfe ausbrechen können. Auf der Rückbank liegen schusssichere Westen und Helme griffbereit.

»Was liest du, Tajmir?«

»Den heiligen Koran.«

»Ja, das sehe ich, aber irgendeine besondere Stelle? Ich meine eine Art ›traveller-section‹ oder so etwas?«

»Nein, ich suche nie nach etwas Speziellem, ich schlage einfach irgendwo auf. Gerade las ich den Passus, der davon handelt, dass derjenige, der Gott und seinem Gesandten gehorcht, in die Gärten des Paradieses geführt wird, in denen die Bächlein rauschen, und dass diejenigen, die ihm den Rücken zukehren, von qualvollen Strafen heimgesucht werden. Ich lese im Koran, wenn ich vor etwas Angst habe oder traurig bin.«

»Oh yeah«, sagt Bob und lehnt den Kopf gegen die Scheibe. Blinzelnd sieht er Kabuls rußige Straßen verschwinden. Sie fahren auf die Morgensonne zu, die so blendet, dass Bob die Augen schließen muss.

Tajmir sitzt da und denkt über seinen Auftrag nach. Er arbeitet als Dolmetscher für eine amerikanische Zeitung. Früher, unter den Taliban, arbeitete er für eine Hilfsorganisation. Er war verantwortlich für die Verteilung von Mehl und Reis an die Armen. Als die bei der Organisation beschäftigten Ausländer das Land nach dem 11. September verließen, trug er ganz allein die Verantwortung. Die Taliban behinderten all seine Versuche. So wurde die Vergabe eingestellt und eines Tages fiel genau dort, wo diese normalerweise stattfand, eine Bombe. Tajmir dankte Gott, dass er die Ausgabe unterbunden hatte. Man stelle sich vor, wenn der Platz zu jenem Zeitpunkt voller Frauen und Kinder gewesen wäre, die verzweifelt nach Essen angestanden hätten!

Aber es kommt ihm vor, als sei eine Ewigkeit verstrichen, seit er bei der Hilfsorganisation gearbeitet hat. Als die Journalisten nach Kabul strömten, warb ihn eine amerikanische Zeitung an. Sie boten ihm für einen Tag denselben Lohn, den er bisher für einen halben Monat erhalten hatte. Er dachte an seine Familie, die Geld benötigte, ließ die Hilfsorganisation sausen und begann in einem phantasievollen und hinterlistigen Englisch zu dolmetschen.

Tajmir ist Alleinverdiener in seiner Familie, die für afghanische Verhältnisse recht klein ist. Er wohnt mit Mutter, Vater, Stiefschwester, Frau und der einjährigen Bahar in einer kleinen Wohnung in Mikrorayon nicht weit von Sultan und dessen Familie. Seine Mutter ist Sultans älteste Schwester, die damals wegverheiratet wurde, um das Geld für seine Schulausbildung zusammenzubekommen.

Feroza wurde eine sehr strenge Mutter. Tajmir durfte auch als kleiner Junge nicht draußen mit den anderen Kindern herumtoben. Er sollte unter Ferozas Aufsicht ruhig im Zimmer spielen und als er größer wurde, seine Hausaufgaben machen. Nach der Schule musste er immer sofort nach Hause kommen. Nie durfte er mit jemandem nach Hause gehen oder jemanden zu sich mitbringen. Tajmir protestierte nie, gegen Feroza konnte man sich nicht auflehnen. Denn Feroza schlug und sie schlug fest.

»Sie ist schlimmer als Osama Bin Laden«, erklärt Tajmir Bob, wenn er erklären muss, warum er zu spät dran ist, oder plötzlich alles stehen und liegen lassen muss. Seinen neuen amerikanischen Freunden erzählt er Schreckensgeschichten über »Osama«. Sie stellen sich eine Furie in Burkha vor. Aber als sie sie bei einem Besuch bei Tajmir kennen lernten, begegneten sie nur einer milden kleinen Frau mit einem forschenden, blinzelnden Blick. Auf der Brust trug sie ein großes Medaillon mit dem islamischen Glaubensbekenntnis. Das hatte sie sich sofort gekauft, als Tajmir mit seinem ersten amerikanischen Lohn nach Hause gekommen war. Feroza weiß genau, wie viel er verdient, und Tajmir muss alles bei seiner Mutter abgeben und sie gibt ihm Taschengeld, wenn das nötig ist. Tajmir zeigte ihnen alle Löcher in den Wänden, die zurückgeblieben waren, als sie einen Schuh oder einen anderen Gegenstand nach ihm geworfen hatte. Jetzt lacht er, die Tyrannin Feroza hat sich in eine lustige Geschichte verwandelt.

Feroza hegte den sehnlichen Wunsch, dass aus Tajmir etwas Großes werden würde, und jedes Mal, wenn sie etwas mehr Geld hatte, meldete sie ihn zu einem Kurs an: Englisch, Mathematik extra und EDV. Die Analphabetin, die verheiratet worden war, weil ihre Familie Geld brauchte, wollte eine geehrte und respektierte Mutter werden. Das setzte einen erfolgreichen Sohn voraus.

Von seinem Vater sah Tajmir weniger. Er war ein freundlicher, etwas verzagter Mann, der häufig krank war. Er reiste als Händler nach Indien und Pakistan und kam manchmal mit Geld nach Hause, manchmal auch nicht. Feroza war das Oberhaupt der Familie.

Tajmir blieb Ferozas einziger Sohn, aber sie konnte ihren Wunsch nach weiteren Kindern nicht aufgeben und so suchte sie eines der Kinderheime Kabuls auf. Hier fand sie Kheshmesh, die jemand einfach vor der Tür abgelegt hatte. Sie war in einen schmutzigen Kissenbezug gewickelt. Sie nahm sie mit und zog sie als Tajmirs Schwester groß. Während Tajmir seiner Mutter wie aus dem Gesicht geschnitten ist – dasselbe runde Gesicht, derselbe große

Bauch, derselbe wiegende Gang –, ist das mit Kheshmesh anders.

Kheshmesh ist ein nervöses und unbändiges kleines Mädchen, dünn wie eine Bohnenstange und mit weitaus dunklerer Haut als alle anderen der Familie. Kheshmesh hat etwas Zügelloses im Blick, als sei das Leben in ihrem Kopf spannender als das in der wirklichen Welt. Wie ein ungestümes Fohlen rennt Kheshmesh bei allen Familienfeiern herum, was Feroza zur Verzweiflung treibt. Während Tajmir von klein auf seiner Mutter gehorsam alle Wünsche erfüllt hat, macht sich Kheshmesh immer schmutzig, ist immer ungekämmt und hat immer aufgeschlagene Knie. Aber niemand ist anhänglicher als Kheshmesh, wenn sie einmal etwas ruhiger ist, niemand umarmt Feroza fester und gibt ihr feuchtere Küsse. Wo immer Feroza auch hingeht, ist Kheshmesh dabei, ein kleiner dünner Schatten hinter der kompakten Mutter.

Wie die anderen Kinder lernte Kheshmesh früh, was die Taliban sind. Eines Tages wurden Kheshmesh und eine Freundin von einem Taliban im Eingang verprügelt. Sie hatten mit seinem Sohn gespielt und dieser war gestürzt und hatte sich blutig geschlagen. Der Vater hatte sich die beiden vorgeknöpft und sie mit einem Stock geschlagen. Anschließend wollten sie nie mehr mit dem kleinen Jungen mit dem Taliban-Vater spielen. Die Taliban ließen sie nicht zusammen mit den Jungen aus dem Haus mit der Schule anfangen, die Taliban verboten den Leuten das Singen, das Klatschen und das Tanzen und ihretwegen konnte sie ihre Puppen nicht mehr mit auf die Straße nehmen. Puppen und Schmusetiere waren verboten, weil sie Abbildungen von Lebewesen waren. Wenn die Religionspolizisten zu Hause bei Leuten Razzien veranstalteten, schlugen sie Fernseher und Kassettenrekorder kaputt und nahmen auch das Spielzeug der Kinder mit, wenn sie es entdeckten. Sie rissen Arme und Köpfe ab und zertraten sie vor den Augen der entsetzten Kinder.

Als Feroza sagte, die Taliban seien geflüchtet, nahm Kheshmesh als Erstes ihre Lieblingspuppe mit und zeigte ihr die Welt. Tajmir rasierte sich den Bart ab. Feroza zauberte eine staubige Kassette und einen alten Kassettenrekorder hervor, tanzte durch die Wohnung und sang: »Jetzt wollen wir nach fünf verlorenen Jahren wieder feiern!«

Für Feroza gab es keine weiteren Kinder, um die sie sich hätte kümmern können. Unmittelbar nachdem sie Kheshmesh zu sich genommen hatte, begann der Bürgerkrieg und Feroza flüchtete mit Sultans Familie nach Pakistan. Als sie von dem Flüchtlingsdasein zurückkehrte, war es an der Zeit, eine Frau für Tajmir zu finden, und nicht, nach ausgesetzten Mädchen in Krankenhäusern zu suchen.

Wie alles andere in Tajmirs Leben entschied seine Mutter auch die Wahl der Ehefrau. Tajmir hatte sich in Pakistan in ein Mädchen in seinem Englischkurs verliebt. Sie waren ein Paar, obwohl sie sich nie bei der Hand fassten oder küssten. Sie waren selten allein, waren aber trotzdem ein Liebespaar und schrieben sich Zettel und lange Liebesbriefe. Tajmir wagte es nie, Feroza von diesem Mädchen zu erzählen, das er so gern heiraten wollte. Sie war mit dem Kriegshelden Massud verwandt und Tajmir wusste, dass seine Mutter den Ärger scheuen würde, den das mit sich bringen konnte. Aber auch wenn es ein anderes Mädchen gewesen wäre, hätte Tajmir nie gewagt, seiner Mutter seine Verliebtheit zu gestehen. Er war es nicht gewohnt, um etwas zu bitten, und hatte Feroza nie von seinen Gefühlen erzählt. Seine Unterwürfigkeit hielt er für Respekt.

»Ich habe das Mädchen gefunden, das du heiraten sollst«, sagte Feroza eines Tages.

»Na gut«, sagte Tajmir. Es schnürte ihm die Kehle zu, aber kein Wort des Protests kam über seine Lippen. Er wusste, dass er jetzt einen Brief an seine angebetete Liebste schreiben musste, dass Schluss sei.

»Wer ist es?«, fragte er.

»Sie ist eine Cousine zweiten Grades, Khadija, du hast sie nicht mehr gesehen, seit du klein warst. Sie ist tüchtig und fleißig und kommt aus einer guten Familie.«

Tajmir nickte nur. Zwei Monate später traf er Khadija zum ersten Mal. Das war beim Verlobungsfest. Während des ganzen Festes saßen sie nebeneinander, ohne ein Wort zu wechseln. Sie kann ich durchaus lieben, dachte er.

Khadija sieht aus wie eine Pariser Jazzsängerin der zwanziger Jahre. Sie hat schwarzes, wallendes und seitlich gescheiteltes Haar, das auf Schulterhöhe abgeschnitten ist. Ihre Haut ist weiß gepudert, die Augen sind schwarz und die Lippen rot geschminkt. Sie hat ein kleines Kinn und breite Lippen und sieht aus, als hätte sie ihr ganzes Leben lang nur mit einer langen Zigarette in der Hand dagesessen. Aber nach afghanischen Normen gilt sie nicht als schön, sie ist zu dünn und zu schmal. In Afghanistan sind runde Frauen die Idealfrauen, runde Wangen, runde Hüften und ein runder Bauch.

»Jetzt liebe ich sie«, erzählt Tajmir. Sie nähern sich Gardez, und Tajmir hat Bob, dem amerikanischen Journalisten, seine ganze Lebensgeschichte erzählt.

»Wow!«, meint der. »Was für eine Geschichte! Also liebst du deine Frau jetzt richtig? Was ist mit dem anderen Mädchen?«

Tajmir hat keine Ahnung, was aus dem anderen Mädchen geworden ist. Daran denkt er auch nicht. Jetzt lebt er für seine kleine Familie. Vor einem Jahr haben er und Khadija eine Tochter bekommen.

»Khadija hatte solche Angst, eine Tochter zu bekommen«, erzählt er Bob. »Khadija hat immer vor irgendetwas Angst, dieses Mal eben, dass das Kind eine Tochter werden könnte. Ich erzählte ihr und allen anderen, dass ich mir eine Tochter wünsche. Dass ich lieber als alles andere eine Tochter hätte. Damit wir niemandem Leid taten, falls wir eine bekamen, da dies schließlich mein sehnlichster Wunsch gewesen war. Im Falle eines Sohnes hätte sowieso niemand etwas gesagt, denn dann freuen sich ohnehin alle.«

»Hm«, sagt Bob und versucht, seiner Logik zu folgen.

»Jetzt befürchtet Khadija, dass sie nicht wieder schwanger werden kann. Wir versuchen es, aber irgendwie klappt es nicht. Also sage ich zu ihr, dass *ein* Kind doch reicht, dass *ein* Kind ganz großartig ist. Im Westen gibt es viele, die nur ein Kind haben. Wenn wir also keine weiteren Kinder bekommen, werden alle sagen, dass wir schließlich nicht mehr haben wollten, und wenn wir mehr bekommen, dann freuen sich alle.«

»Hm.«

Sie halten in Gardez an, um etwas zu trinken und Zigaretten zu kaufen. Wenn Tajmir bei der Arbeit ist, raucht er ununterbrochen. Eine Schachtel, zwei Schachteln. Aber er muss aufpassen, dass seine Mutter das nicht merkt, und er könnte auch nie in ihrem Beisein rauchen. Das wäre vollkommen unmöglich. Sie kaufen für einen Euro eine Stange »hi-lite«-Zigaretten, ein Kilo Gurken, zwanzig Eier und Brot. Sie schälen gerade die Gurken und klopfen auf die Eierschalen, als Bob »Stopp!« ruft.

Am Straßenrand sitzen dreißig Männer im Kreis. Sie haben ihre Kalaschnikows vor sich auf der Erde liegen und tragen die Patronengürtel über der Brust gekreuzt.

»Das sind die Männer von Padsja Khan!«, ruft Bob. »Halt an!«

Bob schleift Tajmir hinter sich her und geht auf die Männer zu. Padsja Khan ist unter ihnen. Er ist der größte Kriegsherr in den östlichen Provinzen und einer von Hamid Karzais lautesten Gegnern.

Als die Taliban flohen, wurde Padsja Khan zum Gouverneur der Provinz Paktia ernannt, die als eine der unruhigsten von ganz Afghanistan bekannt war. Als Gouverneur eines Gebiets, in dem das Al-Qaida-Netzwerk immer noch

Anhänger hat, wurde Padsja Khan ein wichtiger Mann für den amerikanischen Geheimdienst. Sie brauchten jemanden vor Ort, mit dem sie zusammenarbeiten konnten, und da war ein Kriegsherr nicht besser oder schlechter als der andere. Padsja Khans Aufgabe war es, herauszufinden, wo sich die Taliban- und Al-Qaida-Soldaten aufhielten. Diese Orte sollte er den Amerikanern zeigen. Dafür hatte er von ihnen ein Satellitentelefon erhalten. Das benutzte er fleißig. Er rief dauernd bei den Amerikanern an und erzählte ihnen von den Bewegungen der Al-Qaida in der Gegend. Und die Amerikaner schossen. Auf ein Dorf hier, auf ein Dorf da. Auf die Stammesführer, die zur Amtsantrittszeremonie von Karzai nach Kabul wollten. Auf ein paar Hochzeitsfeste. Auf eine Gruppe Männer, die Verbündete der Amerikaner waren. Keiner der Betroffenen hatte etwas mit Al-Qaida zu tun, aber ihnen allen war gemeinsam, dass sie Padsja Khans Feinde waren. Die Proteste aus der Gegend gegen den eigenmächtigen Gouverneur, der plötzlich B-52-Bomber und F-16-Jagdflugzeuge zu seiner Verfügung hatte, um seine Streitigkeiten mit anderen Stämmen beizulegen, wurden so laut, dass Karzai nichts anderes übrig blieb, als ihn abzusetzen.

Da konnte Padsja Khan genauso gut einen eigenen kleinen Krieg beginnen. Er schoss mit Raketen auf Dörfer, in denen sich seine Feinde aufhielten, und offene Kämpfe zwischen den verschiedenen Fraktionen brachen aus. Unschuldige kamen zu Tode, als er versuchte, die verlorene Macht zurückzuerobern. Schließlich musste er bis auf weiteres nachgeben. Bob hatte lange nach ihm gesucht und jetzt sitzt er auf einmal umringt von einer Bande bärtiger Männer im Sand.

Padsja erhebt sich, als er sie sieht. Er begrüßt Bob knapp, umarmt Tajmir aber herzlich und fordert ihn auf, sich neben ihn zu setzen. »Wie geht es dir, mein Freund? Geht es dir gut?«

Während der »Operation Anaconda«, der Großoffensive der Amerikaner gegen Al-Qaida, sind sie sich oft begegnet. Tajmir hatte gedolmetscht, das war alles, Padsjas Freund war er nie geworden.

Padsja Khan ist es gewohnt, die Region zusammen mit seinen drei Brüdern wie seinen Hinterhof zu regieren. Es ist erst eine Woche her, dass er Raketen auf die Stadt Gardez niederregnen ließ. Jetzt ist Khost an der Reihe. Dort gibt es bereits einen neuen Gouverneur, einen Soziologen, der die letzten zehn Jahre in Australien gelebt hat. Er ist aus Angst vor Padsja Khans Männern in Deckung gegangen.

»Meine Männer sind bereit«, sagt Padsja Khan zu Tajmir, der für den fieberhaft mitschreibenden Bob übersetzt. »Jetzt sitzen wir hier und besprechen, was wir tun sollen«, fährt er fort und betrachtet seine Männer. »Sollen wir ihn jetzt kassieren oder noch warten?«, fährt Padsja Khan fort.

»Wollt ihr nach Khost? Dann müsst ihr meinem Bruder bestellen, dass er den neuen Gouverneur so schnell wie möglich loswerden soll. Sagt ihm, er soll ihn zusammenpacken und zurück zu Karzai schicken!«

Padsja Khan macht das mit den Händen vor. Alle Männer schauen auf ihren Anführer, dann auf Tajmir und schließlich auf den blonden Bob, der eifrig mitschreibt.

»Hört zu«, sagt Padsja Khan. Es besteht kein Zweifel daran, wen er als rechtmäßigen Herrscher über die drei Provinzen betrachtet, über die die Amerikaner mit Luchsaugen wachen. Der Kriegsherr benutzt Tajmirs Bein, um Sätze zu unterstreichen, und skizziert Karten mit Straßen und Fronten auf seinem Oberschenkel. Nach jedem Statement, mit dem er besonders zufrieden ist, versetzt er ihm einen harten Klaps. Tajmir übersetzt mechanisch. Auf seine Füße kriechen die größten Ameisen, die er je gesehen hat.

»Karzai droht, nächste Woche die Armee zu schicken. Was machst du dann?«, fragt Bob.

»Was für eine Armee? Karzai hat keine Armee! Er hat ein paar hundert Leibwächter, die von den Briten ausgebildet werden. Niemand kann mich auf meinem eigenen Territorium schlagen«, sagt Padsja Khan und betrachtet wiederum seine Männer. Die tragen ausgelatschte Sandalen und alte Kleider. Nur die Waffen glänzen frisch geputzt. Einige Kolben sind mit bunten Perlen verziert, andere mit speziell gefertigten, bestickten Borten. Einige der Jüngeren haben ihre Kalaschnikows mit kleinen Stickern beklebt. Auf einem rosa Sticker steht mit roten Buchstaben »Kiss«.

Viele dieser Männer haben noch vor einem Jahr auf Seiten der Taliban gekämpft. »Man kann uns nicht besitzen, nur mieten«, sagen die Afghanen selbst über ihren häufigen Frontwechsel in Kriegszeiten. Jetzt sind sie die Männer Padsja Khans und hin und wieder werden sie an die Amerikaner vermietet. Aber das Wichtigste für sie ist der Kampf gegen denjenigen, den Padsja Khan gerade zu seinem Feind erklärt. Die Jagd der Amerikaner auf Al-Qaida ist zweitrangig.

»Er ist verrückt«, sagt Tajmir, als sie wieder im Auto sitzen. »Männer wie er sind schuld, dass es in Afghanistan nie Frieden gibt. Für ihn ist Macht wichtiger als Frieden. Er ist verrückt genug, tausende von Menschenleben aufs Spiel zu setzen, nur um an der Macht zu bleiben. Stell dir vor, dass die Amerikaner mit so einem Mann zusammenarbeiten!«

»Wenn sie nur mit Leuten zusammenarbeiten würden, die kein Blut an den Händen haben, dann könnten sie in diesen Provinzen lang suchen«, meint Bob. »Sie haben keine andere Wahl.«

»Aber jetzt suchen sie nicht mehr für die USA nach den Taliban, jetzt richten sie ihre Waffen aufeinander«, wendet Tajmir ein.

»Hm«, murmelt Bob. »Ich frage mich, ob es zu ernsthaften Kämpfen kommt«, sagt er dann, mehr zu sich selbst als zu Tajmir.

Tajmir und Bob haben unterschiedliche Vorstellungen davon, was ein geglückter Ausflug ist. Bob will Action, je mehr, desto besser, Tajmir will so schnell wie möglich wieder nach Hause. In einigen Tagen feiern Khadija und er ihren zweiten Hochzeitstag. Er hofft, dass er bis dahin wieder zurück ist. Dann will er Khadija mit einem schönen Geschenk überraschen. Bob will eine aufregende Story in Druck geben können, wie vor einigen Wochen, als er und Tajmir fast von einer Granate getötet worden wären. Sie traf nicht sie, sondern das Auto hinter ihnen. Oder als sie im Dunkeln rennend Deckung suchen mussten, weil man sie für den Feind auf dem Weg nach Gardez hielt, und ihnen die Kugeln um die Ohren pfiffen. Es verschafft Bob einen Kick, eine Nacht im Schützengraben zu verbringen, während es Tajmir bereut, dass er den Job gewechselt hat. Das einzig Gute an diesen Touren ist der Kriegszuschlag. Von dem weiß Feroza nichts, also kann er das Geld behalten.

Für Tajmir und die meisten Leute aus Kabul ist das der Teil Afghanistans, mit dem sie sich am wenigsten anfreunden können. Diese Regionen gelten als wild und gefährlich. Hier wohnen Menschen, die sich einer nationalen Führung nicht unterordnen wollen. Hier können Padsja Khan und seine Brüder eine ganze Region beherrschen. So war es immer. Das Recht des Stärkeren.

Sie fahren durch eine unfruchtbare Wüstenlandschaft. Ab und zu sehen sie Nomaden und Kamele, die gelassen und stolz über die Dünen schaukeln. An ein paar Orten haben die Nomaden ihre großen sandfarbenen Zelte aufgestellt. Die Frauen gehen in ihren flatternden bunten Röcken zwischen den Zelten herum. Die Frauen der Kuchi-Nomaden gelten als die freisten in Afghanistan. Nicht einmal die Taliban versuchten ihnen die Burkha aufzuzwingen, zumindest solange sie sich von den Städten fern hielten. Auch dieses Nomadenvolk hat in den letzten Jahren sehr gelitten. Wegen des Krieges und der Minen haben sie ihre jahrhundertealten Routen ändern müssen und bewegen sich jetzt auf bedeutend kleineren Gebieten als früher. Die Trockenheit der letzten Jahre hat dazu geführt, dass ein großer Teil ihrer Ziegen und Kamele verhungert ist.

Die Landschaft wird immer karger. Unten ist Wüste, oben Gebirge. Alles in Brauntönen. An den Gebirgshängen sind schwarze Zickzackmuster. Bei genauerem Hinschauen sieht man, dass das Schafe sind, die auf Felsabsätzen nach Futter suchen.

Sie nähern sich Khost. Tajmir hasst diese Stadt. Hier hatte der Talibanführer Mullah Omar seine treuesten Anhänger. Die Bewohner von Khost und Umgebung merkten kaum, dass das Land von den Taliban eingenommen worden war. Das machte kaum einen Unterschied. Hier hatten die Frauen nie außerhalb ihres Zuhauses gearbeitet und die Mädchen waren nicht zur Schule gegangen. Burkhas hatten sie getragen, so lange sie denken konnten und nicht, weil der Staat das befahl, sondern die Familie.

Khost ist eine Stadt ohne Frauen, jedenfalls an der Oberfläche. Während die Frauen in Kabul in diesem ersten Frühjahr nach dem Fall der Taliban damit begannen, die Burkha abzulegen, und man gelegentlich auch Frauen im Restaurant begegnete, ist in Khost kaum eine Frau zu sehen, nicht einmal unter einer Burkha versteckt. Abgeschieden leben sie in den Hinterhöfen, dürfen nicht ausgehen, nicht einkaufen und nur selten jemanden besuchen. Hier wird die Purdah, die totale Trennung von Frauen und Männern, strengstens befolgt.

Tajmir und Bob fahren direkt zu Padsja Khans jüngerem Bruder Kamal Khan. Er hat das Haus des Gouverneurs besetzt, während sich der frisch ernannte Gouverneur unter einer Art selbst auferlegtem Hausarrest beim Polizeichef befindet. Im Blumengarten des Gouverneurs wimmelt es von Männern des Khan-Klans. Soldaten in allen Altersstufen, von kleinen Jungen bis hin zu ergrauten Männern, sitzen, liegen oder gehen dort herum. Die Atmosphäre ist gespannt und explosiv.

»Kamal Khan?«, fragt Tajmir.

Zwei Soldaten begleiten sie zum Kommandanten, der von seinen Männern umringt dasitzt. Er genehmigt das Interview und sie setzen sich. Ein kleiner Junge tritt mit Tee ein.

»Wir sind zum Kampf bereit. Bis der falsche Gouverneur Khost verlässt und mein Bruder wieder eingesetzt wird, gibt es keinen Frieden«, sagt der junge Mann. Seine Gefolgsleute nicken, einer besonders nachdrücklich, das ist sein Stellvertreter. Er sitzt im Schneidersitz auf dem Boden, trinkt Tee und hört zu. Die ganze Zeit macht er mit einem anderen Soldaten rum. Sie haben ihre ineinander verschlungenen Hände im Schoß des einen liegen. Viele Soldaten sehen Tajmir und Bob einschmeichelnd an.

In Teilen Afghanistans, besonders im Südosten, ist die Homosexualität recht verbreitet und wird stillschweigend akzeptiert. Viele Kommandanten haben mehrere junge Liebhaber und oft sieht man ältere Männer, die mit einer Schar Knaben herumlaufen. Die Jungen tragen Blumen im Haar, hinter dem Ohr oder in den Knopflöchern. Die Homosexualität wird gern durch die strenge Befolgung der Purdah vor allem in den östlichen und südlichen Landesteilen erklärt. Oft sieht man mehrere trippelnde und die Hüften schwenkende Jungen hintereinander. Sie haben die Augen mit Kajal geschminkt und ihre Bewegungen erinnern an die Transvestiten im Westen. Sie starren, flirten und schwenken Hüften und Schultern.

Diese Kommandanten leben nicht nur ihre Homosexualität aus, die meisten haben auch eine Frau und eine große Schar Kinder. Aber sie sind nur selten zu Hause und leben bei ihren Männern. Zwischen den Liebhabern kommt es oft zu Eifersuchtsdramen. Nicht selten wurde Blutrache genommen, wenn ein junger Liebhaber gleichzeitig zwei Affären hatte. Einmal begannen zwei Kommandanten wegen eines

Liebhabers sogar in einem Basar eine Schlacht mit zwei Panzerwagen. Es gab mehrere Dutzend Tote.

Kamal Khan, ein schöner Mann Anfang zwanzig, behauptet selbstsicher, dass der Khan-Klan immer noch das Recht habe, die Provinz zu regieren.

»Das Volk ist auf unserer Seite. Wir werden bis zum letzten Mann kämpfen. Es geht uns nicht um Macht«, meint er entwaffnend, »das Volk will uns und es verdient uns. Wir richten uns nur nach seinem Wunsch.«

Zwei langbeinige Spinnen krabbeln hinter ihm die Wand hoch. Kamal Khan nimmt einen schmutzigen Beutel aus der Westentasche, in dem er ein paar Tabletten verwahrt, die er in den Mund steckt. »Ich bin krank«, sagt er mit Augen, die nach Mitleid heischen.

Das sind die Männer, die sich dem Präsidenten Hamid Karzai widersetzen. Sie regieren immer noch nach den Gesetzen der Kriegsherren und weigern sich, sich von Kabul etwas vorschreiben zu lassen. Dass Zivilisten dabei auf der Strecke bleiben, bedeutet wenig. Es geht um Macht und das bedeutet zwei Dinge: die Ehre, dass der Khan-Stamm die Macht in der Provinz behält, und Geld, die Kontrolle über den florierenden Schmuggelhandel und die Zolleinnahmen von dem, was legal eingeführt wird.

Der Grund dafür, dass sich das amerikanische Nachrichtenmagazin für den lokalen Konflikt in Khost interessiert, ist nicht unbedingt, dass Karzai droht, die Armee gegen die Kriegsherren einzusetzen. Wahrscheinlich kommt es auch nicht dazu, denn es ist so, wie Padsja Khan sagt: »Wenn Karzai das Heer einsetzt, kommen Leute zu Tode und er ist schuld.«

Nein, der Grund dafür sind die amerikanischen Einheiten in der Region. Die heimlichen amerikanischen Spezialeinheiten, in deren Nähe man nicht kommen kann. Über Geheimagenten, die auf der Jagd nach Al-Qaida im Gebirge herumkraxeln, will das Nachrichtenmagazin einen exklusiven Bericht: »Die Jagd auf Al-Qaida«. Am liebsten würde Bob Osama Bin Laden finden oder zumindest Mullah Omar. Die Amerikaner sichern sich ab und arbeiten mit beiden Seiten des lokalen Konflikts zusammen, das heißt mit den Khan-Brüdern und ihren Feinden. Beide Seiten bekommen Geld von den Amerikanern, beide Seiten ziehen mit ihnen los und werden mit Waffen und Kommunikations- und Spionageausrüstung versorgt. Denn auf beiden Seiten hat man gute Kontakte, auf beiden Seiten befinden sich die ehemaligen Gewährsleute der Taliban.

Der Hauptfeind der Khan-Brüder heißt Mustafa. Er ist Polizeichef in Khost. Mustafa arbeitet sowohl mit den Amerikanern als auch mit Karzai zusammen. Nachdem Mustafas Männer unlängst vier Männer des Khan-Klans bei einem Schusswechsel getötet hatten, musste er sich tagelang im Polizeiposten verbarrikadieren. Die vier Ersten, die den Posten verlassen würden, würde es den Kopf kosten, warnten die Khans. Als Essen und Wasser zur Neige gingen, begannen sie zu verhandeln. Sie einigten sich auf einen Aufschub. Das hat wenig zu bedeuten. Gegen vier von Mustafas Männern ist ein Todesurteil verhängt worden, das jederzeit vollstreckt werden kann. Blut muss mit Blut gerächt werden, schon die Drohung kann Folter genug sein.

Nachdem Kamal Khan und sein jüngerer Bruder Wasir Khan Mustafa als Kriminellen beschrieben haben, der Frauen und Kinder ermordet und deswegen entfernt werden müsse, bedanken sich Tajmir und Bob, und zwei junge Männer, die an Südseeschönheiten erinnern, begleiten sie zur Tür. In ihrem wogenden Haar tragen sie große, gelbe Blüten und breite, enge Gürtel um die Taille. Sie sehen Tajmir und Bob durchdringend an. Sie wissen nicht, wen sie zuerst anschauen sollen, den lebhaften blonden Bob oder den kräftigen Tajmir mit seinem Milchbartgesicht.

»Nehmt euch vor Mustafas Männern in Acht«, sagen sie.

»Auf die ist kein Verlass. Sie verraten euch, sobald ihr euch umgedreht habt. Und geht nicht nach Einbruch der Dunkelheit aus! Sonst rauben sie euch aus!«

Die zwei Reisenden gehen direkt zum Feind. Die Polizeiwache liegt ein paar Häuserblocks von dem besetzten Gouverneurshaus entfernt und dient auch als Gefängnis. Der Polizeiposten ist eine Festung mit meterdicken Wänden. Mustafas Männer schließen das schwere Eisentor auf und sie gelangen auf einen Innenhof. Auch hier duftet es nach Blumen. Aber bei Mustafa hatten sich die Soldaten nicht mit ihnen geschmückt. Hier hingen die Blüten an Büschen und Bäumen. Mustafas Soldaten lassen sich leicht von denen der Khans unterscheiden: Sie tragen dunkelbraune Uniformen, kleine, viereckige Schirmmützen und schwere Stiefel. Viele von ihnen haben ein Tuch vor Nase und Mund sowie eine dunkle Sonnenbrille. Dass man ihre Gesichter nicht sehen kann, lässt sie noch furchterregender erscheinen.

Tajmir und Bob werden über schmale Treppen und Gänge in die Festung geführt. In einem Zimmer ganz im Inneren des Gebäudes sitzt Mustafa. Wie sein Feind Kamal Khan ist er von bewaffneten Männern umgeben. Die Waffen sind dieselben und die Bärte und die Blicke ebenfalls. Der einzige Unterschied besteht darin, dass der Polizeichef auf einem Stuhl an einem Tisch sitzt und nicht auf dem Boden. Außerdem sind keine Knaben mit Blumen im Haar zugegen. Die einzigen Blumen sind ein Strauß Osterglocken in den fluoreszierenden Farben Gelb, Rot und Grün auf dem Tisch des Polizeichefs. Neben der Vase liegt der Koran in einem grünen Tuch und auf einem kleinen Sockel steht die afghanische Flagge in Miniatur.

»Wir haben Karzai auf unserer Seite und werden kämpfen«, sagt Mustafa. »Die Khans treiben in dieser Gegend schon lange genug ihr Unwesen, jetzt ist Schluss mit dieser Barbarei!« Die Männer um ihn herum nicken.

Tajmir übersetzt die ganze Zeit, dieselben Drohungen, dieselben Worte. Warum Mustafa besser sei als Padsja Khan, warum Mustafa Frieden schaffen werde. Eigentlich übersetzt er die Begründung dafür, warum es in Afghanistan niemals einen richtigen Frieden geben kann.

Mustafa war bei vielen Erkundungseinsätzen der Amerikaner dabei. Er erzählt, wie sie Häuser überwacht haben, bei denen sie sich sicher waren, dass sich in ihnen Bin Laden und Mullah Omar aufhielten. Aber sie fanden nie etwas. Die Erkundungen der Amerikaner dauern an, sind aber von viel Geheimniskrämerei umgeben, und Bob und Tajmir erfahren weiter nichts. Bob fragt, ob sie eine Nacht mitkommen könnten. Mustafa lacht nur. »Nein, das ist ›topsecret‹, so wollen die Amerikaner das. Da kannst du noch so viel bitten, junger Mann.«

»Geht nicht mehr in der Dämmerung raus«, ermahnt sie Mustafa streng, als sie gehen, »sonst überfallen euch die Männer der Khans!«

Gewarnt von beiden Seiten, begeben sie sich ins Kebabhaus der Stadt, einen großen Raum mit Kissen auf niedrigen Bänken. Tajmir bestellt Pilaw und Kebab. Bob bittet um hart gekochte Eier und Brot. Er fürchtet sich vor Parasiten und Bakterien. Sie essen rasch und eilen zurück ins Hotel, ehe die Dämmerung noch begonnen hat. In dieser Stadt kann alles geschehen und es ist besser, vorsichtig zu sein.

Das schwere Gitter vor dem Tor des einzigen Hotels der Stadt wird für sie geöffnet und hinter ihnen wieder abgeschlossen. Sie schauen auf Khost, eine Stadt mit geschlossenen Läden, maskierten Polizisten und Al-Qaida-Sympathisanten. Ein argwöhnischer Blick eines Passanten auf Bob reicht aus, damit Tajmir sich unwohl fühlt. In dieser Gegend ist auf Amerikaner ein Kopfgeld ausgesetzt. Fünfzigtausend Dollar erhält, wer einen Amerikaner tötet.

Sie gehen aufs Dach, um Bobs Satellitentelefon aufzubauen. Über ihnen fliegen Hubschrauber. Bob versucht zu raten, wo sie hinwollen. Etwa zehn Soldaten aus dem Hotel haben sich um sie versammelt und schauen das Funktelefon, in das Bob hineinspricht, mit großen Augen an.

»Redet er mit Amerika?«, fragt der, der ihr Anführer zu sein scheint, ein langer dünner Mann mit Turban, langem Hemd und Sandalen. Tajmir nickt. Die Soldaten folgen Bob mit den Augen. Tajmir bleibt stehen und unterhält sich mit ihnen. Sie interessieren sich nur für das Telefon und dafür, wie es funktioniert. Es ist eines der ersten Telefone, die sie überhaupt zu Gesicht bekommen. Einer von ihnen ruft traurig: »Weißt du, was unser Problem ist? Wir wissen alles über Waffen, aber nicht mal, wie man ein Telefon benutzt!«

Nach dem Gespräch mit Amerika gehen sie wieder nach unten. Die Soldaten gehen hinter ihnen her.

»Sind das die, die uns überfallen, sobald wir uns umdrehen?«, flüstert Bob.

Jeder der Männer hat eine Kalaschnikow. Einige haben auf der Waffe auch noch ein langes Bajonett. Tajmir und Bob setzen sich auf ein Sofa in der Lobby. Über ihnen hängt ein bemerkenswertes Bild: ein großes, gerahmtes Plakat von New York. Die beiden Türme des World Trade Centers stehen noch. Aber es handelt sich nicht um die wirkliche Skyline von New York, denn hinter den Häusern ragt ein hohes Gebirge auf. In den Vordergrund ist ein großer grüner Park mit roten Blumen geklebt. New York wirkt wie eine kleine Stadt aus Bauklötzen unterhalb eines riesigen Gebirges.

Das Bild sieht aus, als habe es lange dort gehangen. Es ist verblichen und leicht gewellt. Es hat vermutlich schon dort gehangen, ehe jemand ahnen konnte, auf welch groteske Art ausgerechnet dieses Motiv einmal mit Afghanistan und der staubigen Stadt Khost verbunden werden und dem Land noch mehr von dem geben würde, was es nicht brauchte: Bomben.

»Wisst ihr, welche Stadt das ist?«, fragt Bob.

Die Soldaten schütteln die Köpfe. Sie haben kaum einmal anderes gesehen als Lehmhäuser mit ein oder zwei Stockwerken. Deswegen kann es schwer fallen, sich vorzustellen, dass auf dem Bild wirklich eine Stadt ist.

»Das ist New York«, erklärt Bob. »Amerika. In diese zwei Häuser dort hat Osama Bin Laden die beiden Flugzeuge fliegen lassen.«

Die Soldaten springen auf. Von diesen beiden Häusern haben sie gehört. Da sind sie! Sie gestikulieren und deuten auf sie. So sahen sie aus! Dass sie jeden Tag an diesem Bild vorbeigegangen sind, ohne das zu wissen!

Bob hat eines seiner Magazine dabei und führt ihnen ein Bild eines Mannes vor, den alle Amerikaner kennen.

»Wisst ihr, wer das ist?«, will er wissen. Erneutes Kopfschütteln.

»Das ist Osama Bin Laden.«

Die Soldaten sperren die Augen auf und reißen das Magazin an sich. Sie scharen sich zusammen. Alle wollen das Bild sehen.

»Sieht er so aus?«

Die Zeitung und der Mann faszinieren sie.

»Terrorist«, sagen sie, deuten auf das Bild und lachen laut. In Khost gibt es weder Nachrichtenmagazine noch Zeitungen und sie haben noch nie ein Bild von Osama Bin Laden gesehen, der der Grund ist, dass sich die Amerikaner, Tajmir und Bob überhaupt in ihrer Stadt aufhalten.

Die Soldaten setzen sich wieder und ziehen einen großen Klumpen Haschisch aus der Tasche, von dem sie Bob und Tajmir anbieten. Tajmir riecht an ihm: »Zu stark«, sagt er lächelnd.

Die beiden Reisenden gehen zu Bett. Die ganze Nacht ist das Knattern von Maschinengewehren zu hören. Am nächsten Tag überlegen sie, was sie weiter anstellen sollen.

Sie laufen in Khost herum und sehen sich um. Niemand nimmt sie auf einen wichtigen Einsatz mit oder auf die Jagd durch die Höhlen nach Al-Qaida. Jeden Tag gehen sie bei den Todfeinden Mustafa und Kamal Khan vorbei, um zu hören, ob es etwas Neues gibt.

»Ihr müsst warten, bis Kamal Khan gesund wird« ist der Bescheid, den sie im besetzten Gouverneurshaus erhalten.

»Heute nichts Neues«, lautet das Echo aus dem Polizeiposten.

Padsja Khan ist wie vom Erdboden verschluckt. Mustafa sitzt versteinert hinter seinen fluoreszierenden Blumen. Von den amerikanischen Spezialeinheiten sehen sie keine Spur. Nichts passiert, außer dass jede Nacht mit Maschinengewehren geschossen wird und dass Hubschrauber über ihnen kreisen. Sie befinden sich auf einem der gesetzlosesten Flecken Erde und langweilen sich. Schließlich beschließt Bob, nach Kabul zurückzufahren. Tajmir jubelt im Stillen: Weg von Khost, zurück nach Mikrorayon! Zum Hochzeitstag will er eine große Torte kaufen.

Glücklich fährt er zurück zu seiner eigenen Osama, der kleinen, runden, kurzsichtigen, der Mutter, die er über alles auf der Welt liebt.

Das gebrochene Herz

Mehrere Tage lang hatte Leila Briefe empfangen. Briefe, bei denen es ihr vor Entsetzen eiskalt geworden war, bei denen ihr das Herz schneller geschlagen hatte und die sie alles andere vergessen ließen. Nachdem sie sie gelesen hat, zerreißt sie sie in kleine Schnipsel und wirft sie in den Ofen.

Die Briefe lassen sie träumen. Von einem anderen Leben. Diese Schreibereien machen ihre Gedanken beschwingt; ihr Leben wird von einer zitternden Spannung erfüllt. Diese Gefühle sind Leila neu. Plötzlich gibt es in ihrem Kopf eine Welt, von der sie nie geahnt hätte, dass sie existiert.

»Ich will fliehen! Ich will weg!«, schreit sie eines Tages, während sie den Fußboden fegt. »Raus!«, ruft sie und schwingt den Besen im Kreis herum.

»Was hast du gesagt?«, fragt Sonya und schaut vom Boden hoch, auf dem sie mit abwesendem Blick sitzt und mit dem Finger das Muster des Teppichs nachzieht.

»Nichts«, antwortet Leila. Sie hat das Gefühl, dass sie das alles nicht mehr erträgt, dass das Haus ein Gefängnis ist. »Warum sind alle nur so kompliziert?«, klagt sie. Sie, die sonst überhaupt nicht gern ausgeht, hat jetzt das Gefühl, dass sie raus*muss*. Sie geht auf den Markt. Eine Viertelstunde später kommt sie mit einem Bund Zwiebeln zurück. Die anderen begegnen ihr mit Misstrauen.

»Gehst du aus, nur um Zwiebeln zu kaufen? Ist es dir so wichtig, dich zur Schau zu stellen, dass du auf den Basar gehst, obwohl wir eigentlich nichts brauchen?« Sharifa hat fürchterliche Laune. »Nächstes Mal bittest du einen von den kleinen Jungen, für dich zu gehen!«

Einkaufen ist eigentlich die Aufgabe der Männer und der alten Frauen. Es ist nicht gut, wenn Frauen verweilen, um mit den Ladenbesitzern oder den Männern auf dem Markt zu verhandeln. Alle, die einen Stand oder einen Laden besitzen, sind Männer. Unter den Taliban hatten die Behörden den Frauen verboten, allein auf den Markt zu gehen – jetzt verbietet es ihr Sharifa aus ihrer düsteren Unzufriedenheit heraus.

Leila antwortet nicht. Als ob sie daran interessiert sei, sich mit einem Zwiebelverkäufer zu unterhalten. Sie nimmt alle Zwiebeln zum Kochen, nur um Sharifa zu beweisen, dass sie den Bund Zwiebeln wirklich gebraucht hat.

Sie steht in der Küche, als die Jungen nach Hause kommen. Sie hört Aimal hinter ihr kichern und duckt sich. Ihr Herz schlägt schneller. Sie hat ihn gebeten, keine weiteren Briefe für sie mitzubringen. Aber Aimal steckt ihr erneut einen Brief zu – und ein hartes Paket. Sie versteckt beides unter ihrem Kleid, eilt zu ihrer Truhe und schließt es weg. Während die anderen essen, schleicht sie sich raus und geht in das Zimmer, in dem sie ihre Schätze verwahrt. Mit zitternden Händen schließt sie ihre Truhe auf und entfaltet den Zettel.

»Liebe L. Du musst mir jetzt antworten. Mein Herz brennt für dich. Du bist so schön, willst du mich von meiner Trauer befreien oder soll ich für alle Ewigkeit im Dunkeln leben? Mein Leben liegt in deinen Händen. Sei so lieb, schick mir ein Zeichen. Ich will dich treffen, gib mir Antwort. Ich will das Leben mit dir teilen. Viele Grüße! K.«

Im Paket liegt eine Uhr. Mit blauem Glas und silbernem Armband. Sie zieht sie an, aber legt sie schnell wieder weg.

Die kann sie nie tragen. Was soll sie antworten, wenn die anderen sie fragen, von wem sie sie hat? Sie errötet, obwohl sie allein ist. Wenn ihre Brüder oder ihre Mutter davon erführen – nicht auszudenken! Geschrei und Entsetzen, was für eine Schande! Sultan und Yunus würden sie verurteilen. Indem sie die Briefe entgegennimmt, begeht sie eine ganz unmoralische Handlung.

»Empfindest du dasselbe wie ich?«, hatte er geschrieben. Eigentlich empfindet sie überhaupt nichts. Sie hat Todesangst. Als hätte man ihr eine neue Wirklichkeit über den Kopf gestülpt. Zum ersten Mal in ihrem Leben verlangt jemand von ihr eine Antwort. Er will wissen, was sie empfindet, was sie meint. Aber sie hat keine Meinung, sie ist es nicht gewohnt, eine Meinung zu haben. Sie sagt sich, dass sie nichts empfindet, weil sie weiß, dass sie nichts empfinden darf. Gefühle sind eine Schande, hat Leila gelernt.

Karim hat Gefühle. Karim hat sie einmal gesehen. Bei dem einen Mal, als sie mit Sonya Sultan und den Jungs das Mittagessen ins Hotel brachte. Karim hatte sie nur einen Augenblick lang gesehen, aber sie hatte etwas, was ihm die Gewissheit gab, sie sei die Richtige: ihr rundes, bleiches Gesicht, ihre schöne Haut und ihre Augen.

Karim wohnt allein in einem Zimmer und arbeitet für eine japanische Fernsehgesellschaft. Er ist ein einsamer Junge. Seine Mutter wurde von einem Granatsplitter getötet, der sich während des Bürgerkriegs in ihren Hinterhof verirrte. Sein Vater heiratete rasch wieder. Karim mochte die Frau nicht. Das beruhte auf Gegenseitigkeit. Die Kinder der ersten Frau waren ihr gleichgültig und sie schlug sie, wenn ihr Vater nicht hinschaute. Karim beklagte sich nie. Sein Vater hatte sich für die Frau entschieden, nicht für seine Kinder. Nach Ende der Schule arbeitete er einige Jahre in der Apotheke seines Vaters in Jalalabad, aber nach einiger Zeit hielt er es nicht mehr bei der neuen Familie aus. Als seine jüngere Schwester mit einem Mann aus Kabul verheiratet wurde, zog Karim ihr nach und wohnte bei ihr. Er studierte ein paar Fächer an der Universität, und als die Taliban flüchteten und Horden von Journalisten in Kabuls Hotels und Pensionen einfielen, bot Karim seine Englischkenntnisse meistbietend feil. Er hatte Glück und fand Arbeit bei einer Gesellschaft, die ein Büro in Kabul eröffnete und Karim einen langen Vertrag bei gutem Lohn gab. Sie bezahlten ihm ein Zimmer in einem Hotel. Dort lernte Karim Mansur und die Familie Khan kennen. Er mochte sie, ihre Buchhandlung, ihr Wissen und ihre Nüchternheit. Eine gute Familie, dachte er.

Nachdem Karim einen kurzen Blick auf Leila geworfen hatte, war es um ihn geschehen. Aber Leila kam nie mehr ins Hotel zurück, es hatte ihr schon das eine Mal dort nicht gefallen. Kein Platz für eine junge Frau, hatte sie gedacht.

Karim konnte mit niemandem über seine Besessenheit reden. Mansur hätte nur gelacht und im schlimmsten Fall alles verdorben. Für Mansur war nichts heilig und seine Tante war ihm ziemlich gleichgültig. Nur Aimal wusste von der Sache und Aimal hielt dicht. Aimal war Karims Bote.

Wenn er sich mehr mit Mansur anfreunden würde, würde er durch ihn Zugang zu der Familie erhalten, dachte Karim. Er hatte Glück, eines Tages lud ihn Mansur zum Abendessen ein. Es ist üblich, dass man seine Freunde der Familie vorstellt, und Karim war einer von Mansurs respektableren Freunden. Karim tat sein Äußerstes, damit ihn alle mochten. Er war charmant, hörte interessiert zu und überschüttete sie mit Komplimenten für das Essen. Besonders wichtig war es ihm, dass ihn Mansurs Großmutter mochte, denn sie hatte das letzte Wort, was Leila betraf. Aber diejenige, derentwegen er eigentlich gekommen war, zeigte sich nie. Sie stand in der Küche und kochte das Essen. Sharifa und Bulbula servierten. Ein junger Mann, der nicht zur Familie gehört, bekommt die unverheirateten Töchter nur selten zu Gesicht. Als sie gegessen hatten, der Tee getrunken war und sich alle hinlegen wollten, sah er sie erneut ganz kurz. Wegen der Ausgangssperre müssen Gäste zum Abendessen oft über Nacht bleiben. Leila sollte das Esszimmer in ein Schafzimmer verwandeln. Sie breitete Teppiche aus, holte Decken und Kissen und legte Karim einen extra Teppich hin. Es gelang ihr nicht, an etwas anderes zu denken, als dass der Briefschreiber in der Wohnung war.

Er dachte, sie sei schon fertig, und wollte das Zimmer betreten, um zu beten, ehe sich die anderen hinlegten. Da stand sie immer noch, über den Teppich gebeugt, das lange Haar zu einem Zopf auf dem Rücken geflochten und von einem einfachen Tuch bedeckt. Erstaunt und erregt drehte er sich in der Tür um. Leila merkte nicht mal, dass er dort gestanden hatte. Karim musste die ganze Nacht an ihren Anblick – über die Teppiche gebeugt – denken. Am nächsten Morgen sah er sie nicht einmal flüchtig, obwohl sie ihm sein Waschwasser hingestellt, sein Ei gebraten und seinen Tee gekocht hatte. Sogar seine Schuhe hatte sie geputzt, während er noch schlief.

Am nächsten Tag schickte er seine Schwester zu den Frauen der Khans. Sie durfte Leila treffen. Wenn jemand neue Freunde gewinnt, werden nicht nur diese der Familie vorgestellt, sondern häufig auch seine Verwandten. Die Schwester ist Karims nächste Verwandte. Sie wusste von Karims Schwärmerei für Leila, jetzt wollte sie sie in Augenschein nehmen und auch die Familie besser kennen lernen. Als sie nach Hause kam, erzählte sie Karim alles, was er bereits wusste.

»Sie ist tüchtig und fleißig. Sie ist hübsch und gesund. Die Familie ist ruhig und ordentlich. Sie ist eine gute Partie.«

»Aber was hat sie gesagt? Wie war sie? Wie sah sie aus?« Karim konnte die Antworten auf diese Fragen nicht oft genug hören, auch das nicht, was er für die allzu zahmen Beschreibungen seiner Schwester von Leila hielt. »Ich habe doch gesagt, dass sie ein ordentliches Mädchen ist«, sagte sie zum Schluss.

Da Karim keine Mutter mehr hatte, musste seine jüngere Schwester für ihn um Leilas Hand anhalten. Aber dafür war es jetzt noch zu früh, erst musste sie besser mit der Familie bekannt werden, weil es zwischen ihnen keine Verwandtschaftsbande gab. Wenn sie das nicht tat, würden sie sicher sofort nein sagen.

Nach dem Besuch seiner Schwester begannen alle, Leila mit Karim aufzuziehen. Leila tat gleichgültig, wenn sie sie verspotteten. Sie tat so, als sei ihr das egal, obwohl sie sich innerlich verzehrte. Wenn sie nur von den Briefen nichts erfuhren. Sie war wütend auf Karim, weil er sie dieser Gefahr ausgesetzt hatte. Sie zerschlug die Uhr mit einem Stein und warf sie weg.

Sie hatte vor allem eine wahnsinnige Angst, dass Yunus was erfahren könnte. Er war derjenige der Familie, der die strengste moslemische Lebensweise in der Familie verfocht, obwohl er sie selbst nicht so lebte. Gleichzeitig war er das Familienmitglied, das sie am meisten mochte. Sie hatte Angst, dass er etwas Schlechtes über sie denken würde, falls er erführe, dass sie Briefe empfangen hatte. Als man ihr einmal wegen ihrer Englischkenntnisse einen Teilzeitjob anbot, verbot ihr Yunus, ihn anzunehmen. Er konnte nicht akzeptieren, dass sie mit Männern in einem Büro arbeitete.

Leila erinnerte sich an die Unterhaltung, die sie über Jamila geführt hatten. Sharifa hatte erzählt, das junge Mädchen sei erdrosselt worden.

»Was ist mit ihr?«, rief Yunus. »Du meinst die, die am Kurzschluss des Ventilators gestorben ist?«

Yunus wusste nicht, dass das gelogen und dass Jamila ermordet worden war, weil sie nachts von einem Liebhaber Besuch empfangen hatte. Leila erzählte ihm die Geschichte.

»Furchtbar, furchtbar!«

Leila nickte.

»Wie konnte sie nur?«, meinte er noch.

»Sie?«, erwidert Leila. Sie hatte seinen Gesichtsausdruck missverstanden und für Schock, Wut und Trauer darüber gehalten, dass Jamila von ihren eigenen Brüdern erdrosselt worden war. Aber es war der Schock und die Wut darüber, dass sie einen Liebhaber gehabt hatte.

»Ihr Mann war doch reich und gut aussehend«, sagte er, immer noch vor Entrüstung zitternd. »Was für eine Schande!«, meinte er dann. »Und dann noch ein Pakistaner! Das macht mich noch sicherer, dass ich eine ganz junge Frau will. Jung und unberührt. Und dann darf ich die Zügel nicht locker lassen«, fügte er noch verbissen hinzu.

»Aber der Mord?«, wandte Leila ein.

»Ihr Verbrechen kam zuerst.«

Leila will auch jung und unberührt sein. Sie hat eine Heidenangst, dass man ihr auf die Schliche kommen könnte. Sie sieht keinen Unterschied darin, seinem Mann untreu zu sein und Briefe von einem Jungen zu empfangen. Beides ist nicht erlaubt, schlimm und eine Schande, wenn es ans Licht kommt. Jetzt hat sie bereits angefangen, Karim als Rettung vor der Familie zu betrachten, und hat Angst, dass Yunus sie nicht unterstützen wird, wenn dieser um ihre Hand anhält.

Auf ihrer Seite konnte von Verliebtheit nicht die Rede sein. Sie hatte ihn noch kaum gesehen und nur hinter einem Vorhang versteckt einen Blick auf ihn geworfen. Außerdem hatte sie ihn vom Fenster aus angeschaut, als er zusammen mit Mansur zu Besuch gekommen war. Das wenige, was sie gesehen hatte, hatte sie nur halbwegs passabel gefunden.

»Er sieht aus wie ein Kind«, sagte sie etwas später zu Sonya. »Er ist klein und dünn und hat ein kindliches Gesicht.«

Aber er war gebildet, wirkte freundlich und hatte keine Familie. Deshalb war er die Rettung, weil er sie von dem

Leben wegholen konnte, das ihr sonst zuteil werden würde. Das Beste von allem war, dass er keine große Familie hatte. So riskierte sie nicht, Dienstmädchen zu werden. Er würde sie studieren oder arbeiten lassen. Nur zu zweit würden sie sein und vielleicht konnten sie irgendwohin fahren, möglicherweise ins Ausland.

Nicht dass es so gewesen wäre, dass Leila keine Freier hatte. Bereits drei gab es, alles Verwandte und solche, die sie nicht haben wollte. Einer war der Sohn einer Tante, ein Analphabet, arbeitslos, faul und zu nichts zu gebrauchen.

Der zweite Freier war Wakils Sohn, ein langer Lümmel. Er hatte keine Arbeit und half nur gelegentlich Wakil bei seinen Fahrten.

»Was für ein Glück du hast, du bekommst einen Mann mit zwei Fingern«, spottete Mansur manchmal. Wakils Sohn, der drei Finger verloren hatte, als er sich an einer Autobatterie zu schaffen gemacht hatte, wollte Leila ebenfalls nicht. Ihre ältere Schwester Shakila machte sich für diese Ehe stark. Sie wollte Leila gern bei sich auf dem Hof haben. Aber diese wusste, dass sie dort die Dienerin bleiben würde. Immer würde sie unter der Fuchtel der großen Schwester stehen und Wakils Sohn würde immer den Befehlen seines Vaters gehorchen müssen.

Dann sind nicht nur wie jetzt die Kleider von dreizehn Personen zu waschen, sondern von zwanzig, dachte sie. Shakila würde die würdige Hausfrau, sie das Dienstmädchen. Erneut. Außerdem kam sie dann nicht weg, sie würde wieder in der Familie gefangen sein, wie Shakila ständig mit Küken, Hühnern und Kindern am Rockzipfel.

Der dritte Freier war Khaled, ihr Cousin. Ein gut aussehender, ruhiger junger Mann. Ein Junge, mit dem sie zusammen aufgewachsen war und den sie eigentlich mochte. Er war freundlich und besaß warme, schöne Augen. Aber dann war da noch seine Familie. Er hatte eine furchtbare Familie, die noch dazu wahnsinnig groß war. Sie zählte rund dreißig Personen. Sein Vater, ein strenger alter Mann, war gerade aus dem Gefängnis entlassen worden, nachdem man ihn angeklagt hatte, mit den Taliban zusammengearbeitet zu haben. Ihr Haus war wie die meisten anderen Häuser in Kabul während des Bürgerkriegs ausgeplündert worden. Als die Taliban kamen und für Recht und Ordnung sorgten, hatte Khaleds Vater ein paar Mudschaheddin in seinem Dorf angeklagt. Sie wurden festgenommen und saßen lange im Gefängnis. Nach der Flucht der Taliban erhielten diese Männer die Macht im Dorf zurück und warfen als Rache Khaleds Vater ins Gefängnis. »Geschieht ihm nur recht«, meinten einige, »was war er auch so dumm, sie anzuklagen.«

Khaleds Vater war dafür bekannt, leicht in Rage zu geraten. Außerdem hatte er zwei Frauen, die ständig stritten und sich fast nicht in einem Zimmer aufhalten konnten. Jetzt erwog er, sich eine dritte Frau zu nehmen. »Sie sind zu alt für mich. Ich brauche eine, die mich jung hält«, hatte der Siebzigjährige gesagt. Leila mochte gar nicht daran denken, in diese chaotische Familie zu geraten. Außerdem hatte Khaled kein Geld und deswegen würden sie nicht für sich wohnen können.

Aber jetzt hatte ihr das Schicksal so großzügig Karim geschenkt. Das neue, etwas gefährliche Leben gab ihr den Auftrieb, den sie brauchte, und einen Grund zur Hoffnung. Sie weigert sich, aufzugeben, und sucht weiter nach einer Möglichkeit, zum Unterrichtsministerium zu kommen, um sich als Lehrerin registrieren zu lassen. Als klar ist, dass keiner der Männer der Familie ihr helfen will, erbarmt sich Sharifa. Sie verspricht ihr, sie ins Ministerium zu begleiten. Aber die Zeit vergeht und es kommt nie dazu. Sie haben keinen Termin. Leila lässt wieder den Kopf hängen, aber dann taucht auf eine merkwürdige Art doch wieder ein Hoffnungsschimmer auf.

Karims Schwester hatte diesem von Leilas Problemen

erzählt, sich als Lehrerin registrieren zu lassen. Nach mehrwöchigen Bemühungen und weil Karim die rechte Hand des Unterrichtsministers kennt, verschafft er Leila einen Termin beim neuen Unterrichtsminister Rasul Amin. Leila bekommt die Erlaubnis ihrer Mutter, ihn wahrzunehmen, weil sie jetzt endlich den Lehrerjob bekommen kann, den sie sich wünscht. Glücklicherweise ist Sultan im Ausland und auch Yunus macht ihr keine Schwierigkeiten. Es scheint alles nach Wunsch zu verlaufen. Sie liegt die ganze Nacht wach, dankt Gott und betet, dass alles glatt geht, sowohl die Begegnung mit Karim als auch die mit dem Minister.

Um neun will Karim sie abholen. Leila probiert alle ihre Kleider. Nichts gefällt ihr. Sie probiert Sonyas Kleider, Sharifas und dann wieder ihre eigenen. Nachdem die Männer des Hauses gegangen sind, setzen sich die Frauen auf den Boden und Leila tritt in immer neuen Sachen ins Zimmer.

»Zu eng.«

»Zu gemustert.«

»Zu viel Glitzerkram.«

»Zu durchsichtig.«

»Das ist nicht gewaschen.«

Irgendetwas stimmt nie. Leilas Kleider sind entweder alte, verschlissene und verfilzte Pullover oder glitzernde Blusen mit goldenen Applikationen. Sie hat nichts Normales. Wenn sie sehr selten einmal Kleider kauft, dann für eine Hochzeit oder für ein Verlobungsfest, und da nimmt sie immer das Schillernste. Schließlich entscheidet sie sich für eine weiße Bluse von Sonya und einen langen schwarzen Rock. Das ist aber alles gar nicht so wichtig, sie hüllt sich ohnehin in ein langes Tuch, das den Kopf und den Oberkörper bis weit über die Hüften bedeckt. Aber das Gesicht bleibt frei, denn Leila hat aufgehört, die Burkha zu tragen. Sie hatte sich gelobt, den Schleier abzunehmen, sobald der König zurückkam, weil Afghanistan dann ein modernes

Land werden würde. An dem Aprilmorgen, als der Exkönig Zahir Schah nach drei Jahrzehnten im Exil wieder afghanische Erde betrat, hängte sie ihre Burkha endgültig an den Nagel und sagte sich, dass sie dieses stinkende Gewand nie mehr tragen würde. Sonya und Sharifa machten es ihr nach. Für Sharifa war das leicht, sie hatte den größten Teil ihres Erwachsenenlebens das Gesicht offen getragen, aber für Sonya war das schlimmer. Sie war unter der Burkha vom Kind zur Frau geworden und sie sträubte sich. Schließlich verbot ihr Sultan, die Burkha weiter zu tragen. »Ich will keine prähistorische Ehefrau. Du bist die Frau eines liberalen Mannes und nicht die eines Fundamentalisten.«

Auf vielen Gebieten war Sultan liberal. Im Iran hatte er für sich und Sonya westliche Kleider gekauft. Die Burkha bezeichnete er gern als einen Käfig der Unterdrückung. Er freute sich, dass es in der neuen Regierung Ministerinnen gab. In seinem Herzen wünschte er sich, dass Afghanistan ein modernes Land werden würde. Mit Anteilnahme sprach er über die Befreiung der Frau, aber innerhalb seiner Familie blieb er ein autoritärer Patriarch.

Als Karim endlich kommt, steht Leila in das Tuch gehüllt vor dem Spiegel. Ihre Augen leuchten wie nie zuvor. Sharifa verlässt vor ihr die Wohnung. Leila ist nervös und schaut zu Boden. Sharifa setzt sich auf den Beifahrersitz, Leila nach hinten. Sie grüßt kurz. Das ging glatt, sie ist immer noch angespannt, aber ihre Nervosität ist verflogen. Er wirkt ungefährlich und sieht nett und etwas seltsam aus.

Karim unterhält sich mit Sharifa über alles Mögliche: ihre Söhne, die Arbeit und das Wetter. Sie fragt ihn nach seiner Familie und seinem Job. Sharifa will ebenfalls wieder als Lehrerin arbeiten. Im Unterschied zu Leila hat sie die nötigen Papiere und muss sich nur wieder registrieren lassen. Leila hat eine bunte Sammlung Zeugnisse von der Schule in Pakistan und von den Englischkursen. Sie hat keine Lehrerausbildung und nicht einmal das Gymnasium beendet, aber die Schule, die sie im Auge hat, würde nie eine Englischlehrerin bekommen, wenn nicht sie dort unterrichtet.

Im Ministerium müssen sie mehrere Stunden auf ihr Treffen mit dem Minister warten. Um sie herum sitzen eine Menge Frauen, in den Ecken, an den Wänden, mit Burkha und ohne. In Schlangen stehen sie vor einer Menge Tische an. Formulare werden ihnen hingeknallt und sie geben sie ausgefüllt zurück. Einige Angestellte schlagen diejenigen, die nicht schnell genug weggehen. Die Anstehenden schimpfen die an den Tischen aus und die an den Tischen die in der Schlange. Es herrscht tatsächlich eine Art Gleichberechtigung, Männer schimpfen mit Frauen und Frauen mit Männern. Einige Männer, die offensichtlich im Ministerium angestellt sind, rennen mit Papierstößen herum, als würden sie im Kreis laufen. Alle rufen durcheinander. Eine uralte, verhutzelte Frau irrt herum, sie hat sich offenbar verlaufen, aber niemand hilft ihr. Erschöpft setzt sie sich in eine Ecke und schläft ein. Eine andere Frau sitzt da und weint.

Karim nutzt die Wartezeit gut. Einmal bleibt er sogar mit Leila allein, als Sharifa sich an einem Tisch mit einer langen Schlange nach etwas erkundigen will.

»Wie lautet deine Antwort?«, will er wissen.

»Du weißt, dass ich dir keine geben kann«, erwidert sie.

»Aber was willst du?«

»Du weißt, dass ich keinen Willen haben darf.«

»Aber magst du mich?«

»Du weißt, dass ich dazu keine Meinung haben darf.«

»Sagst du ja, wenn ich um deine Hand anhalte?«

»Du weißt, dass nicht ich die Antwort gebe.«

»Willst du mich wiedersehen?«

»Das kann ich nicht.«

»Warum kannst du nicht ein bisschen nett sein? Magst du mich nicht?«

»Meine Familie entscheidet, ob ich dich mag oder nicht.«

Leila ist verärgert, dass er es wagt, sie nach diesen Dingen zu fragen. In jedem Fall entscheiden ihre Mutter und Sultan. Aber natürlich mag sie ihn. Sie mag ihn, weil er ihre Rettung sein könnte. Aber sie hegt keine Gefühle für ihn. Wie soll sie Karims Fragen beantworten?

Stundenlang warten sie. Endlich dürfen sie eintreten. Hinter einem Vorhang sitzt der Minister. Er begrüßt sie kurz. Dann nimmt er die Papiere, die ihm Leila reicht, und unterschreibt sie, ohne sie anzuschauen. Sieben Zeugnisse unterschreibt er, dann werden sie wieder nach draußen geschoben.

So funktioniert die afghanische Gesellschaft. Du musst jemanden kennen, um vorwärts zu kommen. Ein lähmendes System. Nichts passiert ohne die richtigen Unterschriften und ohne von den richtigen Leuten abgesegnet worden zu sein. Leila durfte beim Minister vorsprechen, andere müssen sich mit der Unterschrift eines weniger Prominenten begnügen. Aber da die Minister den größten Teil des Tages darauf verwenden, die Papiere von Leuten zu unterschreiben, die dafür bezahlen, werden ihre Unterschriften immer weniger wert.

Leila denkt, dass mit der Unterschrift des Ministers der Weg in die Welt des Unterrichts leicht sein müsste. Aber sie muss in eine Menge neuer Büros und an Tischen und Schaltern anstehen. Meist führt Sharifa das Wort, während Leila dasitzt und zu Boden schaut. Dass es so schwer sein soll, sich als Lehrerin registrieren zu lassen, obwohl Afghanistan nach Lehrkräften schreit? An vielen Orten gebe es Schulen und Lehrbücher, aber niemanden, der unterrichten könne, hatte der Minister gesagt. Als Leila in das Büro kommt, in dem die neuen Lehrer examiniert werden, sind ihre Papiere von allen Händen, durch die sie gegangen sind, bereits ganz zerknittert.

Sie muss noch eine mündliche Prüfung ablegen, ob sie als Lehrerin geeignet ist. In einem Zimmer sitzen zwei Männer und eine Frau hinter einem Tisch. Nachdem sie ihren

Namen, ihr Alter und ihre Ausbildung aufgeschrieben haben, werden die Fragen gestellt.

»Kannst du das islamische Glaubensbekenntnis?«

»Es gibt keinen Gott neben Gott und Mohammed ist sein Prophet«, deklamiert Leila.

»Wie oft am Tag soll ein Moslem beten?«

»Fünfmal.«

»Ist nicht sechsmal richtig?«, fragt die Frau hinter dem Tisch. Leila lässt sich nicht verunsichern.

»Vielleicht für Sie, aber für mich sind es fünfmal.«

»Und wie oft betest du?«

»Fünfmal am Tag«, lügt Leila.

Dann kommt eine mathematische Aufgabe, die sie lösen kann. Dann eine Formel aus der Physik, von der sie noch nie gehört hat.

»Wollen Sie mich denn nicht in Englisch abfragen?«

Die drei schütteln den Kopf. »Da könntest du sagen, was du willst«, sagen sie spöttisch und lachen. Keiner von ihnen kann Englisch. Leila hat das Gefühl, dass weder sie noch ein anderer der Kandidaten eine Arbeit bekommt. Nach beendetem Examen und langen Diskussionen untereinander fällt ihnen auf, dass ihr ein Papier fehlt. »Komm wieder, wenn du das Papier dabeihast«, sagen sie.

Nach acht Stunden im Ministerium fahren sie missmutig nach Hause. Bei diesen Bürokraten half nicht einmal die Unterschrift des Ministers.

»Ich gebe auf. Vielleicht habe ich ja auch eigentlich gar keine Lust, Lehrerin zu werden«, sagt Leila.

»Ich helfe dir«, sagt Karim und lächelt. »Habe ich einmal angefangen, bringe ich das auch zu Ende«, verspricht er. Leila wird es ein wenig warm ums Herz.

Am nächsten Tag reist Karim nach Jalalabad, um mit seiner Familie zu sprechen. Er erzählt ihnen von Leila, davon, aus welcher Familie sie kommt, und dass er gerne um ihre

Hand anhalten würde. Sie sind einverstanden und jetzt ist der nächste Schritt, seine Schwester zu schicken. Das dauert. Karim hat Angst, ein Nein zu bekommen, und er braucht viel Geld für die Hochzeit, für die Aussteuer und ein Haus. Außerdem wird das Verhältnis zu Mansur immer distanzierter. Dieser hat ihn die letzten Tage ignoriert. Er nickt ihm nur kurz zu, wenn sie sich begegnen. Eines Tages fragt ihn Karim, ob er etwas falsch gemacht habe.

»Ich muss dir etwas über Leila erzählen«, antwortet Mansur.

»Was?«, will Karim wissen.

»Nein, im Übrigen kann ich das nicht sagen«, erwidert Mansur. »Tut mir Leid.«

»Was ist es?« Karim bleibt mit offenem Mund stehen. »Ist sie krank? Hat sie einen anderen? Ist irgendwas nicht in Ordnung mit ihr?«

»Ich kann das nicht sagen, aber wenn du es wüsstest, würdest du sie nie heiraten«, sagt Mansur. »Jetzt muss ich gehen.«

Jeden Tag liegt Karim Mansur damit in den Ohren, was denn nun mit Leila nicht in Ordnung sei. Stets entzieht Mansur sich ihm. Karim bettelt und bittet, wird wütend und sauer, aber Mansur will nie antworten.

Mansur hatte von Aimal von den Briefen erfahren. Anfänglich hatte er nichts dagegen, dass Karim Leila bekommen würde, im Gegenteil, aber Wakil hatte ebenfalls mitbekommen, dass Karim freite. Er bat Mansur, Karim von Leila fern zu halten. Mansur musste tun, was der Mann der Tante sagte. Wakil gehörte zur Familie, Karim nicht.

Wakil bedrohte Karim auch direkt. »Ich habe sie für meinen Sohn ausgesucht«, sagte er. »Leila gehört zu unserer Familie und meine Frau hätte gern, dass sie meinen Sohn heiratet. Das will ich auch und das würde auch Sultan und ihrer Mutter gefallen. Das Beste für dich ist, dass du dich aus dem Staub machst.«

Karim konnte dem älteren Wakil nichts entgegensetzen. Seine einzige Chance war, dass Leila dafür kämpfte, ihn zu heiraten. Aber war wirklich mit Leila etwas nicht in Ordnung? Stimmte, was Mansur sagte?

Karim beginnt an der ganzen Brautwerbung zu zweifeln.

In der Zwischenzeit kommen Wakil und Shakila zu Besuch in Mikrorayon. Leila verschwindet in der Küche, um Essen zu kochen. Nachdem sie gegangen sind, sagt Bibi Gul:

»Sie haben für Said um dich gefreit.«

Wie versteinert bleibt Leila stehen.

»Ich sagte, dass ich einverstanden bin, aber dass ich dich erst noch fragen will«, meint Bibi Gul.

Leila hat immer getan, was ihr ihre Mutter befohlen hat. Jetzt sagt sie kein Wort. Wakils Sohn! Mit ihm wird ihr Leben genauso sein wie jetzt, nur mit noch mehr Arbeitsaufgaben und Arbeitgebern. Außerdem wird sie einen Mann mit zwei Fingern bekommen, der noch nie ein Buch aufgeschlagen hat.

Bibi Gul tunkt ein Stück Brot in das Öl auf dem Teller und steckt es in den Mund. Sie entdeckt einen Knochen auf Shakilas Teller und saugt das Mark aus, während sie zu ihrer Tochter hochschaut.

Leila spürt, wie sie das Leben, die Jugend und die Hoffnung verlassen, ohne dass sie sich retten kann. Sie hat das Gefühl, ihr Herz sei ein schwerer einsamer Stein, der ein für alle Mal zerschlagen wird.

Leila dreht sich um, geht die drei Schritte zur Tür, macht sie leise hinter sich zu. Ihr gebrochenes Herz bleibt hinter ihr zurück. Bald mischt es sich mit dem Staub, der durch die Fenster hereindringt und der in den Teppichen hängt. Noch am selben Abend wird sie es selbst auffegen und auf den Hof schmeißen.

Nachwort

Alle glücklichen Familien ähneln sich. Jede unglückliche Familie ist unglücklich auf ihre Art.

Lew Tolstoi
»Anna Karenina«

Einige Wochen nachdem ich Kabul verlassen hatte, wurde die Familie getrennt. Ein Streit endete mit einer Schlägerei, und die Worte, die zwischen Sultan und den zwei Frauen auf der einen Seite und Leila und Bibi Gul auf der anderen Seite fielen, waren so unversöhnlich, dass es schwer gewesen wäre, weiterhin zusammenzuwohnen. Als Yunus nach dem Handgemenge nach Hause kam, nahm Sultan ihn beiseite und sagte ihm, er, die Schwestern und die Mutter müssten ihn respektieren, wie er es verdiente, weil er der Älteste sei und weil sie sein Brot äßen.

Am Tag darauf, noch ehe es hell wurde, zogen Bibi Gul, Yunus, Leila und Bulbula aus der Wohnung aus, ohne etwas anderes mitzunehmen als das, was sie am Körper trugen. Keiner von ihnen ist seither zurückgekehrt. Sie zogen bei Farid ein, Sultans anderem verstoßenen Bruder, dessen hochschwangerer Frau und ihren drei Kindern. Jetzt suchen sie nach einer eigenen Bleibe.

»Afghanische Brüder sind nicht freundlich zueinander«, meint Sultan am Telefon aus Kabul. »Es wird Zeit, dass wir unabhängige Leben führen.«

Leila hat nichts mehr von Karim gehört. Als das Verhältnis zu Mansur abkühlte, war es für Karim schwer, den Kontakt zur Familie zu halten. Außerdem war er sich unsicher, was er selbst wollte. Er bekam ein ägyptisches Stipendium, um an der Al-Azhar-Universität in Kairo Islam zu studieren.

»Er soll Mullah werden«, sagt Mansur lachend. Die Verbindung nach Kabul ist schlecht.

Der Tischler bekam drei Jahre. Sultan kannte keine Gnade. »Gesindel soll nicht frei herumlaufen. Ich bin mir sicher, dass er mindestens zwanzigtausend Ansichtskarten gestohlen hat. Was er über seine arme Familie gesagt hat, das ist alles gelogen. Ich habe ausgerechnet, dass er ein Vermögen verdient hat. Aber er hat das Geld versteckt.«

Mariam, die Todesängste ausgestanden hatte, eine Tochter zu bekommen, hatte unter dem Schutz Allahs gestanden und einen Sohn geboren.

Sultans riesiges Schulbuchgeschäft ging den Bach runter, Oxford University machte das Rennen. Sultan ist das egal. »Das wäre über meine Kräfte gegangen. Die Bestellung war zu groß.«

Im Übrigen läuft die Buchhandlung bestens. Sultan hat profitable Verträge im Iran abgeschlossen und verkauft Bücher an die Bibliotheken der westlichen Botschaften. Er möchte eines der stillgelegten Kinos in Kabul kaufen, um dort ein Zentrum mit Buchhandlung, Vortragssälen und Bibliothek einzurichten, einen Ort, an dem Forscher Zugang zu seiner großen Buchsammlung hätten. Er hat versprochen, Mansur im nächsten Jahr auf Geschäftsreise nach Indien zu schicken. »Er muss lernen, was Verantwortung ist, das ist gut für seinen Charakter«, sagte er erneut. »Vielleicht schicke ich die anderen Jungen zur Schule.«

Sultan hat erlaubt, dass seine Söhne am Freitag freinehmen. Dann können sie machen, was sie wollen. Mansur geht immer noch auf seine Feste und kommt mit ständig neuen Geschichten, wo er gewesen sein will, nach Hause. Seine neue Flamme ist ein Mädchen aus dem dritten Stock.

Aber Sultan macht sich Sorgen um die politische Situation. »Sehr gefährlich. Die Nordallianz bekam zu viel Macht von der Volksversammlung, der Loya Dschirga. Es gibt kein Gleichgewicht. Karzai ist zu schwach, es gelingt ihm nicht, das Land zu regieren. Das Beste wäre eine von den Europäern eingesetzte Regierung von Technokraten. Wenn wir Afghanen unsere eigenen Führer wählen, dann geht das schief. Sie arbeiten nicht zusammen und das Volk leidet. Außerdem haben wir unsere Denker noch nicht zurückbekommen, dort, wo die Intellektuellen sein sollten, herrscht nur Leere.«

Im Übrigen hat Mansur seiner Mutter verboten, als Lehrerin zu arbeiten.

»Nicht gut« ist alles, was er zu sagen hat. Für Sultan war das in Ordnung, dass sie wieder anfangen wollte zu arbeiten, aber solange Mansur, ihr ältester Sohn, ihr das verbot, wurde nichts daraus. Aus Leilas Versuch, sich als Lehrerin eintragen zu lassen, ist auch nichts geworden.

Bulbula bekam zuletzt ihren Rasul. Sultan zog es vor, zu Hause zu bleiben, und verbot es auch seinen Frauen und Söhnen, die Hochzeit zu besuchen.

Sonya und Sharifa sind als einzige Frauen in Sultans Haushalt übrig. Wenn Sultan und die Söhne bei der Arbeit sind, sind sie allein in der Wohnung. Manchmal als Mutter und Tochter, manchmal als Rivalinnen. In ein paar Monaten wird Sonya wieder ein Kind bekommen. Sie betet zu Allah, dass es ein Sohn wird. Sie fragte mich, ob ich ebenfalls für sie beten könne.

»Stell dir vor, wenn ich noch eine Tochter bekomme!«

Erneut eine kleine Katastrophe bei Familie Khan.

Knaur.

Über die Autorin:
Nadja Nollau ist Architektin und Journalistin und lebt heute als freie Buchautorin in München. Im Lauf ihrer langjährigen journalistischen Tätigkeit fürs Fernsehen und für Zeitschriften hat sie sich auf die Themen Gesundheit, Wellness, Lifestyle und Psychologie konzentriert. Mit dem Thema Feng Shui beschäftigte sie sich schon lange. Auslöser für diesen praktischen Ratgeber war letztendlich ihre eigene große Wohnungsauflösung. Und sie hat gemerkt, wie die Kraft von Feng Shui tatsächlich wirkt.
www.nadjanollau.de

Nadja Nollau

Feng Shui

Du bist, wie du wohnst

Durch Entrümpeln zu
innerer Klarheit

Knaur Taschenbuch Verlag

Die im Buch veröffentlichten Ratschläge wurden mit größter Sorgfalt von Verfasserin und Verlag erarbeitet und geprüft. Eine Garantie kann jedoch nicht übernommen werden. Ebenso ist eine Haftung der Verfasserin bzw. des Verlags und seiner Beauftragten für Personen-, Sach- oder Vermögensschäden ausgeschlossen.

Besuchen Sie uns im Internet:
www.knaur.de

Vollständige Taschenbuchausgabe Januar 2009
Knaur Taschenbuch.
Ein Unternehmen der Droemerschen Verlagsanstalt
Th. Knaur Nachf. GmbH & Co. KG, München.

Redaktion: Annette Gillich
Umschlaggestaltung: ZERO Werbeagentur, München
Satz: Adobe InDesign im Verlag
Druck und Bindung: Norhaven A/S
Printed in Denmark
ISBN 3-426-978-79800-3

2 4 5 3 1

Inhalt

Wohnst du, wie du bist? 9
Haus oder Wohnung – Spiegelbild der Seele 11
Machen Sie Ihre Wohnung zu einem Ort der Kraft 11

Entrümpeln: eine Entdeckungsreise ins Ich 17
Die Wirksamkeit des Ausmistens 19
Gerümpel, Unordnung und Ballast 19
Von Überflüssigem trennen 21
Unerledigtes abschließen 21
Nur das Jetzt zählt! 22
Entrümpeln und Ordnung schaffen 24
Kann denn Ordnung Sünde sein? 24
TEST: Welcher Ordnungstyp sind Sie? 28
Ordnungstypen – Auswertung 31
INTERVIEW: Geht das in Ordnung? 36
Du bist, wie du wohnst! 40
TEST: Welcher Wohnungstyp sind Sie? 44
Wohnungstypen – Auswertung 47
Mit Feng Shui zur inneren Klarheit 53
Frischer Wind und klares Wasser 53
Sich von der Last befreien 54
Das Leben ist so, wie Sie es sich einrichten 58
Wer bin ich? 59

Richtig ausmisten: gewusst wie! 63
Einfach und schnell aufgeräumt mit der
Vier-Kisten-Methode 65
Weniger Gerümpel, mehr Glück 65

Kiste 1:
Aufheben! Das will ich behalten! 67
Die Qual der Wahl 67
Ego-Check: Jetzt sehe ich klarer! 68
Die Botschaft in den Dingen 71
Kiste 2:
Überlegen! Ich kann mich noch nicht trennen 73
Festhalten blockiert. 73
Gefühls-Check: Jetzt verstehe ich! 74
Welche Gefühle löst unser Besitz in uns aus? 79
Kiste 3:
Weggeben! Ich lasse los! 84
Regeln für Kiste 3 84
Motivations-Check: Das mache ich gerne! 85
Kiste 4:
Wegwerfen! Das brauche ich nicht! 88
Mut zur Veränderung. 88
Zeit-Check: Das passt nicht mehr in mein jetziges Leben! . 89
Gerümpel-Check: Warum heben wir etwas auf? 92
Reinigen und Klären 96
Die Atmosphäre verbessern 96
Räume reinigen 97
Räume klären. 97
Rituale stabilisieren 102

In 24 Stunden ist alles aufgeräumt. 103
Krempeln Sie Ihr Leben um. 105
Das Gerümpel der anderen ist tabu!. 105
Der beste Zeitpunkt ist jetzt! 106
Die richtige Vorbereitung. 108
Nach dem Entrümpeln. 109
Der Navigations-Check 110

Das erste Zwölf-Stunden-Programm 112
Finden Sie Ihr Tagesmotto 112
Der Eingangsbereich 113
Das Wohnzimmer 118
Die Küche 126
Das Schlafzimmer 132
Der Kleiderschrank 137
Genießen Sie den Abend! 142
Entrümpelungs-ABC 146
Der zweite Tag 148
Was Sie heute erwartet 148
Das Badezimmer 149
Das Kinderzimmer 152
Die Abstellkammer 155
Das Arbeitszimmer 158
SPECIAL: Sammlungen 164
Der Keller 170
Den Erfolg genießen 173
Wenn noch Zeit übrig ist 177
Die Garage 177
Das Auto 178
Garten, Terrasse & Balkon 178
Der Speicher 180
Weitere Lagerräume 181
Feriendomizile 182
Checken Sie Ihren Lebensmittelpunkt 183
Der Arbeitsplatz 183
So bleibt die Wohnung aufgeräumt 185
Kleine Feng-Shui-Checkliste für den Alltag 185

Gestalten Sie eine Aura des Glücks 189
Bagua – die neun Felder des Lebens 191

Das Zuhause als Abbild des Lebens 191
TEST: Welcher Bereich braucht Ihre Aufmerksamkeit? ...196
Besondere Grundrissformen 200
Das Mini-Bagua für jeden Raum 202
Bagua – Wegweiser zum Glück..........................204
Die Bagua-Zonen klären und stärken 204
Karriere..206
Partnerschaft 209
Familie 211
Reichtum..213
Gesundheit 215
Hilfreiche Freunde 217
Kinder..219
Wissen..221
Ruhm..223
So aktivieren Sie zu Hause Ihr Glück.................226
Wo Ost und West sich treffen 226
Accessoires und Symbole 227
Der ideale Platz für Ihre Möbel......................232
Alles ist nun in bester Ordnung......................235
Warum weniger mehr ist 235

Anhang 243
Literaturverzeichnis..................................245
Register 247

Wohnst du, wie du bist?

*Sie träumen von mehr Glück, mehr Liebe,
mehr Zufriedenheit und mehr Erfolg?
Dann wagen Sie eine Bestandsaufnahme
Ihres jetzigen Lebens. Wie? Indem Sie Ihr Zuhause
einer eingehenden Prüfung unterziehen.
Denn wir sind, wie wir wohnen, und wir wohnen,
wie wir sind. Wenn Sie etwas in Ihrem Leben
ändern wollen, dann beginnen Sie damit,
Ihr Zuhause zu verändern.*

Haus oder Wohnung – Spiegelbild der Seele

»Eh' du anfängst, die Welt zu verändern, gehe dreimal durch dein eigenes Haus.« So lautet ein chinesisches Sprichwort. Der Rat resultiert aus dem Wissen, dass alles, was uns widerfährt, nicht dem Zufall oder dem Schicksal entspringt, sondern dass wir selbst der Auslöser sind. Was in uns ist, was wir denken und fühlen, das spiegelt sich in unserem Tun wider, auch in der Art, wie wir wohnen. Unser Zuhause ist Abbild unseres Seelenzustandes, weil wir wohnen, wie wir sind. Schon kleine Veränderungen in den eigenen vier Wänden können sich direkt auf die Lebensumstände auswirken. Warum also nicht so wohnen, wie man gerne sein möchte?

Machen Sie Ihre Wohnung zu einem Ort der Kraft

Was bedeutet »daheim sein« für uns? Hier können wir uns fallen lassen, darf sich unser wahres Selbst frei entfalten. Hier lassen wir die Seele baumeln und laden unseren »Akku« wieder auf. Wir kommen heim, schließen die Tür hinter uns, sperren das Draußen aus und bleiben mit uns selbst zurück. Die eigenen vier Wände fungieren als Schutzzone in unserem Leben. Während wir im Alltag oft mit vielen Problemen konfrontiert werden, wollen wir in den eigenen vier Wänden loslassen, entspannen und Kraft tanken. Zu Hause lassen wir unsere Masken fallen, hier können wir uns gehen lassen und uns frei von äußeren Zwängen ausleben. Aber die Vorstellung, dass wir da »draußen« anders sind oder sein könnten als »drinnen« im eigenen Heim, ist leider eine Illusion: Denn wir nehmen uns überall hin mit. Deshalb stehen die eigenen vier Wände sinnbildlich für das eigene Leben.

Die Aura der Räume erkennen und verbessern

Sie haben das bestimmt schon einmal erlebt: Sie kommen in eine Wohnung oder in ein Haus und fühlen sich auf Anhieb wohl. Vielleicht saßen Sie aber auch schon einmal bei einer Essenseinladung am Tisch und haben sich aus unerfindlichen Gründen absolut unwohl gefühlt, wollten keine Minute länger als notwendig bleiben. Obwohl das Essen köstlich und die Gastgeber sympathische Menschen waren, lag eine Spannung in der Luft, war die Disharmonie deutlich spürbar.

Wer so eine Erfahrung gemacht hat, hat intuitiv die Atmosphäre des Raums und des Umfelds gespürt, in dem der Besitzer lebt. Und ohne es zu ahnen, hat der Bewohner etwas darüber verraten, was sich momentan in seinem Inneren abspielt. Wo Spannungen, finanzielle oder berufliche Sorgen, Krankheiten, Beziehungsprobleme oder Streit existieren, ist dies im direkten Umfeld zu spüren, auch wenn die Fassade glücklich erscheint.

Umgekehrt ist das genauso der Fall. Wir laden in unser Haus ein, das aufgeladen ist mit unseren eigenen Stimmungen. Die Atmosphäre ist durchströmt von unserer Ausstrahlung. Wie ein Parfüm legt sich unser Duft über unser Heim, und feinfühlige Zeitgenossen nehmen diesen »Duft« intuitiv wahr. Überlegen Sie einmal, was Ihr Heim momentan ausstrahlt. Ist es Harmonie, weil gerade im Beruf oder in der Partnerschaft alles rundläuft und Sie sehr zufrieden mit Ihrem Leben sind? Oder liegt vielleicht Spannung in der Luft, weil Streit in der Beziehung herrscht oder die Situation am Arbeitsplatz zurzeit schwierig ist? Versuchen Sie die Stimmung zu erfassen.

Wie habe ich mein Leben »eingerichtet«?

Ob wir wollen oder nicht, das eigene Zuhause spiegelt den Seelenzustand wider, in dem sich seine Bewohner gegenwärtig befinden. Betrachten Sie doch einfach mal Ihr Haus oder Ihre Wohnung mit diesem neuen Bewusstsein. Überprüfen Sie einmal aufmerksam Ihre häusliche Umgebung und fragen Sie sich dann: Gefällt mir das, was ich sehe? Bin ich das wirklich? Will ich das sein?

Wenn Sie diese Fragen nicht sicher und eindeutig mit Ja beantworten können, ist es vielleicht Zeit für eine Veränderung. Denn wenn Sie sich mit Ihrer Wohnung nicht identifizieren können, wenn sich dort Störfaktoren befinden, wirkt sich das vermutlich auf Ihr Leben aus. Auch dort wird es Unruheherde geben, die verhindern, dass Sie sich nach Ihren besten Möglichkeiten entfalten und glücklich werden.

Der Weg ins Ich

Ihr Weg ins Ich fängt mit einer genauen Bestandsaufnahme an. Dabei gehen wir von außen nach innen, denn auf dem Weg zu mehr Gleichgewicht mithilfe von Feng Shui betrachten Sie nicht Ihre Psyche, sondern Ihr Heim. Die Fragen lauten: Was gefällt mir in meiner Wohnung und was nicht? Was stört mich? Was kann oder will ich ändern? Der Vorteil dieser Vorgehensweise: Schritt für Schritt kommen wir ins Lot und harmonisieren so alle Lebensbereiche.

Und nun wird es spannend, denn jetzt sind Sie gefordert, sich mit dem, was Sie in Ihren vier Wänden stört, auseinander zu setzen. Denn alles, was Ihnen daheim nicht gefällt, bremst Sie »draußen« im Alltag. Es ist der »Ballast« in Ihrer Wohnung und in Ihrem Leben. Das kann alles Mögliche sein: neue und alte Dinge, überflüssige Dinge, kaputte Dinge, Unordnung, Schmutz … Alles, was stört, wird einer genauen Prüfung un-

terzogen und danach ordentlich verstaut oder entsorgt. Wie Sie dabei am besten vorgehen, das erfahren Sie in diesem Buch.
So werden Sie Ihre Wohnung nach und nach entrümpeln. Und mit jedem Stück, das Sie aufräumen oder wegwerfen, bringen Sie ein wenig mehr Klarheit und Ordnung in Ihr Leben. Indem Sie den Ballast in Ihrer äußeren Welt loswerden, befreien Sie Ihre innere Welt von hemmenden und störenden Einflüssen.

Raum für Veränderung

Stellen Sie sich vor, wie viel Energie freigesetzt wird, wenn Sie sich in Ihrer Wohnung rundum wohl fühlen und an nichts mehr stören müssen. Sie haben nun viel mehr Raum und Zeit für Dinge, die Ihnen viel bedeuten – in Ihrer Wohnung und in Ihrem Leben. Ganz nebenbei haben Sie beim Entrümpeln viel über sich erfahren, denn Dinge aufzuräumen und wegzuwerfen ist eine Reise in die Vergangenheit und zu Ihren Erinnerungen. Das Aussortieren bringt Sie dazu, sich mit Ihren Wünschen und Erwartungen zu beschäftigen.
So gewinnen Sie Klarheit über sich, wer Sie sind, wo Sie stehen, was Sie sich wünschen, in welche Richtung Sie sich entwickeln wollen. Sie haben sich nicht nur von Ballast befreit, sondern auch den Boden bereitet, Neues in Ihr Leben zu lassen. Sie sind offen für positive Veränderungen, und diese werden eintreten!

Freier Fluss der Lebensenergie

Bei diesem Prozess unterstützt Sie das Feng Shui: Diese alte chinesische Lehre hilft uns, die natürlichen Energieströme so zu lenken, dass wir Harmonie mit uns und unserer Umgebung erreichen. Die elementare Lebensenergie, das Chi, fließt in allem und jedem, sie verbindet die materielle mit der emotionalen und mentalen Ebene. Wir können diese Energie nicht sehen, aber fühlen. Machen wir uns dieses Prinzip bewusst, so ist uns klar, warum

Unordnung, voll gestopfte Ecken und viele überflüssige Dinge in der Wohnung sich auf unsere Lebensumstände auswirken. Denn erst wenn das Chi in unserer Wohnung frei fließen kann, ohne durch überflüssige Dinge abgelenkt oder gestoppt zu werden, kann es auch in unserem Leben ungestört fließen.

Dieses Buch begleitet Sie

Dieses Buch soll Ihnen Wegweiser und Begleiter auf Ihrer Reise sein. Sie träumen vielleicht von mehr Liebe, Gesundheit, Erfolg, Freizeit, Freiheit oder möchten einfach etwas in Ihrem Leben ändern. Egal, in welcher Situation Sie sich persönlich gerade befinden – jetzt haben Sie die Chance, etwas zu tun. Sie können genau in diesem Moment innehalten, einen Schritt zurücktreten, Ihre momentane Lebenssituation überdenken und damit die Entscheidung für die Richtung fällen, in die Ihr Leben gehen soll. Aber wie trifft man diese Entscheidung?
Beginnen Sie mit der Bestandsaufnahme, finden Sie heraus, welcher Ordnungs- und Wohnungstyp Sie sind, und erfahren Sie, auf welche Weise Gerümpel und Unordnung Sie blockieren kann. Dann geht es ans Entrümpeln. Dabei hilft Ihnen die Vier-Kisten-Methode, die anhand von Checklisten Ihnen bewusst macht, was Sie wirklich brauchen und was Sie als unnötigen Ballast loslassen können. Als weiteres Hilfsmittel bekommen Sie einen 24-Stunden-Plan, der Ihnen zeigt, wie Sie Ihre Wohnung komplett ausmisten und aufräumen können. Zum Abschluss gibt es noch Tipps, wie in Ihre Wohnung und in Ihr Leben eine Art Glücksaura einziehen kann. Lassen Sie sich mitnehmen auf diese spannende Reise. Sie werden überrascht sein, wie leicht Ihnen die Veränderungen fallen werden.

Die äußere Ordnung ist ein Spiegelbild der inneren Ordnung.

Entrümpeln: eine Entdeckungsreise ins Ich

Entrümpeln befreit – es entsteht Raum für Neues in jeder Hinsicht. Wenn Sie der Unordnung in Ihrer Wohnung auf den Grund gehen, begeben Sie sich auf eine Reise ins Ich. Mit dem äußerlichen Aufräumen gelangen Sie zu innerer Klarheit, die Ihnen einen Weg zu dem weisen kann, der Sie wirklich sind.

Die Wirksamkeit des Ausmistens

Stapeln sich in Ihren Schränken und Kommoden Dinge, die Sie längst nicht mehr brauchen? Nimmt Ihnen der ganze Krempel bereits die Luft zum Atmen? Dann hat sich im Lauf der Jahre vermutlich so viel angesammelt, dass Sie die Übersicht verloren haben. Wenn auch noch Unerledigtes hinzukommt, wie unbezahlte Rechnungen, ein Papierberg auf dem Schreibtisch, wächst einem leicht alles über den Kopf. Höchste Zeit, Ordnung in das Chaos zu bringen.

Gerümpel, Unordnung und Ballast

Obwohl niemand dieses häusliche Chaos mag, leben wir doch damit und richten uns sogar darin ein. Denn es kostet große Überwindung, das längst Überfällige und Unerledigte endlich anzupacken. Das gilt für das Ausmisten des überfüllten Kleiderschranks ebenso wie für die Erledigung längst überfälliger Aufgaben. Leicht ist es dahingesagt: »Jemand kehrt Probleme unter den Teppich.« Doch wegschauen, zur Seite schieben oder zudecken löst die Probleme nicht. Unterschwellig oder im Verborgenen belasten sie unser Gemüt. Man mag gar nicht mehr in den Keller gehen, weil sich da so viele Dinge stapeln. Hinter dem häuslichen Gerümpel verbergen sich psychische Altlasten, die uns auf der Seele liegen, oftmals unbewusst oder unerkannt oder auch verdrängt.

Was wir haben, wollen wir behalten

Weggeben widerstrebt unserem Besitzerinstinkt: Was wir haben, geben wir nicht gerne wieder her. Dieser Mechanismus ist tief in unserer Psyche verankert und hat auch einen Namen: »Endowment-Effekt«, zu Deutsch »Besitzeffekt«. Dies bedeutet, dass ein Gut, nachdem es eine Person in Besitz genommen hat, unmittelbar wertvoller wird und die Rückgabe relativ schmerzhafter ist. Der Begriff »Besitzstandswahrer«, der in der Politik häufig kursiert, gehört dazu.

Wir bauen zu allem, was wir besitzen, eine Beziehung auf und können uns dann nur noch schwer davon trennen. Oft übersteigt dabei der ideelle Wert den eigentlichen Wert der Sache. Aber das Festhalten an den Dingen bedeutet nicht immer sinnvollen Besitz, sondern meist Kraftverlust: Ballast raubt Energie.

Festhalten bedeutet Stagnation

Energie ist eine Kraft, die allem und jedem innewohnt. Chi, die chinesische Bezeichnung für Lebensenergie, ist nur eine Variante davon. Im Feng Shui spielt der Chi-Fluss eine bedeutende Rolle. In voll gestopften oder unordentlichen Räumen kann die Energie nicht mehr ungestört fließen oder kommt ganz zum Erliegen. Wie bei Wasser, das in einem verstopften Rohr nicht mehr richtig abfließen kann, entsteht eine negative Kraft: Nichts läuft mehr.

So blockiert es Lebensenergie, wenn der Schrank voll gestopft ist mit Kleidung, die teilweise seit Jahren ungetragen dort hängt. Aber auch die Zeitschriftenstapel im Wohnzimmer, der Wust von noch abzuheftenden Belegen auf dem Schreibtisch oder die Kisten mit Korrespondenz aus den letzten zehn Jahren sorgen für Stagnation.

Alles, was überflüssig, unerledigt und unordentlich ist, zählt zum Gerümpel, das blockiert und Energie zieht.

Von Überflüssigem trennen

Hand aufs Herz: Wann haben Sie zum letzten Mal die Ski benutzt, die im Keller verstauben? Wollen Sie die Hemden, die seit Monaten im Bügelkorb liegen, wirklich noch einmal tragen? Und was ist mit der Sammlung uralter Reiseführer und Landkarten oder mit den ungeliebten Geschenken von Ihrer Tante, die Ihren Geschmack einfach nicht trifft …? All diese Dinge brauchen Sie nicht. Sie benutzen sie nicht, Sie freuen sich nicht daran – diese Dinge sind überflüssig.

Alles, was Sie nicht mehr verwenden, nimmt nur Platz weg und ist Ballast. Bei Dingen, die Ihnen sowieso nie gefallen haben oder die Sie nicht mögen, sollte das Entsorgen keine Frage sein – Wollen Sie das wirklich in Ihrer Wohnung haben? Doch auch für die Dinge, die Ihnen einmal gute Dienste geleistet haben Sie aber nicht mehr verwenden, gilt: Trennen Sie sich davon, selbst wenn es Ihnen schwer fällt.

Unerledigtes abschließen

Unerledigte und halbfertige Dinge sind Ballast, sie halten einen in der Vergangenheit fest und verhindern, dass wir nach vorne blicken. Das Gefühl, nicht abgeschlossene Projekte im Rücken zu haben, wirkt belastend und bremsend. Neuanfänge sind kaum möglich. Das gilt für die längst überfällige Steuererklärung ebenso wie für den selbst gestrickten Pullover, dem nur noch die Ärmel fehlen, für die Fotos, die darauf warten, einsortiert zu werden, und für den Brief, den Sie seit Wochen schreiben wollen.

Die Gründe für das Zögern sind vielfältig, doch da leider keine gute Fee erscheinen wird, die den Ballast einfach wegzaubert, sind wir selbst gefragt. Je eher wir uns mit den unerledigten Din-

gen beschäftigen, umso schneller sind wir sie los. Dabei gilt es zu entscheiden, ob Sie etwas Unerledigtes endlich erledigen oder ob Sie beschließen, es nicht zu Ende zu führen und loszulassen.
Für das, was Sie erledigen müssen oder wollen, sollten Sie sich eine Frist setzen und es konsequent angehen. So durchbrechen Sie die Stagnation und schauen wieder nach vorne. Denken Sie an den wunderbaren Moment, wenn Sie die Arbeiten abgeschlossen haben, an das befreiende Gefühl, das sich unmittelbar einstellt.
Wenn Sie sich für das Loslassen entscheiden und zum Beispiel den halbfertigen Pullover einfach wegwerfen oder beschließen, den Brief nicht zu schreiben, sind Sie eine Belastung losgeworden, haben sich von einer Blockade befreit. Auch diese Entscheidung werden Sie als Glücksmoment erleben. Und nun kann es weitergehen!

Nur das Jetzt zählt!

Morgen, übermorgen, nächste Woche ganz bestimmt! Wir schieben Entscheidungen gerne vor uns her, vor allem, wenn es sich dabei um etwas Unangenehmes handelt. Aufräumen und Ausmisten zählen sicher nicht zu den Dingen, die wir unbedingt gleich und gerne machen. Doch es ist eine Illusion, in der Zukunft mehr Zeit oder Lust dafür zu haben. Und alles, was wir verdrängen, wegschieben oder wovor wir uns drücken, wird mit voranschreitender Zeit nur noch unangenehmer. Je mehr der Papierberg oder das Gerümpel anwächst, umso geringer wird die Lust, sich endlich damit zu beschäftigen. Manchmal warten wir so lange, bis uns die Dinge wirklich über den Kopf wachsen.

Den Blick auf die Gegenwart richten

Den meisten von uns fällt es viel leichter, in der Zeit zu leben, die gar nicht da ist, als in der realen Jetztzeit. Wir schwelgen in Erinnerungen und sind mit dem ständigen Blick auf die Armbanduhr zeitlich immer schon einen Schritt weiter. Aber dabei können wir gar nicht wissen, ob es das Nachher, das Morgen oder die nächsten Monate für uns noch gibt. Alles, was wirklich ist, ist der Augenblick, in dem wir gerade sind. In unserer westlich geprägten Gesellschaft neigen wir jedoch dazu, den Blick mehr nach hinten zu richten und Vergangenem nachzutrauern sowie die Zukunft zu planen und dabei die Gegenwart zu vergessen.

Wir schmieden Pläne, verschieben Entscheidungen oder die Verwirklichung von Träumen auf die ferne Zukunft: Später, wenn ich die Schule hinter mir habe, wenn ich mal verheiratet bin, wenn die Kinder aus dem Haus sind etc. Doch es kommt erfahrungsgemäß immer anders, als man denkt. Sicher ist nur: Das Leben findet jetzt, genau in diesem Augenblick und an diesem Ort statt.

Wenn wir unsere vier Wände unter die Lupe nehmen und mal einen Blick in Kisten, Schubladen oder Schränke werfen, entdecken wir dort oft das, was uns von der Gegenwart ablenkt. Den unbeantworteten Brief oder die nicht bezahlten Rechnungen haben wir in die Zukunft verschoben. Warum eigentlich? Die alten Schulunterlagen oder die Liebesbriefe des Expartners halten uns dagegen in der Vergangenheit fest. Wann wollen wir das Vergangene denn endlich abschließen?

Wir können die Welt nicht ändern, aber unseren Blick darauf. Achtsamkeit heißt das Schlüsselwort: die volle Aufmerksamkeit auf die gegenwärtigen Umstände und das eigene Tun richten.

Entrümpeln und Ordnung schaffen

Grundsätzlich kann überall, wo Unordnung herrscht und überflüssige Dinge existieren, die Energie nicht frei fließen. Im Haus oder in der Wohnung sind Schränke, Kommoden, Regale, Kisten oder Abstellkammern Orte für derartige Blockaden. Der Name Stauraum drückt exakt aus, worum es sich dabei handelt: um gestaute Energie. Deckel drauf oder Tür zu? Das löst aber das Problem nicht. Alles, was sich hier angesammelt hat, steht für Unerledigtes oder Unbewältigtes in unserem Leben.
Um dies zu lösen, muss zum einen entrümpelt werden: Entsorgen Sie möglichst viele Dinge. Zum anderen muss Ordnung geschaffen werden: Das, was Sie behalten, wird aufgeräumt und ordentlich verstaut.

Äußere Ordnung führt zu innerer Klarheit

In äußeren Lebensbereichen ganz praktisch Ordnung zu schaffen hilft meist auch dabei, das innere Chaos in den Griff zu bekommen. Denn wie beschrieben, geht der Prozess des Ausmistens mit einem inneren Klärungsprozess einher. Am Ende sind Sie innerlich und äußerlich von Ballast befreit und haben wieder freie Sicht auf das, was wichtig ist. Fehlt es Ihnen also an Über- oder Durchblick im Alltag, in der Beziehung oder im Beruf, kann es sehr hilfreich sein, erst einmal zu Hause für Durchblick zu sorgen.

Kann denn Ordnung Sünde sein?

Eine repräsentative Umfrage der Zeitschrift »Das Haus« ergab: 60 Prozent der Deutschen meinten, wer keine Ordnung lerne, bekomme sein Leben nie in den Griff. Jeder Vierte bekannte sich sogar zu pedantischem Verhalten: Bei 24 Prozent darf nichts in der Wohnung herumliegen. Ungemütlich soll es aber nicht wirken, für eine Ecke mit privatem Krempel plädierten im Schnitt 58 Prozent: 61 Prozent der Frauen und 54 Prozent der Männer waren der Ansicht, dass eine Wohnung ganz ohne Kleinkram unpersönlich sei. Bei jedem Fünften, nämlich 18 Prozent, ist das häusliche Chaos Ursache für Streit in der Partnerschaft. 21 Prozent der Frauen und 15 Prozent der Männer gaben zu, dass sie die Unordnung ihres Partners kaum ertragen können, ihre eigene störe sie aber weniger.

Beim Thema Ordnung scheiden sich also die Geister, denn selbst wenn sie grundsätzlich als erstrebenswert gilt, so ist der Grad der Ausprägung entscheidend. Auch als Konfliktpotenzial in einer Beziehung sollte man dieses Thema nicht unterschätzen. Dabei ist das Ordnungsempfinden nur zum Teil eine Frage des Charakters – Erziehung und Gewohnheit spielen ebenfalls eine große Rolle, wie die Psychologin Dr. Doris Wolf im Interview erläutert (siehe Seite 36f.).

In jedem Fall wird das Thema Ordnung mehr von den individuellen Gefühlen als von rationalen Erwägungen bestimmt, wie auch die Tatsache zeigt, dass das eigene Chaos von vielen als weniger störend empfunden wird als fremde Unordnung.

Und was trifft auf Sie zu?

Wie sieht es mit Ihrem Ordnungssinn aus? Machen Sie eine Bestandsaufnahme und finden Sie heraus, welcher Ordnungstyp Sie sind.

Mithilfe des Tests auf den folgenden Seiten können Sie Ihrer Einstellung zur Ordnung auf den Grund gehen. Diese äußert sich in mehr als nur darin, ob das Wohnzimmer aufgeräumt ist oder nicht. Die Art, wie sich jemand organisiert, wie sich jemand darstellt etc. gibt ebenfalls Hinweise darauf, wie wichtig einem

Menschen Ordnung ist. Erfahren Sie, was Ihre Einstellung zur Ordnung über Ihren Charakter und Ihr Gefühlsleben verrät. So sind Menschen, die Ordnung halten, in der Regel auch gewissenhaft und diszipliniert, während ein eher schlampiger Mensch im Vergleich oft kreativer und temperamentvoller ist. Der Test verrät Ihnen auch, vor welchen Fallen Sie sich in Acht nehmen müssen und wie es Ihnen gelingt, Extreme zu vermeiden. Ordnungsliebe soll nicht zum beherrschenden Selbstzweck werden. Vielmehr geht es darum, die eigene Lebendigkeit und Individualität zu entfalten.

Ständige Rückschau bedeutet Stillstand.
Um unbelastet weiterzugehen,
hilft Ausmisten – ganz wörtlich genommen.
Denn wer ausräumt, schafft Platz für Neues.

Müll besitzt magnetische Anziehungskraft

Der amerikanische Kriminologe James Wilson stand einmal vor einem Haus und sah, dass ein Fenster zerbrochen war. Nichts Besonderes, dachte er sich, denn das Haus stand zur Hälfte leer. Wilson ging in den nächsten Wochen immer wieder an dem Haus vorbei und bemerkte, dass erst zwei, dann drei, dann fünf und bald alle Fenster eingeschlagen waren und dass sich um das Haus dunkle Gestalten herumtrieben. Wilson schrieb das auf und lieferte 1982 der Kriminologie die bis heute gültige Broken-Window-Theorie. Diese besagt: Wenn ein kaputtes Fenster nicht repariert wird, denken alle, man könne ruhig ein zweites kaputtschmeißen. Diese Theorie trifft auch auf unsere Unordnung zu.

Kaputtes, Gerümpel oder Müll haben Sogwirkung wie ein Magnet. Legen Sie irgendwo etwas für eine spätere Bearbeitung beiseite, wächst der kleine »Haufen« ruckzuck zu einem Berg an. Wenn Sie etwas achtlos auf den Boden werfen, finden Sie am nächsten Tag an dieser Stelle noch mehr weggeworfene Dinge. Unerledigtes oder Unaufgeräumtes haben eine eigenartige Sogwirkung; beides wird nie weniger und schon gar nicht von selbst. Es vermehrt sich und damit das Unbehagen. Die Broken-Window-Theorie bestätigt dieses Phänomen.

Test: Welcher Ordnungstyp sind Sie?

Manche lieben es aufgeräumt und brauchen klare Strukturen, andere pflegen das kreative Chaos. Wie stehen Sie zu diesem Thema? Finden Sie es heraus: Kreuzen Sie an, welche Antworten bei den folgenden Fragen am ehesten auf Sie zutreffen.

1. *Wie sieht es bei Ihnen zu Hause aus?*

C) Ich brauche meine eigene Ordnung, um mich entfalten zu können.

B) Weil ich nichts wegwerfen kann, ist meine Wohnung ziemlich voll gestellt und ich verliere leicht den Überblick.

A) Ich habe es gerne aufgeräumt; bei mir hat alles seine Ordnung.

D) Ordnung ist mir nicht so wichtig, Hauptsache mein Zuhause ist funktional.

2. *Welchem Motto bezüglich Ordnung können Sie sich am ehesten anschließen?*

B) »Ich hätte gerne mehr Ordnung, bin damit aber überfordert.«

C) »Ich bevorzuge den Mix aus Ordnung und kreativem Chaos.«

D) »Ordnung ist nur etwas für Spießer.«

A) »Ordnung ist das halbe Leben.«

3. *Wie sehen Sie sich selbst in engen Beziehungen?*

D) Ich kann mich gut auf andere einlassen und vergesse darüber manchmal meine eigenen Interessen.

B) Ich kann mich nicht so gut durchsetzen und orientiere mich an meinem Gegenüber.

A) Im Wesentlichen bestimme ich für andere mit, wo es langgeht.

C) Ich gehe wenig auf andere ein und mache mein Ding.

4. *Wie sehen Sie Ihre Position in Ihrem sozialen Umfeld?*

D) Ich treffe mich fast ausschließlich mit Leuten, die meine Interessen teilen.

A) Ich kann mich schnell integrieren und verfolge dennoch meine persönlichen Ziele.

B) Ich mache mir häufig Gedanken darüber, was andere über mich denken.

C) Wenn ich in Gesellschaft bin, kann ich richtig aufdrehen.

5. *Etwas Unerwartetes kommt auf Sie zu, wie reagieren Sie?*

A) Ich analysiere sofort die Situation und versuche schnell, einen neuen Plan zu entwerfen.

C) Ich kann mich schnell auf Neues einstellen, gerade das macht doch das Leben spannend.

D) Ich komme kurzfristig ins Stocken und konzentriere mich dann auf etwas anderes.

B) Ich fühle mich erst einmal überfordert und brauche einige Zeit, um mich zu orientieren.

6. *Wenn Sie eine Aufgabe zu einem bestimmten Zeitpunkt zu erfüllen haben, wie gelingt Ihnen das?*

B) Ich weiß oft nicht, wie und wo ich anfangen soll.

A) Ich bin so klar strukturiert, dass ich die Aufgabe meist noch vor der Frist erledigt habe.

D) Ich habe manchmal zu viele Sachen auf einmal zu erledigen, um alles rechtzeitig fertig zu stellen.

C) Jeder gesetzte Termin lässt sich noch schieben.

7. *Ich habe einen Beruf ...*

A) ... in dem meine Karriere langfristig planbar ist.

B) ... den ich mir nicht wirklich ausgesucht habe.

C) ... in dem die Kreativität im Vordergrund steht.

D) ... der meinen Idealen und Interessen entspricht.

8. *Wie wirken Sie, wenn Sie in der Öffentlichkeit auftreten?*

D) Ich werde aufgrund meines Äußeren leicht unterschätzt, kann meine Meinung aber gut vertreten.

C) Ich bin mir meiner Sache sicher, auch wenn ich mich bei anderen damit unbeliebt mache.

B) Ich bin eher unentschlossen, andere halten mich für unsicher.

A) Ich wirke nach außen selbstbewusst, obwohl ich das innerlich manchmal nicht bin.

Ordnungstypen – Auswertung

Notieren Sie hier, wie oft Sie welchen Buchstaben angekreuzt haben.

A) = __ mal
B) = __ mal
C) = __ mal
D) = __ mal

Der Buchstabe, den Sie am häufigsten angekreuzt haben, bezeichnet, welcher Ordnungstyp Sie sind. Haben Sie zwei Buchstaben gleich oft gewählt, lesen Sie unter beiden Typen nach.

Überwiegend **A)** = der ordnungsliebende Typ
Überwiegend **B)** = der ambivalente Typ
Überwiegend **C)** = der unabhängige Typ
Überwiegend **D)** = der engagierte Typ

A Der ordnungsliebende Typ: »Ordnung muss sein«

Sie sind ein ordentlicher, gewissenhafter Mensch. Sie lieben und brauchen Ordnung, sie verschafft Ihnen innere Sicherheit. Unordnung erschwert Ihnen die Orientierung im Dschungel der Gefühle. Vieles von dem, was Sie erreichen, verdanken Sie Ihrer Bereitschaft, überdurchschnittliche Leistungen zu erbringen. Sie setzen sich selbst stets hohe Standards und gehen strukturiert an Ihre Aufgaben heran. Ihre hohen Ansprüche stellen Sie auch an die Menschen Ihrer Umgebung, die sich dadurch manchmal unter Druck gesetzt fühlen können. Sie sind klar und zielstrebig, was auf andere auch dominant wirken kann.
Wenn Sie fast ausschließlich **A** angekreuzt haben, sollten Sie

Ihre Standards überprüfen: Durch Ihre festen Vorstellungen, wie das Leben funktioniert, verlieren Sie an Flexibilität. Trauen Sie sich mehr Individualität zu, seien Sie auch mal spontan, damit Ihre schöpferische Seite zur Geltung kommt.
Nach **Feng Shui** bedingen sich äußere Umgebung und das innere Wohlbefinden gegenseitig. Daher fördert Ordnung im Äußeren auch die innere Klarheit.
Feng Shui heißt aber auch, den natürlichen Lauf der Dinge zu akzeptieren. Natur und Leben sind geprägt von ständiger Veränderung, wir verändern uns in jeder Sekunde. Ordnungsliebe sollte daher nicht zum Selbstzweck werden und uns beherrschen. Geben Sie Ihrer Lebendigkeit und Individualität genügend Raum zur Entfaltung. Mit Chaos hat das noch lange nichts zu tun!

B Der ambivalente Typ: »Ich suche den Überblick«

Sie würden gerne mehr Ordnung halten, was Ihnen dadurch erschwert wird, dass Sie Dinge schlecht loslassen können. Ordnung steht eben nicht an erster Stelle auf Ihrer Agenda. Sie haben gerne andere Menschen um sich, und in dem Bemühen, anderen nicht auf die Füße zu treten, stellen Sie Ihre Wünsche auch einmal hinten an. Ihr Interesse ist breit gefächert, dadurch halten Sie sich viele Möglichkeiten offen und lassen anderen Raum für deren Entfaltung. Da Sie sich jedoch ungern festlegen, sind Sie vielen Dingen gegenüber ambivalent und verzetteln sich leicht.
Wenn Sie fast ausschließlich **B** angekreuzt haben, sollten Sie Folgendes beachten: Versuchen Sie Ihre Vorhaben konkreter zu planen und Schritt für Schritt umzusetzen. So können Sie Ihre Ziele besser verfolgen. Lassen Sie sich Zeit zu überlegen, was Sie wirklich wollen. Trauen Sie sich selbst mehr zu und

lassen Sie sich weniger von äußeren Begebenheiten oder Personen beeinflussen.
Harmonie im Sinne von **Feng Shui** entsteht, wenn Innen und Außen im Einklang stehen. Das bedeutet auch, die eigenen Gefühle wahrzunehmen und angemessen zum Ausdruck zu bringen. Wer seine Gefühle zum Beispiel zugunsten anderer zurückstellt, erlebt nur scheinbare Harmonie. Das Verdrängte löst sich nicht in Luft auf. In irgendeiner Nische schlummern die Gefühle weiter und drängen nach oben, wie die Lava eines Vulkans. Wer an Dingen festhält, weil er Angst vor dem Loslassen hat, fürchtet sich vor seinen Gefühlen und unterdrückt diese. Feng Shui kann hier als Wegweiser durch die Gefühlswelt fungieren und dabei helfen, sich entscheiden zu lernen. Ausmisten und Aufräumen mithilfe der Vier-Kisten-Methode (siehe Seite 63ff.) nimmt spielerisch die Angst vor den eigenen »unaufgeräumten« Gefühlen.

C Der unabhängige Typ: »Ich bin anders«

Sie sind ein Individualist: Sie sind nicht ordentlich im klassischen Sinne, sondern entwerfen Ihre eigene Ordnung. Auf andere kann dies chaotisch wirken, für Sie ist das essenziell, um sich entfalten zu können. Sie sind äußerst flexibel und brauchen die Abwechslung. Kreativität und Offenheit gegenüber neuen Erfahrungen stehen bei Ihnen im Vordergrund. Sie knüpfen leicht Kontakte, geben sich extravertiert und stehen gern im Mittelpunkt. Sie leben nach Ihren eigenen Regeln, was Ihnen das Einhalten von Abmachungen erschwert und auf andere selbstbezogen wirken kann.
Wenn Sie fast ausschließlich **C** angekreuzt haben, sollten Sie versuchen, Ihre Mitmenschen mehr in Ihren Blickwinkel zu rücken. Um die Menschen, die Ihnen wichtig sind, nicht vor

den Kopf zu stoßen, räumen Sie diesen mehr Platz in Ihrem Leben ein. Vielleicht kann das Ihre Kreativität sogar beflügeln.

Das Ziel von **Feng Shui** ist Harmonie. Doch für ein harmonisches Miteinander braucht es Rücksicht und Respekt. Wenn im Zusammenleben das Ordnungsverhalten allzu unterschiedlich ist, sind Konflikte vorprogrammiert. Hier ist es notwendig, zu verhandeln und Kompromisse zu schließen. Jeder hat ein Recht auf seinen eigenen Platz, den er gestaltet, wie er möchte. Doch schauen Sie sich Ihr »kreatives Chaos« einmal ganz unvoreingenommen an. Kann die Energie hier wirklich fließen? Ist Ihre individuelle Ordnung wirklich kreativ, oder nicht auch verwirrend oder blockierend?

D Der engagierte Typ: »Ich bin der Rebell«

Ordnung ist für Sie Nebensache, Sie haben Wichtigeres zu tun. Menschen, die zu viel Wert auf Ordnung legen, sind Ihnen suspekt. Sie sind eher der zupackende Typ: Mit Ihnen kann man im sprichwörtlichen Sinne Pferde stehlen. Äußerlichkeiten sind Ihnen generell nicht wichtig, für Sie zählen innere Werte. Sie engagieren sich für das, was Sie für wichtig halten. Dabei kann es schon mal vorkommen, dass man Ihnen vorwirft, Sie seien ein naiver Weltverbesserer. Andere Menschen schätzen an Ihnen, dass Sie sich kümmern, aktiv und interessiert sind und etwas verändern wollen. Sie lassen sich nicht leicht von Ihrem Weg abbringen. Bei all Ihrem Engagement neigen Sie aber dazu, sich selbst und Ihr näheres Umfeld aus dem Blick zu verlieren.
Wenn Sie fast ausschließlich **D** angekreuzt haben, sollten Sie einmal genauer hinschauen, was direkt um Sie herum passiert.

Die Aufmerksamkeit, die man sich selbst und anderen im Kleinen zukommen lässt, erleichtert die Umsetzung von Zielen in einem größeren Rahmen.

Nach **Feng Shui** unterliegt alles im Leben einem Ordnungsprinzip, auch wenn es noch so willkürlich erscheint. Ordnung ist wichtig, und wenn dies ignoriert wird, geht die Harmonie verloren, die allem innewohnt. Das erfordert keinen absoluten Perfektionismus oder Erstarrung. Doch die Balance muss stimmen. Wird die Bedeutung von Ordnung ignoriert, macht sich Unordnung breit, die immer mehr Unordnung nach sich zieht. Auch wenn der Blick auf »größere Dinge« gerichtet ist, sammelt sich das Gerümpel an. Ordnung im Äußeren ist eng verbunden mit Ordnung im Inneren. Wer außen Chaos zulässt, wird seine innere Klarheit trotz allen Engagements einbüßen.

Interview: Geht das in Ordnung?

Schlamper oder Sauberfrau – jeder Mensch hat seine eigene Vorstelllung von Ordnung. Für Paare kann dies zum Problem werden und Grund für Streitigkeiten und Krisen sein. Ob wir ordentlich sind oder nicht, ist jedoch weniger Wesensart, sondern vielmehr ein Resultat von Erziehung. Was wir als Kind in Sachen Ordnung lernen, bleibt uns ein Leben lang. Trotzdem können wir im Laufe unseres Lebens dazulernen und alte Gewohnheiten verändern. Dafür braucht es jedoch einen starken Anreiz.

Interview mit Dr. Doris Wolf

Doris Wolf ist Diplom-Psychologin und Paartherapeutin. Sie lebt und arbeitet in Mannheim und hat zahlreiche Ratgeber und Artikel veröffentlicht (www.doriswolf.de). In dem Interview erläutert sie, was die Einstellung eines Menschen zur Ordnung mit seiner inneren Einstellung zu tun hat.

Der eine räumt auf, der andere liebt das Chaos. Ist das eine Frage der Erziehung, des Charakters oder der Gene?

Es ist eine Kombination. Die erblich bedingte Veranlagung kann durch das Einwirken der Eltern beeinflusst werden. In der Psychologie kennen wir fünf grundsätzliche Persönlichkeitsdimensionen, »Big Five« genannt, nach denen sich Menschen weltweit unterscheiden lassen. Dazu gehören Gewissenhaftigkeit, Verträglichkeit, Extraversion, Neurotizismus und Offenheit für Erfahrungen. Gewissenhafte Menschen sind in der Regel pünktlich, verlässlich und auch ordentlich. Trotzdem setzen Eltern Standards, die Kinder lernen und verinnerlichen. Diese Maßstäbe werden mit starken Gefühlen gekoppelt und verankert. Meist vermittelt die Mutter ein bestimmtes Ordnungsmodell, indem sie zum Beispiel Ordentlichkeit belohnt und Unordnung bestraft. Haben wir gelernt, dass Ordnung gut ist, bleiben wir diesem Maßstab treu und verteidigen ihn auch gegen andere.

Kann dieses erlernte Verhalten später noch verändert werden?
Ja, das ist möglich, aber es muss dafür die innere Bereitschaft vorhanden sein. Für eine Verhaltensveränderung braucht es einen starken Anreiz. Unter Zwang wird es nicht gelingen, einen Erwachsenen, der schlampig ist, zur Ordentlichkeit zu bewegen. Wer Unordnung gewöhnt ist und deswegen kritisiert wird, reagiert wütend. Wir empfinden die Ordnungsansprüche beispielsweise in einer Beziehung durch den Partner als unberechtigt und verweigern uns. Genauso verhält es sich umgekehrt. Wir reagieren verletzt, wenn unsere Ordnungsliebe durch einen unordentlichen Menschen gestört wird. Die Gefühle, die wir mit dem jeweiligen Standard verbinden, sind sehr stark. Ohne die Bereitschaft, sich zu ändern, funktioniert es deshalb nicht.

Ordnungsliebe oder Schlampigkeit – verrät das etwas über innere Einstellungen?
Ja. Ohne es verallgemeinern zu wollen, kann man doch sagen, dass Ordnungsliebe ein Charakterzug von Menschen ist, die gewissenhaft und ehrgeizig sind und hart arbeiten, um ihre Ziele zu erreichen. Menschen, die spontan und offen gegenüber Neuem sind, tendieren dagegen mehr zur Unordentlichkeit.

Günstig ist eigentlich ein Mischtyp: Man ist ordentlich in Bereichen, in denen es wichtig ist, aber nicht zwanghaft, sondern kann auch bei Bedarf flexibel reagieren und nachlässig sein, ohne dass gleich alles aus dem Ruder läuft.

Viele mögen Unordnung nicht, leben jedoch damit und richten sich sogar darin ein. Woran liegt das?
Dafür gibt es unterschiedliche Gründe. Manche empfinden angesichts der Unordnung Ratlosigkeit und denken: »Ich weiß nicht, wo ich anfangen soll, ich schaffe das nicht, ich habe kein System.« Es kann auch eine geringe Frustrationstoleranz vorliegen; dann wird die Unordnung verdrängt: »Das ist mir zu viel, ich kann mir das nicht antun und lasse es lieber.« Auch Angst vor Fehlern kann ein Grund sein. Aus Furcht, eine falsche Entscheidung zu treffen, zum Beispiel das Falsche wegzuwerfen, handeln Menschen mit Versagensängsten lieber gleich gar nicht. Andere rebellieren damit gegen Eltern oder Erzieher, die sie früher einmal zur Ordnung gezwungen haben. Deshalb verweigern sie sich heute immer noch.

Warum schieben wir Unangenehmes oder Lästiges – wie zum Beispiel Aufräumen und Ausmisten – oft so lange wie möglich hinaus und was kann man dagegen tun?
Der erste Schritt ist, die Motive herauszufinden, die dahinterstecken. Hindert uns die Angst vor Fehlern oder falschen Entscheidungen, dann tun wir lieber nichts, weil wir so auch keine Fehler begehen können. Hier hilft es, die Einstellung zu verändern und sich klar zu machen, dass jeder Fehler macht und machen darf. Wir lernen ja daraus. Menschen mit geringer Frustrationstoleranz sollten den Blick auf das richten, was sie gewinnen, und sich eine Belohnung in Aussicht stellen. Wer immer noch gegen

frühere Erfahrungen rebelliert und sich verweigert, sollte sich bewusst machen, dass er damit nicht agiert, sondern nur reagiert. Der Umkehrschluss wäre sinnvoll: »Jetzt tue ich es, aber aus freien Stücken, weil es mir gut tut.« Leichter fällt der Einstieg auch, wenn man sein Handeln als kleines Experiment ansieht, nach dem Motto »Ich probier das mal aus« – ohne gleich Perfektion zu erwarten. Wer den ersten Schritt wagt, merkt meist schnell, dass etwas vorangeht. Kleine, zeitlich begrenzte Handlungseinheiten verhelfen zudem schneller zu einem Erfolgserlebnis.

»Nur die Weisesten und die Dümmsten
können sich nicht ändern.«
Konfuzius

Du bist, wie du wohnst!

Wie jemand wohnt, sagt sehr viel über einen Menschen aus, über seine Wertvorstellungen, seine Einstellung zum Leben, seinen Charakter. Dabei geht es nicht darum, ob jemand modern eingerichtet ist oder Gelsenkirchener Barock bevorzugt oder wie viel Geld man für Möbel und Accessoires ausgibt. Viel aufschlussreicher ist der persönliche Einrichtungsstil: Sind die Möbel liebevoll ausgesucht oder zufällig zusammengewürfelt – unabhängig vom Preis? Ist die Wohnung voll gestopft mit Möbeln und Kleinkram oder sind Einzelstücke mehr oder weniger dekorativ platziert? Sind die Sachen gut in Schuss und gepflegt oder wackelt auch mal ein Stuhlbein und ist der Tisch übersät mit Flecken? Ganz abgesehen davon, dass ein Blick ins Bücherregal, auf die CD- oder DVD-Sammlung viel über den Bewohner aussagen kann.

Harmonisches Zusammenleben

Als weiterer Aspekt ist zu beachten, wie viele Menschen in der Wohnung oder in dem Haus leben. Hier können Einrichtung und Dekoration sehr viel über die Beziehung zwischen den Bewohnern verraten.
Wenn ein Liebespaar das erste Mal in eine gemeinsame Wohnung zieht, werden in der Regel auch zwei verschiedene Haushalte zusammengeworfen. Jeder muss sich dann von einigen Möbelstücken und Accessoires trennen, denn niemand braucht alles doppelt. Hier erfahren Paare eine Bewährungsprobe: Jeder muss loslassen zugunsten der neuen Gemeinschaft, aber jeder muss auch etwas von den Sachen des anderen akzeptieren, auf die dieser nicht verzichten will oder kann. Dazu gesellen sich die unterschiedlichen Vorstellungen von Ordnung und Aufräu-

men. Das Ergebnis – die neue, gemeinsame Wohnung – spiegelt dann auch den aktuellen Zustand der Beziehung dieses Paares wider.
Für beide Beteiligten ist das Zusammenstellen der Einrichtung aus zwei verschiedenen Haushalten eine Entdeckungsreise und ein Reifeprozess – mit offenem Ausgang. Denn vieles wird sich an der Einrichtung und Gestaltung des gemeinsamen Zuhauses noch verändern, schließlich verändern sich auch die Partner mit der Zeit und damit die Beziehung. Vielleicht verschwinden nach und nach einige »billige« Möbel zugunsten edler Teile, weil inzwischen mehr Geld zur Verfügung steht. Vielleicht weichen »antike« Stücke vom Flohmarkt moderneren Möbeln. Überlegen Sie einmal selbst, wie sich Ihre Einrichtung im Lauf der Jahre gewandelt hat und was dahintersteckt.

Familie unter einem Dach

Wenn aus einem Paar dann eine Familie wird, weil Nachwuchs dazukommt, erlebt das gemeinsame Zuhause eine erneute, dramatische Veränderung. Vielleicht muss das bisherige Gästezimmer, das mehr Abstell- oder Rumpelkammer war, einem Kinderzimmer weichen. Dann sind die Eltern gefordert, sich von manchem Kram zu trennen, auszumisten und aufzuräumen. Schließlich braucht man nun mehr Platz. Im Lauf der Jahre, wenn vielleicht noch mehr Kinder oder Mitbewohner dazugekommen und aus Kindern Teenager geworden sind, wächst das Haus oder die Wohnung mit und verändert sich.
Jeder Bewohner prägt seine eigenen Räume, trägt aber auch zur Atmosphäre in den gemeinsam genutzten Bereichen und damit im ganzen Haus bei.
Dabei wird das Zimmer eines Teenagers sicher anders aussehen als das Schlafzimmer der Eltern. Vielleicht herrscht im Zimmer des Heranwachsenden Chaos – doch es könnte auch genau

umgekehrt sein und das Zimmer des Teenagers ist picobello aufgeräumt, während sich im Elternschlafzimmer Bügelwäsche etc. türmt.
Innere Klarheit und äußere Ordnung sind nicht von den Lebensjahren abhängig, sondern vom Zustand der eigenen Seele.

Gerümpel blockiert die Energie

Im Feng Shui geht es deshalb noch einen Schritt weiter: Am Zustand einer Wohnung ist zu erkennen, ob die Bewohner mit sich selbst im Reinen sind, ob sie sich entfalten können. Unordnung und voll gestopfte Ecken stehen für Energieblockaden, die sich auf alle Lebensbereiche auswirken können. Mithilfe von Feng Shui können wir den Fluss der Energie in unserer Umgebung so lenken und in Balance bringen, dass es uns gut geht, wir uns frei entwickeln und das Leben in vollen Zügen genießen können.
Unser häusliches Chaos sorgt für einen Energiestau und blockiert unser Wohlbefinden auf geistiger und körperlicher Ebene. Umgekehrt heißt dies jedoch: Wenn die Partnerschaft kriselt, die Karriere stockt, das Geld immer knapp ist oder es mit der Gesundheit nicht zum Besten steht, dann kann das Gerümpel in der Wohnung dahinterstecken. Wer Probleme wie diese kennt, sollte die eigenen vier Wände einmal genau unter die Lupe nehmen.
Stimmungen, Einstellungen und auch Fehler, die uns bei anderen Menschen sofort ins Auge springen, nehmen wir bei uns selbst oft gar nicht wahr. Es ist, als würde man zu dicht vor einem großen Gemälde stehen und nur noch tanzende Farbkleckse wahrnehmen. Fragen Sie doch einmal einen guten Freund, was er empfindet, wenn er sich in Ihrem Heim aufhält. Ermuntern Sie ihn, ehrlich seine Gefühle zu beschreiben. Findet er Ihre Wohnung oder Ihr Haus gemütlich oder eher kühl,

sehr persönlich oder eher durchgestylt, reduziert oder extravagant? Fragen Sie ihn auch nach seinem Lieblingsplatz in Ihrem Zuhause. Das kann Aufschluss über Sie selbst geben, aber natürlich auch über Ihren Freund. Und vergessen Sie nicht, dass es hier um einen ganz individuellen Eindruck geht, nicht um ein sachlich begründetes Urteil.

Treten Sie nun selbst einen Schritt zurück und lassen Sie aus der Entfernung den Blick durch Ihr Zuhause schweifen. Stellen Sie sich zum Beispiel in die Tür zu Ihrem Wohnzimmer und schauen Sie sich im Raum um: Quellen Bücherregal, Couchtisch und Vitrine über vor lauter Kram? Besitzen Sie viele wertvolle Stücke, die Sie anderen gerne zeigen? Worauf fällt Ihr Blick als Erstes? Welches Gefühl haben Sie, wenn Sie den Raum anschauen? Fühlen Sie sich zum Beispiel geborgen, stolz, neutral, unzufrieden, genervt? Im Test auf den folgenden Seiten erfahren Sie, welcher Wohnungstyp Sie sind.

Test: Welcher Wohnungstyp sind Sie?

Sehen Sie sich in Ihrer Wohnung um: Fühlen Sie sich hier wohl? Haben Sie das Gefühl, die Einrichtung, das Ambiente entspricht Ihren Bedürfnissen und Ihrem Charakter? Vielleicht hätten Sie gerne mehr Ordnung, haben aber kein System? Oder Sie sind ein Opfer Ihrer eigenen Ordnungsliebe und wünschen sich, auch mal was liegen lassen zu können? Möglicherweise nervt Sie auch der Stilmix, der Ihnen zu unruhig ist, oder Sie würden die langweilige Einrichtung gerne neu gestalten, weil Sie die Abwechslung lieben. Mit diesem Test finden Sie heraus, was Ihr Wohnambiente über Ihr Wesen verrät. Kreuzen bei jeder Frage möglichst spontan die Antwort an, die Ihnen am meisten entspricht. In der Auswertung erfahren Sie, welcher Wohnungstyp Sie sind, und die Feng-Shui-Analyse kann Ihnen dann dabei helfen, Ihren Wohnstil zu optimieren.

1. *Welche Arten von Möbeln befinden sich in Ihrer Wohnung?*

B) Ich besitze einige exklusive Stücke und mische verschiedene Stile.

C) Mein Mobiliar ist eher alt und bunt zusammengewürfelt.

D) Ich besitze einige schöne Stücke, aber auch ganz schlichte Möbel, die nicht aufeinander abgestimmt sind.

A) Meine Möbel sind perfekt aufeinander abgestimmt, und zwar sowohl in Stil, Materialien als auch in Farben.

2. *Wie wichtig sind Ihnen Wohnaccessoires?*

A) Zu viele Accessoires bringen nur Unruhe in meine Wohnung.

D) Ich habe eigentlich schöne Sachen, die aber oft nicht zusammenpassen.

B) Ich präsentiere meine individuellen Stücke bewusst, damit kann ich zeigen, was mich ausmacht.

C) Ich habe fast zu viel Krimskrams, aber jedes einzelne Teil ist mir wichtig.

3. *Wie würden Sie Ihren Einrichtungsstil beschreiben?*

B) kreativ, individuell, teils unruhig

D) lebendig, gemischt, teils unharmonisch

A) systematisch, klassisch, in sich stimmig

C) chaotisch, gemütlich, im Übergang befindlich

4. *Wie halten Sie es mit dem Aufräumen?*

D) Ich sollte öfter aufräumen, aber mir fehlt die Motivation, sodass die Unordnung meistens siegt.

C) Schön, wenn es ordentlich wäre, ich weiß nur nicht, wo ich mit dem Aufräumen anfangen soll. Also lasse ich es meist von vorneherein bleiben.

A) Mir ist wichtig, dass meine Wohnung aufgeräumt ist. Ich brauche und liebe Ordnung.

B) Es gibt Wichtigeres, als ständig nur aufzuräumen. Hauptsache, ich finde mich zurecht.

5. *Mit der Zeit sammeln sich immer mehr Dinge in Ihrer Wohnung an. Wie gehen Sie damit um?*

C) Ich trenne mich nur ungern von Dingen; wer weiß, ob ich sie noch einmal brauchen kann.

D) Ich brauche einen besonderen Anlass (z. B. Umzug), um auszumisten.
B) Was nicht zu meinem Stil passt, kommt gar nicht erst in meine Wohnung.
A) Ich schaue regelmäßig, was ich nicht mehr brauche, und trenne mich dann davon.

6. *Nach welchen Kriterien wählen Sie die Möbel und Accessoires für Ihr Zuhause aus?*
A) Der Stil soll stimmen, es darf ruhig etwas kosten.
C) Bevor ich einkaufen gehe, schaue ich bei Bekannten oder auf Flohmärkten, ob ich was Gebrauchtes finde.
D) Die Dinge sollen schön und funktional sein, dürfen aber nicht viel kosten.
B) Ich bin immer auf der Suche nach etwas Einzigartigem.

7. *Wie zufrieden sind Sie mit Ihrer derzeitigen Wohnungseinrichtung?*
C) Ich bin nicht ganz zufrieden, weil ich mich eingeengt fühle.
B) Mir gefällt meine Einrichtung, weil sie meinen eigenen Stempel trägt.
A) Ich bin sehr zufrieden, es passt alles zusammen.
D) Es könnte noch wohnlicher sein. Ich weiß nicht, was ich ändern soll.

8. *Was wünschen Sie sich in Bezug auf Ihre Wohnung?*
A) Prinzipiell mag ich meine Wohnung. Manchmal denke ich: »Vielleicht sollte ich mal was Neues probieren.«
B) Ich wünsche mir viel Raum, um meiner Kreativität freien Lauf zu lassen und mich auszudrücken.

C) Ich wünsche mir mehr Platz, um endlich all meine persönlichen Dinge unterzubringen.
D) Ich wünsche mir einen Innendekorateur, der mich bei der Stilfindung unterstützt.

9. *Sie müssen demnächst umziehen. Wie fühlen Sie sich, wenn Sie an den bevorstehenden Umzug denken?*
A) Ich freue mich darauf, weil das wieder ein wunderbarer Anlass zum Aus-misten und Neugestalten ist.
B) Ich bin bereit, denn ich beginne mit dem Planen und Einpacken schon Wochen vorher oder ich beauftrage eine Fachfirma mit dem Verpacken, damit nichts beschädigt wird.
D) Das wird vermutlich ein ziemlicher Kraftakt angesichts der vielen Dinge, die ich habe und von denen ich mich auch nicht trennen will.
C) Ich habe jetzt schon Albträume, wenn ich nur an den Umzug mit den vielen Kisten und dem ganzen Krempel denke.

Wohnungstypen – Auswertung

Notieren Sie hier, wie oft Sie welchen Buchstaben angekreuzt haben.

A) = _ mal B) = _ mal
C) = _ mal D) = _ mal

Der Buchstabe, den Sie am häufigsten angekreuzt haben, bezeichnet, welcher Wohnungstyp Sie sind. Haben Sie zwei Buchstaben gleich oft gewählt, lesen Sie unter beiden Typen nach.

Überwiegend **A)** = der klassisch-konservative Typ
Überwiegend **B)** = der individuell-kreative Typ
Überwiegend **C)** = der sicherheitsbedürftige Typ
Überwiegend **D)** = der funktionale Typ

A Der klassisch-konservative Typ

Sie haben eine klare Vorstellung davon, wie Sie wohnen möchten, und haben dies auch umgesetzt: Sie lieben es, wenn Ihre Wohnung sauber und aufgeräumt ist. Sie legen viel Wert auf eine aufeinander abgestimmte Einrichtung, die Sie sich durchaus etwas kosten lassen. Unnütze Dinge werden regelmäßig aussortiert, sodass alles sehr überschaubar ist. Ein Fremder kann sich in Ihrer Wohnung mühelos zurechtfinden, jedoch keinen persönlichen Stil erkennen. Die Individualität muss der Perfektion weichen.
Wenn Sie fast ausschließlich **A** angekreuzt haben, sollten Sie darauf achten, dass Ihre Wohnung nicht zu unpersönlich wirkt. Verlassen Sie doch einmal Ihr gewohntes Terrain und wagen Sie sich an Ungewöhnliches heran. Sie können mit Kleinigkeiten anfangen, wie zum Beispiel neuen Farbakzenten. Sie müssen Ihren Perfektionismus dazu nicht aufgeben, sondern können ihn vielmehr ergänzen mit Ihren persönlichen, kreativen und individuellen Einrichtungsgegenständen und Wohnideen.

Nach **Feng Shui** ist Ordnung ein Weg zu mehr Harmonie, sowohl äußerlich als auch innerlich. Aber mit Ordnung ist keine sterile, blank geputzte Atmosphäre gemeint. Lebendigkeit und Individualität dürfen und sollen Spuren in den eigenen vier Wänden hinterlassen. Ihre Persönlichkeit kann durch Accessoires, Bilder, Farben, Pflanzen und Düfte zum Ausdruck kommen. Solche persönlichen Akzente (siehe Seite 226ff.) fördern die Energie in den einzelnen Räumen und haben positive Wirkung auf die Menschen, die darin leben oder sich dort aufhalten. Wenn Sie sich unsicher sind, wie Sie das tun sollen, nutzen Sie das Bagua (siehe Seite 189ff.): Dieser »Spiegel des Lebens« zeigt Ihnen, wo sich in Ihrer Wohnung welche Lebensbereiche befinden und wie Sie diese mit kleinen Accessoires besonders aktivieren können.

B Der individuell-kreative Typ

Ihre Wohnung trägt Ihren ganz persönlichen Stil: Nicht nur was Ihre vielseitige und originelle Einrichtung angeht, auch in puncto Ordnung haben Sie Ihren eigenen Kopf. Sie halten nichts von vorgegebenen Standards. Ob zu viel oder zu wenig Ordnung, bei Ihnen kann man immer eine Überraschung erleben. Zumeist finden Sie eine gute Balance, was den Mix von Stilen, die Unterschiedlichkeit von Accessoires oder den Grad an Ordnung und Sauberkeit betrifft. Manchmal aber fehlt Ihnen das richtige Maß. Andererseits kann es auch vorkommen, dass Bereiche Ihrer Wohnung zu gestylt und zu »gewollt« wirken, wodurch Gäste sich weniger wohl fühlen.

Wenn Sie fast ausschließlich **B** angekreuzt haben, fragen Sie sich, was Ihnen Ihr Zuhause bedeutet: Soll Ihre Wohnung repräsentative Zwecke erfüllen? Sollen Ihre Gäste von Ihrem Geschmack beeindruckt sein? Oder möchten Sie mit Ihrer Wohnung mehr sich selbst ausdrücken? Versuchen Sie, die

Dinge danach zu beurteilen, ob sie Ihnen wirklich wichtig sind. Pflegen Sie einen maßvollen Umgang mit originellen Stücken, und versuchen Sie, optische Ruheinseln zu schaffen.

Nach **Feng Shui** ist unser Zuhause ein wahrhaftiger Ausdruck unseres Selbst. Wir sind, wie wir wohnen. Drückt die Art, wie Sie wohnen, wirklich aus, was und wer Sie sind? Es geht nicht darum, andere zu beeindrucken. Es ist eine Illusion, dass die Dinge, die wir besitzen, uns zu etwas Besonderem machen. Gerade wenn Sie einen eigenwilligen Stil pflegen, müssen Sie gut aufpassen, dass Sie sich von den Dingen nicht zum Sklaven machen lassen. Denn dann entsteht das Ungleichgewicht, das Ihre Gäste spüren. Überlegen Sie sehr gut, welche Dinge Sie in Ihrer Wohnung präsentieren. Mithilfe der Vier-Kisten-Methode (siehe Seite 65ff.) können Sie Klarheit darüber gewinnen, was Ihnen die Dinge tatsächlich bedeuten.

C Der sicherheitsbedürftige Typ

Sie hängen Ihr Herz gerne an die kleinen Dinge des Lebens: Typisch für Ihre Wohnung sind die vielen Erinnerungsstücke und persönlichen Gegenstände. Es vermittelt Ihnen Sicherheit, an Dingen festzuhalten und in Ihrer Wohnung nicht viel zu ändern. Gemütlichkeit ist Ihnen ein Anliegen. Sie sind sehr gastlich und wollen, dass andere sich bei Ihnen wohl fühlen. Das gelingt Ihnen nicht immer, weil die Zimmer manchmal zu voll und die Wohnung leicht überladen wirkt. So wissen Sie oft nicht, wo Sie mit dem Aufräumen beginnen sollen, und wünschen, Sie hätten mehr Platz.

Wenn Sie fast ausschließlich **C** angekreuzt haben, fragen Sie sich, ob ein Schrank, aus dem Kleidung hervorquillt, oder ein überbordendes Regal wirklich Sicherheit vermittelt. Schafft Ihr Chaos daheim wirklich Geborgenheit und Stabilität? Finden Sie einen Weg, wie Sie mit der nötigen emotionalen Balance ausmisten, aufräumen und für sich ein besseres System schaffen, nach dem Sie Dinge aufbewahren. Dann gewinnen Sie mehr Überblick.

Gerümpel im Sinne von **Feng Shui** ist überflüssiger Ballast, der unsere persönliche Entwicklung einschränkt oder gar blockiert. Wer diesen Ballast abwirft, wie die Sandsäcke an einem Fesselballon, spürt sofort, um wie viel leichter das Leben wird. Man steigt quasi in ungewohnte Höhen und erobert sich einen neuen Raum. Wer alles aufbewahrt und festhält, sucht oft nach Sicherheit. Doch machen Sie sich klar: Wie viel Sie auch besitzen, Sicherheit bekommen Sie dadurch nicht. Im Gegenteil: Die Angst, etwas zu verlieren, wächst mit dem materiellen Besitz. Die Vier-Kisten-Methode (siehe Seite 65ff.) hilft Ihnen beim Entrümpeln. Sie lernen zu unterscheiden, was Sie wirklich brauchen und was Sie loslassen können. Dies befreit, macht selbstbewusst und zufrieden.

D Der funktionale Typ

Sie wissen, wo Sie stilistisch hinwollen, aber Ihr Einrichtungsstil ist noch nicht ganz ausgereift beziehungsweise umgesetzt: Sie besitzen einige schöne Gegenstände, aber es fällt Ihnen manchmal schwer, diese zur Geltung zu bringen. Da Sie einen Mix aus alten und neuen sowie aus schlichten und aufwändigen Möbelstücken mögen, wirkt Ihre Wohnung auf einen Fremden sehr lebendig und individuell. Es kann aber auch dazu führen, dass der Eindruck von fehlender Harmonie entsteht.

Es ist in der Einrichtung und Dekoration kein klares System zu erkennen, das einen Raum aber erst wohnlich macht.
Wenn Sie fast ausschließlich **D** angekreuzt haben, sollten Sie versuchen, Ihre Wohnung mit mehr System einzurichten und damit Ordnung im Sinne eines harmonischen Miteinanders herzustellen. Dazu müssen Sie sich aber mit Ihrer Umgebung beschäftigen und die Gestaltung Ihrer Wohnung nicht als Nebensache abtun. Werden Sie sich klar darüber, welche Einrichtungsgegenstände und Möbel Ihnen wirklich am Herzen liegen. Den Rest entrümpeln Sie, so schaffen Sie eine solide Basis für eine harmonische Gestaltung Ihrer Wohnung.

Auch wenn wir uns nicht intensiv mit der Einrichtung unserer Wohnung beschäftigen, hat nach Feng Shui die Gestaltung unserer Umgebung Einfluss auf uns. Wenn hier die Harmonie fehlt, wird es uns auch schwerfallen, innerlich klar und ausgeglichen zu sein. Achten Sie daher darauf, was Sie sich in die Wohnung holen. Spontankäufe, Mitbringsel und Fundstücke, die Ihr Zuhause dekorieren, symbolisieren Ihre Individualität. In der richtigen Dosis und am richtigen Platz lenken und fördern diese Gegenstände die Lebensenergie. Aber wenn kein roter Faden mehr zu erkennen ist, fehlt dieser vielleicht auch in Ihrem Leben. Gehen Sie es an und misten Sie mithilfe der Vier-Kisten-Methode (siehe Seite 65ff.) gründlich aus. Damit werden Sie Klarheit schaffen und den roten Faden wiederentdecken. Und wer weiß, wohin er Sie führt?

»Die Dinge sind dazu da, dass man sie benutzt,
um das Leben zu gewinnen, und nicht, dass man das Leben
benutzt, um die Dinge zu gewinnen.«
Lü-shih Ch'un Ch'iu

Mit Feng Shui zur inneren Klarheit

Feng Shui lehrt: Wer in Harmonie mit sich und seiner Umgebung lebt, erntet Wohlstand, Erfolg, Gesundheit und Liebe. Zu dieser Harmonie kann jeder gelangen, sie entsteht, wenn Sie zu Hause gründlich ausmisten und aufräumen. Werfen Sie Ballast ab, lassen Sie Vergangenes los, bringen Sie Ordnung in Ihr Zuhause und verändern Sie so mit leichter Hand Ihr ganzes Leben.

Frischer Wind und klares Wasser

Die überflüssigen und alten Dinge loswerden, Unvollendetes erledigen und aufräumen, das löst die Energieblockaden. Der Staub verschwindet und die Luft klärt sich, die Energie kann wieder frei fließen wie Wasser in einem Bergbach. Energie zum Fließen bringen, Ausgleich von Gegensätzen erreichen und Ausgewogenheit schaffen – das ist das Ziel von Feng Shui.
Wörtlich übersetzt heißt Feng Shui »Wind und Wasser«. Darin bündeln sich uraltes Wissen um den natürlichen Lauf der Dinge, die Zyklen der Natur und das Zusammenspiel von Natur und Mensch. Im chinesischen Weltbild lebt der Mensch im ständigen Kontakt mit der Natur und beide unterliegen den gleichen Gesetzmäßigkeiten. Wind und Wasser sind Erscheinungsformen von Lebensenergie. Und Feng Shui ist die Kunst, mit Wind und Wasser, also mit dieser Energie umzugehen.
Wie ein Navigationssystem hilft uns die chinesische Lehre dabei, Gegensätze auszugleichen, Ausgewogenheit herzustellen und Harmonie zu erreichen. Innerer Frieden, Glück und Wohlergehen resultieren aus der Art, wie wir unseren Standort und unsere Umgebung gestalten. Mit Feng Shui können wir in Ein-

klang mit uns und unserer Umgebung kommen. Das eigene Zuhause ist dabei der Schlüssel. Deswegen lohnt es sich, die eigenen vier Wände kritisch zu betrachten: Herrschen hier Ausgewogenheit und Harmonie? Kann hier die Lebensenergie ungehindert fließen? Wie habe ich mir mein Leben »eingerichtet«?
Mithilfe von Feng Shui können Sie diese Fragen nicht nur beantworten, sondern auch vorhandene Energieblockaden aufspüren und beseitigen. Indem Sie dies tun, also Ihr Zuhause untersuchen und in einem nächsten Schritt positiv verändern, verändern Sie auch Ihr Innerstes. Das äußerliche Aufräumen und Ausmisten gehen einher mit einer innerlichen Befreiung: Altes loswerden und Platz schaffen für Neues.

Sich von der Last befreien

Viele Dinge, die Sie in Ihren vier Wänden aufheben, belasten Ihre Seele. Voll gestopfte Schränke, überquellende Schubladen, ungeordnete Regale sind keine Augenweide. Außerdem sind die Sachen Staubfänger und machen es uns schwer, richtig sauber zu machen. Das Gerümpel nimmt uns Luft zum Atmen.
Was wir festhalten, anhäufen und sammeln, wird also irgendwann zur Belastung. Mehr macht nicht zwangsläufig glücklich. Viele Dinge zu besitzen raubt Freiheit und Spontaneität. Nicht Überfluss, sondern das Wesentliche lockt das Glück. Immer mehr erkennen das und beginnen ihre Konsumwut zu drosseln, sich innerlich von dem Übermaß an materiellen Dingen zu lösen. Lieber weniger, aber dafür mehr Qualität, lautet die Devise.

Raus aus der Vergangenheitsfalle

Die Gründe, warum wir etwas nicht loslassen, sind vielfältig. Doch einer der häufigsten Gründe ist das Festhalten an der Vergangenheit. So hängen wir vielleicht an einem Kleidungsstück, weil wir denken: »Damals habe ich in das Kleid gepasst, irgendwann bin ich bestimmt wieder so schlank.« Dieses Wunschdenken verhindert das Loslassen, und so nimmt das alte Teil Platz weg. Doch solange wir an dem Kleid festhalten, stecken wir in der Vergangenheit fest, verschließen die Augen vor der Gegenwart und sind auch nicht offen für die Zukunft.

Die Verklärung der Vergangenheit trübt den Blick für die Gegenwart. Wer ständig gestern mit heute vergleicht, bei dem wird das Heute schlechter abschneiden. Unser Gedächtnis konstruiert nämlich eine Erinnerung, die mit der Realität meist nicht viel gemein hat: So wird zum Beispiel das Schöne gespeichert und das Unangenehme gelöscht. Im Rückblick verklärt sich dann alles. Doch wenn man sich an das Altbekannte klammert, lässt man Neues nicht zu. Wenn die Nostalgie Sie gefangen hält, sollten Sie sich drei Fragen stellen: Habe ich immer noch die gleichen Bedürfnisse wie damals? Bin ich immer noch so wie vor vielen Jahren? Habe ich mich denn gar nicht verändert? Wer ernsthaft nach Antworten auf diese Fragen sucht, wird bald erkennen, dass Erinnerungen nur Bruchstücke der Vergangenheit enthalten.

»Wenn du loslässt,
hast du zwei Hände frei.«
Chinesische Lebensweisheit

Angst vor der Zukunft

Warum halten wir an der Vergangenheit fest? Ein möglicher Grund ist die Angst vor der Zukunft, die Angst vor dem großen Unbekannten und den Risiken. Manchmal wird Zukunft nicht als Möglichkeit oder Chance, sondern als Bedrohung erlebt. Denn Veränderungen bringen Unsicherheit mit sich. Auch das Gefühl, vielleicht falsche Entscheidungen zu treffen und Fehler zu machen, spielt eine Rolle.
Trotzdem: Damit es in Ihrem Leben weitergehen kann, müssen Sie sich aus der Vergangenheitsfalle befreien, und dies funktioniert nur über das Loslassen. Sie müssen ausmisten, wegwerfen und Platz schaffen. Falls Sie dieser Gedanke erschreckt, können Sie beruhigt aufatmen: Mithilfe der Vier-Kisten-Methode gehen Sie Schritt für Schritt vor, und so verliert die Veränderung garantiert ihren Schrecken.

Nicht an alte Zeiten klammern

Besonders schwierig gestaltet sich der Umgang mit Erinnerungsstücken. Liebesbriefe von Verflossenen zum Beispiel können eine schöne Erinnerung sein oder in der Vergangenheit festhalten. Wie oft lesen Sie diese Briefe tatsächlich und welche Gedanken gehen Ihnen dabei durch den Kopf? Ist das hilfreich für Ihre aktuelle Beziehung oder vielleicht eher schädlich, weil Sie Ihren Partner mit dem oder der Ex vergleichen?
Für unser gegenwärtiges Leben ist es durchaus sinnvoll, das Positive in der Vergangenheit zu sehen. Die Gewissheit, schöne Momente erlebt und gute Erfahrungen gemacht zu haben, verleiht uns Selbstvertrauen für die Zukunft. Doch trauern Sie nicht den »guten alten Zeiten« nach. Sie waren nicht besser als heute.

Positive Momente bewahren

Die Vergangenheit hat Sie zu dem gemacht, der Sie heute sind. Daher sollten Sie mit den Dingen von früher sorgsam umgehen und genau hinschauen: Dokumentiert etwas einen wichtigen Entwicklungsschritt, dann möchten Sie es vielleicht aufbewahren, auch wenn es lange vorbei ist. Denn es weckt immer wieder positive Erinnerungen in Ihnen. Steht ein Stück – ein Tagebuch oder Fotos – für eine Phase im Leben, die auch mit Schmerz und Trauer verbunden ist, gehen Sie in sich: Löst die Beschäftigung damit positive Gefühle aus, zum Beispiel, weil Sie die Phase gut überwunden haben, behalten Sie es. Werden Sie jedoch heute noch traurig oder wütend, wenn Sie die Einträge lesen oder die Fotos betrachten, dann sollten Sie sich davon trennen. Machen Sie sich bewusst, dass diese Phase wichtig war in Ihrem Leben, nun aber vorüber ist. Nehmen Sie Abschied und konzentrieren Sie sich auf das Heute.

Innere Blockaden beseitigen

Ausmisten und Aufräumen haben Tiefenwirkung. Sie misten im wahrsten Wortsinn Ihre Vergangenheit aus, lassen Überholtes los, befreien sich von Belastendem und schaffen so Platz für Neues. Wenn Sie sich beim Ausmisten Fragen stellen wie »Kann ich dieses Stück weggeben oder wegwerfen?«, »Warum hänge ich so sehr an diesem Stück?« oder »Welche Gedanken oder Hoffnungen verbinde ich damit?«, können Sie zur Ursache der Energieblockade vordringen. Wenn beispielsweise irgendwo noch Fotos vom Expartner existieren, hegen Sie vielleicht die leise Hoffnung, es könnte ja wieder wie früher werden. Um die Bedeutung der Dinge zu erkennen, müssen Sie sich Ihre Gedanken, die Sie mit den Dingen verbinden, selbstkritisch und ehrlich bewusst machen.

Bewusst Abschied nehmen

Sich von etwas zu trennen, von dem man erkannt hat, dass man es nicht mehr braucht, ist nicht einfach. Loslassen fühlt sich manchmal so an, als ob man den Boden unter den Füßen verliert. Dann überlegt man es sich zweimal, ob man sich wirklich trennen möchte.

Dies funktioniert nur, wenn Sie mit etwas wirklich abgeschlossen haben beziehungsweise bereit dazu sind, eine Schlussstrich zu ziehen. Weisen Sie den Dingen aus Ihrer Vergangenheit den Platz zu, der ihnen gebührt.

Das Leben ist so, wie Sie es sich einrichten

Jeder Raum, in dem wir uns aufhalten, und jedes Ding, mit dem wir uns umgeben, hat seine eigene Aura, die auf uns ausstrahlt. Nach einem Spaziergang im Sonnenschein in der Natur fühlen wir uns wohl, erfrischt und zufrieden, während uns das Warten in einem tristen, muffigen Zimmer nach kurzer Zeit frustriert. Alles um uns herum ist Energie. Entscheidend dabei ist, wie und wo wir uns selbst positionieren – und dies haben wir in der Hand.

Feng Shui hilft uns dabei, einen freien Fluss der Energie zu ermöglichen und somit die Grundlage für Veränderung und Harmonie zu schaffen. Ein harmonisches Wohnumfeld in Farben, Formen und gesunden Materialien hat großen Einfluss auf unser Wohlbefinden. Es unterstützt unsere körperliche, emotionale, geistige und spirituelle Entwicklung. Unsere eigenen vier Wände können uns Schutz und Geborgenheit schenken und ein Ort sein, wo wir Kraft tanken können.

Gefühle haben eigene Energien

Der Zustand, den wir um uns herum schaffen, spiegelt unser Inneres wider und umgekehrt.

Die Eltern von Teenagern kennen dieses Phänomen: Sie würden das Zimmer des Sohns oder der Tochter am liebsten gar nicht mehr betreten, weil es darin aussieht, als hätten Vandalen dort gewütet. Die Bitte oder die Aufforderung, endlich aufzuräumen, verhallt ungehört. Eltern stehen oft machtlos vor dem Chaos, das sich im Zimmer des eigenen Kindes ausbreitet. Doch für die Unordnung gibt es einen Grund: Die Pubertät bedeutet für Heranwachsende eine Zeit der Veränderung und Neuorientierung. Während dieses Umbruchs gerät das Innenleben des Teenagers völlig aus dem Gleichgewicht. Nichts ist mehr, wie es war, Hormone und Gefühle spielen verrückt, man ist in diesem Alter weder Fisch noch Fleisch. Die Identitätssuche und das innere Chaos spiegeln sich in der äußeren Unordnung, zum Leidwesen der Eltern. Ein Trost kann sein, dass diese Phase vorübergeht.

Doch auch die Eltern leben, ohne sich dessen vielleicht bewusst zu sein, in den eigenen vier Wänden ihren aktuellen Gemütszustand aus. Zwar herrscht möglicherweise keine sichtbare Unordnung, aber ein Blick in die Schränke und in die Ecken kann äußerst aufschlussreich sein.

Wer bin ich?

Wer sich diese Zusammenhänge zwischen innen und außen bewusst macht, hat schon einen wichtigen Schritt getan. Um davon zu profitieren, ist es notwendig, sich kritisch mit dem zu beschäftigen, womit wir uns umgeben. Dadurch können wir sehr viel über uns selbst erfahren.

Kritische Selbstbetrachtung

Beim Entrümpeln tun wir das. Wir schauen uns die Dinge genau an, überlegen gründlich, warum wir sie aufbewahren möchten, was sie mit uns und unserem Leben zu tun haben und warum wir vielleicht unser Herz daran hängen. Ehrlichkeit ist oberstes Gebot, sonst führt die Reise ins Ich in die Irre. Wir müssen uns selbst gegenüber ehrlich sein über unsere Vorstellungen, Erwartungen, Hoffnungen, die wir an bestimmte Dinge in unserem Besitz knüpfen. Nur wenn wir uns wirklich damit auseinander setzen, können wir von den Erkenntnissen profitieren. Wir können betrachten, wer wir waren, wie wir zu dem geworden sind, der wir heute sind. Vielleicht wird uns bewusst, an welcher Stelle der Weg eine überraschende Kurve gemacht hat oder wo wir stehen geblieben sind.

Im Verlauf des Entrümpelns werden wir so immer mehr auf das stoßen, wer und was wir heute sind. Denn die Dinge, die wir aufbewahren, die wir brauchen, die machen uns aus. Nun stellt sich die Frage, ob uns dies gefällt, ob wir mit dem, was wir gefunden haben, zufrieden sind.

Wer möchte ich sein?

Vielleicht entdecken wir dabei, dass wir in manchen Bereichen ganz anders sind, als wir bisher dachten. Möglicherweise wird uns bewusst, dass wir bestimmte Kleidungsstücke nie getragen haben, weil sie zu einer Vorstellung von uns gehören, der wir nicht entsprechen. Wir sind eben nicht der Typ fürs schicke Kostümchen. Oder wir wollen bestimmte Dinge hinter uns lassen und schaffen es endlich, uns von der Plüschtierparade auf dem Regal zu trennen, weil wir uns eingestehen, dass wir inzwischen viel lieber wenige ausgewählte Accessoires aufstellen wollen.

Raum für Veränderungen schaffen

Was auch immer wir verändern wollen – nach dem Entrümpeln und Aufräumen können wir in einem nächsten Schritt unsere Umgebung entsprechend verändern.

Unsere Wohnung spiegelt das wider, was wir sind. Verändern wir etwas in der Wohnung, schaffen wir Raum für Veränderungen in uns.

Alles, was wir dazu brauchen, schlummert bereits in uns. Feng Shui hilft dabei, unsere verborgenen Potenziale zu entfalten und auszuleben. Leben bedeutet sich verändern. Verabschieden Sie sich jetzt von allem, was Sie blockiert, und richten Sie sich Ihr Leben neu ein. Äußere Ordnung lässt die Energie fließen und führt zu innerer Klarheit und Harmonie. Sie werden mehr Schönheit, Lebendigkeit und Freude erfahren. Sie haben es in der Hand. Das Glück kommt nur zu dem, der auch bereit dafür ist.

Feng Shui hilft dabei, weder dem Gestern nachzutrauern noch die Zukunft zu verplanen. Ziel ist es, jeden einzelnen Tag bewusst zu leben und den Blick für das Wesentliche zu schärfen.

Richtig ausmisten: gewusst wie!

Sie haben beschlossen, auszumisten, loszulassen und Ihr Zuhause zu entrümpeln. Wunderbar! Die Auswahl, was Sie wirklich behalten wollen oder was Sie vielleicht doch wegwerfen können, wird nicht immer leicht sein. Die Vier-Kisten-Methode hilft Ihnen dabei, die richtigen Entscheidungen zu treffen. Wie sie funktioniert, erfahren Sie hier.

Einfach und schnell aufgeräumt mit der Vier-Kisten-Methode

Alles, was wir erleben, fühlen, spüren und denken, nehmen wir mit nach Hause. Dort laden wir es ab, stellen es zur Schau, und so wird die Wohnung zum Spiegel unserer Seele. Auf diese Weise sammelt sich alles Mögliche an – bis ein Punkt überschritten ist und wir unter dem Ballast zu leiden beginnen. Dann ist es höchste Zeit, das Gerümpel aufzuräumen und Überflüssiges loszuwerden.

Weniger Gerümpel, mehr Glück

Verwandeln Sie Ihr Zuhause in einen Ort des Wohlbefindens und Glücks! Sie haben es in der Hand. Überwinden Sie sich, misten Sie aus und räumen Sie auf, dann werden Sie bald eine tiefe innere Zufriedenheit spüren. Das Aufräumen und Wegwerfen von Gerümpel hat etwas sehr Befreiendes. Sie machen damit nicht nur zu Hause Platz, sondern geben auch Ihrer Seele mehr Raum zum Atmen. Wenn Sie anfangen, zu Hause »klar Schiff« zu machen, wirkt sich das auf Ihr ganzes Leben aus. Vielleicht haben Sie das Gefühl, der Gerümpelberg ist so hoch wie der Mount Everest und unbezwingbar. Doch es gibt einen Weg zum Gipfel und zurück: Machen Sie einfach einen Schritt nach dem anderen.

Mit vier Kisten aus der Gerümpel-Endlosschleife

Zum Ausmisten und Aufräumen brauchen Sie als Erstes vier große Kisten, gut geeignet sind Umzugskisten. Eventuell lohnt sich auch die Anschaffung von Regalen, Ablagen oder Ordnern, um die verbliebenen Sachen dann perfekt einzuräumen, aber dazu später mehr (siehe Seite 61). Nummerieren Sie die Kisten und schreiben Sie Folgendes darauf:

Kiste 1: Aufheben! Diese Sachen will ich unbedingt behalten. Das bleibt!

Kiste 2: Überlegen! Diese Sachen brauche ich nicht mehr, kann mich aber nicht so schnell davon trennen.

Kiste 3: Weggeben! Diese Sachen brauche ich nicht mehr, kann sie jedoch vielleicht noch verschenken oder verkaufen.

Kiste 4: Wegwerfen! Diese Sachen kann ich ohne Wenn und Aber wegschmeißen. Weg damit!

»Wer neu anfangen will,
soll es sofort tun, denn eine überwundene
Schwierigkeit vermeidet hundert neue.«
Konfuzius

Kiste 1:
Aufheben!
Das will ich behalten!

Was in Kiste 1 kommt, will gut überlegt sein. Wählen Sie die Dinge sorgfältig aus, denn Sie wollen ja Ihren Besitz reduzieren. Es gibt sicher eine ganze Menge an Dingen, die Sie regelmäßig benutzen und bei denen sich die Frage des Wegwerfens nicht stellt. Schwieriger wird es bei den Kleidern, die nicht mehr passen, bei den Urlaubsandenken im Schrank oder dem überquellenden Bücher- oder CD-Regal. Hier gilt es zu entscheiden: Was ist heute für Sie von Bedeutung? Was brauchen Sie wirklich? Was tut Ihnen gut – auch wenn Sie es kaum benutzen? Der Ego-Check in diesem Kapitel soll Ihnen dabei helfen, wertvolle Erkenntnisse über sich selbst und Ihr Verhältnis zu Ihren Sachen zu gewinnen.

Die Qual der Wahl

Sich für eine Sache zu entscheiden heißt meist auch, auf etwas anderes zu verzichten. Und genau darum geht es: Finden Sie heraus, worauf es Ihnen ankommt, was Ihnen wirklich wichtig ist, und schließen Sie aus, was für Sie und Ihr aktuelles Leben keine Rolle mehr spielt. Stecken Sie selbst den Rahmen ab, dann erleben Sie die Auswahl nicht als Einschränkung, sondern als eine Konzentration aufs Wesentliche. Qualität ist entscheidend, nicht Quantität.
Richtige Entscheidungen erfordern Zeit und Aufmerksamkeit. Aber mithilfe der Vier-Kisten-Methode wird es Ihnen leicht fallen, das Wesentliche vom Unwesentlichen zu unterscheiden.

Wenn Sie zu einem Entschluss gekommen sind, dann bleiben Sie auch dabei. Lassen Sie sich nicht mehr davon abbringen oder verunsichern.

Ego-Check: Jetzt sehe ich klarer!

In Kiste 1 gehören die Dinge, die zeigen, wo Sie in Ihrem Leben gerade stehen. Beantworten Sie zunächst die folgenden sechs Fragen, um herauszufinden, was Ihnen wichtig ist und was nicht. Wer sich selbst besser kennt, tut sich beim Entrümpeln leichter, wichtige und unwichtige Dinge zu trennen.
Dies ist kein Test mit Auswertung und Erklärung. Vielmehr sollen Sie mithilfe dieser Fragen neue Erkenntnisse über sich selbst gewinnen. Nehmen Sie sich Zeit und füllen Sie die Listen in aller Ruhe, aber so spontan wie möglich aus. Viel Spaß bei Ihrer Entdeckungsreise!

Bitte füllen Sie für den Ego-Check jetzt die folgende Liste aus.

1 Welche Situationen haben mir in den letzten Tagen Freude bereitet? (Z. B. der Abendspaziergang gestern)

- ______________________________
- ______________________________
- ______________________________

KOMMENTAR: Wenn Sie sich an schöne Momente erinnern und diese aufschreiben, kann Ihnen klar werden, was Glück für Sie alles bedeuten kann.

2 Welche fünf Dinge müsste ich bei einem Brand in meinem Zuhause unbedingt retten? (Z. B. meine Brille)

- ______________________________
- ______________________________
- ______________________________

KOMMENTAR: Hier geht es um grundsätzliche Lebensentscheidungen, die blitzschnell getroffen werden müssen. Hier kristallisiert sich heraus, woran Ihr Herz wirklich hängt.

3 Welche zehn Dinge würde ich auf eine einsame Insel mitnehmen? (Z. B. Farben und Pinsel, um zu malen)

- ______________________________
- ______________________________
- ______________________________

KOMMENTAR: Diese Auflistung kann Ihnen verdeutlichen, welche Werte, Vorhaben, Beschäftigungen und vielleicht auch Menschen in Ihrem Leben eine wichtige Rolle spielen.

4 Welche zehn Dinge in meinem Zuhause erfreuen mich durch ihr Dasein, sehe ich immer wieder gerne an oder nehme ich gerne in die Hand? (Z. B. die Muschel vom letzten Urlaub)

- ______________________
- ______________________
- ______________________

KOMMENTAR: Finden Sie heraus, welche materiellen Dinge Sie in Ihrem Zuhause wertschätzen, welche Dinge Ihnen Alltagsglück bescheren.

5 Welche drei Dinge (oder mehr) würde ich nur in größter Not hergeben? (Z. B. ein bestimmtes Schmuckstück)

- ______________________
- ______________________
- ______________________

KOMMENTAR: Jeder von besitzt etwas, das von größter Bedeutung ist, ein Andenken, eine Auszeichnung, ein Geschenk, ein Fundstück etc. Wenn Sie mehr als drei Dinge aufschreiben können, sollten Sie sich überlegen, warum so viele Dinge einen so großen Platz in Ihrem Leben einnehmen.

6 Was (ein oder zwei Dinge) würde ich am liebsten mit ins Grab nehmen? (Z. B. Ehering):

- ______________________
- ______________________
- ______________________

KOMMENTAR: Gibt es etwas unter Ihren Besitztümern, das Sie am liebsten für immer behalten würden? Was empfinden Sie dabei, wenn Sie diese kleine Liste betrachten? Haben Sie ein gutes Gefühl oder fühlen Sie sich eher unbehaglich?

Die Botschaft in den Dingen

In jedem Ding, das wir besitzen, stecken Informationen und Gefühle, wir haben es schließlich einmal aus einem bestimmten Grund erworben oder bekommen. Nun gilt es zu erkunden, ob ein Gegenstand noch von Bedeutung für Sie ist oder ob Sie ihn loslassen können. Mit den folgenden drei Fragen können Sie herausfinden, ob eine Sache Ihnen heute noch wichtig ist, ob Sie sie noch brauchen und ob sie Ihnen noch guttut.

Frage Nr. 1: Habe ich das Ding innerhalb der letzten zwölf Monate einmal gebraucht und ist es mir auch weiterhin von Nutzen? Wenn ja, behalten Sie es. Wenn nein, führt das automatisch zur nächsten Frage.

Frage Nr. 2: Brauche ich das Ding wirklich noch, tut es mit gut, hilft es mir weiter, verbinde ich damit etwas Positives?
Nur wenn Sie sofort und überzeugt mit Ja antworten können, sollten Sie es behalten, auch wenn Sie es lange nicht benutzt haben. Wenn Sie jetzt aber ins Grübeln geraten, lange überlegen müssen, die Sache von allen Seiten betrachten oder nur zögernd eine Antwort finden, ist es Ballast, den Sie loswerden sollten. Wenn es Ihnen schwer fällt, diesen Krempel loszulassen, stellen Sie sich die letzte, aber entscheidende Frage.

Frage Nr. 3: Liebe ich die Sache aus vollem Herzen? Ein Ja führt automatisch zur Kiste 1. Bei einem Nein ist die Kiste 2 (siehe Seite 73f.) der geeignete Ort.

Auf die innere Stimme vertrauen

Manche Menschen fällen Entscheidungen überwiegend kopfgesteuert, andere verlassen sich dabei auf ihr Bauchgefühl – und liegen damit meist richtig. Das Phänomen heißt Intuition. Man könnte es auch als siebten Sinn oder Eingebung bezeichnen. Diese feine Form der Wahrnehmung funktioniert unbewusst, sichert aber in jeder Sekunde eine gigantische Menge von Informationen und wertet diese blitzschnell aus. Diese Daten gelangen gar nicht erst in unsere Gehirn, weil es dann in kürzester Zeit verstopft wäre. Und neueste Befunde zeigen: Das Bauchgefühl ist oft klüger als die Vernunft. Also warum nicht wieder mehr auf diese innere Stimme vertrauen?

Wenn Sie also ein Ding in Händen halten und Sie nicht recht wissen, ob Sie es aufheben oder wegwerfen sollen, dann hören Sie auf Ihr Bauchgefühl. Was löst es aus, wenn Sie es betrachten und halten?

Wenn Sie der Gegenstand mit Freude erfüllt, steht die Antwort fest: Behalten Sie ihn, aber finden Sie einen neuen Platz dafür. Offensichtlich ist er doch mit so guten Gefühlen verbunden, dass er nicht in einer Kiste vergraben werden sollte. Wenn Sie ihn zwar nicht loslassen, aber auch nicht ausstellen wollen, dann packen Sie ihn erst einmal weg, in Kiste 2.

»Einen Fehler machen
und ihn nicht korrigieren,
das erst heißt wirklich
einen Fehler machen.«
Konfuzius

Kiste 2: Überlegen! Ich kann mich noch nicht trennen!

Jeder von uns hat Sachen, die weder gebraucht noch verwendet werden, aber von denen wir uns aus unerfindlichen Gründen einfach nicht trennen wollen oder können. Kiste 2 ist die schwierigste, wenn es ums Ausmisten geht, denn sie konfrontiert uns am meisten mit unseren unbewussten Wünschen. Fragen Sie sich: Besitze ich die Dinge oder werde ich von ihnen beherrscht? Wenn es Ihnen schwer fällt, sich von Dingen zu lösen, die Sie im Grunde nicht brauchen, dann sollten Sie sich klar- machen, warum Sie die Sachen aufheben oder warum Sie so sehr daran hängen.

Festhalten blockiert

Wer die Entscheidung, etwas zu ändern, immer vor sich herschiebt, bei dem stapelt sich mit der Zeit vieles, was längst überflüssig geworden ist. Im Lauf der Zeit hat sich vermutlich so viel angesammelt, dass man die Übersicht verloren hat. Wenn dann noch das Unerledigte aus dem Alltag hinzukommt, wie unbezahlte Rechnungen oder der Papierberg auf dem Schreibtisch, wächst einem leicht alles über den Kopf. Also höchste Zeit, Ordnung in das Chaos zu bringen und den Kopf für das Wesentliche wieder freizubekommen.

Gefühls-Check: Jetzt verstehe ich!

Manche Menschen sind wahre Sammler: Briefmarken, Modekataloge, Prospekte, Zuckertütchen, Einkaufstaschen, Schachteln, Handtücher, Einweckgläser etc. Die Liste ließe sich unendlich fortsetzen. Sich von diesen Dingen zu trennen kann große Überwindung kosten, denn es ist irgendwie ein Stück der eigenen Identität mit ihnen verbunden. Nur warum eigentlich? Beantworten Sie die folgenden zehn Fragen, um herauszufinden, welche Gefühle Sie mit Ihren Sachen so stark verbinden, dass Sie sich nicht mehr davon lösen können. Wenn Sie verstehen, warum Ihr Herz daran hängt, können Sie sich leichter entscheiden, ob die Sachen bleiben oder doch verschwinden sollen. Auch hier handelt es sich nicht um einen Test. Mithilfe dieser gedanklichen Übung können Sie neue Einblicke in Ihre Gefühlswelt gewinnen. Nehmen Sie sich gerade für diese Liste genug Zeit und füllen Sie sie in aller Ruhe, aber so spontan wie möglich aus.

Bitte füllen Sie für den Gefühls-Check jetzt die folgende Liste aus.

1 Was waren meine glücklichsten Momente im letzten Jahr? (Z. B. meine Geburtsfeier mit Freunden)

- ________________________________
- ________________________________
- ________________________________

KOMMENTAR: Sich an schöne Momente zu erinnern soll verdeutlichen, dass es keinen Grund gibt, zu verzagen, nur weil vielleicht Trennungen bevorstehen.

2 Was sind die schönsten Komplimente, die ich zuletzt bekommen habe? (Z. B. ein Lob des Chefs im Job)

- ________________________________
- ________________________________
- ________________________________

KOMMENTAR: Ob Kompliment, Liebeserklärung oder Lob – sich vor Augen zu führen, dass andere positiv über uns denken, tut gut und stärkt das Selbstwertgefühl. Nicht unser Besitz, sondern wir selbst sind wichtig.

3 Welche meiner Leistungen der letzten zwölf Monate machen mich stolz? (Z. B. das Rauchen aufgegeben zu haben)

- ________________________________
- ________________________________
- ________________________________

KOMMENTAR: Eigene Leistung wahrzunehmen und zu schätzen hat nichts mit Einbildung und Selbstverliebtheit zu tun. Wir dürfen durchaus stolz auf erbrachte Leistungen und Erfolge sein und uns darüber freuen.

4 Über welche Kleinigkeiten kann ich mich freuen? (Z. B. eine Postkarte von Freunden)

- ____________________
- ____________________
- ____________________

KOMMENTAR: Es gibt viele kleine Bausteine, die Glück bedeuten. Das kann das Vogelzwitschern am Morgen, das Lächeln eines Unbekannten oder ein leckeres Essen sein. Es ist gut, auch das kleine Glück zu schätzen und sein Herz nicht an Krempel zu hängen.

5 Welche sieben Dinge habe ich schon lange nicht mehr beachtet, obwohl sie mir einmal sehr wichtig waren? (Z. B. mein Hochzeitskleid)

- ____________________
- ____________________
- ____________________

KOMMENTAR: Loslassen fällt nicht immer leicht. Aber oft ist es nur noch der letzte Schritt, da wir uns innerlich ja schon längst gelöst haben. Oder warum haben uns all diese Dinge so lange nicht mehr interessiert?

6 Welche sieben Dinge hebe ich zur Erinnerung an Vergangenes auf? (Z. B. alte Liebesbriefe)

- ____________________
- ____________________
- ____________________

KOMMENTAR: Nostalgische Gefühle zeigen die Sehnsucht nach dem Gestern. Aber war früher wirklich alle besser? Manche Erinnerungen sind positiv und anregend, andere wirken bremsend und hindern am Fortkommen.

7 Welche sieben Dinge könnte ich vielleicht wegwerfen, hebe sie aber trotzdem auf? (Z. B. das angeschlagene Teeservice)

- ____________________
- ____________________
- ____________________

KOMMENTAR: Das Auflisten von diesen Dingen erhöht die Achtsamkeit – vor allem bei der Neigung zum Hamstern. Erfüllt dieser Krempel wirklich Ihre Bedürfnisse?

8 Welche fünf Geschenke haben mir überhaupt nicht gefallen? (Z. B. der giftgrüne Pullover)

- ____________________
- ____________________
- ____________________

KOMMENTAR: Wir müssen nicht alles gutheißen, was man uns zuteil werden lässt. Fragen Sie sich nicht, warum derjenige Ihnen so etwas Hässliches oder Überflüssiges geschenkt hat, sondern warum Sie sich heute noch daran erinnern und vermutlich immer noch darüber ärgern.

9 Welche fünf Dinge suche ich schon lange, finde sie aber nicht mehr? (Z. B. meine alte Uhr)

- ____________________
- ____________________
- ____________________

KOMMENTAR: Wenn wir Dinge nicht mehr finden, brauchen wir sie auch nicht mehr. Nicht umsonst haben wir sie »vergraben«. Wenn sie beim Entrümpeln auftauchen, sollten sie nicht neu aktiviert werden.

10 Welche fünf Ziele möchte ich in den nächsten Monaten erreichen? (Z. B. Adressbuch auf den neuesten Stand bringen)

- ______________________________
- ______________________________
- ______________________________

KOMMENTAR: Ziele reichen in die Zukunft und helfen dabei, Kurs zu halten und sich auf etwas zu konzentrieren, was vor uns liegt. Dieses Fokussieren eines Ziels kann auch die Angst vor dem nehmen, was da kommen mag.

11 Welchen Wunsch möchte ich mir in dieser Woche erfüllen? (Z. B. ein längst fälliges Telefonat führen)

-

KOMMENTAR: Jeder Weg beginnt mit dem ersten Schritt. Große Berge in kleine Abschnitte aufzuteilen nimmt die Angst vor dem Großen. Sich einen Wunsch einzugestehen und sich diesen zu erfüllen erfüllt jetzt schon mit Vorfreude. Gehen Sie mit diesem Gefühl auch an Kiste 2 heran.

Welche Gefühle löst unser Besitz in uns aus?

Wir alle kennen aus den Nachrichten Szenen wie diese: Menschen stehen vor den Trümmern ihres Hauses, das durch Erdbeben oder Feuer zerstört wurde. Dies ist natürlich schrecklich, doch frage Sie sich einmal: Wäre Ihr Leben heute beendet, wenn Sie durch einen Brand oder Diebstahl Ihr gesamtes Hab und Gut verlieren würden? Wohl kaum. Der Verlust würde schmerzen und Probleme bereiten, aber er würde nicht Ihr Leben kosten! Alle materiellen Güter sind ersetzbar. Das bedeutet nun nicht, dass Sie sich von allem trennen müssen. Doch machen Sie sich bewusst, dass viele Dinge, die uns etwas bedeuten, nicht lebensnotwendig sind. Fragen Sie sich beim Ausmisten, was die Sachen, an denen Sie hängen, für Sie repräsentieren.

Im Folgenden finden Sie einige typische Gründe, aus denen wir uns von unseren Sachen nicht trennen können. Wenn Ihnen beim Lesen ein paar Dinge aus Ihrem Besitz einfallen, notieren Sie sie am besten sofort – vielleicht ist es Zeit, sich damit genauer zu beschäftigen?

Sachen, die uns zu etwas Besonderem machen

Die Werbung suggeriert es uns täglich: Sagen Sie Ja zu mehr! Warum? Weil materieller Überfluss in unserer Wohlstandsgesellschaft glücklich machen soll. Doch dass dies nicht zutrifft, erleben wir jeden Tag. Viel zu besitzen macht nicht zwangsläufig glücklich. Oder ist ein Milliardär unendlich glücklich, nur weil er so viel besitzt? Fragen Sie sich also: Sind es wirklich diese Dinge, die mich Glück empfinden lassen? Werde ich zu etwas Besonderem, nur weil ich bestimmte Dinge besitze? Wenn Sie ein so genanntes Statussymbol in Händen halten und es Ihnen schwer fällt, es wegzuwerfen, dann versuchen Sie herauszufinden, was Sie so innig damit verbindet. Statussymbole kaschieren vielleicht ein geringes Selbstwertgefühl. Denn selbstbewusste Menschen brauchen keine »Orden«. Sie vertrauen auf die eigenen Fähigkeiten, hoffen stets das Beste, erkennen und nutzen sich bietende Chancen und lassen sich nicht entmutigen.

Sachen, die unserem Ego schmeicheln

Es ist gut und wichtig, Andenken, Preise, Zeugnisse oder Auszeichnungen aufzuheben, wenn diese mit positiven Erinnerungen verbunden sind. Aber der Wert dieser Dinge sollte auch in Ihrem aktuellen Leben noch von Bedeutung sein. Was nützt Ihnen zum Beispiel der Pokal, den Sie vor Jahrzehnten mal bei einem Tennisturnier gewonnen haben, wenn Sie seit Jahren keinen Schläger mehr in der Hand hatten? Sie haben sich verändert, aber halten innerlich noch an der Vergangenheit fest. Warum? Es fällt nicht immer leicht, sich davon zu lösen, weil starke Gefühle mitschwingen. Aber um genau diese Gefühle geht es ja. Behalten Sie die Sachen, wenn sie Sie aus tiefstem Herzen erfreuen, doch trennen Sie sich davon, wenn sie nur gelegentlich sentimentale Anwandlungen heraufbeschwören und ansonsten verstauben.

Sachen, die unsere Herkunft repräsentieren

Ob es uns gefällt oder nicht, viele unserer Verhaltensweisen haben ihren Ursprung in der Erziehung. Wir übernehmen manches unbewusst, weil wir es so von unseren Eltern her kennen. Doch wenn sich im Elternhaus zahllose Topfpflanzen auf den Fensterbänken drängten und das Licht nahmen, muss das bei Ihnen nicht ebenso sein. Gerade das Sicherheitsdenken resultiert oft aus den Sorgen, die sich unsere Eltern früher gemacht haben. Aber nur weil es früher so war, muss das nicht auch in

Zukunft so weitergehen. Auch lässt sich der ideelle Wert einer Sache nicht am Preis festmachen. Teuer ist nicht automatisch gut. So mögen unsere Vorfahren gedacht haben, aber es muss nicht für uns gelten.

Sachen für alle Fälle und Eventualitäten

Denken Sie vielleicht, dass Sie den Krempel nochmal brauchen könnten, und zwar genau dann, wenn er nicht mehr da ist? Dann wird Ihr Unterbewusstsein alles dafür tun, dass genau dieser Fall eintritt. Ihre Gedanken sind Botschaften. Aber woher kommt die Angst vor der möglichen »Not«? Dahinter steckt oft mangelndes Vertrauen in die Zukunft oder in sich selbst. Machen Sie sich klar, dass Sie mit dieser Einstellung den Dingen, die Sie horten, viel zu viel Gewicht geben. Und genau dieses Gewicht belastet Sie jetzt.

Die Sachen nehmen Ihnen nicht die Sorgen oder die Ängste vor der Zukunft, sie symbolisieren sie und erinnern Sie fortwährend daran. Wenn Sie sich jedoch überwinden und loslassen, werden auch die Sorgen damit verschwinden. Probieren Sie es aus!

Sachen, die endlich geordnet werden müssen

Es fällt den meisten Menschen schwer, Ordnung in ihre Sachen zu bringen. Das Durcheinander scheint übermächtig und schon längst ein Eigenleben zu haben. Es fehlt ein klares System, und so widersetzen sich die Sachen dem Ordnungsversuch in der Regel mit Erfolg. Das führt dazu, dass überall in der Wohnung oder im Haus Sachen verstreut sind, Dinge vergessen werden oder verloren gehen. Das Leben wird dadurch aber nicht leichter, sondern mühsamer. Ich kümmere mich später darum, lautet die häufigste Ausrede. An dieses Gerümpel sollten Sie sich nun herantrauen.

Sachen, die mit Erinnerungen und Gefühlen verbunden sind

Andenken, Fotos und Geschenke sammeln sich gerne in Kisten, Schubladen und Schränken, weil wir sie im Grunde nicht gebrauchen können. Wegwerfen wollen wir sie aber auch nicht, da so viele Erinnerungen und starke Gefühle damit verbunden sind. Fragen Sie sich, ob Ihnen in Ihrem aktuellen Leben etwas fehlt, sodass Sie an dem alten Kram festhalten müssen. Was macht diese Sachen so unersetzlich für Sie, dass Sie nicht davon lassen? Damit verbundene Erinnerungen machen deutlich, welche »Aussage« eigentlich dahintersteckt.

Sachen, die auf ihre Vollendung warten

Die Sachen, die wir mit den Worten »das erledige ich später« beiseite legen, belasten uns. Tief in unserem Inneren erinnern wir uns ständig an die unvollendete Arbeit, die wir vor uns herschieben, aber nicht zu Ende bringen: Tropfende Wasserhähne oder verstopfte Abflüsse nerven im Haushalt, unbezahlte Rechnungen und unerledigte Post mahnen auf dem Schreibtisch, defekte Reißverschlüsse und gerissene Nähte lauern im Kleiderschrank. Diese kleinen oder großen Dinge, die wir nicht angehen, gibt es zuhauf. Solange sie nicht vollendet sind, hemmen sie unser Weiterkommen. Unvollendetes kostet Kraft, weil die Verdrängung Energie abzieht. Wer Unvollendetes fertig stellt, erlebt einen spürbaren Anstieg seines Energielevels. Nehmen Sie sich also mit Kiste 2 auch vor, diese Dinge in Angriff zu nehmen. Schreiben Sie auf, was Sie alles erledigen müssen.

Leben Sie im Hier und Jetzt.
Die Vergangenheit ist vorbei und die Zukunft kennen wir nicht. Es zählt, was Sie jetzt sind, nicht, was Sie einmal waren.

Kiste 2

Loslassen oder bewahren

Kiste 2 muss nach dem Entrümpeln weiter bearbeitet werden, denn hier landen die Dinge, die Sie nicht mehr brauchen, von denen Sie sich aber noch nicht oder nicht so schnell trennen können. Gehen Sie den Inhalt in den nächsten Wochen nach und nach an und beschäftigen Sie sich in Ruhe mit den einzelnen Stücken, um eine Klärung herbeizuführen. Wie das aussehen kann, lesen Sie auf Seite 69.

Diese Klärung wird es Ihnen schließlich möglich machen, endgültig loszulassen. Dann verabschieden Sie sich von den Dingen und entlassen sie aus Ihrem Leben. Manches mögen Sie vielleicht nicht einfach wegwerfen, dann können Sie die Dinge in einem Ritual entsorgen, zum Beispiel verbrennen oder vergraben.

Beschließen Sie hingegen, das eine oder andere Stück aus der Kiste zu behalten, weil es Ihnen sehr wichtig ist oder ein Symbol für etwas, dann bewahren Sie diesen Schatz sorgfältig auf. Vielleicht trennen Sie sich von zwei Schuhschachteln voller Liebesbriefe, bewahren aber den allerersten davon auf.

Diese Dinge, von denen Sie sich nicht trennen möchten, finden in einer speziellen »Schatzkiste« ihren Platz. In diese besondere Kiste oder Schachtel kommen nur sorgsam ausgewählte Stücke hinein, die Sie zwar nicht mehr brauchen, die aber ein wichtiger Teil Ihrer Vergangenheit sind und die Sie als solche bewahren möchten.

Kiste 3: Weggeben! Ich lasse los!

Es gibt Sachen, die man selbst nicht mehr braucht, die aber für andere noch nützlich sein können. Vielleicht war Ihnen das eine oder andere Stück lange Zeit ein treuer Begleiter, doch nun hat es für Sie ausgedient. Zum Wegwerfen ist es zu schade – weil es noch zu gebrauchen ist, aber auch weil es Ihnen einmal viel bedeutet hat. Doch das ist Vergangenheit, nun kann sich jemand anderes darüber freuen. Diese Sachen können Sie verschenken oder verkaufen, und dafür ist Kiste 3 reserviert.

Regeln für Kiste 3

Wenn Sie beim Ausmisten auf Dinge stoßen, die in Kiste 3 passen, sollten Sie ein paar Regeln einhalten. Die beiden wichtigsten lauten:

1) Die Sachen, die Sie weitergeben, müssen sauber und in Ordnung sein.
2) Setzen Sie sich eine Frist, bis wann die Kiste 3 leer sein muss. Ist die Frist vorbei, wandert der Inhalt in den Müll.

Beim Aufräumen entdecken wir meist Sachen, die uns gar nicht gehören. Bücher, Jacken oder CDs – die wir uns mal ausgeliehen haben oder die jemand bei uns vergessen hat. Geben Sie diese Sachen möglichst umgehend dem eigentlichen Besitzer zurück. Wenn ein baldiges Treffen nicht möglich ist, schicken Sie sie per Post.

Es gibt bestimmt das eine oder andere Stück, über das sich Familie oder Freunde freuen. Die Sachen, die Sie verschenken wollen, sollten aber noch gut erhalten sein! Setzen Sie sich eine Frist, innerhalb derer Sie sie los sein wollen. Ist die Frist verstrichen, packen Sie alles in Kiste 4.
Auf Flohmärkten, im Internet oder über Inserate können Sie gut erhaltene Sachen verkaufen. Aber auch hier gilt: Setzen Sie sich eine Frist. Wenn diese verstrichen ist, kommen die Sachen in Kiste 4!
Wenn es Dinge gibt, die noch nützlich sein könnten, zum Beispiel für eine Bücherei, ein Krankenhaus oder eine Wohlfahrtsorganisation, dann rufen Sie dort an und fragen nach, ob es Bedarf gibt. Falls ja, bringen Sie die Sachen innerhalb von zwei Wochen weg. Wenn kein Bedarf besteht – Sie wissen ja, welche Kiste dann die richtige dafür ist.

Motivations-Check: Das mache ich gerne!

Diese Liste soll Ihnen dabei helfen, wertvolle Erkenntnisse über das Thema »Geben und nehmen« zu gewinnen und damit eine neue Sicht auf Ihre Sachen zu bekommen. So kann es die Trennung von dem ein oder anderen Stück erleichtern, wenn wir wissen, dass es in »gute Hände kommt«, dass jemand anderes es gut gebrauchen kann, während es bei Ihnen nur in der Ecke liegt. Beantworten Sie sich zuerst die folgenden vier Fragen, um herauszufinden, was Dankbarkeit für Sie bedeutet. Nehmen Sie sich Zeit dafür und füllen Sie die Liste spontan aus.

Bitte füllen Sie für den Motivations-Check jetzt die folgende Liste aus.

1 Für welche Menschen in meinem Leben bin ich dankbar? (Z. B. für meinen Grundschullehrer)

- ____
- ____
- ____
- ____

KOMMENTAR: Wir wären nicht das, was wir sind, ohne Mitwirkung anderer Menschen. Selbst schlechte Erfahrungen können uns weiterbringen, wenn wir daraus lernen. Dankbarkeit für gute Erfahrungen mit Mitmenschen relativieren den eigenen Egoismus.

2 Welchen Menschen bedeute ich etwas oder bin ich wichtig? (Z. B. meinen Eltern)

- ____
- ____
- ____
- ____

KOMMENTAR: Dankbarkeit und Zuneigung zu fühlen ist ein verbindendes Element zwischen Menschen. Es ist ein zutiefst menschliches Bedürfnis, von anderen anerkannt oder geliebt zu werden. Sich bewusst zu machen, für wen man wichtig ist, gibt ein gutes Gefühl.

3 Über welche fünf unerwarteten Geschenke habe ich mich sehr gefreut? (Z. B. selbst gemachte Marmelade)

- ____
- ____
- ____
- ____

KOMMENTAR: Sich freuen, Dankbarkeit empfinden und diese auch ausdrücken, löst Glücksgefühle aus. Warum immer nur schimpfen und meckern, wenn uns so viel Gutes widerfährt?

Kiste 4: Wegwerfen! Das brauche ich nicht!

Es gibt ganz unterschiedliche Arten von Gerümpel, doch allen gemeinsam ist: Gerümpel kostet immer Platz, Zeit und Nerven, vor allem aber bindet das nutzlose Zeug Ihre Energie, weil Sie sich darum kümmern müssen. Solange Sie sich nicht davon trennen, kann nichts Neues in Ihrem Leben geschehen. In Kiste 4 sollte der meiste Krempel landen, am besten halten Sie eine Zusatzkiste und Müllbeutel bereit. In diese Kiste kommt alles, was Sie nicht mehr brauchen, was Ihnen nicht gefällt, was Ihnen nicht mehr gut tut.

Mut zur Veränderung

Wussten Sie, dass genau in diesem Augenblick rund 50 Millionen Zellen in Ihrem Körper zugrunde gehen? Und im gleichen Moment bilden sich genau-so viele neue Zellen, indem sich die vorhandenen teilen. Wir lösen uns auf und entstehen augenblicklich neu. Wir sind kein statisches Gebilde, Veränderung bestimmt unser Sein. Und obwohl wir uns in ständiger Verwandlung befinden, fallen uns viele Veränderungen trotzdem schwer.

Wenn wir loslassen, betreten wir unbekanntes Terrain. Wir müssen uns neu orientieren und erst noch lernen, mit der neuen Situation umzugehen. Mit dem Gewohnten kennen wir uns aus, aber Neues wirkt bedrohlich, weil wir nicht einschätzen können, welche möglichen Gefahren und Unannehmlichkeiten damit verbunden sind.

Neues entdecken
Wenn Sie sich auf einen neuen Weg begeben, müssen Sie sich Ihren Weg selbst bahnen. Wenn Sie die gewohnte Umgebung verlassen, müssen Sie auch das gewohnte Denken infrage stellen. Das öffnet die Tür in neue Sphären. Sie werden bislang unbekannte Seiten an sich entdecken, neue Fähigkeiten, Stärken und Schwächen. Damit springen Sie hinein ins Abenteuer Leben – ein wunderbarer Schritt! Trauen Sie sich!

Zeit-Check: Das passt nicht mehr in mein jetziges Leben!

Beantworten Sie sich zuerst folgende vier Fragen, um herauszufinden, was Ihnen im Moment in Ihrem Alltag nicht gefällt, was Ihnen unwichtig oder lästig ist. So werden Sie sensibel dafür, wo Sie etwas ändern sollten. Und der erste Schritt zur Veränderung ist Loslassen. Diese Fragen sind keine Charakterprüfung, sondern eine Hilfestellung. Nehmen Sie sich etwas Zeit und füllen Sie die Liste in aller Ruhe, aber so spontan wie möglich aus.

»Wer verzichtet, gewinnt.«
Laotse

Bitte füllen Sie für den Zeit-Check jetzt die folgende Liste aus.

1 Welche alltäglichen Dinge zu Hause nerven mich schon lange? (Z. B. der alte Bademantel, der immer noch im Badezimmer hängt)

- ______________________________
- ______________________________
- ______________________________
- ______________________________

KOMMENTAR: Es ist sinnvoll, negative Dinge und Ereignisse zu erkennen. Denn das eröffnet uns die Chance, nach Möglichkeiten zu suchen, um Abhilfe zu schaffen.

2 Welche Dinge habe ich gekauft, weil ich so sein wollte wie eine bestimmte Schauspielerin oder die Kollegin,
die ich bewundere? (Z. B. ein Kleid, das Ihnen nicht steht, oder Stöckelschuhe)

- ______________________________
- ______________________________
- ______________________________
- ______________________________

KOMMENTAR: Diese Dinge passen nicht zu uns. Wir haben sie gekauft, um einem Wunschbild zu entsprechen. Wenn wir uns dieser falschen Selbstbilder bewusst werden, können wir uns auch davon befreien. Dann entsteht Raum, sich selbst zu entwickeln.

3 Welche Dinge haben Sie gekauft, weil Sie dachten, etwas lernen oder können zu müssen – doch nun liegen sie ungenutzt im Schrank? (Z. B. Italienisch-Lehrbuch, Yoga-Video)

- ______________________________
- ______________________________
- ______________________________
- ______________________________

KOMMENTAR: Zu hohe Ansprüche an sich selbst engen ein und verursachen Schuldgefühle. Man muss nicht jedem Trend folgen!

»Sei du selbst die Veränderung,
die du dir wünschst für diese Welt.«
Mahatma Gandhi

Gerümpel-Check: Warum heben wir etwas auf?

Behalten ist immer leichter als wegwerfen. Meist machen wir uns keine großen Gedanken. Darum sehen wir uns hier einmal genauer an, welche Gründe uns zum Aufheben und Sammeln bewegen. Schreiben Sie bei jedem Grund auf, was von Ihren Sachen darunterfällt. Dies hilft Ihnen dabei, das Gerümpel schon im Geiste zu ordnen. Wir heben Dinge auf …

… aus Gedankenlosigkeit

Darunter fällt jeglicher Krimskrams, den Sie einfach nur so sammeln, ohne sich Gedanken darüber zu machen, warum eigentlich. Gehen Sie durch Ihre Wohnung oder Ihr Haus, überprüfen Sie mal, was da so in Ecken, auf Schränken oder in Schubladen herumliegt, wie zum Beispiel Versandhaus-Kataloge oder Feuerzeuge, und notieren Sie diese Dinge.

- ____________________
- ____________________
- ____________________

Sich vom materiellen Ballast zu befreien bedeutet auch eine mentale Befreiung.

… aus Sicherheitsdenken

Das umfasst den ganzen Krempel, der meist im Speicher oder Keller gelagert wird. Er wird dort aufgehoben für alle Eventualitäten, nach dem Motto: Man weiß ja nie. Eigentlich wissen Sie mit den Sachen nichts mehr anzufangen, glauben aber, sie doch noch irgendwann gebrauchen zu können. Dazu gehören zum Beispiel Taschen oder Koffer, die abgenutzt oder auch kaputt sind. Welche Pläne haben Sie für die Zukunft, in der diese Dinge von Bedeutung sein könnten? Schreiben Sie auf, was bei Ihnen auf zukünftige Einsätze wartet!

- ______________________________
- ______________________________
- ______________________________

... aus Schuldgefühlen

Jeder besitzt Dinge, die er aus schlechtem Gewissen aufbewahrt. Dinge, die man geschenkt bekommen hat und nicht mag, nicht braucht oder hässlich findet. Sie finden bestimmt auch in Ihren vier Wänden solchen Krempel, wie zum Beispiel einen scheußlichen Kerzenständer. Aber trotz dieser Abneigung bringen Sie es nicht übers Herz, diesen Krempel zu entsorgen. Bei welchen Dingen meldet sich ein schlechtes Gewissen?

- ______________________________
- ______________________________
- ______________________________

... weil es unvollendet ist

In jeder Wohnung beziehungsweise jedem Haus gibt es etwas, das auf seine Vollendung wartet. Wir legen es beiseite und warten auf mehr Zeit und Lust, die Sache endlich in Angriff zu nehmen. Ob es nun das halbfertige Strick- oder Nähzeug ist oder die Urlaubsbilder aus dem vorletzten Jahr, die immer noch in einer Kiste darauf warten, ins Album eingeklebt zu werden. Was schlummert bei Ihnen?

- ______________________________
- ______________________________
- ______________________________

… weil es unorganisiert ist

Wo sind eigentlich die ganzen Landkarten geblieben? In welcher Schublade sind die Manschettenknöpfe versteckt? Wo finde ich die Belege für die Steuererklärung? Dieser Krempel ist besonders unangenehm, weil wir ihn genau dann nicht parat haben, wenn wir ihn bräuchten. Was ist bei Ihnen in den Untiefen von Schränken oder Schubladen auf Nimmerwiedersehen verschwunden?

- ______________________________
- ______________________________
- ______________________________

… aus Tradition

Diese Sachen variieren zwischen heilig und heikel, weil sie eigentlich niemand braucht, aber man sich auch nicht überwinden kann, sie zu entsorgen. Was würde die verstorbene Großmutter dazu sagen, wenn ihr vererbtes Kaffeeservice im Müll landen würde? Nun verstaubt es im Schrank. Was kommt bei Ihnen nie zum Einsatz, hat aber eine gewisse Existenzberechtigung?

- ______________________________
- ______________________________
- ______________________________

… aus Geiz

Das war so teuer! Ein typischer Ausruf, wenn es darum geht, etwas wegzuwerfen. So bleibt der sündteure Ledermantel im Schrank hängen, auch wenn er längst aus der Mode gekommen ist. Er ist eindeutig überflüssig, aber er bleibt, weil man dafür einmal viel Geld bezahlt hat. Was würden Sie gerne beseitigen, tun es aber nicht, weil es sehr teuer war?

- ____
- ____
- ____

Weg damit!
Was denken Sie nun über die Dinge, die Sie aufgeschrieben haben? Passen sie zu Ihnen und Ihrem gegenwärtigen Leben? Sind sie Ihnen nützlich oder wichtig? Wahrscheinlich haben Sie die meisten Dinge als überflüssig entlarvt. Also finden sie ihren Platz in Kiste 3 oder Kiste 4.

Stellen Sie sich in den schönsten Farben vor, wir Ihr Leben ohne das ganze Gerümpel aussieht. Wer vor sich sieht, wie leicht und schön etwas sein kann, löst damit gedankliche Barrieren.

Reinigen und Klären

Jedes Ding, jeder Mensch strahlt eine bestimmte Energie aus, die sich auf die Umgebung auswirkt. Jede Wohnung, jeder Raum ist also erfüllt mit unterschiedlichen Energien. Daher genügt es nicht, aufzuräumen und auszumisten, sondern wir müssen als abschließenden Schritt die Räume reinigen und klären. Nur so entfernen wir auch die Energien des Gerümpels und ermöglichen einen freien Fluss des Chi.

Die Atmosphäre verbessern

Aufräumen und Ausmisten sind die ersten wesentlichen Schritte, um blockierte oder schlechte Energie zu klären und das Chi in positive Schwingung zu versetzen. Reinigen und Klären sind die nächsten Schritte. Zum Saubermachen gehören natürlich die ganz »normalen« Haushaltsarbeiten wie Staubwischen, Kehren, Putzen, Saugen, Wischen und Polieren. Doch gerade nach dem Entrümpeln ist eine besondere Klärung sinnvoll – und auch, wenn in einem Raum besonders negative Energien herrschen. Klären Sie Räume daher nach einem Streit oder einer Auseinandersetzung oder wenn Sie Besuch von jemandem hatten, der Ihnen nicht angenehm war. Nach einer Krankheit sollten Sie ebenfalls den Raum klären, in dem sich der Kranke aufgehalten hat, um die schlechten und stagnierenden Energien zu entfernen.

Räume reinigen

Die Reinigung sollte sofort nach dem Entrümpeln im jeweiligen Raum durchgeführt werden. Wenn Sie ein Regal, einen Schrank oder einen Raum ausgeräumt haben, werden Sie ihn sowieso zuerst putzen, bevor Sie die verbliebenen Sachen wieder einräumen. Also: Wischen Sie alles, was es verträgt, feucht ab, empfindliche Oberflächen säubern Sie mit einem Staubtuch. Böden werden gefegt und gewischt oder gesaugt, auch Bücher und Ordner kann man gut absaugen. Und lüften Sie die Räume gründlich durch.

Wenn Sie genügend Zeit und die Möglichkeit haben, klopfen Sie Teppiche draußen aus. Waschbare Teppiche stecken Sie in die Waschmaschine. Das gilt auch für Gardinen, Vorhänge, Decken etc. Flecken auf dem Teppich oder auf den Polstern werden nach Möglichkeit entfernt. Und Fensterputzen nicht vergessen! Gerade die größeren Arbeiten können Sie auch auf einen anderen Termin verlegen – aber warten Sie nicht zu lange damit. Grundsätzlich gilt: In Dreck und Staub sammeln sich schlechte Energien. Schieben Sie das Putzen also nicht immer ewig vor sich her.

Räume klären

Selbst wenn wir gründlich aufgeräumt, entrümpelt und geputzt haben, befindet sich noch energetischer Schmutz im Raum, der unsere Energie blockiert. Daher ist ein weiterer Schritt notwendig: Mit dem Klären befreien Sie einen Raum restlos von negativen Energien. Sie können jeden Raum klären, direkt nachdem Sie ihn entrümpelt haben. Doch wenn Sie das im Folgenden beschriebene 24-Stunden-Programm absolvieren, können Sie genauso gut jeweils am Abend oder am Ende der gesamten Ak-

Die Energie von Vorbesitzern vertreiben

Schicksale und Charakter der Bewohner prägen die Räume einer Wohnung oder eines Hauses. Oft hängen noch Energien der Vormieter oder Vorbesitzer in den Räumen und können sich auch Jahre später auf uns auswirken. Es ist also sinnvoll, die Atmosphäre in einer Wohnung oder einem Haus zu reinigen und zu klären, wenn Sie dies neu bezogen haben. Dies gilt übrigens auch für alte Möbel oder Gegenstände, die Sie von jemandem »geerbt« oder die Sie gebraucht gekauft haben. Diese tragen ebenfalls noch die Energie der Vorbesitzer mit sich und sollten davon befreit werden, wenn sie in Ihren Besitz übergehen.

tion alle Räume nacheinander und somit die ganze Wohnung beziehungsweise das gesamte Haus klären. Wie Sie vorgehen, bleibt Ihnen überlassen. Aber lassen Sie diesen Teil nicht weg!
Für die Raumklärung gibt es verschiedene Möglichkeiten, wählen Sie aus, was Ihnen zusagt. Die einfachste Methode ist das Klatschen, also mit Geräuschen klären, und am intensivsten wirkt das Räuchern. Aber auch mit Salz oder Düften können Sie Räume und Gegenstände klären.
Egal, welche Methode Sie verwenden: Nehmen Sie sich Zeit dafür. Sorgen Sie dafür, dass niemand und nichts Sie dabei stören kann. Das Klärungsritual sollte in positiver Stimmung, in Ruhe und Konzentration geschehen.

»Ob du eilst oder langsam gehst,
der Weg vor dir bleibt derselbe.«
Chinesische Weisheit

Räuchern

Das Räucherritual gibt es in fast allen Kulturen, vor allem in Verbindung mit religiösen Aspekten. Früher war es in vielen Dörfern Brauch, zum Jahresende die Häuser zu räuchern, um das neue Jahr erfrischt zu beginnen, und in christlichen Kirchen wird heute noch mit Weihrauch und Myrre geräuchert.

Räuchern vertreibt die alten Energien. Der Rauch zieht in jeden Winkel und bindet schlechte Energien, die dann mit den folgenden Lüften nach draußen verschwinden. Gleichzeitig wird der Raum mit neuer Energie aufgeladen.

Zum Räuchern eignen sich getrocknete Pflanzen und Kräuter, zum Beispiel Salbei, den Sie in Büscheln kaufen können. Halten Sie beim Räuchern die Büschel über eine nicht brennbare Unterlage oder legen Sie sie in eine Schale. Es gibt auch fertige Kräutermischungen oder Harze, wie Weihrauch, die auf glühende Kohle gelegt werden. Zum Räuchern mit Räucherkohle brauchen Sie ein dickwandiges Ton- oder Porzellanschälchen, das Sie mit Sand bis knapp unter den Rand füllen. Zünden Sie die Räucherkohle an, indem Sie sie mit einer größeren Pinzette über eine Flamme halten. Wenn sie durchgeglüht ist, legen Sie sie auf den Sand und legen das Räucherwerk darauf. Nun kann es losgehen.

Gehen Sie in dem Raum, in dem Sie räuchern wollen, jeweils von der Tür aus im Uhrzeigersinn die Wände entlang und dann in einer Spirale in den Raum hinein. Dabei führen Sie das Rauchwerk von oben nach unten an den Wänden entlang, gehen um die Möbel herum – und vergessen Sie die Ecken nicht.

Während Sie durch den Raum gehen, denken Sie oder sprechen Sie aus, welche Absichten und Wünsche Sie mit der Handlung verknüpfen. Zum Beispiel »Alle negativen Energien verschwinden. Ich werde hier in Zukunft konzentriert arbeiten.« For-

mulieren Sie, was Sie sich wünschen, dadurch wird der Raum mit neuer positiver Energie aufgeladen.
Es wird immer bei geschlossenem Fenster geräuchert. Danach bleibt der Raum noch ein bis drei Stunden geschlossen und erst dann lüften Sie gut durch.

Rosenwasser

Aromatische Pflanzenessenzen werden seit Jahrhunderten zu Heilzwecken und zur Reinigung verwendet. Duftessenzen können zum Beispiel tropfenweise ins Putzwasser gegeben werden. Vor allem Rosenöl hat stark klärende Wirkung auf die Atmosphäre. Es wirkt sehr harmonisierend und vertreibt auch fest sitzende schlechte Energien. Daher eignet es sich perfekt für die Klärung eines Raumes.
Verwenden Sie nur echtes Rosenöl. Es ist zwar teuer, aber in den »naturidentischen« Ölen befinden sich nicht die energetischen Wirkstoffe der echten Rosenblätter. Mischen Sie einige Tropfen Öl mit Wasser (z. B. in einer Blumenspritze) und besprühen Sie damit alles, wo Sie schlechte Energien neutralisieren möchten: Räume, Dinge, Möbelstücke, Bilder, auch Personen … Wenn die Flasche halb leer ist, füllen Sie sie mit Wasser auf. Das können Sie bis zu sechsmal machen, dann sollten Sie wieder Rosenöl zugeben. Die Mischung wird immer schwächer, verträgt aber ein paar Verdünnungen.

Salz

Salz hat intensive reinigende und klärende Wirkung, und zwar auf mehreren Ebenen. Beispielsweise hilft es gegen Rotweinflecken, befindet sich aber auch im Weihwasser. Für die energetische Reinigung streuen Sie Salz aus, es zieht die negativen Energien an, so wie es den Rotweinfleck aus dem Stoff saugt.

Gehen Sie mit einer Schüssel voll Salz im Uhrzeigersinn durch den Raum und verstreuen das Salz gleichmäßig auf dem Boden, auch in den Ecken. Ziehen Sie immer kleinere Kreise, bis zum Schluss der ganze Raum von Salz bedeckt ist. Stellen Sie sich dabei vor, wie das Salz alle negativen Energien im Raum aufsaugt. Nach ein paar Minuten kehren oder saugen Sie das Salz wieder weg.

Klänge

Wir kennen die heilsame Wirkung von Musik auf Menschen. Sie kann entspannen, aufheitern und auch befreien. Dies lässt sich auch auf Energien in Räumen übertragen: Die Schwingungen eines Klangkörpers durchströmen einen Raum und lösen alte Energien auf. Mit Lärm, wie mit Trommeln und Rasseln, werden traditionell in vielen Kulturen die bösen Geister vertrieben.
Zur Klärung der Atmosphäre in Räumen werden Gongs, Klangschalen, Trommeln, Glöckchen oder Zimbeln verwendet. Gehen Sie mit dem Instrument langsam im Uhrzeigersinn durch den Raum und bringen es zum Klingen. Denken Sie dabei daran, wie Sie damit alle negativen Energien vertreiben und für positive Energien Platz machen.
Viel einfacher und überall leicht einzusetzen ist das Klären durch Klatschen. Dafür gehen Sie ebenfalls im Uhrzeigersinn den Raum ab und klatschen von oben nach unten an den Wänden entlang in die Hände. Die Ecken und Nischen nicht vergessen! Auch hier verbinden Sie Ihre Gedanken mit Ihrem Tun.
Nach der Klärung öffnen Sie die Fenster weit und lassen die alten Energien abziehen.

Rituale stabilisieren

Sie kennen bereits das Ritual des jährlichen Frühjahrsputzes, wenn der Schmutz des dunklen Winters aus dem Haus gekehrt wird und dafür die helle leichte Frühlingsluft Einzug hält. Ebenso sorgt das monatliche Ausmisten oder das wöchentliche Grundreinigen der Wohnung nicht nur dafür, dass sich kein »echter« Schmutz ansammeln kann, sondern kreiert auch ein energetisches Muster in den eigenen vier Wänden. Sie schaffen Raum für Ihre eigenen positiven Energien.

Machen Sie das regelmäßige Reinigen und Klären zu einem Ritual, dies hat stabilisierende Kraft, bringt Struktur in den Alltag und ordnet den Geist. Wenn Sie Ihre Familienmitglieder mit einbeziehen, hat es zudem verbindende Wirkung. So können Sie in mehrerlei Hinsicht davon profitieren.

In 24 Stunden ist alles aufgeräumt

Sind Sie bereit?
Bisher haben Sie sich theoretisch ausführlich mit dem Gerümpel in Ihrer Wohnung – und auch in Ihrem Leben – beschäftigt. Nun geht es daran, die Erkenntnisse in die Praxis umzusetzen. Das bedeutet: Entrümpeln Sie Ihre Wohnung oder Ihr Haus, räumen Sie auf.
Mit dem 24-Stunden-Programm schaffen Sie dies an einem Wochenende.

Krempeln Sie Ihr Leben um

Im letzten Kapitel haben Sie viel über die Grundlagen des Entrümpelns erfahren. Wenn Sie die Listen ausgefüllt haben, wissen Sie vermutlich etwas mehr darüber, wie Sie zu Ihren Sachen stehen, wovon Sie sich trennen könnten, was Ihnen wichtig ist und woran Ihr Herz hängt. Nun müssen Sie sich nur noch mit ein paar Grundregeln vertraut machen, dann können Sie starten.

Das Gerümpel der anderen ist tabu!

Wenn Sie alleine leben, können Sie ohne Rücksicht auf Verluste wegwerfen, ausmisten und aufräumen. Für Paare oder Familien gilt das nicht. Hier lautet die Regel: Finger weg vom Gerümpel des Partners oder der Kinder!

Nur weil Sie sich innerlich von den alten Sachen verabschiedet haben, trifft das noch lange nicht auf Ihre Mitbewohner zu. Wenn Sie damit anfangen, die Sachen der anderen auszumisten, werden Sie sich Feinde machen. Jeder hängt an seinen Sachen und ist selbst dafür verantwortlich. Bevor man sich nicht selbst damit auseinander setzt, wirken Eingriffe von außen wie ein Angriff.

Auch die wiederholte Aufforderung, endlich aufzuräumen, oder das missionarische Belehren bewirkt meist nur das Gegenteil.

»Gewohnheiten sind zuerst
Spinnweben – dann Drähte.«
Fernöstliche Weisheit

Gehen Sie mit gutem Beispiel voran

Machen Sie bei sich klar Schiff und ernten Sie die Früchte dieser Aktion. Strahlen Sie die positive Energie aus, die Ihr Entrümpeln mit sich bringt. Das wirkt garantiert auf Ihre Mitbewohner und motiviert diese nach und nach, es Ihnen gleichzutun. Üben Sie sich in Geduld. Jeder braucht seine Zeit. Sie haben ja vielleicht auch erst dieses Buch gebraucht, um sich darüber klar zu werden, welche Rolle Ihr Gerümpel und Ihre Unordnung spielen. Fest steht jedoch: Entrümpeln wirkt ansteckend! Ihr Partner oder Ihre Kinder werden spüren, welche positiven Auswirkungen das Entrümpeln hat, und es Ihnen früher oder später freiwillig nachmachen.

Der beste Zeitpunkt ist jetzt!

Bevor Sie loslegen, sollten Sie sich innerlich auf das anstehende Wochenende einstimmen. Alles, was Sie beflügelt und festigt, wird Ihnen dabei helfen, auf Ihrem Weg zu bleiben und Ihr Ziel fest im Blick zu behalten. Doch wie legt man den »inneren Schweinehund« an die Kette? Wer gegen die eigene Schwerkraft kämpfen will, braucht einen starken Verbündeten: seinen Geist. Menschen, die ihre Ziele erreichen, nutzen ihr geistiges Potenzial – oft ohne es zu ahnen. Sie schaffen das auch!

Definieren Sie Ihr Ziel

Vor dem Erfolg steht der brennende Wunsch nach Veränderung. Beantworten Sie sich dazu folgende drei Fragen: Wo will ich hin? Mögliche Antwort: Gut gelaunt und entspannt ausmisten, aufräumen und so mehr Platz gewinnen. Die nächste Frage wäre dann: Was brauche ich, um dieses Ziel zu erreichen? Mögliche Antwort: Ein freies Wochenende, an dem ich absolut ungestört aktiv werden kann. Die letzte und wichtigste Frage aber ist: Was schaffe ich realistisch? Und die Antwort auf diese Frage entscheidet über Ihren Erfolg. Setzen Sie sich ein realistisches Ziel. Wenn Ihnen das 24-Stunden-Programm für den Einstieg zu umfangreich erscheint, dann kreieren Sie Ihren eigenen Plan und machen daraus vielleicht zwei Wochenenden. Sie geben das Tempo vor. Und wenn Sie sich nur einen einzigen Raum vornehmen sollten – Hauptsache, Sie fangen an!

Stimmen Sie sich ein

Indem Sie sich Ihr festgelegtes Ziel – zum Beispiel eine Wohnung, in der es keinen überflüssigen Krempel mehr gibt – so oft wie möglich bildhaft vorstellen, schreiben Sie Ihr geistiges Drehbuch um. Verankern Sie dieses Bild allmählich fest im Langzeitgedächtnis: Stellen Sie sich zum Beispiel vor, wie Sie die Türen zum Kleiderschrank öffnen und alle Hosen, Röcke, Hemden und Blusen geordnet und locker auf Bügeln hängen, ohne Falten und ganz übersichtlich. Malen Sie sich aus, wie es sein wird, wenn andere erkennen, dass Sie sich positiv verändert haben, und neugierig nach Ihrem Geheimnis fragen werden. Genießen Sie das Glücksgefühl. Diese bildhafte Vorstellung ist ungefähr so, als ob Sie im Kino sitzen und sich selbst auf der Leinwand betrachten.

Legen Sie einen Termin fest

Unser Programm besteht aus zweimal zwölf Stunden, also aus zwei Tagen. Sie können dafür zum Beispiel ein Wochenende einplanen, an dem Sie Ihr Zuhause komplett auf den Kopf stellen. Sie können das Ausmisten aber auch in kleine Einzelschritte aufteilen und sich an mehreren Abenden durchs Gerümpel arbeiten. Dazu gehört allerdings mehr Disziplin. Wenn Sie die haben, wunderbar! Wählen Sie den Rhythmus, der Ihnen entspricht.

Die eigene Trägheit oder die Unlust zu überwinden fällt vermutlich nicht leicht. Denn der prüfende Blick in die Rumpelkammer oder den Schrank macht vielleicht alle guten Vorsätze gleich wieder zunichte. Geben Sie der Aufschieberitis keine Chance! Legen Sie ein Wochenende, zwei Tage oder ein paar Abende fest, notieren Sie die Termine im Kalender und halten diese frei.

»Der Mensch, der den Berg versetzte, war derselbe,
der anfing, kleine Steine wegzutragen.«
Chinesisches Sprichwort

Die richtige Vorbereitung

Zum Ausmisten und Aufräumen brauchen Sie ein paar Utensilien, und zwar in erster Linie Kisten und Müllsäcke. Eventuell lohnt sich auch die Anschaffung von Regalen, Kisten oder Ordnern, um die verbliebenen Sachen gleich perfekt einräumen zu können. Lesen Sie das 24-Stunden-Programm einmal komplett durch, bevor Sie anfangen, und notieren Sie sich, welche Organisationshilfen Sie vorab besorgen sollten, um Ordnung zu schaffen. Eine kleine Liste mit den notwendigen Hilfsmitteln finden Sie am Ende jedes auszumistenden Orts.
Die Vier-Kisten-Methode, nach der Sie beim Entrümpeln vorgehen werden, haben Sie ja bereits kennen gelernt. Im Kasten finden Sie zur Erinnerung noch einmal eine kurze Übersicht.

Machen Sie Fotos als Erinnerungshilfen

Halten Sie einen Fotoapparat bereit: Machen Sie zu Beginn der Entrümpelung an jedem Ort ein Vorher-Foto und, wenn alles tipptopp ist, ein Nachher-Foto. Diese Erinnerungsfotos werden

Ihnen später nicht nur die Wirkung des Aufräumens klar vor Augen führen, sondern auch Ihren Erfolg dokumentieren und als Gedächtnisstütze dabei helfen, weiterhin Ordnung zu halten. Ein Blick auf das Nachher-Foto genügt dann meist schon, um gleich wieder aktiv zu werden.

Nach dem Entrümpeln

Die Müllkisten sollten Sie nach dem Ausmisten so schnell wie möglich entsorgen. Was nicht in den Hausmüll darf, bringen Sie zum Wertstoffhof, wo Sie den Krempel kostenlos abgeben können. Oft finden sich dort auch Abnehmer für einzelne Stücke. Kaputte Dinge, die Sie aufheben wollen, sollten Sie schnellstmöglich reparieren oder zur Reparatur geben. Setzen Sie sich eine Frist dafür. Was bis zur nächsten Entrümpelungsaktion liegen bleibt, gehört in den Müll.

Die Themen der vier Kisten

KISTE 1: Aufheben! Diese Sachen will ich unbedingt behalten. Das bleibt!

KISTE 2: Überlegen! Diese Sachen brauche ich nicht mehr, ich kann mich aber nicht so schnell davon trennen.

KISTE 3: Weggeben! Diese Sachen brauche ich nicht mehr, ich kann sie jedoch vielleicht noch verschenken oder verkaufen.

KISTE 4: Wegwerfen! Diese Sachen kann ich ohne Wenn und Aber wegschmeißen. Weg damit!

Der Navigations-Check

Jeder hat unterschiedliche Orte, an denen er sein Gerümpel hortet, und jede Wohnung, jedes Haus ist anders. Wir haben unser 24-Stunden-Programm an einer klassischen Wohnsituation ausgerichtet:

1. Tag: Eingangsbereich, Wohnzimmer, Küche, Schlafzimmer, Kleiderschrank.

2. Tag: Badezimmer, Kinderzimmer, Abstellkammer, Arbeitszimmer, Sammlungen, Treppen, Keller.

Wenn noch Zeit vorhanden ist: Garten, Balkon, Terrasse, Garage, Speicher etc.

Wenn dies Ihnen nicht entspricht, können Sie Ihr eigenes Programm zusammenstellen. Dafür ist eine genaue Übersicht über Ihre »Gerümpelbereiche« hilfreich, die Sie mithilfe der folgenden Tabelle gewinnen.

Ihr individuelles Entrümpelungsprogramm

Ort/Raum	vorhanden	Gerümpel-status	Gerümpel-gedanken	Zeit-aufwand
	ja/nein	wenig/mittel/ viel	kein Problem/ gemischt/fällt mir schwer	gering/ mittel/ hoch
Abstellkammer				
Arbeitszimmer				
Badezimmer				
Balkon				
Eingangsbereich				
Esszimmer				
Garage				
Garten				
Gästezimmer				
Keller				
Kinderzimmer				
Küche				
Schlafzimmer				
Speicher				
Terrasse				
Wohnzimmer				

Das erste Zwölf-Stunden-Programm

Am ersten Tag stehen Eingangsbereich, Wohnzimmer, Küche, Schlafzimmer und Kleiderschrank auf dem Programm. Wie lange Sie für die einzelnen Räume beziehungsweise Bereiche brauchen, hängt von Ihren individuellen Gegebenheiten ab. Wir haben einen Zeitrahmen vorgegeben, an dem Sie sich orientieren können. Auch wenn Sie ihn an Ihre Situation anpassen – behalten Sie die Zeit im Auge und verzetteln Sie sich nicht. Denken Sie daran: Sie können die Aktion so oft wiederholen, wie Sie wollen. Sie können jederzeit ein Zimmer, einen Bereich oder einen Schrank entrümpeln.

Finden Sie Ihr Tagesmotto

Stellen Sie den heutigen Tag unter ein Motto. Das könnte zum Beispiel lauten: »Mein Gefühl lässt mich nicht im Stich.«
Dieses Motto soll Ihnen dabei helfen, beim Ausmisten auf Ihr Gefühl zu vertrauen. Sagen Sie sich diese Satz so oft wie möglich, er wird Ihr Selbstvertrauen stärken. Denn intuitiv getroffene Entscheidungen sind oft die besten. Da Sie heute alleine sind, können Sie niemanden zurate ziehen. Und das ist auch so gut. Es geht nur um Sie in diesem Programm. Vertrauen Sie also auf Ihr Bauchgefühl, und wenn Zweifel oder Ängste Sie überfallen, dann sagen Sie laut: »Mein Gefühl lässt mich nicht im Stich!«

8.00–10.00 Uhr

- O Garderobe
- O Kommode
- O Taschen
- O Schuhschrank
- O Schlüssel

Der Eingangsbereich

Eingang, Diele und Flur sind Ihre Visitenkarte und repräsentieren Ihre Verbindung zur Welt. Jeder Gast betritt als Erstes diesen Bereich und bekommt bereits auf der Türschwelle einen Eindruck von Ihnen. Aber schon der Weg zur Eingangstür ist wichtig. Testen Sie es selbst: Kommen Sie einmal ganz bewusst nach Hause und prüfen Sie, ob Ihre Eingangstür leicht zu finden, der Weg dorthin einladend und freundlich gestaltet, vor allem frei von Gerümpel ist. Bei Wohnungen gilt das Gleiche sowohl für die Haustür und den Hausflur als auch für die Wohnungstür. Bevor Sie innen anfangen, sollten Sie »vor der Tür kehren«. Räumen Sie weg, was dort nichts verloren hat und was den Weg verstellt.
Schaffen Sie eine einladende Atmosphäre, damit sich der Eintretende willkommen und wohl fühlt. Der Eingang ist schließlich der erste Eindruck, den ein Gast von Ihnen bekommt

Bereiten Sie einen herzlichen Empfang
Erst wenn vor Ihrer Eingangstür alles tipptopp ist, sollten Sie sich den inneren Bereich vornehmen. Der Eingangsbereich ist kein überflüssiges Muss oder bloßer Windfang, sondern der erste Eindruck, den Sie dem Besucher vermitteln. Es geht nicht darum, die Menschen, die zu Ihnen kommen, zu beeindrucken, sondern willkommen zu heißen.
Überprüfen Sie jetzt sofort die Wirkung: Schlüpfen Sie in eine Jacke, verlassen Sie Haus oder Wohnung und treten Sie so ein, als

würden Sie zum ersten Mal hereinkommen. Lässt sich die Tür vollkommen und problemlos öffnen? Wenn etwas hinter der Tür steht, muss es weg: Es blockiert im wahrsten Wortsinn das Weiterkommen. Auch eine quietschende Tür ist ein Hindernis: Ein paar Tropfen Öl beheben das Problem blitzschnell. Sie können nach dem Betreten Ihres Zuhauses noch einen zweiten Check machen: Stellen Sie sich vor, ein Fotograf würde Ihr Entree für eine Einrichtungszeitschrift fotografieren wollen. Was sieht er als Erstes, worauf fällt sofort der Blick? Überprüfen Sie diesen Eindruck und spüren Sie nach, wie Sie sich dabei fühlen. Ist es genau das, was Sie einem Gast schon beim Betreten Ihres Eingangsbereiches gerne von sich zeigen wollen?
Im Eingangsbereich – dazu gehört der Flur oder die Diele – sollte also nichts Überflüssiges oder Unschönes den Weg oder Blick versperren. Es würde im übertragenen Sinne Ihre persönliche Entwicklung behindern und damit auch Ihr Leben komplizierter machen. Machen Sie es sich und den sich bietenden Chancen doch leicht!

Entlasten Sie die Garderobe

Oft hängen zu viele Jacken, Mäntel, Mützen und Schals an den Garderobenhaken. Aber wohin damit? Für Mützen und Schals findet sich sicher ein Platz in der Kommode. Und einen Teil der Jacken und Mäntel könnten Sie vielleicht im Kleiderschrank unterbringen, sodass nur ein, zwei Stücke, die wirklich gebraucht werden, an der Garderobe hängen. Im Kleiderschrank ist kein Platz? Das Problem werden Sie heute noch lösen (siehe Seite 79ff.). Hängen Sie erst einmal die überflüssigen Jacken und Mäntel außen an den Kleiderschrank. In wenigen Stunden werden Sie im Schrank ausreichend Platz dafür haben.
Gleichzeitig misten Sie natürlich aus und sortieren kaputte Teile und jene, die Sie nicht mehr tragen, aus.

Stellen Sie Schuhe weg

Den ersten Eindruck stören auch Schuhe, die am Boden stehen. Ein Schuhschrank im Eingangsbereich oder ein Regal in der Abstellkammer beseitigt dieses Problem am besten. Sie finden bestimmt noch Platz dafür. Wenn es bereits einen Schuhschrank gibt, misten Sie diesen jetzt aus, um Platz zu schaffen. Frauen fällt es erfahrungsgemäß schwerer, sich von Schuhen zu trennen, da hilft methodisches Vorgehen. Sortieren Sie nach Winter- und Sommerschuhen und fragen Sie sich bei jedem Paar: Wann habe ich die zum letzten Mal getragen? Werde ich sie innerhalb der nächsten zwölf Monate tragen? Schlüpfen Sie hinein, gehen Sie damit im Flur auf und ab und testen Sie den Schuh, als befänden Sie sich gerade zum Kauf eines neuen Paars im Schuhgeschäft: Würde Ihre Wahl auf die Schuhe fallen, die Sie gerade anprobieren? Falls nicht, gehören sie in Kiste 4. Aber die sind doch noch gut? Dann wäre Kiste 3 ideal, oder? Aber nicht mehr Ihr Schuhschrank.

Kaputte Schuhe sollten sofort zum Schuster gebracht oder gleich aussortiert werden. Putzen Sie die verbleibenden Exemplare und bringen Sie die Schuhe wieder auf Hochglanz. Fehlende oder zerrissene Schnürsenkel werden ersetzt. Bei dieser Gelegenheit können Sie auch gleich Ihr Schuhputzzeug durchsehen, leere Tuben und Dosen wegwerfen, alles in eine kleine Kiste packen und in den Schrank dazustellen.

Misten Sie Kommoden aus

Falls im Flur oder in der Diele ein Schrank oder eine Kommode steht, sollten Sie den Inhalt inspizieren und ausmisten. Alte Telefonbücher, längst erledigte Notizen, alte Kalender, Prospekte etc. wandern in den Abfall. Nehmen Sie sich auch die Schlüssel vor. Gibt da vielleicht herrenlose Schlüssel, von denen niemand mehr weiß, zu welchem Schloss die eigentlich noch gehören? Sortieren Sie die überflüssigen Schlüssel aus, versehen Sie die restlichen mit Etiketten. Vielleicht besorgen Sie ein Schlüsselschränkchen, damit Sie den Überblick behalten?

Sortieren Sie Taschen aus

Taschen, Tüten oder Aktenkoffer sollten nicht achtlos im Eingangsbereich und Flur herumstehen. Werfen Sie alle Tüten und Einkaufstaschen weg, bis auf ein paar praktische Exemplare, die Sie wirklich verwenden. Auch Tüten von Designerläden müssen sich nicht wie Trophäen stapeln. Wenn Sie sich schon die Taschen vornehmen, lohnt sich für Frauen ein Blick in die Handtasche, bei Männern ein Check des Aktenkoffers. Was schleppen Sie denn so alles mit sich herum? Höchste Zeit, mal wieder auszumisten und Abfall wie alte Taschentücher, kaputte Kugelschreiber, Eintrittskarten etc. wegzuwerfen. Ein Griff in Jacken- und Manteltaschen befördert auch manches lang Vermisste und viel Überflüssiges ans Licht. Münzen, Schlüssel und Brauchbares werden dort verstaut, wo sie hingehören, der Rest wandert in den Müll.

Spüren Sie den Unterschied

Ein weiterer Störfaktor im Flur kann herumliegendes Spielzeug der Kinder sein. Die Sachen der Kleinen gehören nach dem Gebrauch wieder zurück ins Kinderzimmer, räumen Sie sie also weg. Wenn Sie später gemeinsam mit Ihren Kindern deren Zimmer aufräumen, können Sie ihnen beibringen, welchen Vorteil es hat, regelmäßig zu entrümpeln und Ordnung zu halten.
Machen Sie alle Durchgänge frei, sodass die Energie frei fließen kann. Denken Sie immer daran, Ihr Zuhause ist ein Spiegel Ihrer Seele. Wenn Sie Ihren Eingangsbereich ausgemistet und aufgeräumt haben, sollten Sie die Probe aufs Exempel machen. Betreten Sie Ihre Wohnung nun wie ein Gast und versuchen Sie

diesen ersten Bereich Ihres Zuhauses mit anderen Augen zu sehen. Wenn Sie das Gefühl haben, hier gerne einzutreten, und sich sofort willkommen fühlen, werden Ihnen Ihre Mitmenschen bald auch viel offener gegenübertreten. Nicht vergessen: das Vorher- und Nachher-Foto!

Eventuell nützliche Hilfsmittel:

- Regale für Schuhe
- Schuhschrank
- Kleine Kiste für Schuhputzzeug
- Schlüsselschränkchen

Kiste 2

Die Laufschuhe

Beim Aufräumen entdecken Sie im Schuhschrank vielleicht ein paar Sportschuhe, die Sie schon ewig nicht mehr getragen haben. Eigentlich schade, dass der gute Vorsatz, mal wieder sportlich aktiv zu werden, genauso schnell vergessen war wie die Schuhe. Schlüpfen Sie doch mal hinein und probieren Sie, ob die Schuhe überhaupt noch passen. Sie sitzen wie angegossen und sehen aus wie neu? Kein Wunder, Sie haben die Laufschuhe ja auch kaum getragen. Wäre das nicht eine gute Gelegenheit, die Schuhe zu behalten, unübersehbar und griffbereit im Schuhschrank einzuräumen, verbunden mit dem festen Vorsatz, sie auch bald zu tragen? Wenn Sie jetzt innerlich Lust dazu verspüren, dann fällt die Entscheidung ganz klar für Kiste 1: Behalten Sie die Schuhe und laufen Sie bald darin los!

10.00–12.00 Uhr

- O Bücherregale
- O Zeitschriften
- O CDs, Videos, DVDs
- O Dekoration
- O Schubladen
- O Pflanzen

Das Wohnzimmer

Ihr Wohnzimmer bildet vermutlich das Zentrum Ihres Wohnens. Hier sollen Sie relaxen, lesen, fernsehen, Musik hören und mit dem Partner, der Familie oder Freunden angenehme Stunden verbringen können. Betrachten Sie es wie Ihr Herz: Hier fließt alles zusammen. Wenn sich bei Ihnen dieser Mittelpunkt mehr aufs Esszimmer oder die Küche verlagert, gelten dort die gleichen Regeln wie fürs Wohnzimmer.

Was in den folgenden Abschnitten beschrieben wird, kann bei Bedarf auch übertragen werden. So gelten die Tipps für das Entrümpeln der Bücherregale natürlich auch für das Kochbuchregal in der Küche, und Deko und Bilder gibt es auch in anderen Räumen.

Entrümpeln Sie die Bücherregale

Um im Wohnzimmer Raum für neue Möglichkeiten zu schaffen, muss das überflüssige Gerümpel verschwinden. Nehmen Sie sich als Erstes die Bücherregale vor: Herrscht hier ein großes Durcheinander oder wirkt das Regal wie ein schönes buntes Bild?

Menschen, die viel lesen und Bücher sammeln, trennen sich nur schwer davon. Wenn Sie dazugehören, sollten Sie auf Seite 97ff. nachlesen, was dort über Sammelleidenschaft steht. Alte Bücher, die im Regal verstauben, binden Energie. Wenn sich zu viele davon in den Regalen drängen, sind Sie nicht offen für neue Strömungen. Vielleicht stapeln sich die Bücher schon auf dem Boden und auf Kommoden, weil Sie nicht mehr wissen, wohin damit? Dann wird es höchste Zeit, sich von Überholtem zu trennen. Misten Sie Ihr Bücherregal aus, indem Sie jedes Buch kurz anschauen und sich fragen, ob der Inhalt heute noch von Bedeutung für Sie ist oder ob Sie innerhalb der nächsten zwölf Monate noch einmal darin lesen werden. Falls die Antwort Nein lautet, legen Sie das Buch sofort in Kiste 3 oder 4. Überlegen Sie nicht lange, sondern entscheiden Sie schnell! So fällt es leichter, sich davon zu trennen. Zerfledderte Bücher wandern ausnahmslos in Kiste 4. Behalten Sie nur die Exemplare, die Ihnen heute noch wichtig sind.

Gebrauchte und gut erhaltene Bücher können Sie in Krankenhaus- und Gefängnisbibliotheken oder Altenheimen abgeben. Fragen Sie jedoch vorher nach, ob Bedarf besteht. Vielleicht interessieren sich auch Bekannte oder Freunde für einige Ihrer aussortierten Bücher. Dann veranstalten Sie einen kleinen Bücherflohmarkt. Falls Ihre Bücher keine neuen Besitzer finden, bleiben Sie hart und lassen Sie los. In Ihrem Bücherregal sollte nach dem Ausmisten neue Ordnung einkehren und auch eine gewisse »Leere«, die Platz für neue Bücher lässt.

Die Lust an der Lücke

Sie haben sich von vielen Büchern getrennt und die übrigen wieder systematisch eingeräumt. Dabei stellen Sie fest, dass Sie mehr Platz in den Regalen haben. Wunderbar! Lassen Sie Lücken zwischen den Büchern und stellen Sie dazwischen dekorative Gegenstände wie Vasen, Fotos oder Figuren auf. Das lockert die Bücherwand auf und aktiviert das Chi.

Entwirren Sie die Dekoration

Nach dieser Aktion geht es an die Dekorationsgegenstände. Gibt es Stücke, die Ihnen jedes Mal beim Saubermachen auf die Nerven gehen? Dann weg damit! Der ganze Krimskrams, der sich auf Fensterbänken, Regalen, Kommoden und Tischchen angesammelt hat, sollte nicht nur als Staubfänger fungieren. Werden Sie ein »Leertischler«: Bevorzugen Sie leere Oberflächen, auf denen wenige ausgewählte Stücke Platz nehmen dürfen! Denn Nippes ist Krempel, der Sie belastet. Behalten Sie nur die schönsten Stücke, deren Anblick Sie erfreut oder die mit schönen Erinnerungen verbunden sind. Für Dekoration sollte immer gelten: Weniger ist mehr! Nach dem Ausmisten sollten Sie den »Überlebenden« neue Plätze geben, wo jedes Ding besonders gut zur Geltung kommt.

Auch die Fotos in Bilderrahmen, die Sie ausstellen, sollten Sie unter die Lupe nehmen. Beschränken Sie sich auf Fotos, die Sie an schöne Momente erinnern und die Menschen so abbilden, dass Sie sich gern daran erinnern. Fotos von ungeliebten Familienmitgliedern oder Freunden, mit denen Sie keinen Kontakt mehr haben, sollten Sie wegräumen. Schaffen Sie Platz für neue schöne Momente und neue Beziehungen, die Sie in schöne Rahmen stecken.

Keine Angst – Sie müssen nicht alles, was Sie nicht mehr ins Regal stellen, gleich wegwerfen. Einiges kann erst einmal in der Kiste 2 Platz finden. Später überlegen Sie in Ruhe, was davon Ihnen wirklich wichtig ist. Wenn Sie sich trennen wollen, hilft Ihnen der Tipp im Kasten. Vielleicht sind aber auch ein paar Stücke dabei, die Sie nicht mehr im Regal brauchen, die Ihnen aber trotzdem sehr viel bedeuten. Diese packen Sie in Ihre Schatzkiste.

Werfen Sie alte Zeitschriften weg

Nehmen Sie sich nun Ihre Zeitschriftenecke vor. Sollten die Magazine in der ganzen Wohnung verteilt sind, sammeln Sie alle Exemplare und legen sie an einem bestimmten Ort ab. Sortieren Sie die alten Hefte und Zeitungen aus, behalten Sie nur, was Sie wirklich noch einmal in die Hand nehmen werden. Das gilt auch für Prospekte oder Versandhauskataloge. Was nicht mehr aktuell ist und nicht mehr gebraucht wird, wandert in den Müll. Gewöhnen Sie sich an, die Zeitschriftenecke regelmäßig zu aktualisieren und auszumisten. Sie wollen doch nach vorne blicken und nicht rückwärts gewandt leben. Checken Sie dabei auch einmal Ihre Abonnements. Sind die noch aktuell? Lesen Sie die bestellten Zeitschriften wirklich? Kündigen Sie sofort, was Sie nicht mehr brauchen.

Checken Sie alle Schubladen

Nun sind Schränke, Kommoden und Vitrinen an der Reihe. In den Schubladen herrscht meist das größte Durcheinander, also seien Sie nicht zimperlich. Was Sie nicht mehr brauchen, kann verschwinden.

Und wie sieht es im Schrank aus? Müssen die überladen dekorierten Meißner Schalen, die hier seit Jahren stehen und nie zum Einsatz kommen, wirklich bleiben? Sie sind ein Erbstück oder ein wertvolles Geschenk, lautet oft der Einwand. Na und? Wenn sie in Ihrem Leben heute keine Rolle spielen, sind sie nur Ballast. Vielleicht können Sie die Schalen per Internet oder Kleinanzeige verkaufen. Vielleicht freut sich aber auch ein Familienmitglied darüber. Wenn Sie sie auf diese Weise nicht loswerden, geben Sie sie an eine wohltätige Organisation oder einen Trödelladen ab. Sollten Sie keine entsprechende Adresse finden, dann überwinden Sie Ihr schlechtes Gewissen und packen sie in Kiste 4. Genieren Sie sich nicht, es wird Sie garan-

tiert niemand danach fragen. Aber Ihnen geht es danach mit Sicherheit deutlich besser und Sie werden bald keinen Gedanken mehr daran verschwenden.
Ganz egal, was Sie in den Schränken aufbewahren: Was keinen Nutzen mehr für Sie hat, hat dort nichts mehr zu suchen, auch wenn es teuer war, ein Geschenk war oder antik ist. Entrümpeln Sie die Schränke, so gut Sie können! Sie entlasten damit Ihr Selbst.

Sortieren Sie Videos und CDs

Inzwischen besitzen viele eine große Sammlung von CDs, DVDs und Videos. Platzen Ihre Regale schon aus allen Nähten? Dann sortieren Sie aus, was Sie nicht mehr anhören oder ansehen werden. Der Musikgeschmack ändert sich, und nur aus nostalgischen Gründen brauchen Sie keine CD aufzubewahren. Bei den Filmen seien Sie kritisch: Die selbst aufgenommenen Filme, die Sie innerhalb von drei Monaten noch nicht gesehen haben, werden Sie auch in Zukunft nicht anschauen. Also weg mit den Kassetten. Und welchen bereits gesehenen Film möchten Sie wirklich ein zweites Mal anschauen?
Verschenken Sie großzügig oder werfen Sie das Aussortierte in den Müll. Manches lässt sich vielleicht auch noch verkaufen.

Entweihen Sie den Fernseher

Die Flimmerkiste steht in vielen Wohnzimmern im Zentrum. Alle Sitzgelegenheiten sind darauf ausgerichtet. Warum eigentlich? Das Wohnzimmer sollte doch Treffpunkt und Kraftzentrum sein. Der Fernseher sollte nicht auf einem »Altar« stehen, auf den alle Blicke gerichtet sind. Optimal ist es, wenn ein Tisch im Mittelpunkt des Raums steht, um den sich Familie, Freunde und Gäste versammeln können. Wenn alle Sitzmöglichkeiten auf das TV-Gerät ausgerichtet sind, wird im Wohnzimmer eher

Kiste

Erinnerungsstücke loslassen

Vielleicht fällt Ihnen beim Ausmisten ein kleines Kästchen, ein Umschlag oder ein Täschchen in die Hand. Beim Öffnen entdecken Sie ein Andenken oder Mitbringsel: vielleicht eine kleine Muschel, die Sie vor Jahren am Strand gefunden haben, eine Postkarte, die Sie nie abgeschickt haben, oder Münzen ausländischer Währung aus einem exotischen Land. Seit Jahren schlummern diese Erinnerungsstücke unbeachtet bei Ihnen, doch jetzt fällt die Trennung seltsam schwer. Der Feng-Shui-Tipp, wie Sie Erinnerungsstücke loslassen: Schwelgen Sie ein paar Minuten in der Vergangenheit. Halten Sie das Mitbringsel fest in der Hand, schließen Sie die Augen und fühlen Sie die Energie. Beobachten Sie, welche Gedanken Ihnen dabei in den Sinn kommen. Lassen Sie sich Zeit für diese Gefühle. Wenn Sie so weit sind, öffnen Sie wieder die Augen und verabschieden Sie sich ganz bewusst von diesem Teil, das Ihre Vergangenheit, aber nicht mehr Ihre Gegenwart repräsentiert. Bedanken Sie sich für die schöne Zeit und die guten Erinnerungen. Und dann lassen Sie mit leichtem Herzen los. Denn mit diesem Ritual können Sie jetzt mit dieser Lebensphase abschließen.

Sprachlosigkeit als Austausch vorherrschen. Fragen Sie sich selbst, was Sie in Ihrem Wohnzimmer erleben möchten. Dieser Bereich soll Ihre Bedürfnisse repräsentieren und nicht die einer TV-Anstalt. Da das Wohnzimmer Treffpunkt für alle Familienmitglieder sein soll, ist es wichtig, dass sich hier alle wohl fühlen können.

Überprüfen Sie Blumen & Co.

Vom praktischen Standpunkt aus mögen Kunst- oder Trockenblumen sehr nützlich sein. Aber sie strahlen keine Vitalität aus, sondern fangen nur den Staub ein. Wenn Sie unechte Blumen besitzen, müssen Sie sie daher unbedingt regelmäßig »entstauben«. Besser sind jedoch echte Pflanzen und frische Blumen. Topfpflanzen können das Raumklima erheblich verbessern, wenn sie gut gepflegt und gesund sind. Allerdings gilt es auch hier, Maß zu halten. Ein Zimmerurwald kann einengend wirken und schluckt zu viel Licht. Verwelkte, unansehnliche und kranke Pflanzen sollten Sie behandeln oder ausmisten, sie transportieren keine gute Energie. Außerdem gilt auch für Pflanzen: Stellen Sie nur die auf, die Sie wirklich mögen. Der Gummibaum von Ihrer Schwiegermutter wächst und gedeiht – doch Sie können ihn nicht leiden? Sie finden bestimmt jemanden, der sich darüber freut!

Fenster sind die Augen nach draußen. Ein freier Blick ist positiv und sorgt für Offenheit. Mit Pflanzen oder Nippes zugestellte Fenster blockieren den Energiefluss.

Eventuell nützliche Hilfsmittel:

- Behältnis zum Aufbewahren von Zeitschriften
- Regal oder Kisten für CDs, DVDs und Videos
- Beistelltisch auf Rollen für TV-Gerät
- Schöne Bilderrahmen für Fotos
- Frische Blumenerde
- Schöne Pflanzenkübel
- Vasen für Schnittblumen

Mittagspause

Sie haben sich eine Pause verdient. Wie fühlen Sie sich nach Ihren ersten Entrümpelungserfahrungen? Spüren Sie schon Erleichterung und vielleicht sogar Stolz? Zu Recht! Denn Sie sind dabei, sich von Vergangenem zu lösen und den Boden für neue, schöne Erfahrungen zu bereiten. Ein Blick in die Kisten 3 und 4, die sich hoffentlich schon gut gefüllt haben, sollte Sie in Ihrem Tun bestärken. Und damit Sie genügend Energie für die nächste Runde haben, sollten Sie sich mit einem leichten, leckeren Imbiss stärken und danach kurz die Beine hochlegen. Ruhen Sie aus und schöpfen Sie Kraft für die nächste Runde.

»Wenn der Wind des Wandels weht,
bauen die einen Schutzmauern,
die anderen Windmühlen.«
Chinesisches Sprichwort

13.00–15.30 Uhr

- O Kühlschrank
- O Gewürze
- O Küchenschränke
- O Gefrierschrank
- O Vorräte
- O Haushaltsgeräte

Die Küche

Kochen hat eine elementare Funktion in unserem Leben. Mit der Nahrung nehmen wir Energie auf, gesunde und wertvolle Nahrung stärkt unser Chi. Kochen und Essen bedeuten aber auch Lebensfreude und Genuss. Der Küche kommt daher beim Ausmisten eine große Bedeutung zu: In diesem Raum sollte alles frisch, sauber und aufgeräumt sein.

Früher war die Küche stets der wärmste Raum im Haus, dort hielten sich die Menschen am meisten auf. Dann verlor die Küche als Wohnraum an Bedeutung. In vielen Wohnungen ist sie so klein, dass darin kein Tisch Platz findet, und oft auch eng und dunkel. In solchen Küchen macht es nicht viel Freude, ein gutes Essen zuzubereiten. Inzwischen hat sich die Einstellung zum Glück gewandelt und der Küche kommt wieder die Bedeutung zu, die sie verdient: Sie ist eine wichtige Quelle für die Lebensenergie. Schließlich ist die Gesundheit für unser Wohlergehen von größter Bedeutung.

Das chinesische Wort für Küche klingt wie das Wort für »Reichtum«, was viel über die Wertigkeit aussagt. Und wer eine große Küche hat, kennt dieses Phänomen: Bei einer privaten Party sammeln sich die Gäste in der Küche. Der Kochplatz hat einfach magische Anziehungskraft. Nahrung bedeutet Schwingung, mit der wir uns aufladen können. Hochwertige Nahrung fördert unser Chi. Grundvoraussetzung für eine gute Küche sind ausreichender Platz und genügend Arbeitsflächen.

Reinigen Sie den Kühlschrank

Werfen Sie als Erstes einen genauen Blick in die Untiefen Ihres Kühlschranks. Tummeln sich da vielleicht Lebensmittel, deren Verfallsdatum längst abgelaufen ist oder deren Inhalt bereits von Schimmel besiedelt ist? Entfernen Sie die »Lebensmittelleichen« sofort! Räumen Sie den Kühlschrank komplett aus, werfen Sie weg, was abgelaufen oder nicht mehr in Ordnung ist. Reinigen Sie den Kühlschrank gründlich, bevor Sie die übrig gebliebenen Sachen wieder zurückstellen.

Damit Lebensmittel im Kühlschrank eine lange Lebensdauer haben, sollten sie korrekt gelagert werden. In den beiden mittleren Fächern herrschen maximal fünf Grad, hier wird leicht Verderbliches wie Fisch, Fleisch und Wurst gelagert. Obst und Gemüse bleiben unverpackt im Bodenfach (Schublade) frisch, hier beträgt die Temperatur bis zehn Grad. Legen Sie Küchenkrepp auf den Boden, dies saugt die Feuchtigkeit auf. Im obersten Fach bei acht Grad sind Milchprodukte und Käse gut aufgehoben. Die Türfächer sind mit 15 Grad für Eier, Senf, Butter, Mayonnaise, Ketchup oder Getränke ideal. Beim Einräumen hilft die FIFO-Methode: First-In-First-Out. Frisch Gekauftes wandert nach hinten, ältere Lebensmittel rutschen in die erste Reihe. Wenn Sie sich danach richten, behalten Sie leichter den Überblick über den Kühlschrankinhalt.

Enteisen Sie Gefrierfächer

Als Nächstes sind Gefrierfach beziehungsweise Kühltruhe an der Reihe. Auch Tiefgefrorenes hat nur eine begrenzte Haltbarkeit. Misten Sie alles aus, was länger als sechs Monate in der Truhe schlummert. Lebensmittel ohne Haltbarkeitsdatum werden ebenfalls entsorgt. Bei der Gelegenheit können Sie das Fach oder die Truhe auch gleich abtauen. Bevor Sie die Kühlung dann wieder einschalten, wird das Gefrierfach natürlich gründlich gereinigt. Beim Einräumen von neu Gekauftem wenden Sie auch hier die FIFO-Methode an.

Ordnen Sie Gewürze & Co.

Getrocknete Kräuter und Gewürze sind zwar lange haltbar und werden selten »schlecht«, doch nach einer gewissen Zeit verlieren sie an Aroma. Durchforsten Sie daher Ihren Gewürzschrank nach alten Tütchen und Döschen und werfen Sie diese weg. Eine gute Alternative sind Gewürzkörner, die jeweils frisch gemahlen werden, sie behalten deutlich länger ihr Aroma.

Sind Sie außerdem das ewige Suchen nach einem Gewürz leid? Dann wird nach dem Ausmisten konsequent Ordnung geschaffen: Füllen Sie die Gewürze in Gläser um, die Sie beschriften und übersichtlich anordnen. Für die Gewürze, die Sie häufig verwenden, ist ein Gewürzregal praktisch. Falls Sie noch keines haben, sollten Sie sich eines anschaffen. Vorratspackungen können Sie gut verschließen und zusammen in einer Dose verstauen. Dort halten sie das Aroma besser als im Schrank.

Auch Tee überlebt nicht ewig und verliert mit der Zeit sein Aroma. Inspizieren Sie deshalb Ihre Teevorräte, checken Sie das Haltbarkeitsdatum und misten Sie aus.

Kontrollieren Sie Vorräte

Speisekammern oder Vorratsschränke müssen ebenfalls gelegentlich ausgemistet und gereinigt werden. Uralte Konserven und vergammelte Lebensmittel wandern sofort in den Müll. Angebrochene Packungen inspizieren Sie genau: Ist der Inhalt noch genießbar oder vielleicht von Schädlingen, zum Beispiel Lebensmittelmotten, befallen? In letzterem Fall sind sie sofort zu entsorgen, außerdem müssen Sie den Schrank oder das Regal besonders gründlich säubern, damit die Schädlinge sich nicht einnisten können.

Fragen Sie sich außerdem bei allen Vorräten, ob angebrochen oder nicht: Werden Sie sie innerhalb der Haltbarkeitszeit wirklich verbrauchen? Falls nicht, steht Kiste 3 bereit. Sortieren Sie alles aus, von dem Sie wissen, dass Sie es spätestens bei der nächsten Entrümpelungsaktion wegwerfen werden.

Vielleicht kennen Sie jemanden, der diese Lebensmittel gebrauchen kann. Oder Sie spenden sie: Es gibt inzwischen in jeder größeren Stadt eine »Tafel«, das sind Organisationen, die Lebensmittel sammeln (auch kürzlich abgelaufene) und an Bedürftige abgeben.

Vorsicht gilt bei Konserven mit gewölbtem Deckel, diese sind in jedem Fall zu entsorgen, denn sie sind vermutlich mit dem Bakterium Clostridium botulinum befallen, welches das hochgiftige Botulinumtoxin bildet. Schon eine Minidosis ist tödlich.

Befindet sich Ihr Vorratsraum oder -regal im Keller, tragen Sie Ihre vier Kisten hinunter und sortieren Sie aus. Der restliche Keller ist erst morgen an der Reihe.

Inspizieren Sie Küchenschränke

Nach den Lebensmitteln und Vorräten sind die Küchenschränke fällig. Töpfe und Pfannen, Bleche und Formen sind nur von Wert, wenn sie sauber sind und ihre Funktion noch optimal erfüllen. Alte und kaputte Gerätschaften können Sie getrost entsorgen. Für Porzellan, Gläser und Besteck gilt das Gleiche. Überprüfen Sie, was Sie wirklich noch benutzen oder was in Schränken oder Schubladen nur noch Platz wegnimmt. Angeschlagenes Porzellan sieht nicht schön aus, und auch Messer mit Rostflecken benutzen Sie sicher nicht besonders gerne. Verabschieden Sie sich davon!

Testen Sie Haushaltsgeräte

Haushaltsgeräte sollen das Leben erleichtern. Aber tun sie das auch wirklich? Was funktioniert eigentlich noch und was kommt in Ihrer Küche tatsächlich zum Einsatz? Misten Sie überflüssige und kaputte Geräte rigoros aus. Die Kisten 3 und 4 stehen bereit. Manchmal tauchen beim Aufräumen längst vergessene Utensilien wieder auf. Auch diese werden aussortiert, denn was Sie seit Jahren nicht gebraucht haben, werden Sie auch in Zukunft nicht vermissen.

Wenn Sie Haushaltsgeräte doppelt haben oder überhaupt nicht brauchen, dann können Sie diese verschenken – vorausgesetzt, die Geräte funktionieren noch. Fragen Sie in Ihrer Familie, bei Freunden und Bekannten nach, ob Bedarf dafür besteht. Fast jedes praktische Gerät findet seinen Abnehmer. Heben Sie nichts auf, was garantiert nicht zum Einsatz kommt, nur weil es teuer war oder nicht kaputt ist.

Falls Sie sich jedoch fürs Wegwerfen entschieden haben, müssen Sie für die Geräte eine extra Kiste bereitstellen. Sie dürfen nicht einfach in den Müll geworfen werden, sondern sind auf einem Wertstoffhof zu entsorgen.

Eventuell nützliche Hilfsmittel:

- Gläser für Gewürze
- Gewürzregal
- Dosen für Tees, Vorräte etc.
- Etiketten zum Beschriften

Kiste 2

Ein Erbstück loslassen

Da steht es, das zehnteilige Service mit dem klassischen Zwiebelmuster. Es ist ein Erbstück von der geliebten Oma und erinnert Sie an Ihre Besuche bei der alten Dame, an köstliche Gerichte und leckeren Kuchen. Es sind schöne Erinnerungen, bei denen auch etwas Schwermut mitschwingt. Denn seit das Geschirr in Ihren Besitz übergangen ist, haben Sie es nie mehr benutzt. Es ist einfach nicht Ihr Stil. Und nun steht es im Schrank und nimmt Platz weg, den Sie eigentlich gut gebrauchen könnten. Sie haben schon versucht, es zu verkaufen, doch es fand sich kein Interessent. Aus der Familie wollte es auch niemand haben. Aber die Teller, Schalen, Saucieren und Platten einfach wegwerfen – das bringen Sie nicht übers Herz. Was tun?

Veranstalten Sie einen Erinnerungsabend. Laden Sie die ganze Familie dazu ein, kochen Sie ein leckeres Essen, vielleicht ein Rezept aus Omas Kochbuch, und decken Sie den Tisch mit Omas Geschirr. Erinnern Sie sich an die Verstorbene, erzählen Sie sich nette Episoden, die Sie mit ihr erlebt haben, und schwelgen Sie in Erinnerungen. Sobald die Gäste weg sind, verstauen Sie das Geschirr in die Kiste 4 und werfen es weg. Sofort! Entscheiden Sie das alleine! Nach dem Erinnerungsabend werden Sie sehen, dass Sie kein Porzellan brauchen, um sich an den geliebten Menschen zu erinnern. Und keiner wird das Zwiebelmuster vermissen, wenn es weg ist. Garantiert!

15.30– 17.30 Uhr

- Dekoration und Accessoires
- Raumaufteilung
- Bett
- Nachtschränkchen

Das Schlafzimmer

Hier verbringen wir ein Drittel unseres Lebens und ein tiefer, ungestörter Schlaf ist die wichtigste Quelle zum Auftanken. Deshalb ist das Schlafzimmer ein besonderer Raum, in dem keine energetischen Störungen auftreten dürfen. Außerdem ist es der privateste Raum innerhalb der Wohnung oder des Hauses und hat entscheidenden Einfluss auf die Partnerschaft. Das Schlafzimmer soll einen gesunden, tiefen Schlaf und das Liebesleben fördern. Wer sich morgens unausgeschlafen, schlapp und zerschlagen fühlt, leidet wahrscheinlich unter Störzonen in diesem Raum. Deswegen kommt dem Schlafbereich eine sehr große Bedeutung zu. Doch seltsamerweise unterschätzen viele die Wirkung des Zimmers und seiner Einrichtung auf den Schlaf.

Da in der Regel das Schlafzimmer vor fremden Blicken verschlossen bleibt, landet hier häufig viel Gerümpel: Sportgeräte, Nippes, Kisten, Computer, Aktenordner, Wäsche zum Trocknen, Schmutzwäsche etc. – ein wildes Sammelsurium von Dingen, die in diesem Raum überhaupt nichts zu suchen haben. Und der Krempel ist präsent, auch wenn Sie sich hier überwiegend mit geschlossenen Augen aufhalten. Um im Schlafzimmer wunderbar schlummern und entspannen zu können, muss hier das Chi ungestört fließen. Deswegen sollten Sie es von überflüssigem Gerümpel befreien!

Die Aufgabe lautet: Sorgen Sie für eine aufgeräumte Atmosphäre im Schlafzimmer. Wenn Sie im Bett liegen, sollte Ihr

Blick nicht auf eine Arbeitsecke oder auf die Bügelwäsche fallen.

Lassen Sie den Blick schweifen

Setzen Sie sich aufs Bett und sehen Sie sich in aller Ruhe um: Herrscht angenehme Ordnung oder hat sich im Laufe der Zeit jede Menge Krimskrams angesammelt? Das Vorher-Foto dokumentiert den Status quo. Wenn Sie schlecht schlafen oder morgens wie gerädert aufwachen, kann das Gerümpel eine Ursache dafür sein. Es blockiert den Chi-Fluss und versperrt Ihnen die Möglichkeit, nachts im Schlaf aufzutanken.

Dekoration und Accessoires

Dekoration und Bilder sollten im Schlafraum sparsam zum Einsatz kommen. Behalten Sie nur wenige Dinge, die Ihnen wirklich ans Herz gewachsen sind. Was den Raum aufwertet und verschönert, darf natürlich bleiben. Aber überlegen Sie sich gut, ob die Gegenstände und Bilder im Schlafzimmer richtig platziert sind. Schreiende Farben und wilde Motive haben in einem Raum, der für Ruhe und Entspannung steht, nichts zu suchen. Auch Grünpflanzen haben im Schlafzimmer nichts verloren. Sie verbrauchen Sauerstoff und den brauchen Sie nachts selbst für einen gesunden Schlaf.

Trennen Sie die Aktivitäten

Steht in Ihrem Schlafzimmer ein Heimtrainer oder haben Sie hier Ihre Fitnessecke eingerichtet? Dann sollten Sie umdenken: Im Schlafzimmer sollen Sie entspannen und ruhen, für anstrengende sportliche Aktivitäten ist es der falsche Ort. Bevor Sie die Geräte woanders unterbringen, fragen Sie sich ehrlich: Benutzen Sie sie noch oder haben sie lediglich Alibifunktion? Wenn ein Sportgerät nicht zum Einsatz kommt, sollten Sie es weggeben. Wenn Sie es jedoch mehr oder weniger regelmäßig benutzen, dann suchen Sie einen anderen Ort dafür und putzen es, bis es wieder glänzt und zum Gebrauch direkt auffordert.

Arbeiten Sie mit Raumteilern

Befindet sich im Schlafzimmer ein Arbeitsbereich, stört dies meist die Harmonie im Raum. Schreibtische sind selten ordentlich aufgeräumt und wer vom Bett aus daraufschaut, wird ständig Unruhe und ein schlechtes Gewissen verspüren. Am besten ist es, den Arbeitsbereich in einen anderen Raum zu verlagern. Ist das nicht möglich, sollten Sie wenigstens eine optische Grenze ziehen, zum Beispiel einen Raumteiler oder ein Regal aufstellen. Außerdem sollte der Schreibtisch, wenn er im Schlafzimmer bleiben muss, möglichst immer abends tipptopp aufgeräumt sein, die Utensilien und Unterlagen sollten in einem Schrank verschwinden.

Lüften Sie die Betten

Lüften Sie Matratzen, Bettdecken und Kopfkissen gründlich aus. Die Matratzen freuen sich auch über eine Tiefenreinigung. So können Sie die Hausstaubmilben, die sich unweigerlich in den Betten befinden, zwar nicht völlig vermeiden, aber eindämmen. Legen Sie ein feuchtes Tuch auf die Matratze, nehmen Sie einen Teppichklopfer oder Tennisschläger und klopfen Sie die Matratze gründlich aus. Staub, Hautreste und Milben werden aufgewirbelt und bleiben im feuchten Tuch hängen.
Ein Blick unters Bett bringt übrigens oft verborgene Staubfänger zum Vorschein. Krempel, der unter dem Bett oder auch hinter der Tür versteckt ist, muss raus!

Das Liebesleben aktivieren

Liebesbeziehungen, denen es an Leidenschaft fehlt, helfen feurige Rottöne wieder auf die Sprünge. Sie sollten jedoch nur punktuell eingesetzt werden, zum Beispiel mit einer roten Decke, einem roten Kissen, roter Bettwäsche oder einem roten Bild. In solchen Fällen sollten sich auch keine Bücher im Schlafzimmer befinden, weil das Lesen nicht im Vordergrund stehen soll.

Das Nachtschränkchen

Nun betrachten Sie Ihr Nachtschränkchen genauer: Ist der Wecker vor lauter Zeitschriften, Notizzetteln, Büchern und Taschentüchern kaum mehr zu sehen? Und werfen Sie auch einen kritischen Blick in die Schubladen. Brauchen Sie das wirklich alles direkt neben Ihrem Bett? Sicher nicht, also misten Sie aus: Werfen Sie weg, was Sie nicht mehr lesen oder benutzen, und der Rest wird ordentlich aufgeräumt.

Schlafen wie ein Murmeltier

Davon träumen 20 Millionen Deutsche, die Nacht für Nacht kein Auge zutun. Dabei ist Schlaf das beste und wichtigste Wellnessprogramm – und auch das billigste. Wenn Sie Ihr Schlafzimmer gründlich ausgemistet und aufgeräumt haben, sollte dies bereits viel zu einem guten Schlaf beitragen.
Vielleicht unterstützen auch ein paar Einschlafrituale Ihren Schlaf: Achten Sie auf Regelmäßigkeit, denn der Mensch ist ein Gewohnheitstier. Gehen Sie immer zur etwa gleichen Uhrzeit zu Bett, so können Sie sich selbst programmieren. Verzichten

Sie bei Einschlafproblemen auf einen Fernseher im Schlafzimmer. Hören Sie lieber ruhige Musik oder lesen Sie ein Buch. Versuchen Sie, sich nicht zu viele Gedanken zu machen, auch nicht über mögliche Einschlafprobleme.
Ein Sprichwort sagt: »Der Schlaf ist wie eine Taube. Streckt man die Hand danach aus, setzt sie sich drauf. Greift man nach ihr, fliegt sie weg.«
Feng Shui kennt noch weitere Möglichkeiten, den Energiefluss im Schlafzimmer optimal zu leiten und zu regulieren. Die Art, wie Ihre Möbel stehen, und wie Sie sich einrichten, können zu einem guten Schlaf erheblich beitragen.
Vor allem Spiegel im Schlafzimmer verursachen große Störenergien! Wenn Sie ihn nicht abnehmen können, weil er sich zum Beispiel an der Schranktür befindet, verhängen Sie ihn mit einem Tuch.

Eventuell nützliche Hilfsmittel:

- Paravent, um Bereiche abzutrennen
- Regale oder Kisten für Utensilien

»Wer nicht aufs Kleine schaut,
scheitert am Großen.«
Laotse

17.30– 18.30 Uhr

- O Kleider, Röcke, Blusen
- O Pullover, T-Shirts
- O Socken
- O Gürtel
- O Tisch- und Bettwäsche
- O Hosen, Hemden
- O Wäsche
- O Krawatten
- O Sportsachen, Badesachen

Der Kleiderschrank

Der »Kleiderschrank« steht hier für »Kleidung ausmisten«, schließt also sämtliche Aufbewahrungsorte Ihrer Kleidung, wie Kommoden oder Regale, mit ein. Die erste Regel lautet: Die Kleidung sollte sich in den Schränken befinden! Denn was nicht mehr hineinpasst, landet gerne auf dem Schrank und verstaubt dort. Doch alles, was dort oben verstaut ist, stört die Harmonie im Raum.

Die vier Kisten stehen schon bereit. Räumen Sie als Erstes alles weg, was auf den Schränken liegt, und trennen Sie sich dabei von Überflüssigem.

Gehen Sie systematisch vor

Sortieren Sie die Fächer nach und nach aus. Fangen Sie zum Beispiel mit den Kleidungsstücken an, die im Schrank hängen, danach kommen nacheinander die Fächer mit den T-Shirts, den Pullis und den Hosen an die Reihe.

Es folgen die Schubladen oder Fächer mit Unterwäsche und Socken etc. Erst wenn ein Fach fertig ausgemistet ist, kommt das nächste dran beziehungsweise nach dem kompletten Schrank die Kommode.

Machen Sie den Jahres-Check

Modebewusste raten, alles auszusortieren, was zwölf Monate ungetragen im Schrank hängt. Dieser Tipp ist sinnvoll, denn wenn Sie innerhalb eines Jahres nicht ein einziges Mal das Bedürfnis verspürt haben, ein bestimmtes Kleidungsstück zu tragen, dann hat es nichts mehr in ihrem Kleiderschrank verloren. Gehen Sie nach dieser Vorgabe Ihre gesamte Alltagskleidung durch und trennen Sie sich von diesen Stücken, auch wenn es anfangs schwerfällt. In unserer Kleidung ist Energie gebündelt. Hängt sie ungenutzt im Schrank, blockiert sie unsere Entwicklung.

Trennen Sie sich von Kleidern, die nicht mehr passen

Vor allem Frauen behalten gerne Kleidungsstücke, in die sie mal vor Jahren hingepasst haben. Doch mit der Zeit verändert sich die Figur, es bleibt der Traum, wieder so wie früher auszusehen und die dazugehörigen Röcke und Hosen wieder tragen zu können.
Sortieren Sie diese alten Sachen aus und packen Sie sie in Kiste 3. Freuen Sie sich über den gewonnenen Platz und kaufen Sie sich dafür lieber ein neues schönes Teil, das Ihrer aktuellen Figur schmeichelt. Das macht mehr Freude als die Erinnerung an vergangene, nie mehr wiederkehrende Zeiten. Wenn Sie sich von der alten Kleidung trennen, geben Sie auch Ihren inneren Widerstand zu Ihrer Figur auf. Erst dann können Sie sich annehmen, wie Sie sind, und daraus das Beste machen.

Misten Sie konsequent aus

Doch nicht nur alte und zu klein gewordene Sachen werden aussortiert. Sie haben bestimmt auch Kleidungsstücke im Schrank, die recht neu sind, jedoch ein Fehlkauf waren, weil sie doch nicht richtig passen, die falsche Farbe haben etc. Auch die gehören in Kiste 3! Sachen, die kaputt sind oder Flecken haben, schauen Sie besonders genau an: Würden Sie sie wieder tragen, wenn sie ausgebessert beziehungsweise wieder sauber sind, und wollen Sie sich die Mühe machen? Wenn nein, dann kommen sie in Kiste 4. Wenn ja, legen Sie sie beiseite, aber Sie setzen sich eine Frist, innerhalb derer Sie die Sachen in Stand setzen. Ist die Frist verstrichen, ohne dass etwas passiert ist, kommen die Sachen in den Müll. Sind die Sachen nicht mehr zu flicken oder ausgeleiert, verwaschen und keinem mehr zuzumuten, stellt sich die Frage erst gar nicht. Weg damit!

Sortieren Sie nur Ihre eigenen Sachen aus

Vergessen Sie nicht: Jeder ist für seine eigene Sachen verantwortlich! Wenn Sie sich den Schrank mit einem Partner teilen, dürfen Sie auf keinen Fall seine Kleidung aussortieren. In der Regel wird Ihr Vorbild ihn motivieren, ebenfalls auszumisten. Doch hüten Sie sich, missionarisch zu werden. Sorgen Sie von vorneherein für eine klare Trennung im Schrank, sodass jeder seine eigenen Fächer hat, dann geraten Sie nicht so leicht in Versuchung, an seine Sachen zu gehen.

Tauschen Sie nach Jahreszeit

Winter- oder Sommerkleidung kann je nach Saison umgeräumt werden. Dabei können Sie immer auch gleich ausmisten. Wollsachen lagern Sie mit Zedernhölzern oder Lavendelkissen ein, um Motten fernzuhalten. Grundsätzlich sollte die Kleidung, die für eine Saison weggeräumt wird, sauber und in Ordnung sein. Bringen Sie den Mantel oder das Kostüm vorher noch zur Reinigung, reparieren Sie kaputte Nähte oder Reißverschlüsse und nähen Sie fehlende Knöpfe an.

Sichten Sie Tisch- und Bettwäsche

Nehmen Sie sich zum Schluss die Tisch- und Bettwäsche vor. Brauchen Sie wirklich zwanzig Tischdecken, wenn Sie einen schönen Holztisch haben und Sets bevorzugen? Und was ist mit der Bettwäsche, die für die neuen Betten zu klein ist, aber trotzdem noch im Schrank liegt? Gehen Sie alles durch und entscheiden Sie sich schnell: Was noch gut ist, aber überflüssig, kommt in Kiste 3. Wäschestücke mit kaputten Nähten oder fehlenden Knöpfen legen Sie beiseite, damit Sie sie baldmöglichst ausbessern können. Die verbleibende Wäsche räumen Sie dann so ordentlich wie möglich wieder in den Schrank. Legen Sie ein paar kleine Duftkissen oder Duftseifen dazwischen, damit alles schön frisch riecht.

Räumen Sie den Schrank sinnvoll ein

Was Sie täglich brauchen und am liebsten anziehen, sollte griffbereit oder in Sichthöhe untergebracht sein. Wer sich täglich nach Pullovern oder Hemden strecken muss, wird kaum Ordnung halten können. Dafür kann die Kleidung, die Sie selten oder nur zu bestimmten Anlässen tragen, »nach oben« wandern. Eine kleine Trittleiter ist für große Schränke unverzichtbar.

Eventuell nützliche Hilfsmittel:

- Schutzhüllen zum Lagern
- Kleiderbürste
- Duftkissen oder -seife
- Hängeleiste für Krawatten
- Trittleiter

Kiste 2

Der Hochzeitshut

In den Tiefen des Schranks stoßen Sie vielleicht auf den großen Hut, den Sie bei Ihrer Hochzeit auf dem Standesamt getragen haben. Er erinnert Sie an eine wundervolle Zeit voller Aufregung und Spannung und Sie haben ihn als Erinnerung an diesen Tag natürlich aufbewahrt. Sie dachten wahrscheinlich, dass es andere Gelegenheiten geben könnte, zu denen Sie dieses elegante Accessoire noch einmal tragen könnten. Doch diese Gelegenheiten kamen nicht, stattdessen ist das schöne Stück verstaubt und inzwischen vielleicht auch aus der Mode gekommen. Zeit also, sich davon zu verabschieden? Nehmen Sie den Hut in die Hand, erinnern Sie sich noch einmal an diesen wunderschönen Tag und dann lassen Sie los. Geben Sie den Hut leichten Herzens ab – er spielt für Ihre Ehe keine Rolle – oder legen Sie ihn in Kiste 4. Verabschieden Sie sich davon und richten Sie Ihren Blick auf die Gegenwart und auf die Zukunft. Wenn sich in Ihnen jedoch alles dagegen sträubt, dann heben Sie den Hut auf. Offenbar ist die Zeit zum Loslassen noch nicht gekommen. Packen Sie den Hut sorgsam ein und räumen ihn wieder in den Schrank.

Genießen Sie den Abend!

Herzlichen Glückwunsch! Sie haben einen arbeits- und erfolgreichen Tag hinter sich. Jetzt stehen Muße und Entspannung auf dem Programm. Machen Sie es sich in Ihrem »neuen« Wohnzimmer gemütlich, fühlen Sie die angenehme Müdigkeit, die sich in Ihrem Körper breitmacht, denn Sie haben viel geleistet. Vielleicht holen Sie auch die wiederentdeckten Sportschuhe aus dem Schrank und gehen für zwanzig Minuten hinaus an die frische Luft. Schließlich haben Sie den ganzen Tag drinnen verbracht und viel Staub aufgewirbelt. Auch wenn Sie müde sind, wird Ihnen ein kurzer Spaziergang guttun. Kommen Sie mit jedem Schritt mehr zur Ruhe, verarbeiten Sie beim Gehen den Tag, der hinter Ihnen liegt, und versuchen Sie zu entspannen. Wenn Sie nach Hause kommen, können Sie noch ein schönes Bad nehmen, um die Muskeln zu lockern. Schlüpfen Sie in bequeme Kleidung, machen Sie es sich zu Hause so richtig gemütlich, aber lassen Sie den Fernseher aus. Bleiben Sie am Abend einfach mal ganz bei sich und tanken Sie Stille.

Dokumentieren Sie Ihren Erfolg

Sie haben sich vorgenommen, Ihre Sachen auszumisten und Überflüssiges loszuwerden. Heute haben Sie schon viel geschafft, von vielem haben Sie sich bereits getrennt. Dies können Sie mithilfe der Liste auf Seite 85 dokumentieren. Kreuzen Sie an, welche Bereiche Sie heute ausgemistet haben. Dann gehen Sie die Checkliste noch einmal durch und machen einen Kringel um die Dinge, die Sie morgen vielleicht noch loswerden wollen. Bei Bedarf ergänzen Sie die Liste jeweils unter »Sonstiges (…)«. Sie kann Ihnen möglicherweise dabei helfen, herauszufinden, wo noch Entrümpelungspotenzial sitzt.

Erinnern Sie sich an Ihr Ziel!

Vielleicht haben Sie sich heute im Laufe des Tages, während Sie beim Aufräumen und Ausmisten geschwitzt haben, hin und wieder gefragt, warum Sie das alles eigentlich machen.
Erinnern Sie sich: Das Entrümpeln der eigenen vier Wände bedeutet auch ein mentales Entrümpeln. Durch das Ausmisten, Aufräumen und Saubermachen bringen Sie in Ihrer Wohnung und damit in Ihrem Geist stagnierende Energien wieder zum Fließen. Dies wird für Harmonie in Ihrem Leben sorgen. Durch das Entrümpeln verändern Sie Ihren Blickwinkel und Sie haben neue Ideen. Sie können überholte Ansichten, falsche Überzeugungen und negative Gewohnheiten loslassen und offen werden für Neues. Ihr Leben ist so, wie Sie es sich einrichten, und zwar im wahrsten Sinn des Wortes.
Schmökern Sie heute Abend noch ein bisschen in diesem Buch, um sich die positiven Konsequenzen Ihrer heutigen Anstrengung noch einmal klarzumachen.

Falls Sie noch Zeit und Energie haben …

Ein Entrümpelungstag kann manche aber auch anregen statt erschöpfen. Wenn Sie sich am Abend also noch viel zu aufgekratzt fühlen, um auszuruhen oder ins Bett zu gehen, können Sie eine kleine Abendlektion einlegen.
Wählen Sie einen Gegenstand aus Kiste 2, etwas, bei dem Sie sich noch nicht entscheiden konnten, ob Sie es behalten oder loslassen. Vielleicht ein Geschenk eines Expartners, ein Accessoire, das Sie an ein besonderes Ereignis erinnert, oder ein Sammlerstück, das Sie vor vielen Jahren ergattert haben. Nehmen Sie sich nun Zeit dafür, um herauszufinden, was Sie mit diesem Gegenstand verbindet.

Reise in die Vergangenheit

Machen Sie es sich auf der Couch bequem und starten Sie mit geschlossenen Augen eine Reise in die Vergangenheit. Erinnern Sie sich an den Zeitpunkt, an dem Sie den Gegenstand zu ersten Mal in Händen gehalten haben. Wenn sich andere Gedanken dazwischendrängen wollen, lassen Sie es zu, ohne sie weiter zu beachten. Behandeln Sie diese Gedanken wie Wolken am Himmel; sie sind da, aber schweben vorbei. Versuchen Sie, sich auf den Gegenstand und den Moment zu konzentrieren, als dieser Gegenstand in Ihr Leben getreten ist. Malen Sie sich die Situation vor Ihrem geistigen Auge aus, vergegenwärtigen Sie sich die Umstände so detailliert, wie es Ihnen möglich ist. Spüren Sie noch einmal Ihre Gefühle von damals. Wenn andere Menschen dabei waren, erinnern Sie sich auch an diese und deren Rolle.

Den Zeitensprung machen

Wenn Sie die Situation noch einmal »erlebt« haben, kehren Sie allmählich in die Gegenwart zurück. Verfolgen Sie dabei den Weg des Gegenstands, mit dem Sie gerade beschäftigt sind. Wo hat er die letzten Jahre oder Wochen eigentlich gesteckt? Hat er in einer Kiste auf dem Schrank geschlummert oder war er in einer Schublade versteckt und ist dort in Vergessenheit geraten? Vielleicht erkennen Sie dabei, dass seine Zeit längst abgelaufen ist und dieses Ding nur für eine bestimmte Phase in Ihrem Leben von Bedeutung war. Gehen Sie dazu in Ihren Gedanken ein Stück in die Zukunft und versuchen Sie sich vorzustellen, was Sie mit dem Gegenstand in einer Woche, in einem Monat, in einem Jahr machen werden. Wird er Ihr Leben bereichern oder ein überflüssiges Stück sein, das Sie mitschleppen? Stellen Sie sich vor, wie Sie den Gegenstand als alter Mensch in Händen halten und zurückblicken auf den jetzigen Augenblick, in dem Sie überlegen, was damit geschehen soll. Jetzt sollte Ihnen klar sein, wie bedeutungslos der Gegenstand geworden ist, und der Abschied wird Ihnen ganz leichtfallen. Kiste 3 steht bereit.

Der richtige Ort

Falls der Gegenstand aber während der ganzen Zeit eine Rolle in Ihrem Leben gespielt hat, hat er vielleicht doch seine Daseinsberechtigung. Dann müssen Sie möglicherweise nur den richtigen Platz in Ihrem Heim dafür finden. Ist dies der Fall, machen Sie einen kleinen Rundgang durch die Räume. Überlegen Sie, wo der Gegenstand nun am besten aufgehoben sein könnte. Wenn Sie den richtigen Ort dafür finden, dann lassen Sie ihn dort – bis zur nächsten Entrümpelungsaktion. Falls Ihnen aber trotz hartnäckigem Suchen keine geeignete Stelle dafür einfällt, dann gehört er wohl doch nicht mehr in Ihr jetziges Leben. Dann ist Kiste 3 oder 4 der richtige Ort dafür.
Mit dieser Zeitreise sollte nun auch bei Ihnen eine tiefe Entspannung eingekehrt sei. Lassen Sie den Tag ruhig ausklingen.

Schreiben Sie Ihre Träume auf

Heute Nacht werden Sie garantiert tief schlafen. Wundern Sie sich aber nicht über die vielen verrückten Träume. Sie haben beim Ausmisten den Prozess der Veränderung in Gang gesetzt. Ihr Unterbewusstsein verarbeitet das Vergangene, von dem Sie sich heute verabschiedet haben. Legen Sie sich etwas zum Schreiben bereit und notieren Sie, was Sie geträumt haben. Das kann Aufschluss über das eigene Seelenleben geben. Außerdem ist es möglich, dass Ihnen im Halbschlaf ein paar wichtige Dinge einfallen, die Sie im Zuge des Ausmistens noch erledigen wollen. Schreiben Sie auch diese auf, sonst sind sie schnell wieder vergessen.

Entrümpelungs-ABC

- Accessoires
- Adressbücher
- …

- Bankunterlagen
- Briefe
- Broschüren
- Bücher
- Büromaterial
- …

- CDs
- Computerzubehör
- …

- Dekozubehör
- DVDs
- …

- Elektrozubehör
- …

- Fotos
- …

- Gartenartikel
- Glückwunschkarten
- Gutscheine
- …

- Handschuhe
- Haushaltsgeräte
- Haustierzubehör
- Hobbybedarf
- Hüte
- …

- Informationen
- Jacken
- …

- Kalender
- Kataloge
- Kerzen
- Kleidung
- Kosmetikartikel
- Krawatten
- Küchenzubehör
- …

- Landkarten
- …
- Mäntel
- Mappen
- Musikgeräte
- Mützen
- …

- Notizblöcke
- Notizen
- …

- Ordner
- …

- Partyutensilien
- Post
- Preisausschreiben
- …

- Rechnungen
- …

- Schachteln
- Schals
- Schmuck
- Schuhe
- Schulungsmaterial
- Schulunterlagen
- Spielsachen
- Sportsachen
- …

- Taschen
- Tischdekorationen
- Topfpflanzen
- Tücher
- …

- Uhren
- …

- Vasen
- Verpackungsmaterial
- Videos
- Visitenkarten
- …

- Wäsche
- Weihnachtsschmuck
- Werkzeuge
- Wurfsendungen
- …

- Zeitschriftensammlungen
- Zeitungsartikel
- Zeugnisse
- …

Der zweite Tag

Guten Morgen! Herzlich willkommen zu Ihrem zweiten Tag! Sie hatten hoffentlich eine ruhige und erholsame Nacht und sind ausgeschlafen und erfrischt aufgewacht. Vielleicht sind die Muskeln nach dem gestrigen Tag etwas verspannt. Das viele Bücken und Herumschleppen hat möglicherweise einen leichten Muskelkater hinterlassen. Ignorieren Sie ihn einfach. Spätesten nach einer Stunde Ausräumen wird Ihre Muskulatur wieder durchwärmt, durchblutet und geschmeidig sein. Genießen Sie in Ruhe ein stärkendes Frühstück und starten Sie dann beschwingt Teil zwei Ihrer Entrümpelungsaktion.

Was Sie heute erwartet

In den nächsten zwölf Stunden werden Sie die verbliebenen Räume gründlich ausmisten, sich vom Ballast befreien und den Chi-Fluss wieder in Gang setzen oder verbessern. Stellen Sie auch den zweiten Tag unter ein Motto. Das könnte zum Beispiel lauten: »Ich trenne mich mit leichtem Herz, ich lasse einfach los!« Dieses Motto soll Sie wieder beim Ausmisten unterstützen. Wenn Sie zwischendurch Zweifel oder Ängste überfallen, dann sagen Sie ein paarmal laut: »Ich trenne mich mit leichtem Herzen, ich lasse einfach los!«
Und nun kann es wirklich losgehen. Beginnen Sie mit dem Badezimmer, dann folgen Kinderzimmer, Abstellkammer, Arbeitszimmer, Sammlungen und Keller. Die Kisten stehen bereit? Dann starten Sie durch! – Und vergessen Sie nicht die Vorher- und Nachher-Fotos!

8.00–9.30 Uhr

- ○ Ablageflächen
- ○ Hausapotheke
- ○ Düfte und Kosmetika
- ○ Handtücher und Waschlappen

Das Badezimmer

Im Sinne von Feng Shui sind Bäder und Toiletten heikle Bereiche in Wohnungen und Häusern. Deshalb wurden diese Räume in chinesischen Häusern früher immer nach draußen verbannt. Man glaubte, diese Räume seien gefährlich, schließlich wird hier ja »schmutziges« Wasser weggespült, was die Entstehung negativer Energie bewirken kann.

In früheren Zeiten waren Bäder und Toiletten nicht nur in China, sondern auch bei uns vermutlich sehr unangenehme Aufenthaltsorte, weil sie dunkel, schlecht belüftet und muffig waren. Dies ist heute nicht mehr der Fall, doch noch immer fristen Bad und Toilette bisweilen ein Schattendasein.

Zu Unrecht! Die beiden Räume sind wichtige Teile Ihres Zuhauses und dort sollten Sie sich natürlich wohl fühlen.

Immerhin beginnt hier Ihr Tag und ein angenehmer Anblick am frühen Morgen ist jedem zu wünschen. Ein heißes Bad in einem freundlichen Badezimmer ist entspannend und erholsam, ein hübsch gestalteter WC-Raum kann die Verdauung fördern.

Die einfachste Regel für die Toilette, die jeder beachten sollte, lautet: Der Toilettendeckel sollte immer geschlossen sein, damit die guten Energien nicht ins Kanalsystem verschwinden.

Leeren Sie die Ablageflächen

In den meisten Badezimmern tummeln sich Cremes, Duschgels, Badezusätze und Seifen jeder Art auf den Ablageflächen. Die nett gemeinten dekorativen Geschenke und die Pröbchen aus Hotels oder Parfümerien fristen hier ein nutzloses Dasein. Zudem erschweren sie das Saubermachen und verursachen hässliche Ränder auf den Regalen. Höchste Zeit, den alten Muff loszuwerden und frischen Wind hereinzulassen. Sortieren Sie die Badezusätze, Duschgels und Seifen aus. Was Sie nicht benutzen, wird gnadenlos entsorgt, auch wenn es noch so hübsch aussieht. Ab damit in Kiste 4. Nur das, was Sie tatsächlich benutzen, darf bleiben – und wenn es möglich ist, räumen Sie die Fläschchen und Döschen in den Schrank.

Sortieren Sie Düfte und Kosmetika aus

Die vielen hübschen Flakons mit teilweise nur noch wenig Inhalt mögen zwar dekorativ aussehen, aber letztlich erfüllen sie keinen sinnvollen Zweck. Wenn Sie einen Duft nicht mehr benutzen, sollten Sie sich davon trennen. Ihr Geschmack ändert sich und damit auch der Duft, der zu Ihnen passt. Behalten Sie daher nur die Parfüms, die Sie wirklich noch verwenden. Zudem haben auch Parfüms eine begrenzte Haltbarkeit: Der Duft verfliegt.

Auch Kosmetika sind nicht ewig haltbar: Wimperntusche trocknet ein, auf Lippenstiften oder Kajalstiften können sich Keime ansiedeln. Trennen Sie sich darum von allen Kosmetikprodukten, die schon länger als ein Jahr in Ihrem Bad herumliegen. Nicht zuletzt spielt die Mode eine Rolle. Das fast noch volle Fläschchen Nagellack mit der unmodernen Farbe können Sie getrost entsorgen, Sie werden ihn nicht mehr benutzen.

Überholen Sie die Hausapotheke

Werfen Sie einen Blick in Ihre Hausapotheke und überprüfen Sie anhand der Verpackung, ob die Medikamente nicht schon ihre Haltbarkeit überschritten haben. Wenn Sie Tabletten ohne Verpackung finden und nicht wissen, worum es sich dabei handelt, sollten Sie diese gleich beseitigen. Da es sich nicht um Sondermüll handelt, dürfen alte Medikamente in den Abfall. Wenn Sie ausgemistet haben, bringen Sie Ordnung in die Hausapotheke und räumen die Medikamente übersichtlich ein. Wenn Sie die Sachen in einem Schrankfach oder einer Schublade aufbewahren, sind kleine Schachteln praktisch, in die Sie die Medikamente nach Gruppen sortieren, beispielsweise alle Schmerzmittel oder sämtliches Verbandszeug. Wenn Sie die Schachteln noch beschriften, kann sich jeder schnell zurechtfinden.

Sehen Sie die Handtücher durch

Handtücher und Waschlappen, die regelmäßig benutzt werden, nutzen sich mit der Zeit ab und verlieren Farbe oder werden grau. Diese farblosen und ausgefransten Handtücher sehen nicht nur hässlich aus, sie mindern auch den Energiefluss im Bad. Machen Sie eine gründliche Inventur und werfen Sie alte Handtücher raus – vielleicht ist das ein oder andere ja noch als Putzlappen gut.

Das Kinderzimmer

Wenn Sie nicht wollen, dass Ihre Kinder später mal schlampig werden und dann selbst im Gerümpel ersticken, sollten Sie ihnen ein gutes Vorbild in puncto Ausmisten und Aufräumen sein. Gleichzeitig sollten Sie den Kleinen auch vermitteln, welche positiven Wirkungen das Entrümpeln auf die Psyche hat. Möglicherweise ist die Zeit heute zu knapp bemessen, um mit Ihrem Kind auszumisten und aufzuräumen. Kinder brauchen oft etwas länger, um sich zu entscheiden. Aber tippen Sie es ruhig mal an. Sie können sich ja in den nächsten Tagen einmal etwas mehr Zeit dafür nehmen.

Bieten Sie Ihrem Kind Entfaltungsmöglichkeiten

Weil die Kindheit eine besondere Bedeutung für die Entwicklung der Persönlichkeit hat, sollten sich Eltern Gedanken darüber machen, wie das Kinderzimmer am besten gestaltet werden kann. Gerade Kinder reagieren sehr sensibel auf störende Energien in ihrer Umgebung. Das Kinderzimmer sollte daher ein Ort mit positivem Chi sein. Dieser Raum muss immer wieder einmal umgeräumt werden, denn wenn es älter wird, verändern sich die Bedürfnisse des Kindes. Geben Sie Ihrem Kind die Möglichkeit, sein Zimmer selbst zu gestalten, das hilft ihm dabei, seine eigene Identität zu finden.
Kinder brauchen ausreichend Raum, um sich entfalten zu können. Sie haben normalerweise einen großen Bewegungsdrang und sollten ungehindert in ihrem Zimmer herumtollen können. Wenn das Kinderzimmer zu klein ist, ist vielleicht ein Zimmer-

tausch sinnvoll, zum Beispiel mit dem Schlafzimmer der Eltern, falls das groß ist. Überlegen Sie, ob es solche Tauschmöglichkeiten bei Ihnen gibt. Falls ja, planen Sie dafür jedoch ein anderes Wochenende ein. Heute wird entrümpelt.

Beziehen Sie Ihr Kind ein!

Bringen Sie Ihrem Kind bei, dass am Ende eines Spiels die Spielsachen aufgeräumt werden und dass ein Zimmer kein Schlachtfeld ist. Zum regelmäßigen Aufräumen der Spielsachen eignen sich verschiedene Plastikboxen, in die sie – nach Vorstellung des Kindes – eingeordnet werden können. Jedes Kind hat über seine Spielsachen selbst zu entscheiden.

Zum Ausmisten genügen drei Kisten: 1, 3 und 4. Dabei kommen Spielsachen, mit denen Ihr Kind nicht mehr spielt, in Kiste 3, kaputte und schäbige Sachen kommen in Kiste 4. Alles, was bleibt, wird aufgeräumt und verstaut. Gewöhnen Sie es sich an, regelmäßig alte Spielsachen auszusortieren, und machen Sie Ihrem Kind klar, dass sich andere Kinder über diese Sachen freuen.

Machen Sie den Tag, an dem ausgemistet wird, zu einem besonderen Tag, an dessen Ende vielleicht auch eine Belohnung für das Kind steht. Dann freut es sich beim nächsten Mal darauf.

Beim Ausmisten der Kinderkleidung müssen Sie Ihr Kind nicht unbedingt mit einbeziehen, kaputte und zu klein gewordene Sachen können Sie ruhig aussortieren, ohne zu fragen. Das gilt jedoch nicht für das zu klein gewordene Lieblingskleid oder den verwaschenen Lieblingspulli. Die Entscheidung, was damit geschieht, sollten Sie gemeinsam mit Ihrem Kind treffen. Streiten Sie dabei jedoch nicht mit ihm, sondern hinterfragen Sie seine Entscheidung und lassen Sie Ihr Kind argumentieren. Respektieren Sie seine Argumente.

Haben Sie Geduld mit Teenagern

Die meisten Zimmer von Teenagern sind für die Eltern ein Horror. Die Bitte oder Aufforderung, das Chaos endlich aufzuräumen, verhallt unerhört. Dies ist normalerweise kein Grund zur Sorge, denn wie wir wissen, spiegelt die direkte Umgebung den inneren Zustand wider und umgekehrt. Die Pubertät, die eine Zeit des Umbruchs und der Neuorientierung ist, äußert sich daher zwangsläufig in äußerer Unordnung. Das Innenleben des Teenagers ist aus dem Gleichgewicht geraten, da kann außen keine Harmonie herrschen.

Für Sie als Eltern bedeutet dies, sich in Geduld zu üben. Auf keinen Fall dürfen Sie unerlaubt im Zimmer des Teenagers aktiv werden. Akzeptieren Sie seine Privatsphäre. Machen Sie sich klar, dass das Durcheinander vor allem Ausdruck des inneren Chaos und der Identitätssuche ist. Suchen Sie einen Kompromiss, versuchen Sie zu überzeugen und Lösungen zu finden, mit denen jeder in der Familie leben kann. Ständiges Nörgeln über die Unordnung anderer hat meist nur eine Folge: Verweigerung. Gerümpel und Unordnung ist jedermanns eigene Sache. Aber oft hilft es, mit gutem Beispiel voranzugehen.

Eventuell nützliche Hilfsmittel:

- Plastikbehälter und Kisten für Spielzeug

Ordnungsliebe ist eine Sache der Erziehung.
Wer als Kind lernt, dass Ordnung gut ist,
bleibt diesem Maßstab in der Regel treu.

Die Abstellkammer

Sie sind so wichtig, aber Abstellräume werden in aller Regel bei der Gestaltung einer Wohnung nicht mit einbezogen. Was sich hinter der Tür zu der geheimen Kammer abspielt, sieht ja sowieso niemand. Aber die angebliche Unsichtbarkeit entfernt ja nicht das Innenleben der Kammer. Dieser kleine Raum ist Teil Ihres Zuhauses und sollte auch entsprechend gewürdigt werden. Einen perfekt eingerichteten und aufgeräumten Stauraum würde doch jeder bei einer Hausbesichtigung voller Stolz vorführen. Unterschätzen Sie nicht die Wirkung Ihrer Rumpelkammer auf Ihr Wohlbefinden und machen Sie sich ans Entrümpeln.

Lösen Sie den Energiestau auf

Rumpelkammern sind Orte mit besonders schlechter Energie, denn hier befindet sich Gerümpel, und das sind zum großen Teil Sachen, die man im Grunde nicht mehr braucht. Wenn Sie viele Sachen haben, die Sie aufheben wollen oder müssen, dann ordnen Sie sie wenigstens.

Nur machen Sie sich immer wieder klar, wenn Sie etwas aufheben und verstauen wollen: Solange Sie an den Dingen festhalten, gibt es keinen Platz für Neues.

Oft erzeugt die Ansammlung von Gerümpel auch große Abneigung davor und man mag den vollgestopften Raum gar nicht betreten. Dann ist es allerhöchste Zeit, genau das zu ändern! Menschen, die an Dingen festhalten, die sie eigentlich nicht mehr brauchen, haben oft auch die Neigung, Probleme vor sich herzuschieben und nicht anzupacken. Wer es schafft, diese Unordnung zu Hause zu beseitigen, setzt damit Energien frei und hat dann auch Kraft und Lust, andere unerledigte Dinge anzupacken.

Packen Sie Kiste 4 voll

Räumen Sie den Abstellraum komplett aus und verteilen Sie alles auf die vier Kisten. Alles, was überflüssig, verbraucht und alt ist, hat dort nichts mehr verloren und landet in Kiste 4. Wozu dieses Gerümpel aufheben? Es staut nur die Energie. In Stauräumen sollten nur Dinge verwahrt werden, die wirklich noch gebraucht werden.

Organisieren Sie den Abstellraum

Bringen Sie in dem Raum bei Bedarf zusätzliche Regale an und räumen Sie die Sachen, die Sie behalten, wieder ein. Hierbei ist es sinnvoll, Regale oder Kisten so zu organisieren, dass alles übersichtlich darin verstaut werden kann. Sie sollen sich in dem Raum zukünftig schnell zurechtfinden und alles bei Bedarf sofort zur Hand haben. Misten Sie gerade Abstellräume regelmäßig aus, sonst herrscht dort nach kurzer Zeit wieder dieses lähmende Chaos.

Eventuell nützliche Hilfsmittel:

- Kisten zum Stapeln
- Regale

Mittagspause

Wie fühlen Sie sich nach Ihrem Entrümpelungsparcours? Sie sollten jetzt eine deutliche Erleichterung spüren, so wie nach einer erfolgreichen Diät. Je voller Kiste 3 und Kiste 4 werden, umso besser! Denn Sie sind mit großer Energie dabei, sich von Vergangenem zu lösen und den Boden für neue, schöne Erfahrungen zu bereiten. Gönnen Sie sich spätestens jetzt eine Unterbrechung. Stärken Sie sich mit einem leichten Imbiss, gehen Sie danach spazieren, träumen Sie oder ruhen Sie sich einfach nur ein wenig aus. Tun Sie eine Stunde lang, wonach Ihnen zumute ist. Nutzen Sie die Pause, um Ihre Wohnung oder Ihr Haus schon einmal gründlich durchzulüften. Denn das Entrümpeln von alten, überflüssigen Dingen hat vermutlich viel Schmutz und Staub aufgewirbelt – im wahrsten Sinn des Wortes. Vielleicht haben Sie beim Ausmisten auch einen Staubsauger griffbereit, mit dem Sie Staub und Schmutz sofort wegsaugen, wenn Sie einen Raum oder einen Bereich ausgeräumt haben. Und wenn Sie sich jetzt sehr erschöpft, verschwitzt oder schmutzig fühlen, dann springen Sie kurz unter die Dusche. Danach können Sie erfrischt weitermachen.

13.00– 15.00 Uhr

- O Schreibtisch
- O Ablage
- O Computer & Co.
- O Papiere
- O Fachliteratur

Das Arbeitszimmer

Bekommen Sie beim Blick auf den Schreibtisch schon die Krise? Der Stapel mit dem Unerledigten wächst und wächst, Papiere und Unterlagen bilden allmählich Schwindel erregende Türme, nichts ist mehr da, wo es sein sollte. Am liebsten würden Sie dem Chaos gleich wieder den Rücken kehren, oder? Halt, machen Sie jetzt lieber Schluss damit und schaffen Sie eine dauerhafte, funktionierende Ordnung. Denn der Platz, an dem wir arbeiten, entscheidet über das Gelingen und den Erfolg. Das Arbeitszimmer oder Büro sollte die Konzentration fördern, die Kreativität beflügeln und die Lust an der Arbeit steigern. Fühlen Sie das in Ihrem Arbeitszimmer? Nein. Aber das wird sich ändern. Am Ende dieser Aktion werden Sie stolz und zufrieden auf Ihren Arbeitsplatz blicken.

Trennen Sie die Bereiche

Zu Hause zu arbeiten hat Vor- und Nachteile. Es entfallen zwar Anfahrtswege, aber es ist nicht immer einfach, Privatleben und Job auseinanderzuhalten. Deshalb sollte der erste Blick beim Betreten der eigenen vier Wände nicht sofort auf den Arbeitsplatz fallen. Eine räumliche Trennung, also ein eigenes Arbeitszimmer, wäre ideal. Muss die Arbeitsecke jedoch in einen anderen Lebensbereich integriert werden, helfen Paravents, Pflanzen oder Raumteiler, die verschiedenen Bereiche optisch voneinander zu trennen.

Machen Sie zuerst Tabula rasa

Was drückt ein leerer, aufgeräumter Schreibtisch eigentlich aus? Dass Sie organisiert sind, Dinge zeitnah erledigen und delegieren können, dass Sie Ihre Arbeit im Griff haben und mit Energie bei der Sache sind. Ein wunderbarer Eindruck, oder? Dort, wo sich die Unterlagen stapeln, herrscht Unordnung, werden Termine nicht eingehalten, Sachen verschlampt und Arbeiten nicht optimal erledigt. Damit ist jetzt Schluss.
Nehmen Sie sich zuerst den Schreibtisch vor und beginnen Sie damit, die Tischplatte und die Schubladen zu leeren. Wie gehabt, kommt alles, was Sie nicht mehr brauchen, überflüssiger Krimskrams, kaputte Stifte etc., in Kiste 4. All dieser überflüssige Kram versperrt Ihnen den Blick fürs Wesentliche. Die funktionierenden Schreibgeräte legen Sie in eine kleine Kiste, sie werden später in einer Schublade verstaut. Gleiches gilt für Büroutensilien: Heftklammern, Kleber, Schere etc. sollten zusammen in einer Schublade Platz finden. Alle Dinge, die bleiben, werden am Ende in den sauberen Schreibtisch ordentlich wieder eingeräumt, und zwar mit System.
Je mehr Unerledigtes und Abgelegtes auf dem Schreitisch lagert, umso größer ist die Unlust, die Arbeit wieder in Angriff zu nehmen. Ein aufgeräumter Schreitisch sorgt hingegen für Klarheit und fördert die Konzentration aufs Wesentliche. Und mit einem leeren Papierkorb beginnen Sie den nächsten Arbeitstag beschwingter. Deshalb sollte nach Beendigung der Arbeit stets der gesamte Arbeitsplatz aufgeräumt werden. Um die Arbeitsfläche frei zu halten, eignet sich ein Beistelltisch oder ein kleines Regal für die Ablage.

Sortieren Sie die Papiere

Nehmen Sie sich dann alle Unterlagen vor, die herumliegen, und beginnen Sie mit einer groben Vorsortierung; die richtige

Ablage kommt danach. Forsten Sie alle Papiere durch und machen Sie drei Stapel:

Stapel 1: Wegwerfen. Alles, was auf Stapel 1 liegt, kommt direkt in den Müll. Das sind unwichtige Papiere, Prospekte, Visitenkarten, Einladungen etc., die Sie nicht mehr brauchen.

Stapel 2: Abheften. Die Unterlagen, die Sie auf Stapel 2 gesammelt haben, werden abgeheftet. Wenn Sie noch keine entsprechenden Ordner angelegt haben, haben Sie jetzt die Gelegenheit, es zu tun. Sie sollten eindeutig beschriftet sein und sorgen für eine übersichtliche Ordnung. Heben Sie Unterlagen nur auf, wenn diese wichtig sind, und misten Sie Verjährtes oder Beendetes regelmäßig aus. Dieser Ballast kann sonst Ihren Schwung blockieren. Entwickeln Sie ein Ordnersystem, das für Sie leicht durchschaubar und zu handhaben ist.

Stapel 3: Erledigen. Jede unerfüllte Aufgabe beschäftigt uns bewusst oder unbewusst. Genauso ziehen unerfüllte Versprechen oder Zusagen Energie von uns ab. Gewöhnen Sie sich also am besten an, Post und Rechnungen sofort zu erledigen. Sie werden merken: Wer seine Rechnungen schnell bezahlt, muss selbst nicht lange auf Zahlungen warten. Legen Sie die Sachen, die Sie zu einem bestimmten Termin brauchen, in eine Wiedervorlagemappe mit Kalendarium. Denn auch das Ordnen der eigenen Termine hat Wirkung auf das Chi. Wenn Sie Ihre Termine unter Kontrolle haben, können die Aufgaben Sie nicht mehr dominieren und überfordern.

Richten Sie sich eine Ablage ein

Natürlich kommt es vor, dass Papiere ein paar Tage liegen bleiben, bis sie bearbeitet, abgeheftet oder entsorgt werden können. Doch das birgt immer die Gefahr in sich, dass ein neuer Stapel entsteht. Um das zu verhindern, eignet sich ein einfaches Ablagesystem, in dem Sie die Unterlagen grob vorsortieren, bis Sie

Zeit zur Bearbeitung haben. Dafür genügen schon drei Fächer, in die Sie die Papiere je nach Art zwischenlagern: wahrscheinlich wegwerfen, abheften und erledigen.

Trennen Sie sich von Fachbüchern

Büchersammlungen im Arbeitsbereich lassen sich auch von Zeit zu Zeit neu organisieren. Sind die Bücher noch von Belang und aktuell? Falls Sie alte Bücher nicht mehr lesen, machen Sie sich frei davon. Bücher fallen häufig in den Bereich Sammelleidenschaft (siehe Seite 164ff.). Doch an Büchern, die überholt sind und nicht mehr gelesen werden, festzuhalten heißt, neuen Ideen und Gedanken keine Chance zu lassen, sondern im alten Denken zu verharren. Das Leben findet im Hier und Jetzt statt und nicht zwischen Buchdeckeln! Es gibt kein theoretisches Leben, das sich mithilfe von Büchern erfahren lässt.
Menschen, die überall Bücher stapeln, sogar auf dem Nachtisch, sollten einmal ausprobieren, wie es ist, wenn dort kein oder nur ein Buch liegt. Fachbücher, die in anderen Räumen herumliegen, sollten Sie zurück in den Arbeitsbereich holen. Bündeln Sie die Kräfte. Vielleicht erfährt so im Schlafzimmer die Zärtlichkeit zum Partner eine Auffrischung, weil das Interesse nicht mehr dem Fachbuch, sondern wieder dem Partner gilt? Auch das Argument, das Buch könnte irgendwann aber wichtig sein, verrät nur die Angst vor der Zukunft. Vertrauen Sie auf sich selbst. Wenn es so weit ist, werden Sie genau das Buch finden, das Sie brauchen! Ein Archiv für alle Eventualitäten des Lebens ist nicht notwendig.

»Wenn du einen Riesen siehst,
prüfe erst am Stande der Sonne, ob es nicht bloß
der Schatten eines Zwergs ist!«

Misten Sie Fachartikel aus

Auch bei Artikeln gibt es ein Verfallsdatum. Unterscheiden Sie, was Sie wirklich für eine Recherche nochmal brauchen können, und heften Sie es in einem dafür angelegten Ordner ab. Alte Fachzeitschriften und Artikel sollten aber nicht zu einem Berg anwachsen. Vertrauen Sie auf Ihre Fähigkeiten und die Möglichkeit, wichtige Informationen bei Bedarf neu beschaffen zu können. Unterlagen, die zu abgeschlossenen Projekten gehören, können nach Beendigung meist komplett im Müll verschwinden. Schaffen Sie Platz in Ihrem Arbeitszimmer. Das macht Ihren Kopf wieder frei für neue Ideen und Projekte.

Optimieren Sie Computer & Co.

Auch der Computer muss gelegentlich entrümpelt werden. Löschen Sie alte Texte und Dateien und schaffen Sie im Speicher Platz für Neues. Überprüfen Sie bei dieser Gelegenheit auch alte Disketten und CD-ROMs, auf denen Sie Dokumente und Dateien bereits zur Sicherheit abgespeichert oder »ausgelagert« haben. Vermutlich kann vieles davon ebenfalls in den Müll. Dateien, die Sie nicht mehr auf der Festplatte brauchen, aber noch auf-heben müssen, speichern Sie auf neuen CD-ROMs oder auch auf anderen Speichermedien. Zum Auslagern und zum Aufbewahren von Sicherheitskopien eignen sich zum Beispiel die kleinen UBS-Sticks, aber auch externe Festplatten sind nicht mehr besonders teuer und bieten extrem viel Platz und bei Bedarf schnellen Zugriff auf die Dateien. Misten Sie E-Mails aus, sowohl die eingegangenen als auch die gesendeten. Nehmen Sie sich vor, ab sofort Ihre elektronische Post regelmäßig und zügig zu lesen und zu beantworten.

Disketten, CD-ROMs, Druckertinte, Toner, Gebrauchsanweisungen etc. – alles, was Computer und Kommunikation betrifft, sollten Sie zusammen in einem Schrank oder einer Kiste lagern.

Dann ist alles an einem Platz und Sie müssen nicht lange suchen, wenn Sie etwas brauchen.

Eventuell nützliche Hilfsmittel:

- Behälter für Büroutensilien
- Behälter für Schreibutensilien
- Ablagefächer
- Aktenordner
- Wiedervorlagemappe

Kiste

Sparschweine & Co.

Der ehemalige Finanzminister Hans Eichel hatte auf seinem Schreibtisch im Finanzamt eine Sparschwein-Parade stehen und zeigte diese oft den Journalisten. Was er damit ausdrücken wollte, liegt auf der Hand. Aber was drücken die Gegenstände aus, die sich auf Ihrem Schreibtisch tummeln? Vielleicht steht da ein Erinnerungsstück oder ein Schälchen mit irgendwelchem Krimskrams. Stellen Sie sich vor, eine Gruppe von Journalisten würde sich mit ihren TV-Kameras vor Ihrem Schreibtisch aufbauen, all die Dinge, die auf Ihrem Schreibtisch stehen, einfangen und auf die Millionen Fernsehgeräte schicken. Wenn Ihnen dieser Gedanke keine Bauchschmerzen bereitet: wunderbar. Aber wenn die Vorstellung Ihnen unbehaglich ist, ist das ein Alarmzeichen, den Schreibtisch freizuräumen und auf die Dinge zu reduzieren, die wirklich von Bedeutung für Sie und Ihre Arbeit sind.

Special: Sammlungen

15.00– 17.00 Uhr

○ **Hintergründe identifizieren** ○ **Strategien entwickeln**

Plüschtiere und Kissen bevölkern die Couchgarnitur, Nippes drängelt sich auf Fensterbänken, Bierkrüge stapeln sich im Küchenschrank, Kochbücher quetschen sich in Bücherregalen, Porzellanfiguren tummeln sich in Vitrinen. Die Dinge haben häufig ein Eigenleben entwickelt: Was ursprünglich mal mit ein, zwei Teilen begann, wurde zu einer stetig wachsenden Sammlung. Oft kann man sich später gar nicht mehr an den Grund oder den Auslöser für das Ganze erinnern.
Zur ersten Tierfigur kam die zweite, dann die dritte, und inzwischen ist die Zahl vielleicht dreistellig geworden, weil man selbst den unwiderstehlichen Drang verspürt, die Sammlung immer wieder zu ergänzen, oder Familie wie Freunde dankbar sind für die Geschenkidee. Zu jedem Anlass bekommt man eine neue Figur, ob man will oder nicht. Inzwischen ist längst das Unterbewusstsein programmiert und zieht magisch weitere Stücke an. Zwar ärgert sich der Sammler schon mal über den vielen Krempel, das umständliche und zeitintensive Saubermachen. Auch wird das Unterbringen allmählich zum Problem. Trotzdem – das Sammeln findet einfach kein Ende mehr.

Entzaubern Sie die Sammlung

Was steckt eigentlich hinter der Sammelleidenschaft? Wenn Sie ein Sammler sind, sollten Sie sich fragen: Was repräsentiert meine Sammlung für mich? Wofür steht sie? Versuchen Sie herauszufinden, was das Sammeln für Sie bedeutet und welche Funktion es in Ihrem Leben erfüllt. Welche Bedürfnisse werden durch

das Sammeln befriedigt? Wollen Sie zum Beispiel Wissen sammeln oder lesen Sie einfach nur viel?
Im Folgenden finden Sie einige Gründe, die sich hinter einer Sammelleidenschaft verbergen können.

Das Sammeln dient der eigenen Sammlung und somit der Entspannung.
Die Hingabe an das Sammeln kostet Zeit und Konzentration. Das stundenlange Durchforsten von Büchern, Nachschlagewerken, Galerien oder Ausstellungen, das Ordnen und Sortieren bedeuten auch eine kleine Flucht aus dem Alltag – im positiven Sinne. Damit fördert das Sammeln die Entspannung: Die eigene Aufmerksamkeit wird auf etwas gelenkt, man versinkt darin und der Geist befindet sich in anderen Sphären. Feng Shui lehrt, dass Anspannung die Folge von gestörten Energieflüssen ist. Die Sammlung mag zeitweise entspannen, aber eine nachhaltige Verbesserung wird vielmehr durch einen freien Chi-Fluss im eigenen Zuhause erreicht.

Die Sammlung schafft Kontakte und fördert die Kommunikation.
Es ist leicht, Kontakt zu gleich Gesinnten herzustellen und zu halten. Hundebesitzer erleben dies beim alltäglichen Gassigehen, wenn sie mit anderen Herrchen und Frauchen schnell und wie selbstverständlich ins Gespräch kommen. Sammler treffen sich auf Messen oder Ausstellungen, tauschen sich aus und fachsimplen über ihre Sammlung. Das schafft sofort Gemeinsamkeit. Die Aktivierung der neun Lebensbereiche (siehe Bagua Seite 191ff.) nach Feng Shui fördert und vertieft den Austausch mit anderen Menschen wie von selbst. Eine Sammlung als Hilfsmittel ist dann nicht mehr notwendig.

Der Versuch, Kontrolle über das eigene Leben zu bekommen
Sammeln ist neben dem Jagdtrieb eine der ältesten Überlebensstrategien des Menschen. Um Notzeiten vorzubeugen, wurden in Zeiten des Überflusses die verschiedensten Dinge gesammelt: Nahrung, Waffen, Werkzeuge, Kräuter etc. Derjenige, der mehr Dinge gesammelt hatte, hatte die besseren Überlebenschancen. Manche Sammlung entsteht noch heute mit dem Hintergedanken: »Mit diesem Vorrat kann mir nichts passieren.« Damit hat das Sammeln die Funktion, sich vorzubereiten. Wenn das für Sie zutrifft, fragen Sie sich: »Wofür oder worauf will ich mich vorbereiten?«
Vorbereitet zu sein bedeutet unter anderem, sich sicher zu fühlen und die Kontrolle nicht zu verlieren. Man ist gewappnet, was auch immer kommen wird. Wer aus diesem Bestreben sammelt, hat vielleicht Angst vor der Zukunft und Angst davor, Fehler zu machen. Diese Angst kann daran hindern, Entscheidungen zu treffen und sich von Dingen zu lösen beziehungsweise sie wegzuwerfen. Stattdessen wird gesammelt. Man will ja vorbereitet sein. Feng Shui lehrt Sie, im Hier und Jetzt zu leben, sich weder auf die Vergangenheit noch auf die Zukunft zu fixieren. Das Loslassen ist ein wichtiger Aspekt dabei.

Die Sammlung soll eine generelle Unzufriedenheit kompensieren.
Der Wunsch nach Ablenkung oder Beschäftigung hat sicher so manche Sammlung begründet. Doch damit begibt man sich in einen Teufelskreis: Sammeln bedeutet, einen Großteil der Aufmerksamkeit nach außen zu richten. Man ist mit Äußerlichkeiten beschäftigt, kann seine Zeit gut damit füllen. Gleichzeitig muss man sich dann nicht mit sich selbst beschäftigen. Feng Shui lehrt, dass Ballast die eigene Entwicklung blockiert, was wiederum unzufrieden macht. Wenn Sie sich von dem Krem-

pel befreien, werden Sie viele neue Gedanken und Ideen bekommen, wie Sie Ihre Zeit sinnvoll füllen können.

Durch das Sammeln entzieht man sich einer anderen Verantwortung.
Das Sammeln kostet Zeit und Energie, wodurch natürlich andere Aufgaben vermieden werden können. Mit der Begründung, sich zurückziehen zu müssen, um sich seiner Sammlung zu widmen, gewinnt man vielleicht ein Stück Privatsphäre oder Spielwiese zurück. Das ist nachvollziehbar, um sein Gleichgewicht zu gewinnen oder einer Überforderung vorzubeugen. Besser ist es allerdings, wenn man offener mit Anforderungen umgehen kann. Feng Shui lehrt, dass alles Energie ist. Überlegen Sie sich also, ob die Sammlung wirklich notwendig ist, um Ihr Selbst zu leben.

Durch die Sammlung sucht man nach Bestätigung.
Der Anblick einer schönen, großen oder außergewöhnlichen Sammlung erfreut die Sammler nicht nur selbst. Oft erfahren sie auch Bestätigung durch andere, die von der Sammlung beeindruckt sind. Wer sammelt, was auch andere haben möchten, erwirbt Achtung, Reichtum und Einfluss. Durch seine Sammlung möchte man etwas Besonderes sein beziehungsweise eine außergewöhnliche Stellung einnehmen. Feng Shui lehrt, dass zu viel Krempel das eigene Ich und die Entwicklung blockiert. Wer loslässt und sich davon befreit, gibt sich selbst die Chance, neue Erfahrungen zu machen. Vielleicht können Sie ohne die Sammlung auf ganz anderen Gebieten wahres Selbstwertgefühl erfahren?

Die Sammelobjekte kreieren eine Atmosphäre der Schönheit und Ästhetik.
Kunstsammler reisen oftmals durch die ganze Welt – wenn sie die finanziellen Möglichkeiten haben –, um künstlerische Kostbarkeiten zu finden und zu erwerben. Manchmal stellen sie ihre im Laufe eines Lebens erworbene Sammlung der Allgemeinheit zu Verfügung, andere sammeln nur für sich selbst. Wer sich mit schönen Objekten umgibt, schafft eine Atmosphäre der Exzellenz: Die Ästhetik und Schönheit stehen im Vordergrund. Feng Shui lehrt, dass ein harmonischer Energiefluss Schönheit pur bedeutet und durch den Einklang mit der Natur erreicht wird. Falls das eigene Leben jedoch als disharmonisch empfunden wird, können schöne oder künstlerische Objekte davon ablenken, aber das Problem nicht beheben. Ein harmonischer Chi-Fluss im eigenen Heim reguliert vielleicht das Harmoniebedürfnis auf wirkungsvollere Weise.

Lassen Sie Neues zu

Die Antwort auf die wahren Motive, die hinter einer Sammelleidenschaft stecken, muss jeder für sich selbst finden. Aber fest steht, dass eine Sammlung für ein konkretes Bedürfnis steht, das im aktuellen Leben nicht erfüllt wird oder dessen sich der Sammler gar nicht bewusst ist. Solange wir uns über die Hintergründe nicht klar werden, halten wir auch an der Sammlung fest. Die Aufforderung, sich von einer Sammlung zu trennen, kann große Ängste oder Zorn auslösen. Doch gerade diese intensiven Gefühle machen deutlich, welche »Aussage« eigentlich in der Sammlung versteckt ist. Lassen Sie sich Zeit mit der Analyse, aber bleiben Sie am Ball.
Das Leben besteht aus Veränderung, eine Sammlung repräsentiert jedoch Festhalten und Starre. Wer sich weiterbewegen

möchte, muss die Sammlung hinter sich lassen. Sammelwütige sollten sich zuerst ganz bewusst innerlich von ihren lieb gewonnenen Dingen verabschieden, bevor sie ans praktische Ausmisten gehen. Übrigens zählen auch kleine Sammlungen wie Andenken, Fotos, Geschenke oder Urlaubsmitbringsel zu dem Krempel, den Sie loslassen sollten. Fragen Sie sich, was Ihnen in Ihrem aktuellen Leben fehlt, dass Sie an dem alten Kram festhalten. Waren die Zeiten damals besser? Oder hat die Erinnerung alles verklärt?

Trennen Sie sich von Ihrer Sammlung

Wollen Sie versuchen, sich von Ihrer Sammlung zu trennen? Überstürzen Sie nichts! Vielleicht gelingt Ihnen das Loslassen in kleinen Schritten und Sie beginnen damit, die Sammlung Stück für Stück zu verschenken. Je kleiner sie wird, umso weniger schwer fällt der Abschied. Vielleicht versuchen Sie es auch mit einer Trennung auf Zeit, indem Sie die Sammlung zuerst einmal in Kisten verpacken und verstauen. Nach einiger Zeit können Sie diese Kisten dann möglicherweise leichten Herzens entsorgen. Sammler, die es einmal geschafft haben, sich von den vielen angehäuften Dingen zu trennen, spüren danach eine unglaubliche Leichtigkeit. Das Loslassen ermutigt zu neuen Entscheidungen und Erfahrungen.

Geben Sie sich also einen Ruck, ignorieren Sie die Kiste 1 und verteilen Sie Ihre Sammlungen auf Kiste 2, 3 und vielleicht sogar auf Kiste 4.

Setzen Sie bei Ihren Vorhaben nicht auf Druck,
sondern auf Gelassenheit.
Denn Willenskraft allein führt noch nicht zum Ziel.
Die innere Bereitschaft muss wachsen.

17.00– 18.30 Uhr

○ Kellerregale ○ Rumpelecken

Der Keller

Was unter Ihnen, in Ihrem Keller lagert, repräsentiert Ihre Vergangenheit und Ihr Unterbewusstsein. Je mehr Gerümpel sich hier im Lauf der Jahre angesammelt hat, umso mehr ungelöste Angelegenheiten haben noch Gewicht. Liegt dort seit vielen Jahren Krempel jeder Art, deutet das auf weit zurückliegende Themen hin. In einem »normalen« Keller lagern etwa 90 Prozent des ganzen privaten Gerümpels. Aber muss es wirklich so viel sein? Werfen Sie einen Blick in Ihren Keller und überlegen Sie, was Sie fühlen, wenn Sie sich das Sammelsurium anschauen. Ist es Unlust, überhaupt hineinzugehen, weil alles so vollgestellt und unübersichtlich ist? Oder Erschöpfung, weil Sie angesichts des vielen Krempels gar nicht wissen, wo Sie anfangen sollen? Oder Ärger, weil hier nichts ist, wie es eigentlich sein sollte? Oder Scham, weil Ihr Keller ein Krempelstadium erreicht hat, das nicht mehr akzeptabel, geschweige denn vorzeigbar ist? Oder sogar Traurigkeit, weil Ihnen das Chaos hier unten und die vielen unerledigten Dinge schon lange auf der Seele liegen? Wenn Sie eines dieser Gefühle haben, dann hat Ihr Keller eine Bedeutung erlangt, die ihm nicht zusteht. Also packen Sie das Problem bei der Wurzel!

Gibt es viele Fragen aus früheren Zeiten, die Sie verdrängt haben oder die Ihr Unterbewusstsein noch beschäftigen? Dann kann das Ausmisten des Kellers von solchen Altlasten befreien. Natürlich ist der Keller durchaus auch ein geeigneter Ort, um verschiedene nützliche Dinge aufzubewahren, vorausgesetzt, er ist trocken, belüftet und sauber.

Kiste

Behalten oder wegwerfen?

Räumen Sie den Keller erst einmal aus, dabei sollte schon ein Teil auf dem Müll landen. Dann inspizieren Sie den ganzen Krempel: die Kisten mit den leeren Flaschen, die Skier, die Koffer, drei Klappstühle, das Werkzeug, diverse Lampen, alte Fußleisten, ein Schränkchen, der Weihnachtsschmuck, das kaputte Fahrrad, ein Farbeimer sowie Andenken, Souvenirs etc. Was soll weg, was soll bleiben? Stellen Sie sich vor, Sie befinden sich nicht in Ihrem Keller, sondern in einem Trödelladen: Was von dem ganzen Krempel hätte noch einen Wert? Wofür würden Sie noch etwas bezahlen, weil Sie es unbedingt haben (also behalten) wollten? Checken Sie zum Beispiel den Koffer. Sie stellen fest, dass der Verschluss kaputt ist, und damit ist sein Wert eigentlich gleich null. Was würde es kosten, ihn reparieren zu lassen? Würde sich das lohnen? Wenn ja, sollten Sie es gleich morgen erledigen. Falls der Koffer aber schon alt ist, muffig riecht und vom langen Aufenthalt im Keller ziemlich angegammelt ist, sollten Sie ihn schleunigst loswerden. Packen Sie das zerbrochene und verrostete Werkzeug am besten gleich hinein.

Entrümpeln Sie Ihre Vergangenheit

Was im Keller lagert, sollte für Ihr jetziges oder zukünftiges Leben nützlich sein. Diese Sachen sollten dort sauber und übersichtlich lagern. Weihnachtsschmuck, Skiausrüstung, Koffer, Vorräte – nehmen Sie alles, was sich im Keller befindet, gründlich unter die Lupe und misten Sie aus. Alles, was Sie nicht

mehr brauchen, was defekt ist oder seit vielen Jahren dort vor sich hingammelt, kommt in Kiste 4.
Steuerunterlagen müssen zehn Jahre aufgehoben werden. Aber brauchen Sie wirklich noch die alten Schulunterlagen? Verabschieden Sie sich davon, denn es ist wohl eher unwahrscheinlich, dass Sie irgendwann noch einmal reinschauen werden. Lassen Sie diesen vergangenen Lebensabschnitt hinter sich und wenden Sie sich Neuem zu! Auch die Zeitspanne, in der die Sachen im Keller ihr Dasein gefristet haben, ist ein Kriterium, um über den Verbleib zu entscheiden. Was schon lange hier unten steht und längst vergessen ist, ist garantiert von gestern!

Entzaubern Sie das Schattenreich

Wenn Sie alte Geschenke entdecken, die Sie in der Wohnung nicht haben wollen, aber in Ihrem »Schattenreich« noch aufbewahren, dann werfen Sie Ihr schlechtes Gewissen samt Geschenk über Bord. Kein Geschenk verpflichtet! Wenn es Ihnen nicht mehr gefällt, haben Sie das Recht, es wegzuwerfen oder weiterzuverschenken.
Überprüfen Sie auch Dinge, die Sie hier für Eventualitäten horten. Warum bewahren Sie dieses ganze Zeug eigentlich auf? Auf die Reaktion »Das ist doch noch gut!« müssen sofort drei einfache Fragen folgen: »Für wen? Wozu? Wann?« Wenn Sie darauf schnell eine klare Antwort finden, dann behalten Sie die Sachen. Falls nicht: weg damit!
Wenn Ihnen das Loslassen dennoch schwerfällt, dann stellen Sie sich die beiden Schlüsselfragen: »Tut es mir gut?«, und: »Liebe ich es?« Spätestens jetzt sollte Ihnen die Bedeutung der Sachen klar werden und die Entscheidung, ob Sie etwas behalten, verschenken oder wegwerfen, leichter fallen. Sie können sich auch selbst unterstützen, indem Sie laut und deutlich sagen: »Ich trenne mich, ich lasse los!«

Den Erfolg genießen

Sie haben es geschafft! Atmen Sie auf! Freuen Sie sich! Seien Sie stolz auf sich! Sie haben in zwei Tagen etwas Wunderbares vollbracht: Sie sind über Ihren Schatten gesprungen.
Nach zwei Tagen harter Arbeit ist Ihr Zuhause entrümpelt und aufgeräumt. Wenn Sie das Gerümpel aussortiert haben, werden Sie vermutlich vor einem mittelgroßen Müllberg stehen. Ist es nicht erstaunlich, was wir zu Hause an überflüssigen Dingen aufbewahren? Denken Sie aber daran: Alles, was weggebracht werden muss, wie Sperrmüll oder Sondermüll, sollte innerhalb von drei Tagen entsorgt werden, Dinge, die Sie verschenken oder verkaufen wollen, sollten spätestens in vier Wochen verschwunden sein. Sonst kommen sie in den Müll. Die Wohnung soll ja aufgeräumt bleiben und vor allem soll sich nicht mehr so viel überflüssiger Kram ansammeln.

Zum Abschluss alle Räume klären

Während des Entrümpelns haben Sie die einzelnen Räume und Bereiche sicher schon geputzt und gewischt. Zum Abschluss des Entrümpelungsprogramms gehen Sie nun noch einmal durch die ganze saubere, aufgeräumte Wohnung und entfernen auch die letzten Reste von negativer Energie. Dazu können Sie räuchern, Rosenwasser versprühen oder Salz verstreuen. Welche Methode Sie wählen, bleibt Ihnen überlassen, die verschiedenen Möglichkeiten sind auf Seite 54ff. beschrieben. Doch lassen Sie diesen Schritt nicht aus, erst danach können die positiven Energien gänzlich ungehindert fließen.

Die Gefühlswelt kam in Bewegung

Lassen Sie die positiven Energien, die nun in Ihrer Wohnung oder Ihrem Haus herrschen, auf sich einwirken. Machen Sie sich einen schönen Abend, und wenn Sie mögen, können Sie noch einmal Revue passieren lassen, wie befriedigend und befreiend es war, die Schränke, Kommoden, Regale und Räume von Überflüssigem zu befreien. Sie haben nun (fast) nur noch Dinge um sich, mit denen Sie sich identifizieren können, die Sie wirklich brauchen, die Sie mögen, an denen Sie Freude haben. Machen Sie sich klar, was Ihnen in diesen beide Tagen gelungen ist: Sie haben sich von Dingen getrennt, die Ihr bisheriges Leben unnötig belastet haben, und Sie haben etwas über sich selbst erfahren. Sie haben ja nicht nur »Staub« aufgewirbelt, sondern auch Gefühle an die Oberfläche geholt. Freude und Wut, Angst und Hoffnung, Glück und Traurigkeit, Vertrauen und Enttäuschung …

Sie haben bewusst eine Lawine losgetreten und damit den ganzen überflüssigen Krempel weggeschoben. Wunderbar! Vielleicht fühlen Sie sich jetzt ein bisschen unsicher und verwirrt. Denn in den vergangenen zwei Tagen haben Sie so viel freigelegt, dass einem davon schon mal der Kopf schwirren kann.

Bleiben Sie heute standhaft

Wenn Sie vor dem Berg an aussortierten Dingen stehen, könnte Sie vielleicht auch das Gefühl der Reue überfallen. Eigentlich war dieses Teil noch ganz gut, vielleicht brauche ich es doch irgendwann einmal – und plötzlich sind Sie versucht, wieder etwas aus der Kiste 3 oder 4 herauszufischen. Stopp! Beenden Sie jetzt und sofort sämtliche Arbeiten und lassen Sie erst einmal alles hinter sich. Was Sie nun brauchen, ist zum einen Ruhe, zum anderen Abstand. Ziehen Sie einen Schlussstrich und graben Sie »das Loch nicht noch einmal auf«. Müdigkeit und Erschöpfung sind keine guten Ratgeber!

Lassen Sie sich Zeit

Auch wenn Sie sich dessen noch nicht bewusst geworden sind, so ist die Wirkung Ihrer zweitägigen Entrümpelungsaktion doch vorhanden. Frisches, kräftiges Chi fließt durch die Räume und das ist bestimmt ungewohnt für Sie. Kein Stein blieb auf dem anderen, Sie haben vieles aus Ihrer Vergangenheit ausgegraben und zu Ende gebracht, Sie haben dadurch einen völlig neuen Standpunkt eingenommen und Ihren Blickwinkel neu justiert. Sie haben sich – vielleicht ohne es zu ahnen – in ein neues Leben katapultiert und dafür haben Sie Ihren ganzen Mut eingesetzt. Das, was Sie beim Ausmisten an Emotionen aufgewirbelt haben, muss nun wieder zur Ruhe kommen. Nehmen Sie sich diese Zeit, behalten Sie aber die Kontrolle: Geben Sie negativen Gefühlen wie zum Beispiel Zweifeln keine Kraft. Lassen Sie das Gefühl kommen, nehmen Sie den Zweifel wahr, aber zweifeln Sie nicht! Sie werden sehen, wie rasch bei dieser Haltung derartige Gefühle schnell wieder abkühlen.

Alles braucht seine Zeit

Etwas aufgeben oder loslassen ist keine Niederlage, sondern ein Fortschritt! Sie haben sich von Überflüssigem und Überholtem getrennt und damit Freiheit gewonnen. Das wird Sie bereichern. Machen Sie zum Abschluss dieses Tages eine kurze Meditation. Setzen Sie sich bequem auf einen Stuhl und schließen Sie die Augen. Dann stellen Sie sich vor, wie Sie auf dem Wasser liegen und schwerelos schweben. Alles um Sie herum ist perfekt, das Licht, die Ruhe, die Temperatur. Sie müssen

nichts tun, um im Wasser zu schweben, denn alles ist in der richtigen Balance. Sie fühlen keine Angst, unterzugehen, denn Sie schweben mühelos. Bleiben Sie so lange in diesem Zustand, wie Sie mögen.
Danach sollten Sie den Tag so beenden, wie Ihnen zumute ist. Wenn Sie ausgehen wollen, dann treffen Sie Freunde. Wenn Sie bei sich bleiben wollen, dann relaxen Sie zu Hause
Freuen Sie sich also auf die schönen Veränderungen, die Sie in Gang gesetzt haben. Schon bald werden Sie spüren, wie das Glück zu Ihnen kommt.

Feng Shui heißt, nicht mehr nur die Schattenseiten zu sehen, sondern sich das Schöne im Leben bewusst zu machen.

Wenn noch Zeit übrig ist

Das 24-Stunden-Programm ist abgeschlossen. Doch vielleicht haben Sie noch Zeit und Energie? Dann können Sie sich den Außenflächen – Balkone, Terrassen, Garten – widmen. Auch der Garage und dem Auto gebührt unsere Aufmerksamkeit. Denn all diese Bereiche beeinflussen ebenfalls unser Wohlbefinden. Wenn Sie es an diesem Wochenende nicht mehr schaffen, entrümpeln Sie diese Bereiche in der nächsten Zeit – spätestens wenn der Frühling naht!

Die Garage

Haben Sie bisweilen das Gefühl, nicht voranzukommen oder irgendwie stecken zu bleiben? Ein Blick in die Garage kann da möglicherweise Aufschluss geben. Vollgepackte Garagen behindern nämlich die Mobilität. Steht bei Ihnen alles, was Sie in Rumpelkammer, Keller oder Speicher nicht mehr unterbringen konnten, in der Garage? Muss vielleicht sogar das Auto draußen bleiben, weil in der Garage kein Platz mehr dafür ist? Dann trennen Sie sich schnell von dem alten Krempel. Die Garage ist kein Lager für Gegenstände, die Sie eigentlich loswerden wollen.

Gerümpel sinnvoll beheimaten

Auch wenn die Garage abseits des Hauses liegt, haben die hier abgestellten Dinge eine energetische Wirkung. Nur weil Sie das Gerümpel nicht sehen, hat es sich nicht in Luft aufgelöst. Was gehört denn wirklich in die Garage? Alles, was direkt mit dem Auto und Ihrer Fortbewegung in Verbindung steht. Dazu zählen Autoreifen, Dachgepäckträger, Kanister und Werkzeug.

Das alles lässt sich meist gut an den Wänden aufhängen. Die Einfahrt und der Boden der Garage sollten absolut hürdenfrei sein, damit Sie problemlos mit dem Auto ein- und ausfahren können.
Nichts zu suchen in der Garage haben alte Möbel, leere Kartons, Zeitschriften etc. Meist landet in der Garage, was man – aus gutem Grund – im Haus nicht mehr haben möchte.

Das Auto

Ein Auto stellt für den Besitzer ein kleines Universum dar. Wenn Sie Ihr Zuhause und Ihre Garage auf Vordermann gebracht haben, vergessen Sie Ihr Auto nicht. In den Seitenfächern, Ablagen und unter den Sitzen findet sich meist alles Mögliche, was hier nicht hingehört. Verhindern Sie, dass Ihr Wagen zum Müllwagen wird und Sie leere Flaschen, alte Taschentücher, Tankquittungen und Tüten durch die Gegend transportieren. Entrümpeln Sie auch den Kofferraum. Es muss keine klinische Sauberkeit herrschen, aber denken Sie daran, dass auch Ihr Auto eine Art Visitenkarte ist. Lassen Sie den Wagen regelmäßig waschen, dann macht das Fahren gleich wieder viel mehr Spaß.

Garten, Terrasse & Balkon

Sie können sich glücklich schätzen, wenn Sie einen Garten oder wenigstens eine Terrasse oder einen Balkon besitzen. Wenn Sie neue Energie tanken und Stress abbauen wollen, sind diese Orte perfekt dafür. Doch die Außenflächen, die Sie benutzen, sollten so gestaltet sein, dass Sie sich dort gerne aufhalten und wohl fühlen. Ein blühender Balkon oder Garten steht für Vitalität und Lebensfreude. Schön gestaltet, schafft er zusätzlichen Wohnraum unter freiem Himmel. Wer sich mit Blumen und Pflanzen beschäftigt, steht in direktem Kontakt mit schöpferischer Energie. Unser Chi wird durch ihr Wachstum und ihre Schönheit verstärkt und verbessert. Die Zeit und Energie, die Sie in die Pflege dieser Außenflächen stecken, kommt direkt auf Sie zurück.

Laden Sie Ihr Chi auf

Pflanzen können ohne uns gedeihen, doch wir können nicht auf sie verzichten. Wie mit dem Zeitraffer können wir an Pflanzen den Lauf des Lebens und die ständige Veränderung ablesen. Die Natur ist uns ein Ort zur Erholung und Entspannung. Pflanzen entfalten ihre positive Kraft in Innen- und Außenräumen gleichermaßen – vorausgesetzt, sie sind gesund. Verblühte, vertrocknete oder kranke Pflanzen symbolisieren den lebensfeindlichen, erstarrten Aspekt des Seins, den wir nicht verstärken wollen.

Entfernen Sie deshalb tote Gewächse, pflegen Sie kranke Pflanzen und bringen Sie diese wieder zum Blühen. Respektieren Sie die Pflanze, indem Sie auf ihre Bedürfnisse hinsichtlich Standort, Boden und Pflege Rücksicht nehmen. Ein abwechslungsreich gestalteter Garten ist eine Augenweide, aber nicht jede exotische Pflanze kann im hiesigen Klima gedeihen. Und nur in einem stimmig angelegten Garten kann das Chi sich sammeln und weiter ins Haus fließen.

Feng Shui hat viele Gestaltungstipps für diese Außenflächen. Wer sich mehr dafür interessiert, kann sich in Fachliteratur, im Internet oder bei Spezialisten informieren. Es gibt heute auch zahlreiche Gartenbauarchitekten, die nach den Feng-Shui-Regeln arbeiten.

Sorgen Sie für Vitalität

Entfernen Sie nicht nur tote Pflanzen, Laub, Äste etc., sondern achten Sie auch auf freie Wege und Fläche – Sie wollen ja vorwärtskommen. Bringen Sie die Gartenmöbel auf Vordermann. Reparieren Sie kaputte Teile, säubern Sie die Möbel und reinigen Sie die Polster. Inspizieren Sie auch die Pflanzenkübel und Gartengeräte. Mustern Sie regelmäßig defekte Dinge aus und reparieren Sie, was kaputtgegangen ist.

Im Alltag verlieren wir leicht den Blick für das Schöne und nehmen nur das Störende wahr. Feng Shui heißt, nicht die Schattenseiten zu sehen, sondern sich das Positive im Leben bewusst zu machen.

Der Speicher

Heute gibt es nur noch in wenigen Häusern den klassischen Speicher aus früherer Zeit. Das oberste Geschoss ist in der Regel ausgebaut und bewohnbar, als »Speicher« gilt höchstens noch ein kleiner Dachboden, wo sich nicht allzu viel verstauen lässt. Wenn Sie jedoch ganz oben im Haus einen solchen Abstellbereich haben, sollten Sie diesen natürlich auch entrümpeln.
Im Gegensatz zum Schattenreich im Keller symbolisiert der Raum über Ihrem Kopf die Zukunft. Deshalb wirkt die Energie des Krempels, den Sie im Speicher oder Dachboden aufheben, auf Ihre zukünftige Entwicklung ein. Geben Sie sich Luft zum Atmen. Stellen Sie sich vor, dass der Speicher symbolisch für Ihre Entwicklung, Ideen und Entfaltungsmöglichkeiten steht. Dann wird Ihnen bewusst, wie wichtig gerade hier das

Entrümpeln ist. Wenn der Raum über Ihrem »Kopf« mit überflüssigem, altem Krempel vollgepackt ist, blockieren Sie sich selbst in Ihren Möglichkeiten. Alte Kleidung, Erinnerungsstücke, ausrangierte Möbel etc. – dieses ganze Zeug beschränkt Sie unnötig in Ihrem Fortkommen, wenn es in Ihrem aktuellen Leben keinen Sinn und Platz mehr hat.

Das Ausräumen und Ausmisten des Dachbodens wird Ihnen neue Luft zum Atmen geben. Sie werden spüren, wie Ihre Kreativität neu mobilisiert wird und sich scheinbar ganz überraschend neue Chancen auftun, sobald das Gerümpel da oben endlich verschwunden ist. Das Entsorgen des alten Krempels wirkt wie ein Befreiungsschlag.

Weitere Lagerräume

Wer so viel Sachen besitzt, dass er sie zu Hause nicht mehr unterbringt, hat vermutlich andere Lagerräume organisiert. Das können zusätzliche Kellerräume, Speicher oder Garagen sein. Falls Sie über solche Abstellplätze verfügen, sollte Sie diese in nächster Zukunft ordentlich ausmisten. Welche Bedeutung können Sachen noch für Sie haben, wenn Sie diese an einem anderen Ort lagern müssen?

Wenn Sie für diese Lagerkapazitäten auch noch Miete bezahlen, wird es höchste Zeit, das teure Gerümpel loszuwerden. Dann kostet es nicht nur Zeit und Nerven, sondern auch Geld, das Sie bestimmt besser einsetzen können.

In den USA finden regelmäßig »garage sales« (Garagenverkäufe) statt. Men-schen stellen ihren Krempel vors Haus und verkaufen alles zu Schnäppchenpreisen. Warum veranstalten Sie nicht auch einfach mal so einen Lagerverkauf?

Feriendomizile

Wenn Sie in der glücklichen Lage sind, eine Ferienwohnung oder ein Haus an einem Urlaubsort Ihr Eigen zu nennen, dann sollten Sie bei Ihrem nächsten Aufenthalt dort ebenfalls ein paar Stunden fürs Ausmisten einplanen. Nehmen Sie dieses Buch einfach mit in den nächsten Urlaub starten Sie eine Aufräumaktion. Sie werden danach garantiert sehr entspannte Urlaubstage genießen und mit vielen neuen Eindrücken nach Hause kommen, weil alte und störende Elemente verschwunden sind!

Checken Sie Ihren Lebensmittelpunkt

Wenn Sie einem Beruf nachgehen, werden Sie in der Regel den größeren Teil des Tages nicht zu Hause verbringen. Rechnen Sie einmal aus, wie viele Stunden pro Woche Sie sich an Ihrem Arbeitsplatz aufhalten. Das können leicht 30 bis 40 Prozent Ihrer wöchentlichen Zeit sein. Deshalb sollte auch an diesem Ort das Chi störungsfrei fließen können.

Der Arbeitsplatz

Haben Sie ein Büro für sich allein, können Sie den Raum bei nächster Gelegenheit gründlich ausmisten und genauso wie Ihr Zuhause auf Vordermann bringen. Denn schließlich sollen ja auch an Ihrem Arbeitsplatz Ihre Persönlichkeit und Ihre Fähigkeiten zum Ausdruck kommen. Nehmen Sie sich also bald Zeit, um Schränke und Schubladen unter die Lupe zu nehmen und aufzuräumen. Das Kapitel »Das Arbeitszimmer« (siehe S. 158ff.) hilft Ihnen dabei.
Misten Sie alte Unterlagen aus, werfen Sie weg, was abgeschlossen und erledigt ist, und ordnen Sie den verbleibenden Rest. Bringen Sie so auch Ihre Ablage auf den neusten Stand. Damit befreien Sie sich von altem Ballast und machen sich frei für neue Entwicklungen und frische Ideen.

Mit neuem Schwung an die Arbeit

Sorgen Sie für Platz auf dem Schreibtisch, und räumen Sie alles Überflüssige weg. Je mehr Raum Sie haben, umso besser kön-

nen Sie sich entfalten. Sie geben damit Ihrem beruflichen Fortschritt eine Chance. Ein aufgeräumter Schreibtisch oder Arbeitsplatz sorgt für Klarheit und fördert die Konzentration aufs Wesentliche.
Darum sollten Sie den Schreibtisch jeden Abend nach Beendigung der Arbeit ordentlich zurücklassen. Räumen Sie die Stifte in den Halter oder in die Schublade, legen Sie die Papiere ab, sodass die Schreibfläche frei ist. Je mehr unerledigte und abgelegte Dinge auf dem Schreitisch herumliegen, umso größer ist die Unlust, die Arbeit wieder in Angriff zu nehmen.
Misten Sie regelmäßig Ihren Computer aus. Löschen Sie alte Dateien, die nur noch Speicherplatz kosten. Wichtige Dateien speichern Sie auf externen Medien, sodass sie den Rechner nicht verstopfen, aber bei Bedarf zur Verfügung stehen.

Finden Sie Ihre Chefposition

Wenn Sie die Möglichkeit haben, Ihren Schreibtisch umzustellen, dann sollten Sie ihn an der so genannten Chefposition positionieren. Die befindet sich gegenüber der Tür mit Blick in den Raum.
Der Sitzende sollte eine Wand im Rücken und die Tür im Blick haben, denn Türen und Fenster hinter dem Rücken erzeugen Nervosität. Wer viel am Schreibtisch arbeitet, sollte auch auf große Regale hinter seinem Rücken verzichten, da Rückenschmerzen die Folge sein können.

So bleibt die Wohnung aufgeräumt

Wenn Sie das 24-Stunden-Programm – zumindest teilweise – umgesetzt haben, dann halten Sie einmal inne und schauen sich um. Fühlen Sie sich wohl in Ihrem Zuhause? Gefällt Ihnen Ihre neue Ordnung? Spüren Sie, wie das Chi besser fließen kann? Wenn Sie ein gutes Gefühl haben, sollten Sie dafür sorgen, dass dieser Zustand anhält.

Kleine Feng-Shui-Checkliste für den Alltag

Es ist keine Zauberei, auch in Zukunft die Unordnung so einzudämmen, dass sie erst gar nicht wieder aufkommt. Viele kleine Handgriffe zwischendurch halten das Chaos in Schach. »Von nun an immer gerümpelfrei« lautet das Motto.

So halten Sie das Gerümpel in Schach:

- Leeren Sie täglich die Papierkörbe aus; auch im Computer!
- Entsorgen Sie verblühte Blumen und Pflanzen sofort.
- Sammeln Sie keinen Nippes auf Fensterbänken an.
- Verstauen Sie nichts mehr hinter Türen oder unter dem Bett.
- Denken Sie beim Abstellen nie mehr: »nur vorübergehend«.
- Checken Sie regelmäßig Schränke und Schubladen.
- Entfernen Sie für ein neues Buch ein altes.
- Lassen Sie kaputte Dinge sofort reparieren.
- Werfen Sie Sachen, die nicht mehr zu reparieren sind, weg.

- Sortieren Sie Kleider aus, die ein Jahr nicht getragen wurden.
- Werfen Sie für ein neues Paar Schuhe ein altes Paar weg.
- Hängen Sie die Garderobe nicht total voll.
- Beantworten Sie Briefe zeitnah.
- Bezahlen Sie Rechnungen sofort.
- Räumen Sie abends immer Ihren Schreibtisch auf.
- Hüten Sie sich vor neuen Sammlungen.
- Prüfen Sie regelmäßig jedes Ding: Was kann weg?
- Misten Sie Keller, Speicher und Abstellkammern regelmäßig aus.
- Reinigen und lüften Sie Ihre Wohnung regelmäßig.
- Geben Sie wichtigen Dingen einen angemessenen Platz.
- Setzen Sie auf Qualität statt auf Quantität.
- Schaffen Sie in jedem Raum eine leere Fläche.
- Seien Sie ein Vorbild, aber üben Sie sich in Toleranz.
- Lassen Sie die Finger von den Sachen des Partners.
- Entrümpeln Sie zweimal im Jahr richtig, zum Beispiel im Frühjahr und zum Ende des Jahres.

Ordnungstipps für Partner

In Beziehungen stellt das Thema Ordnung häufig einen Streitpunkt dar. Die verschiedenen Vorstellungen, was Ordnung sein kann und in welchem Umfang Ordnung betrieben werden muss, kann beide Partner auf eine harte Probe stellen. Die individuellen Ordnungsstandards sind immer mit starken Gefühlen besetzt. Streit muss jedoch nicht zwingend die Folge dieses Dilemmas sein.

Wenn zwei Menschen, die zusammenleben oder zusammenarbeiten, sehr unterschiedliche Vorstellungen haben, was Ordnung betrifft, hilft nur eine Strategie: Verhandeln. Gegenseitige Schuldzuweisungen und Vorwürfe bringen Sie nämlich keinen

Schritt weiter. Jeder Mensch hat eigene Ordnungsmaßstäbe, die er bei Bedarf hartnäckig verteidigen wird. Bei unterschiedlichen Positionen müssen sich beide Seiten zum Kompromiss bereit erklären. Sich zusammensetzen und eine Vereinbarung treffen, an die sich beide dann auch hundertprozentig halten, ist die Lösung aus dem Dilemma. Der Ordnungsliebende wird also Großzügigkeit leben müssen, während der unordentliche Partner mehr Disziplin an den Tag legen muss. Am besten treffen Sie eine schriftliche Vereinbarung, auf die jeder sich im Zweifel berufen kann.

Machen Sie sich diese Regel zum Grundsatz: Für jede neue Anschaffung wird etwas weggeworfen oder weggegeben.

Legen Sie Bereiche fest

In Büros oder Wohnungen ist es sinnvoll, verschiedene Ordnungsbereiche und -niveaus zu bestimmen. So sollten gewisse Räume, die von beiden gleichermaßen genutzt werden, natürlich ein höheres Maß an Ordnung aufweisen als etwa der Schreibtisch eines Chaoten. Keiner hat das Recht, allein das Ordnungslevel festzulegen. Ausgewogenheit ist das Ziel. Legen Sie auch diese Bereiche schriftlich fest, und vermeiden Sie dann jeglichen spöttischen Kommentar über die Ordnungsliebe oder Schlampigkeit des Partners.

Verteilen Sie die Aufgaben

Was dem einen leichtfällt, bedeutet für den anderen große Überwindung. Deshalb ist es sinnvoll, die Aufräumarbeiten zu verteilen. Wer Terminsachen gerne sofort erledigt, sollte sich also zum Beispiel um den Papierkram wie das Bezahlen von Rechnungen kümmern. Wer lieber größere Aktionen übernimmt, kann sich zum Beispiel dem monatlichen Aufräumen des Kleiderschranks widmen.

Leben Sie Ideale vor

Am besten bewährt hat es sich jedoch immer noch, als Vorbild zu fungieren. Denn wir lernen durch die Erfahrungen anderer und durch das Abschauen bestimmter Erfolgsstrategien. Wenn Feng Shui Ihr Leben bereichert, werden Sie allein durch Ihre Ausstrahlung bald auch andere dafür begeistern.

Gestalten Sie eine Aura des Glücks

Ein wichtiges »Werkzeug« im Feng Shui ist das Bagua-Raster. Es wird auf den Grundriss von Haus oder Wohnung übertragen und ordnet jedem wichtigen Lebensthema einen Bereich in der Wohnung zu. Auf dieser Grundlage bieten sich uns viele Möglichkeiten, unser Leben positiv zu beeinflussen und damit eine Fülle von Glücksmomenten zu erfahren.

Bagua – die neun Felder des Lebens

Feng Shui unterscheidet neun Lebensbereiche: Karriere, Wissen, Hilfreiche Freunde, Kinder, Partnerschaft, Ruhm, Reichtum, Familie und Gesundheit. Jeder Mensch hat hin und wieder Probleme in einem oder mehreren dieser Bereiche. Wir kennen verschiedene Möglichkeiten, mit diesen Problemen umzugehen. Zum Beispiel können wir mit Familie und Freunden über die Schwierigkeiten reden, Spezialisten hinzuziehen, neue Strategien entwickeln, den Standpunkt verändern, kämpfen oder auch resignieren.

Das Zuhause als Abbild des Lebens

Feng Shui geht einen anderen Weg: Der Blick ins eigene Zuhause eröffnet neue Möglichkeiten, die Schwierigkeiten anzugehen. Denn im Grundriss der Wohnung oder des Hauses spiegeln sich alle Lebensbereiche wider. Unser Zuhause ist ein Abbild unseres Lebens.

Das Bagua-Raster besteht aus neun gleich großen Feldern, jedes Feld entspricht einem der neun Lebensfelder Karriere, Wissen, Hilfreiche Freunde, Kinder, Partnerschaft, Ruhm, Reichtum, Familie und Tai-Chi/Gesundheit. Das Raster wird auf den Grundriss übertragen, es kann auch auf ein Grundstück oder nur auf ein Zimmer gelegt werden. Das Prinzip bleibt immer gleich: Mit dem Bagua bestimmt man die neun Lebensthemen in der Wohnung, im Haus oder im Zimmer. Die Ordnung und Gestaltung dieser Ecken spiegelt sich in den jeweiligen Lebensbereichen wider. Gibt es in einem dieser Lebensbereiche Störungen, muss die Energie in dem entsprechenden Wohnungsbereich wieder in Fluss gebracht, verstärkt oder verbessert werden.

Reichtum	Ruhm	Partner-schaft
Familie	Tai-Chi / Gesundheit	Kinder
Wissen	Karriere	Hilfreiche Freunde

Mit dem Bagua arbeiten

Unser Leben und unser Zuhause sind nicht voneinander zu trennen. Der innere und äußere Lebensraum beeinflussen sich gegenseitig. In den vorangegangenen Kapiteln haben Sie bereits viel über die negative Wirkung von Unordnung und Gerümpel und die positive Wirkung des Aufräumens und Ausmistens gelesen. Mithilfe des Bagua können Sie nun einen Schritt weitergehen: Wenn Sie in einem bestimmten Lebensbereich immer wieder Schwierigkeiten haben, lenkt das Bagua Ihren Blick auf den entsprechenden Wohnbereich. Oft ist dort ein Grund für die Probleme zu finden und ein Aufräumen oder Entrümpeln trägt zur Lösung bei. Außerdem können Sie ganz gezielt bestimmte Lebensbereiche verbessern, indem Sie den entsprechenden Bereich aktivieren. Dazu gibt es viele Hilfsmittel, die auf der Seite 226ff. näher erläutert werden.

Das Bagua lenkt Ihren Blick auf problematische Bereiche in Ihrem Leben und hilft Ihnen, Ihre Lebenssituation zu verbessern.

Das Bagua richtig anlegen

Zunächst brauchen Sie einen Grundriss Ihres Hauses oder Ihrer Wohnung. Wenn Sie keinen haben, versuchen Sie einen vom Architekten oder der Hausverwaltung zu bekommen. Ist das nicht möglich, zeichnen Sie ihn einfach selbst: Messen Sie die Länge und Breite aller Räume und erstellen daraus einen Plan im Maßstab 1:100, das heißt, ein Zentimeter auf dem Papier entspricht einem Meter der Wohnung.

Der Eingang in Ihr Haus oder in Ihre Wohnung bildet den Ausgangspunkt für das Bagua, daher legen Sie den Grundriss so vor sich hin, dass der Eingang unten liegt. Nun zeichnen Sie die Grundlinie des Bagua über die untere Linie des Plans. Danach ziehen Sie einen rechteckigen oder quadratischen Rahmen um den gesamten Grundriss und zeichnen schließlich die neun Felder ein, die alle gleich groß sein müssen. So entstehen neun Quadrate oder Rechtecke (siehe **Beispiel 1**).

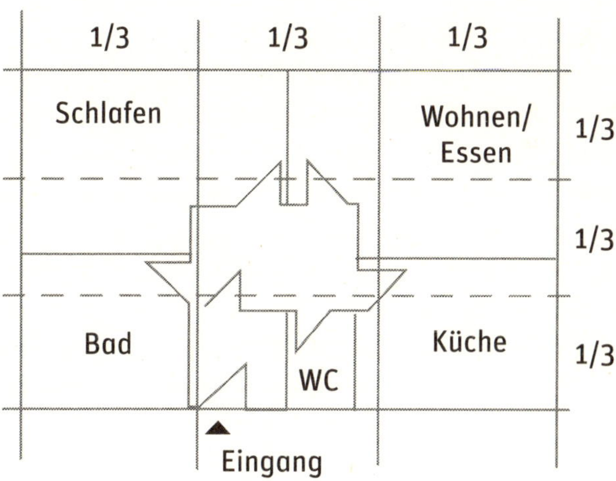

Beispiel 1

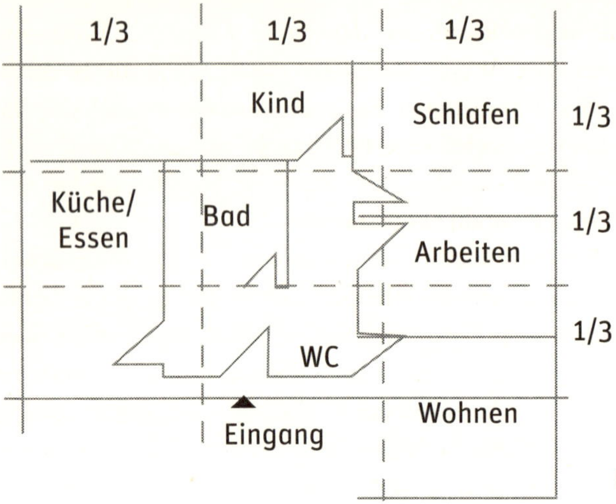

Beispiel 2

Wenn Sie auf mehreren Etagen wohnen, legen Sie auf jedem Stockwerk das Bagua separat an. Hierfür ist es praktisch, Pergamentpapier über den Grundriss zu legen und das Bagua daraufzuzeichnen. Dann können Sie es leicht auf mehrere Grundrisse legen.
Auch bei Grundrissen mit unregelmäßigen Formen wird zuerst ein Viereck um den gesamten Bereich gezogen, dann werden die Felder eingezeichnet. Fehlt nur ein kleines Stück wie in **Beispiel 1**, spielt dies keine Rolle, denn der entsprechende Bereich ist trotzdem vorhanden. Sind hingegen einzelne Felder des Bagua in der Wohnung überhaupt nicht vorhanden beziehungsweise nur zu einem sehr kleinen Teil, bezeichnet man dies als »Fehlbereiche« (siehe **Beispiel 2**). Diese müssen ausgeglichen werden und bedürfen einer besonderen Gestaltung. Überhänge und Balkone hingegen verstärken einen Bereich und haben einen positiven Effekt, den Sie nutzen können. Wie Sie mit solchen besonderen Grundrissformen umgehen, lesen Sie auf Seite 200ff.

Nun sehen Sie das Raster auf dem Grundriss Ihrer Wohnung oder Ihres Hauses. Wenn Sie mögen, können Sie die Bezeichnungen der Felder eintragen, Sie können sich aber auch das Bagua aus dem Buch (siehe Seite 192) danebenlegen.

Wohnungsbereiche und Lebensthemen

Jedes Feld kennzeichnet einen Lebensbereich und symbolisiert damit, wie es um Ihre aktuelle Situation steht. Wenn es in Ihrem Zuhause einen Bereich gibt, der sehr unordentlich oder voller Gerümpel ist, dann kann es möglicherweise genau im entsprechenden Lebensbereich auch Schwierigkeiten geben. Überprüfen Sie selbst, ob das bei Ihnen vielleicht zutrifft. Überlegen Sie zum Beispiel, wo sich in Ihren vier Wänden eine unordentliche, vollgestopfte Abstellkammer befindet, und prüfen Sie mithilfe des Bagua, welchen Lebensbereich die Kammer verkörpert. Haben Sie vielleicht genau da Probleme? Und umgekehrt können Sie überlegen, was Ihnen immer wieder Sorgen macht und was Sie belastet, und mit dem Bagua herausfinden, welchem Wohnbereich dieses Thema entspricht. Befindet sich zum Beispiel das Reichtumsfeld im Bereich der Toilette, müssen Sie sich nicht wundern, wenn Ihnen das Geld durch die Finger rinnt.

Ist das Störfeld erkannt, haben Sie mithilfe von Feng Shui viele Möglichkeiten, Störungen oder Blockaden zu beseitigen, ungünstige Verhältnisse zu verbessern und Bereiche so zu aktivieren, dass das Glück angezogen wird. Auch wenn Sie nicht daran glauben: Probieren Sie es einfach mal aus, Sie werden überrascht sein, welche Auswirkungen Ihre Veränderungen haben. Lassen Sie sich von den positiven Energien beflügeln!

Test:
Welcher Bereich braucht Ihre Aufmerksamkeit?

In welchen Lebensbereichen fehlt es Ihnen an Harmonie, Glück und Erfolg? Welche Situationen in Ihrem Alltag erleben Sie als schwierig oder unbefriedigend? Bevor Sie mit dem Bagua arbeiten, sollten Sie herausfinden, welche der neun Lebensbereiche Ihnen besonders am Herzen liegen. Kreuzen Sie dazu möglichst spontan die Aussagen an, die Ihnen im Moment am meisten entsprechen. Die Auswertung finden Sie auf der rechten Seite.

A Ich würde gerne beruflich etwas anderes machen.
B Ich habe immer noch nicht den richtigen Partner gefunden.
C Ich habe zu meinen Eltern kein gutes oder gar kein Verhältnis.
D Ich hoffe inständig auf einen großen Lottogewinn.
E Ich bin häufig unausgeglichen, gestresst oder innerlich unruhig.
F Ich bekomme nie ausreichend Unterstützung von außen.
G Meine Ideen oder Vorschläge finden nie wirklich Beachtung.
H Es passiert mir häufig, dass ich den gleichen Fehler wieder mache.
I Ich fühle mich oft als Mauerblümchen.
A Ich stecke im Job oft zurück.
B In meiner Beziehung oder Ehe ist es nicht immer harmonisch.

C Ich gerate oft mit Autoritäten oder Vorgesetzten in Streit.

D Ich spüre nie richtige Zufriedenheit, sondern will immer noch mehr.

E Mit meiner Gesundheit steht es seit einiger Zeit nicht zum Besten.

F Meine Ideen fallen selten auf fruchtbaren Boden.

G Das Verhältnis zu meinen Kindern ist nicht besonders gut.

H Ich kann oder will mich nicht auf mein Bauchgefühl verlassen.

I Wenn ich einen Raum betrete, dreht sich niemand nach mir um.

A In meiner beruflichen Karriere muss ich viele Hürden überwinden.

B Mein Partner versteht mich oder meine Bedürfnisse nicht richtig.

C Unser Familienleben ist alles andere als harmonisch.

D Mir ist ein gut gefülltes Bankkonto extrem wichtig.

E Ich fühle mich oft total ausgelaugt und bin abends erschöpft.

F Ich habe eigentlich keine Freunde, auf die ich zählen kann.

G Ich bin leider überhaupt kein kreativer Mensch.

H Ich sollte einige Probleme angehen, schiebe sie aber vor mir her.

I Hinter meinem Rücken wird oft schlecht über mich geredet.

A Ich bin mit meinem Job unzufrieden.

B Mit mir nahe stehenden Menschen gibt es immer wieder Streit.

C Zusammenkünfte mit der ganzen Familie sind mir ein Gräuel.

D Ich bin leider nie zur richtigen Zeit am richtigen Ort.

E Der Alltag stresst, manchmal wird mir einfach alles zu viel.

F Alles muss ich immer alleine schaffen oder durchstehen.

G Mir fehlt der Mut, etwas Neues oder Verrücktes auszuprobieren.

H Ich habe leider in vielen Bereichen große Wissenslücken.

I Ich würde gerne auch mal Ruhm ernten.

A Meine berufliche Aufgabe entspricht nicht meinen Vorstellungen.

B Streit mit den Nachbarn ist mir leider nicht fremd.

C Manchmal habe ich das Gefühl, auf unserer Familie lastet ein Fluch.

D Mich plagen ständig finanzielle Sorgen, nie ist genug Geld da.

E Ich wäre so gerne vitaler, fühle mich aber meist ziemlich schlapp.

F Ich bin nicht gerade ein offenherziger oder hilfsbereiter Mensch.

G Andere haben immer so gute Ideen, mir fällt nie etwas ein.

H Es fällt mir schwer, mich zu konzentrieren und etwas zu lernen.

I Was andere über mich denken, ist mir vielleicht zu wichtig.

Auswertung:

Jeder Buchstabe steht für einen Bereich. Je häufiger Sie einen Buchstaben angekreuzt haben, umso wichtiger ist dieser Bereich für Sie. Lesen Sie besonders aufmerksam die Informationen zu allen Bereichen, deren Buchstabe Sie in diesem Test markiert haben, auch wenn Sie das nur einmal getan haben. Kommt ein Buchstabe bei Ihren Antworten gar nicht vor, dürften Sie in diesem Bereich keine Schwierigkeiten haben.

A = Karriere; siehe Seite 206

B = Partnerschaft; siehe Seite 209

C = Familie; siehe Seite 211

D = Reichtum; siehe Seite 213

E = Tai-Chi/Gesundheit; siehe Seite 215

F = Hilfreiche Freunde; siehe Seite 217

G = Kinder; siehe Seite 219

H = Wissen; siehe Seite 221

I = Ruhm; siehe Seite 223

Besondere Grundrissformen

Die beste Harmonie im Sinne von Feng Shui weisen klassische Hausformen wie das Rechteck oder das Quadrat auf. Die moderne Architektur kennt jedoch ungewöhnliche Grundrisse, und auch alte Häuser haben oft durch An- oder Umbauten besondere Formen bekommen. Dies ist bei der Analyse mithilfe des Bagua zu berücksichtigen. Grundsätzlich gilt: Es spielen nur die bewohnten Räume eine Rolle, also Garagen, Schuppen oder ähnliche Anbauten werden durch das Raster nicht erfasst. Je unregelmäßiger übrigens ein Grundriss ist, umso unruhiger kann sich auch das Leben gestalten. Wer ein solches Haus bewohnt, kann die unruhigen Zonen durch entsprechende Maßnahmen verbessern.

Erker, Balkone, Erweiterungen

Bei manchen Grundrissen ragt ein Teil des Gebäudes über den Rest hinaus. So ist bei **Beispiel 3** der Bereich Reichtum durch

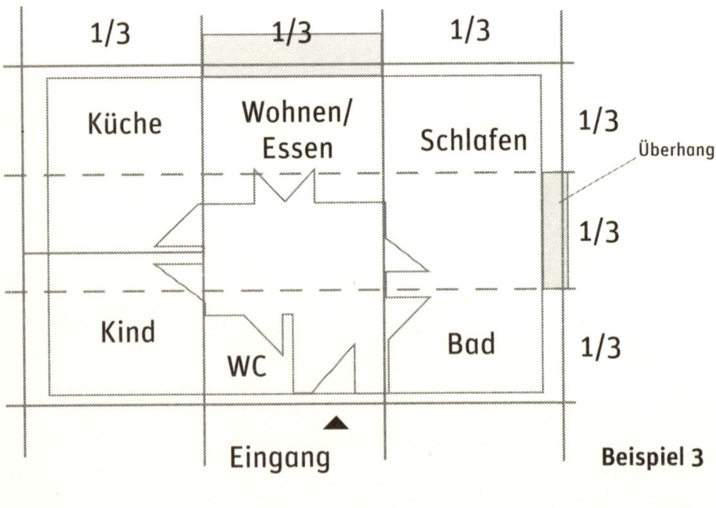

Beispiel 3

einen Erker vergrößert. Solche kleinen Zusatzflächen wirken sich günstig aus, da sie den entsprechenden Lebensbereich positiv verstärken. Sie werten den betreffenden Bereich auf und deuten auf Stärken in dieser Zone hin. Sind die Überhänge jedoch sehr groß, das heißt mehr als nur ein Erker oder Balkon, werden sie ins Bagua mit einbezogen. Dann ergibt sich ein Fehlbereich.

Fehlbereiche und Einschnitte

Bei l- oder u-förmigen Grundrissen existieren immer so genannte Fehlbereiche. Im **Beispiel 4** sind vier Bagua-Bereiche davon betroffen: Hilfreiche Freunde fehlt gänzlich, die Bereiche Karriere, Gesundheit und Kinder sind angeschnitten. Menschen, die in solchen Grundrissen leben, werden mit diversen Schwierigkeiten in den entsprechenden Lebensbereichen zu kämpfen haben, wenn sie die Fehlbereiche nicht ausgleichen.

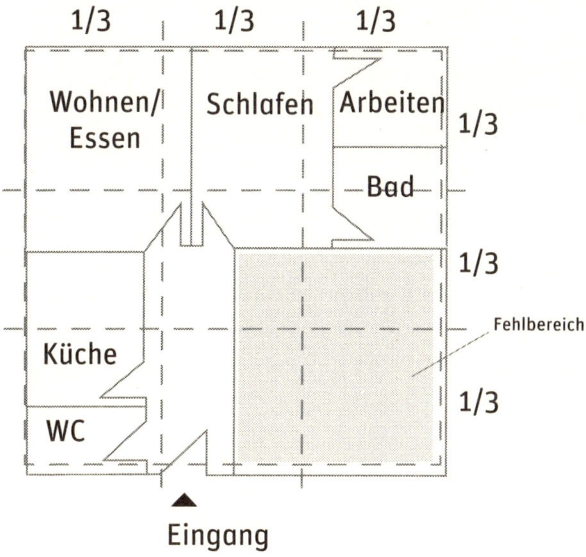

Beispiel 4

Mit Feng Shui Fehlbereiche ausgleichen

Um fehlende Zonen auszugleichen, helfen Lampen, Laternen, Pflanzenkübel, Skulpturen oder Büsche, die den fehlenden Eckpunkt im Freien markieren. Falls der Fehlbereich in einen Garten fällt, kann er auch durch eine Steinfigur, eine Laterne oder einen Brunnen aufgewertet werden. Ragt ein Balkon in den Fehlbereich hinein, sollte er gepflegt und schön bepflanzt sein. Er sollte keinesfalls zu einem Abstellplatz für Getränkekisten und Gerümpel werden. Liegt der Bereich in einem öffentlichen Treppenhaus, scheuen Sie sich nicht, dort Pflanzen aufzustellen, um den Fehlbereich aufzuwerten.

Aber nicht immer lassen sich solche Maßnahmen durchführen, zum Beispiel wenn Sie in einem Miets- oder Hochhaus wohnen. Dann kann die fehlende Zone im Innenbereich ergänzt werden. Spiegel oder Landschaftsbilder an den Wänden zu den Fehlbereichen erzeugen optische Tiefe und vergrößern quasi den Raum (siehe auch Seite 226ff.). Gibt es Fenster und Türen, die sich zum Fehlbereich hin öffnen lassen, dann hängen Sie dort Kristalle oder Klangspiele auf, um die Energie zwischen innen und außen fließen zu lassen.

Das Mini-Bagua für jeden Raum

Das Bagua lässt sich nicht nur auf die ganze Wohnung anlegen, sondern auch auf jedes einzelne Zimmer. Mit dem Mini-Bagua können Sie so jedes Zimmer separat, also jeden Lebensbereich noch zusätzlich verbessern. Wenn Sie zum Beispiel gezielt den Bereich Partnerschaft aktivieren wollen, sollten Sie in jedem Raum im betreffenden Bereich – von der Tür aus betrachtet hinten rechts – doppelte Symbole platzieren oder Fotos aufstellen, die Sie mit Ihrem Partner in einer glücklichen Situation zeigen.

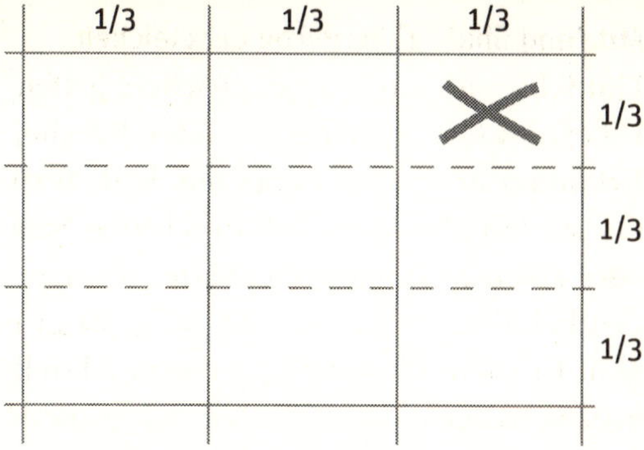

Beispiel 5

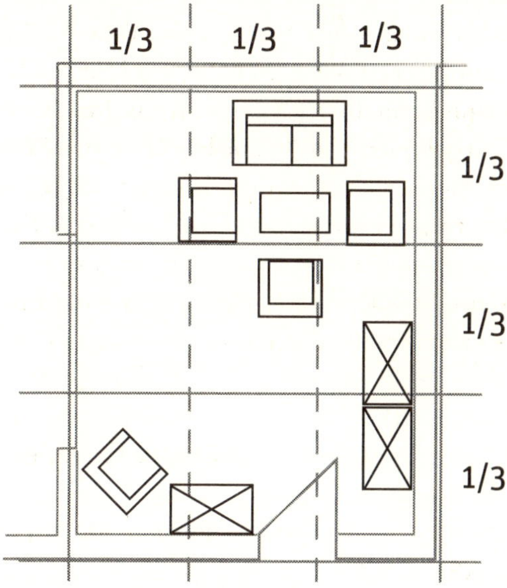

Beispiel 6

Mit dem Mini-Bagua können Sie jeden Raum aktivieren, zum Beispiel auch Ihr Büro, das sich außerhalb befindet. Jedes Zimmer, das von harmonischem Chi durchströmt wird, wird Ihre Lebensumstände positiv beeinflussen. Jeder einzelne Raum wirkt wie ein kleines Kraftzentrum – nutzen Sie diese Kraft!

Bagua – Wegweiser zum Glück

In diesem Kapitel erfahren Sie, wie Sie mit dem Bagua arbeiten können. Die Vorarbeit dafür haben Sie bereits geleistet, der Grundriss Ihrer Wohnung oder Ihres Hauses liegt vor Ihnen. Nun gehen Sie die einzelnen Bereiche kritisch durch und überlegen, wo Sie etwas verbessern können. Wo fehlen Ihnen glückliche Fügungen und Erfahrungen? In welchen Lebensbereichen wollen Sie endlich Glück erfahren? Seien Sie ehrlich, erkennen Sie Ihre Gefühle und gehen Sie dann konsequent vor! Wenn Sie Gerümpelecken ignorieren oder herunterspielen, schaden Sie sich am Ende nur selbst.

Die Bagua-Zonen klären und stärken

Mit Ihrer Entdeckungsreise haben Sie den Startschuss für ein abwechslungsreiches und erfülltes Leben gegeben. Was anfangs vielleicht schwierig erschien, geht Ihnen nun schon viel leichter von der Hand. Sie haben den Feng-Shui-Gedanken »Leben heißt Veränderung« verinnerlicht. Das ist ein wunderbarer Fortschritt! Und da Sie Veränderung nun als Chance begreifen und keine Angst mehr davor haben, liegen Jahre voller Freude, Überraschungen und Lebenslust vor Ihnen! Auf dieser Reise haben Sie ja auch entdeckt, dass bereits alles in Ihnen steckt, was Sie für dieses Leben brauchen: Mut, Hoffnung, Kreativität, Liebe. Sie müssen nur auf Ihre Ressourcen zurückgreifen. Nehmen Sie sich die Freiheit, sich zu verwirklichen und Ihr Glück zu finden!

Nach dem Entrümpeln und Aufräumen können Sie sich zunächst die Bagua-Zonen anschauen, in denen Sie möglicherweise Schwierigkeiten haben, die Ihnen Sorgen machen und denen noch der »Glückshauch« fehlt. Welche Bereiche das sind, haben Sie mit dem Test herausgefunden – wenn Sie es nicht schon längst wussten. Diese »Problemzonen« lassen sich gezielt klären und aktivieren.

Gehen Sie systematisch vor

Wie bereits ausführlich besprochen, ist aufzuräumen und Überflüssiges auszusortieren die erste Maßnahme. Damit lösen Sie Blockaden, schaffen Platz für Neues, Veränderungen und Glücksmomente. Um einen Bereich gezielt zu stärken und zu aktivieren, gibt es darüber hinaus verschiedene Hilfsmittel. Zum Beispiel lässt ein offenes Gefäß in der Reichtums-Zone mehr Wohlstand einströmen, und eine Lampe im Bereich Ruhm verbessert die Ausstrahlung. In der Liebesecke haben Dinge ihren Platz, die der Beziehung guttun, zum Beispiel Souvenirs oder Fotos vom Liebesurlaub. Pflanzen oder Gegenstände, die Wachstum symbolisieren, helfen in Familienangelegenheiten. Die Mitte des Hauses oder der Wohnung repräsentiert Gesundheit und Lebenskraft, die sollte frei bleiben, damit die Energien hier ungehindert fließen können.

Gelassenheit, innere Ruhe, Geselligkeit, Umgänglichkeit, ein hohes Selbstwertgefühl, Selbstvertrauen und funktionierende Beziehungen – dies zeichnet glückliche Menschen aus. Die Anwendung des Bagua soll genau diese Wesenszüge fördern.

Im Folgenden werden die Bereiche in der Reihenfolge besprochen, die sie im Feng Shui haben. Lassen Sie sich Zeit, um die einzelnen Themen zu bearbeiten. Fangen Sie nicht damit an, sofort alle Bereiche umzuräumen und Symbole aufzustellen. Gehen Sie die Themen nacheinander an, und wenn Sie einen Bereich entrümpelt, aufgeräumt und aktiviert haben, warten Sie ab, bis sich etwas verändert hat, bevor Sie sich dem nächsten zuwenden.

Testen Sie die Bagua-Wirkung

Machen Sie die Probe aufs Exempel und räumen Sie auf, misten Sie aus und aktivieren Sie die Energie. Schon ein paar kleine Veränderungen werden den Energiefluss aktivieren und somit das irdische Glück fördern. Es funktioniert auch dann, wenn Sie nicht an Feng Shui glauben. Probieren Sie es einfach aus! Erfahrungsgemäß gehen innerhalb weniger Wochen die Widerstände deutlich zurück und ganz plötzlich bieten sich unerwartete Möglichkeiten. Sie werden die Ursache für Probleme klarer erkennen und Lösungen finden, die Sie erfolgreich umsetzen werden. Denn die glücklichen Fügungen stehen ja schon vor Ihrer Tür!

Karriere

Der Bereich Karriere symbolisiert die Lebensaufgabe und den Fluss des beruflichen Lebens. Der Teil Ihres Zuhauses, der sich in diesem Bereich befindet, spiegelt Ihre berufliche Situation wider. Das Feld »Karriere« wird auch manchmal »Reise« genannt, weil es den eigenen Lebensweg und die Verwirklichung im Beruf beschreibt.

Würden Sie am liebsten einem ganz anderen Beruf nachgehen, aber trauen sich nicht, die notwendigen Schritte einzuleiten? Oder haben Sie ganz allgemein das Gefühl, dass das, was Sie tun, im Grunde nicht das Richtige für Sie ist? Vielleicht stoßen Sie bei Ihrer beruflichen Karriere auch häufig auf Widerstände und kommen nicht so weiter, wie Sie es sich wünschen und wie es Ihrem Wissen, Ihren Fähigkeiten und Ihrem Engagement

entspricht. Wenn Sie mit Problemen im Job zu kämpfen haben, sollten Sie sich den entsprechenden Wohnbereich ansehen. Was blockiert hier den Chi-Fluss? Unaufgeräumte Ecken und Gerümpel wirken sich auf das Berufsleben aus. Wenn in diesem Wohnbereich die Lebensenergie nicht fließen kann oder gebremst wird, werden Sie das Gefühl haben, nicht weiterzukommen, oder Sie werden keine Freude an Ihrer Arbeit haben.
Der griechische Philosoph Aristoteles sah Glück als die Folge von Tätigkeit. Diese Anschauung unterstreicht, dass das Glück uns nicht einfach zufällt, sondern sich als Folge unseres Handelns einstellt. Wir selbst bereiten den Boden für die Glücksmomente. Misten Sie also den Bereich in Ihrer Wohnung, der für die Karriere steht, aus, räumen Sie auf. Werfen Sie Ihren alten Krempel weg, der sich in dem Raum beziehungsweise in den Ecken stapelt. Bringen Sie diesen Bereich zum »Glänzen«! Sorgen Sie für ideale Bedingungen in Ihrem Heim und schaffen Sie eine angenehme Atmosphäre und Ordnung. Das wird sich positiv auf Ihre beruflichen Aktivitäten auswirken. Alles, was im Bereich »Kar-

Karriere

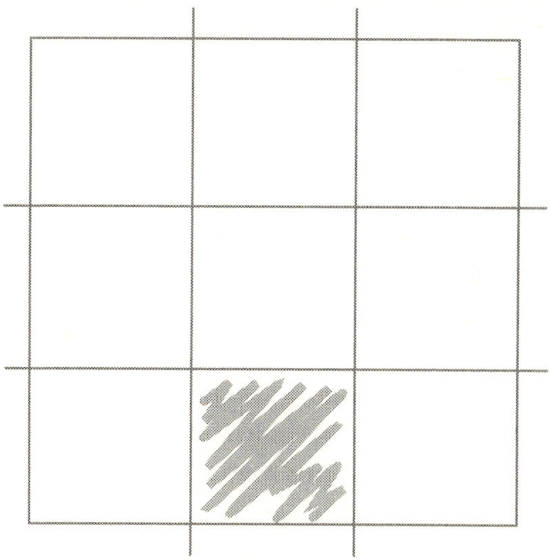

riere« herumsteht und den Weg zum Hürdenlauf macht, wird sich nämlich auch als berufliches Hindernis erweisen.

Feng-Shui-Tipps für eine erfolgreiche Karriere

Diese Zone in Ihrem Zuhause sollte sehr hell, also gut ausgeleuchtet sein. Das Glück soll strahlen! Befindet sich die Karriere-Zone im Wohnzimmer, sollte dieses eine einladende Atmosphäre aufweisen und von weichen, sanften Formen bestimmt sein. Es sollte genügend Raum für »Bewegung« vorhanden sein! Sie wollen ja weiterkommen. Wasser, das in China symbolisch für Wohlstand und Fülle steht, passt perfekt in diesen Bereich, weil es Bewegung verkörpert, es findet überall einen Weg. Das kann durch ein Bild mit einem Wasserfall, einen Zimmerbrunnen, eine mit Wasser gefüllte Schale oder ein kleines Aquarium symbolisiert werden. Aber auch ein Spiegel verstärkt hier das Chi.

Es spielt keine Rolle, welcher Teil Ihrer Wohnung sich im Karriere-Bereich befindet. Ein Abstellraum ist kein Karrierehindernis, nur der Krempel, der sich dort ansammelt. Befindet sich der Flur in der Karriere-Zone, spielt Ihr beruflicher Werdegang eine große Rolle in Ihrem Leben. Eine Treppe in diesem Feld deutet darauf hin, dass die Karriere mit einem gewissen Auf und Ab verbunden ist. Eine geschwungene und perfekt ausgeleuchtete Treppe gleicht dieses Manko aus. Machen Sie die Treppe zum Beispiel zu einer Art Bildergalerie, um dort die Energie zu verbessern.

Bisher haben Sie vielleicht oft darüber gegrübelt, ob Sie der richtigen Idee folgen, ob Sie den besten Weg gewählt haben und ob Erfüllung im Beruf überhaupt möglich ist. Diese Grübeleien werden nun verschwinden. Denn nun sind Sie auf dem besten Weg, ein Glückspilz zu werden.

Wenn Sie zu Hause Ihre Karriere-Zone nach Feng Shui positiv

verändert haben, sollten sich bald neue berufliche Möglichkeiten eröffnen oder Hindernisse im Job auflösen. Sie werden dann auch die Anerkennung für Ihre Arbeit ernten, die Sie verdienen. Ab jetzt sind Sie selbst Ihres Glückes Schmied.

»Dinge wahrnehmen
ist der Keim der Intelligenz.«
Laotse

Partnerschaft

Diese Zone wird manchmal auch mit »Ehe« oder »Beziehungen« beschrieben. Sie steht also nicht nur für Ihre Liebesbeziehung, sondern zeigt auch, wie der Umgang mit Freunden oder Nachbarn klappt.

Der kleine Prinz aus dem gleichnamigen Buch von Antoine de Saint-Exupéry erfährt im Verlauf seiner Reise ein Geheimnis: »Man sieht nur mit dem Herzen gut. Das Wesentliche ist für die Augen unsichtbar.« Wenn es in Ihren engen Beziehungen oder auch in Ihrer Ehe an Harmonie und Verständnis fehlt oder Sie den richtigen Partner noch nicht gefunden haben, dann kann Ihnen das Bagua helfen, mit dem Herzen zu sehen. Dieses Feld ist für die Liebe und für Partnerschaften von großer Bedeutung. Damit ein harmonisches Miteinander und erfüllte Beziehungen möglich werden, muss der entsprechende Wohnbereich von allem befreit werden, was trennende Wirkung hat.

Feng-Shui-Tipps für eine erfüllte Partnerschaft

Grundsätzlich gilt für diesen Bereich: Störende oder defekte Dinge müssen verschwinden. Unordnung stört das Liebesleben

Partnerschaft

und behindert harmonische Beziehungen. Steht zum Beispiel der Kleiderschrank in dieser Zone, sollten Sie ihn unbedingt ausmisten und Platz darin schaffen. Gegenstände zur Dekoration, die an vergangene oder gescheiterte Beziehungen erinnern, sollten Sie loswerden, um für das Glück in der Gegenwart offen zu sein. Geschickt platzierte Stehlampen tauchen die Zone in sanftes, warmes Licht. Da die Partnerschaft Entwicklung und nicht Stillstand braucht, sollte in diesem Wohnbereich Offenheit zum Ausdruck kommen. Überraschungen und Freiräume sind das Geheimnis glücklicher Beziehungen, denn sie bewahren den Zauber der Liebe. Ein Raum, der mit Möbeln vollgestellt ist, die den freien Durchgang behindern, würde die Möglichkeit zur Weiterentwicklung blockieren.
Platzieren Sie hier Symbole, die für Partnerschaft stehen, sowie Gegenstände, die Sie paarweise aufstellen, zum Beispiel zwei gleiche Figuren oder zwei gleiche Kerzen. Frische Blumen und blühende Pflanzen unterstützen ebenfalls die Partnerschaft. Wenn Sie oder Ihr Partner ein hitziges Temperament haben,

sollten Sie auf die Farbe Rot in diesem Bereich verzichten. Wollen Sie jedoch eine Auffrischung der Beziehung, empfiehlt sich Rot geradezu, denn es hat eine anregende Wirkung.
Wenn Sie zu Hause Ihren Partnerschafts-Bereich aktiviert haben, sollten Sie bald einen Partner finden oder eine bestehende Partnerschaft wird neu belebt. Frischer Wind wird eine festgefahrene Beziehung wieder in Schwung bringen. Ihre so neu geschaffenen Glücksaura wird Sie wie ein Duft einhüllen und bald Wirkung zeigen.

Familie

Dieser Bereich symbolisiert unsere Herkunft und persönlichen Wurzeln. Unsere Vorfahren und die Vergangenheit haben Einfluss auf unser gegenwärtiges Leben. In dem Bereich Familie spiegelt sich die Verbindung zu Eltern, Großeltern und Vorfahren, aber auch zu Lehrern, Vorgesetzten oder Autoritätspersonen wider. Wer zum Beispiel viel Zeit in einem Verein verbringt, kann dies ebenfalls dazuzählen.
Es geht darum, wie es um die familiären Beziehungen steht, wie das Verhältnis zu den Eltern und Ahnen ist und welche Probleme aus der Vergangenheit noch ungelöst sind und bis ins Heute wirken. Menschen mit komplizierten Familienbeziehungen, wo keine Harmonie herrscht, sollten diesem Bereich große Aufmerksamkeit schenken. Die Vergangenheit ist die Basis für die Gegenwart. Gute familiäre Beziehungen sind ein wichtiger Glücksfaktor. Glückliche Menschen verbringen weniger Zeit allein, sie umgeben sich möglichst oft mit Familie und Freunden. Deshalb trägt Harmonie in diesem Bereich zu unserem Glück bei.

Familie

Feng-Shui-Tipps für ein harmonisches Familienleben

Große Unordnung und Ansammlungen von altem Krempel in diesem Bereich symbolisieren familiäre Probleme, aber auch Konflikte mit Autoritätspersonen. Je ordentlicher und klarer diese Zone ist, umso leichter funktionieren diese Beziehungen. Lassen Sie Altes und Vergangenes los und entschärfen Sie somit die Konflikte. Alles, was die Vergangenheit widerspiegelt, muss geprüft und, wenn es negative Gefühle hervorruft, entfernt werden.

Bewahren Sie nur Familienfotos von geliebten Familienmitgliedern auf, Bilder, die an schöne Momente erinnern, und Erinnerungsstücke, die mit guten Gefühlen verbunden sind. Diese Stücke harmonisieren das Familienleben. Nach Feng Shui vitalisieren nach oben strebende, große Dinge, wie beispielsweise ein Baum, den Familien-Bereich: Stellen Sie also große Pflanzen auf oder hohe Figuren aus Holz (nicht aus Metall), wenn dies möglich ist.

Wenn Sie den Bereich Familie nach Feng Shui gestärkt haben,

sollten sich bestehende familiäre Konflikte in Luft auflösen, und das Familienleben sollte sich insgesamt entspannen. Die Beziehung zu den Eltern, zu Vorfahren und zu Autoritätspersonen wird bald von Respekt getragen sein.

Reichtum

Die Reichtums-Zone wird bisweilen auch mit »Wohlstand« überschrieben. Mit beiden Begriffen ist nicht nur der materielle Reichtum gemeint, sondern auch die Tatsache, ob ein Leben erfüllt und segensreich ist. Der entsprechende Wohnbereich verrät, ob ein gutes Selbstbewusstsein existiert und sich finanzieller Wohlstand und Glück entwickeln können. Diese Zone steht für die Fähigkeit, Chancen und Glück zu erkennen, und beschreibt den Umgang mit materiellen Werten. Stimmt die Energie in diesem Bereich, laden Sie glückliche und bereichernde Momente ein.

Reichtum

Hier dreht sich alles um Werte, nicht um Profit. Wer ständig finanzielle Probleme hat und wenig Selbstwertgefühl besitzt, sollte sich diesen Bereich deshalb genau ansehen. Denn Glück erzeugt Glück. Die Psychologie bestätigt, was Feng Shui lehrt: Nicht Erfolg macht glücklich, sondern Glück macht erfolgreich. Denn Glückskinder vertrauen auf die eigenen Fähigkeiten, arbeiten aktiv daran, hoffen stets das Beste, erkennen sich bietende Chancen und nutzen diese. Vor allem lassen sie sich nicht entmutigen. Und das können Sie auch!

Feng-Shui-Tipps für mehr Wohlstand

Gerümpel in diesem Wohnbereich beeinflusst Ihren finanziellen Wohlstand auf äußerst negative Weise. Es blockiert sogar den Geldfluss. Unordnung erschwert die Möglichkeiten, Werte zu schaffen und Wohlstand zu erwerben. Alter, kaputter und überholter Krempel symbolisiert Finanzprobleme. Entrümpeln Sie deshalb diesen Bereich rigoros, wenn Geldsorgen Sie plagen. Räumen Sie alle Hürden aus dem Weg, damit der Geldfluss wieder in Gang kommen kann.

Hier sollten Sie wertvolle, edle und ungewöhnliche Dinge platzieren, alles, was für Sie Fülle, Glück und Reichtum darstellt. Dazu zählen wertvolle Schalen oder Vasen, kostbare Ausstellungsstücke, Accessoires, die für Sie Überfluss symbolisieren. Wasser, ebenfalls ein Symbol für Reichtum, stärkt diesen Bereich. Bilder von Wasserfällen, ein Aquarium oder ein Zimmerbrunnen verbessern die Energie. Sie können aber auch schöne leere Gefäße aufstellen, die sich symbolhaft füllen: Große Vasen, offene Schalen nehmen die einströmende Fülle auf.

Wenn Sie Ihre Reichtums-Zone nach Feng Shui positiv verändert haben, sollten sich bald neue lukrative Gelegenheiten auftun. Materieller Wohlstand wird Geldnöte beenden. Ihr Selbstbewusstsein wird sich verbessern und stabilisieren.

Gesundheit

Im Feng Shui heißt dieser Bereich »Tai-Chi«. Er beschreibt unsere innere Mitte oder das Zentrum, in dem sich alles verbindet und sammelt. Dieser Bereich symbolisiert auch den Körper, seinen Zustand und die Gesundheit. Hier befindet sich das Zentrum der Lebenskraft, woraus wir die Energie für unseren Alltag schöpfen. Stärken wir unsere Mitte, erlangen wir innere Stärke und Gelassenheit. Dieser harmonische Zustand fühlt sich an, als würde wohlige Wärme unseren Körper durchströmen. Gesundheit ist zwar nicht alles, aber ohne Gesundheit ist alles nichts.

Entsprechend korrespondiert diese Zone mit der Mitte der Wohnung oder des Hauses. Zugunsten einer starken Vitalität und Ausgeglichenheit sollte dieser Wohnbereich völlig unbelastet sein. Hier muss das Chi frei fließen können.

Wenn Sie sich häufig unausgeglichen, gestresst oder innerlich

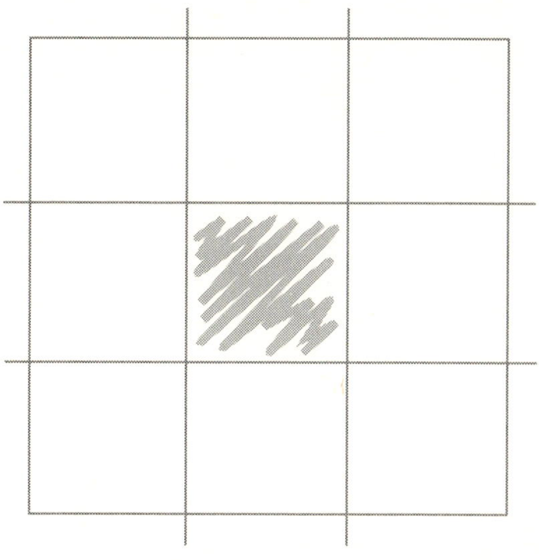

Gesundheit

unruhig fühlen oder gesundheitliche Probleme haben, sollten Sie das Zentrum Ihres Hauses oder Ihrer Wohnung untersuchen. Ist hier der Chi-Fluss blockiert, kann das Stress und Erschöpfung zur Folge haben. Dann gewinnt der Alltag zu viel Macht und wir fühlen uns den äußeren Kräften hilflos ausgeliefert. Jeder Mensch braucht eine innere Stabilität und Struktur, um sein Leben meistern zu können. Eine starke Mitte zu besitzen heißt, im Leben gelassen zu bleiben und den Alltag fröhlich meistern zu können.

Feng-Shui-Tipps für eine stabile Gesundheit und mehr Vitalität

Unordnung und Gerümpel im Gesundheits-Bereich schaden uns direkt. Problematisch ist es, wenn sich hier ein offener Kamin befindet, durch den das Chi entwischt. Verschließen Sie daher eine Kaminöffnung zum Beispiel mit einem Funkenschutzgitter. Ungünstig in dieser Zone sind auch trennende Mauern oder Schächte. Treppen können ebenfalls auf ein Leben voller Stress oder Krankheiten hinweisen und brauchen stärkende Maßnahmen, zum Beispiel können Sie Regenbogenkristalle aufhängen, um die Energie zu halten. (siehe auch Seite 132ff.)
Bevorzugen Sie leichte, filigrane Möbel, sie fördern das Wohlbefinden, während schwere Möbel belasten. Hier gilt: Weniger ist mehr. Materialien, die an das Element »Erde« erinnern, aktivieren diesen Wohnbereich: Gegenstände aus Keramik oder Terrakotta und die Farben Gelb, Orange, Ocker und Braun verbessern die Atmosphäre und stärken die Mitte. Vermeiden Sie jedoch dunkle oder düstere Elemente, die Körper, Geist oder Seele belasten.
Wenn Sie Ihre »Mitte« nach Feng Shui aktiviert haben, sollten gesundheitliche Störungen und unerklärliche Beschwerden verschwinden. Die Heilung wird gefördert, Sie werden vitaler sein und über mehr Energie verfügen. Statt Kummerfalten wird ein

Lächeln auf Ihrem Gesicht erscheinen. Der aktivierte Energiefluss tut Körper und Seele gut. Erleben Sie, wie befreiend und entspannend eine gestärkte Mitte sein kann.

Hilfreiche Freunde

Mentoren oder Sponsoren unterstützen uns, gute Freunde und Kollegen stehen uns zur Seite. Wer solche Erfahrungen macht, kann sich glücklich schätzen. »Hilfreiche Freunde« sind ein unschätzbarer Wert im Leben, denn jeder von uns braucht hin und wieder Beistand, Hilfe oder »gute Beziehungen«. Glückliche Zufälle, günstige Fügungen, interessante Kontakte helfen uns im Leben weiter. Aber auch der Schutzengel, der uns vor Schaden oder Unfällen bewahrt, gehört in diesen Bereich. Allerdings geht es dabei nicht nur um das Nehmen, sondern auch um das Geben. Denn Freundschaft und Unterstützung sind keine Einbahnstraße. Alles was wir geben, kommt auf uns zurück.
Wenn Sie das Gefühl haben, nie ausreichend Unterstützung von anderen zu bekommen, im Zweifelsfall alles alleine durchstehen und bewältigen zu müssen, sollten Sie sich mit dem Bereich Hilfreiche Freunde näher beschäftigen. Vermutlich gibt es einige Blockierungen zu entfernen. Eine starke Glücksaura in diesem Bereich macht seine Bewohner warmherzig, verzeihender und hilfsbereiter. Diese Wesenszüge zeichnen glückliche Menschen aus und fördern freundschaftliche Beziehungen.

Feng-Shui-Tipps für mehr Unterstützung

Lernen Sie zu geben, zu helfen, zu verschenken, loszulassen und sich zu trennen. Das können Sie gleich bei Ihrem überflüssigen und nutzlosen Gerümpel üben, denn dies stellt eine

Blockade dar. Entrümpeln Sie den Bereich Hilfreiche Freunde, machen Sie klar Schiff und verschenken Sie großzügig. Dann sollte das Gefühl, es immer allein schaffen zu müssen, bald verschwinden.

Wenn Sie Platz haben, stellen Sie einen Tisch auf, an dem Sie mit Ihren Freunden zusammen sein können. Positiv und verstärkend wirken hier Fotos von guten Freunden und Geschenke, die Sie von lieben Menschen erhalten haben, sowie Gegenstände aus Metall. Halbedelsteine, Edelsteine oder Regenbogenkristalle in diesem Wohnbereich ausgelegt, aktivieren Fürsorge und Unterstützung.

Wenn Sie den Bereich Hilfreiche Freunde nach Feng Shui gestärkt haben, sollten sich neue freundschaftliche Kontakte ergeben und bestehende Freundschaften vertiefen. Menschen werden Sie unterstützen oder Ihnen Hilfe anbieten. Dies kann über den privaten Bereich hinausgehen und auch zu beruflichen Vorteilen führen. Dieser Bereich fördert nämlich auch Ihr »Networking«. Zudem wird es Ihnen selbst leichter fallen, anderen zur Seite zu stehen oder einen Freundschaftsdienst zu leisten.

Auf diese Weise fördern Sie mithilfe von Feng Shui neue Gemeinsamkeiten. Und wenn wir Liebe und Freundschaft erfahren, erfüllt uns das mit Glücksgefühlen. Die Nähe zu anderen und das gemeinsame Erleben tun uns gut. Ein Abend im Kreis von Freunden, einen Ausflug mit gleich Gesinnten, Unterstützung durch Kollegen – all das gibt uns das Gefühl von Geborgenheit, verleiht uns Stärke und Selbstvertrauen.

Vom Geben und Nehmen

Man muss zuerst säen, um später ernten zu können. Geben Sie gerne und großzügig? Wenn nicht, warum sollten es andere tun? Freundschaft und Unterstützung sind keine Einbahnstraße. In der Physik kennt man das »Energieerhaltungsgesetz«, das besagt, dass die Summe aller Energie konstant bleibt, keine Energie verloren geht, sondern nur umgewandelt wird. Wenn Sie also jemanden unterstützen, kommt Ihr Einsatz auf Sie zurück, nicht unbedingt von der Person, der Sie geholfen haben, sondern auch von anderen Menschen. Aber Ihre »Energie« geht niemals verloren.

Kinder

Dieser Bereich steht zum einen für die Beziehung zu den eigenen Kindern, zum anderen für die »geistigen« Kinder, also unsere Kreativität, Ideen, Vorhaben und die Chancen zur Selbstverwirklichung. Kinder und Kreativität repräsentieren Lebendigkeit und Begeisterungsfähigkeit. Der entsprechende

Wohnbereich ist daher nicht dafür geeignet, auszuspannen und sich zu erholen. Hier ist der Nachwuchs zu Hause und das Feld hat ein sehr dynamisches Energiepotenzial.
Wenn Ihre Ideen oder Vorschläge keine Beachtung finden, Ihre Kreativität versiegt ist und Ihnen der Mut fehlt, mal etwas ganz Neues oder völlig Verrücktes auszuprobieren, sollten Sie diesen Wohnbereich aktivieren. Auch ein schwieriges Eltern-Kind-Verhältnis kann deutlich entspannter und harmonischer werden, wenn Sie diesen Bereich stärken. Feng Shui heißt, eine Fülle an glücklichen Erfahrungen zu machen und nicht auf Sparflamme zu leben.

Feng-Shui-Tipps für sprudelnde Kreativität und glückliche Kinder
Gerümpel im Bereich Kinder deutet auf Probleme mit dem Nachwuchs oder bei der Verwirklichung von eigenen Projekten hin. Entrümpeln Sie diese Zone gründlich und machen Sie dadurch den Weg frei für eine bessere Verständigung und für Möglichkeiten, Ihre Ideen umzusetzen. Da Sie Ihre schöpferische Seite mobilisieren, werden Ihnen auch neue Lösungen für alte Probleme einfallen. Widerstände verschwinden dann von selbst.
Da hier die Kreativität und Lebendigkeit sitzen, aktivieren vor allem Kunstwerke, schöne Gegenstände, gute Musik, Bilder in Rottönen sowie Blumen diese Zone. Zur Lebensfreude und Fantasie passt auch ein Klangspiel aus Metall. Der Wohnbereich sollte eine leichte, heitere Atmosphäre haben, weil das die Kreativität mobilisiert. Kinder brauchen Raum zur Entfaltung, ebenso Ideen: Sorgen Sie für Platz und Bewegungsfreiheit!
Wenn Sie den Wohnbereich Kinder aktiviert haben, sollte sich zum einen Ihre Beziehung zu Ihren Kindern deutlich verbessern und von neuer Freude und spielerischer Leichtigkeit erfüllt werden. Andererseits wird Ihre schöpferische Seite mobilisiert und Ihre Kreativität beginnt zu sprudeln. Diese Kraft

Kinder

wird Sie flexibler, mutiger und deshalb offener machen für das Lösen von Problemen. Weil Sie gefühlsmäßig ausgeglichener, weniger feindselig und seltener verärgert sind, lassen Sie schneller los von negativen Ereignissen und zeigen sich eher in der Lage, das Positive daran zu sehen. Aus diesem kreativen Potenzial erwachsen Glücksgefühle.

Wissen

Wir gewinnen Erkenntnis durch Erfahrungen und Reflexionen. Unser theoretisches Wissen erwerben wir durch Lernen. Lebensweisheit muss jedoch reifen und bedarf der Innenschau und Kontemplation. Im Bereich Wissen geht es weniger um das praktische Know-how, sondern vielmehr um Erkenntnis, Erfahrungen, Intuition und Weisheit.
Machen Sie den gleichen Fehler immer wieder? Haben Sie das Gefühl, keinen besonders guten Erfahrungsschatz zu besitzen

Wissen

und nicht auf Ihre Intuition vertrauen zu können? Dann sollten Sie den Wohnbereich Wissen genau unter die Lupe nehmen. Unsere Seele liebt die Vielfalt und neue Herausforderungen. Gerade die Kontraste sind Quellen des Glücks. Der Wechsel aus Gewohntem und Ungewohntem, aus Vorhersehbarem und Überraschendem ist ein probates Mittel gegen Unzufriedenheit. Wenn Sie hier das Bagua anwenden, bringen Sie automatisch mehr Abwechslung in Ihr Leben. Neues Erleben und Lernen lassen der Langeweile keine Chance, sondern bringen Lebenslust pur.

Feng-Shui-Tipps für tiefere Erkenntnis und Lebensweisheit

Ist der entsprechende Wohnbereich in Ihrem Zuhause vollgestopft mit Sachen, wird Ihnen das Lernen schwerfallen. Unordnung und Enge blockieren die Möglichkeit, richtige Entscheidungen zu treffen. Ausmisten öffnet dagegen die Kanäle und fördert die Konzentration.

Da Reflexion und Meditation bei diesem Bereich im Vordergrund stehen, sollte der entsprechende Wohnraum Ruhe und

Beständigkeit ausstrahlen. Gegenstände, die für Kontemplation stehen, aktivieren die Energie. Ein gemütlicher Sessel, der zum Nachdenken oder Lesen einlädt, passt wunderbar, genauso wie ein Bücherregal mit guter Literatur und informativen Sachbüchern. Alles, was den Durchblick fördert, aktiviert diesen Bereich, auch angenehmes Licht und Kerzen. Wenn Sie das Gefühl haben, dass es Ihnen schwerfällt, sich neues Wissen anzueignen, gute Erfahrungen zu sammeln und Erkenntnisse zu gewinnen, dann sollten Sie hier leere Gefäße wie Schalen, Vasen, Gläser, vor allem aus Ton und Keramik, platzieren. Dies verstärkt die Aufnahmefähigkeit. Oder besitzen Sie ein Objekt, das Wissen und Lernen für Sie ausdrückt? Dann stellen Sie es genau hier auf. Es wird Ihr Unterbewusstsein mobilisieren.
Wenn Sie den Bereich nach Feng Shui aktiviert haben, sollten Sie Entscheidungen intuitiv und richtig treffen. Sie werden vieles leichter verstehen und begreifen, neues Wissen erwerben und tiefere Einblicke gewinnen.

Ruhm

In diesem Bagua-Bereich spiegelt sich Ihr Ansehen wider. Welche Wirkung haben Sie auf andere? Werden Sie anerkannt? Haben Sie Erfolg? Der Bereich Ruhm zeigt, wie es um Ihr Image bestellt ist. Auch ein Mangel an Optimismus kann hier zum Ausdruck kommen.
Wenn Sie gerne mehr Ruhm und Anerkennung erfahren möchten, dann sollten Sie sich mit diesem Wohnbereich befassen. Blockaden im Chi-Fluss können zu einem regelrechten Mauerblümchen-Dasein führen, verbunden mit dem Gefühl, nicht richtig wahrgenommen zu werden. Verbessern Sie Ihre Aura und Ausstrahlung, indem Sie den Bereich Ruhm aktivieren.

Doch wie kommen wir eigentlich zu Ruhm und Anerkennung? Indem wir lieben, was wir sind, mit wem wir sind, wo wir sind und was wir tun – und das mit Hingabe erfüllen. Wenn der Energiefluss hier stimmt, bereiten wir den Boden für ein ausgefülltes Leben. Und dies hat wiederum zur Folge, dass wir Anerkennung ernten.
Es gibt viele Menschen, die das, was sie tun, nicht besonders interessant oder gar überflüssig finden. Und immer mehr Menschen sehnen sich nach wertvoller Arbeit oder nach der Beschäftigung mit etwas, was ihnen am Herzen liegt, was ihnen sinnvoll erscheint. Wer sich ohne Sinn und Ziel durchs Leben bewegt, verharrt im Stillstand, verliert die Neugierde und die Lust, noch etwas zu bewegen. Halten wir unsere Fähigkeiten und Talente zurück, verbauen wir uns die Möglichkeit, glücklich zu werden. Wenn wir mit halber Kraft, mit angezogener Handbremse leben, stellen wir unser Licht unter den Scheffel und werden nicht richtig wahrgenommen.

Feng-Shui-Tipps für mehr Anerkennung

Wenn Sie in dem Wohnbereich, der Ihren Ruhm symbolisiert, Dinge horten, werden Sie auf andere Menschen keinen guten Eindruck machen oder Ihr Ruhm wird verblassen. Dieses Gerümpel wird Ihre Strahlkraft bremsen und Imageprobleme fördern. Je besser das Chi in diesem Wohnbereich fließen kann, umso selbstbewusster treten Sie auf.
Da der Bereich Ruhm das innere Feuer und Leuchten symbolisiert, spielen Licht und Beleuchtung hier eine große Rolle. Hängen oder stellen Sie Gegenstände auf, die für Sie Aufstieg, Erfolg und »Ruhm« symbolisieren. Dazu zählen Kunstwerke sowie Ehrungen, Preise oder Urkunden. Aber auch Gegenstände in roter Farbe wirken hier sehr positiv.
Wenn Sie den Bereich Ruhm nach Feng Shui gestärkt haben,

Ruhm

sollte Ihnen die Anerkennung zuteil werden, die Sie verdienen. Menschen werden gut über Sie und Ihre Taten reden. Das wiederum wird Ihr Selbstbewusstsein stärken. Ihre Meinung wird gefragt sein.

Feng Shui zeigt uns auch, dass die Schönheit im Auge des Betrachters liegt. Also entdecken Sie die kleinen Verzückungen um sich herum! Indem Sie sich bewusst damit beschäftigen, lenken Sie Ihre Wahrnehmung auf die positiven Ereignisse in der Gegenwart und fühlen sich nach einer Weile tatsächlich glücklicher. Außerdem fördert diese Aufmerksamkeit die Dankbarkeit für die kleinen Glücksmomente, die sonst im Trubel des Alltags leicht verloren gehen können. Wer »seine« Welt aufmerksam wahrnimmt und sie zu schätzen weiß, wird selbst auch Aufmerksamkeit und Wertschätzung erfahren.

So aktivieren Sie zu Hause Ihr Glück

Feng Shui kennt verschiedene Hilfsmittel, um die Energie, die unser Zuhause durchströmt, zu lenken, zu verbessern und Störungen zu harmonisieren. Oft sind es nur Kleinigkeiten, die mit über Zufriedenheit und Wohlbefinden entscheiden. So können schon kleine Veränderungen wie etwa das Aufhängen eines Bildes oder eines Windspiels an der richtigen Stelle die positiven Energien in einem Raum aktivieren und dadurch direkt auf unser Wohlbefinden einwirken.

Wo Ost und West sich treffen

Wenn der Geist fliegt, entstehen gute Gefühle. Diesen Zustand der Selbstvergessenheit hat der Psychologe Mihalyi Czikszentmihalyi mit dem Begriff Flow, zu Deutsch »fließen«, beschrieben. Dieses Flow-Erlebnis entsteht, wenn man völlig auf eine Sache konzentriert ist, sich ganz und gar hingibt. Das intensive Erleben und die Versunkenheit lassen einen Zeit und Raum vergessen. Man scheint mühelos dahinzugleiten, ist völlig gefesselt von dem, was man tut. Man verschmilzt dabei auf eine gewisse Weise mit dem Universum und erlebt Momente vollkommenen Glücks.

Dieser westliche Gedanke entspricht absolut der Idee vom ungestörten und harmonische Chi-Fluss, wie im Feng Shui angestrebt. Mit der Anwendung der Feng-Shui-Tipps können Sie das eigene Glück locken und so Schritt für Schritt mehr Glück erfahren. Neben dem Entrümpeln, Aufräumen und Aktivieren der Umgebung mithilfe des Bagua gibt es noch ein paar weitere Hilfsmittel, um den Flow zu erreichen und das Chi zum Fließen zu bringen.

Accessoires und Symbole

Spiegel, Bilder, Kristalle, Aquarien, Zimmerbrunnen oder Pflanzen sind wichtige Accessoires im Feng Shui. Gezielt platziert, können sie den entsprechenden Lebensbereichen zusätzliche Impulse geben oder Fehlbereiche ausgleichen. Entscheidend ist der Symbolgehalt, daher kann neben den Feng-Shui-Klassikern wie Kristalle alles zum Einsatz kommen, wozu Sie eine ganz persönliche Beziehung haben. Wurzeln, Steine, Muscheln, Figuren, Karten, Bilder – bei der Auswahl der Dinge, die Sie aufstellen oder aufhängen, ist letztlich Ihre Intuition von Bedeutung.

Dinge, die Ihnen besonders gut gefallen und die für Sie etwas symbolisieren, können den Energiegehalt in einem Raum verbessern. Denn diese persönlichen Gegenstände sind mit guten Gedanken oder Erinnerung aufgeladen und haben so eine positive Schwingung. Vielleicht haben Sie beim Entrümpeln einen Gegenstand wiederentdeckt, der diese Qualität hat? Dabei entscheiden Ihr persönlicher Geschmack und Ihr Bauchgefühl, welchen Symbolgehalt ein Stück für Sie besitzt und welchen Bereich es daher für Sie verstärken kann. So können Glücksbringer, die richtig eingesetzt werden, wahre Wunder vollbringen. Dazu gehören übrigens auch Düfte. Wenn Sie eine Duftkerze oder -lampe aufstellen, weil Sie den feinen Geruch in einem Raum mögen, erhöhen Sie damit den Chi-Gehalt. Doch übertreiben Sie es nicht: Wählen Sie gezielt einzelne Gegenstände aus, die Sie bewusst platzieren. Weniger ist mehr!

Ihre Intuition ist entscheidend!
Wählen Sie nur Symbole und Hilfsmittel aus,
bei denen Sie ein eindeutig positives Gefühl haben.

Spiegel lenken die Energie

Mithilfe eines Spiegels lassen sich Bereiche, in denen es an Chi mangelt, stimulieren, und sie sind ein gutes Mittel, um Fehlbereiche auszugleichen. Aber Spiegel sollten sehr vorsichtig verwendet werden, da sie eine sehr starke Wirkung haben. Angebracht an einer Wand, die zum fehlenden Bereich zeigt, erzeugt ein Spiegel Tiefe und füllt quasi den fehlenden Raum auf, denn er schafft sozusagen die Illusion von mehr Platz für Energie.

Kleine, dunkle oder enge Räume können durch Spiegel geöffnet werden, das Licht wird hereingeleitet. Spiegel können auch negative Energie reflektieren und so als Schutz wirken.

An der falschen Stelle aufgehängt, können Spiegel mehr schaden als nutzen. Ein Spiegel gegenüber vom Bett, in den Sie direkt hineinsehen können, wäre Gift für Ihr Wohlbefinden, weil er Ihre Energie regelrecht schluckt. Durch den Spiegel wird die Energie des Schlafenden nämlich auf ungünstige Weise reflektiert. Wenn sich in Ihrem Schlafzimmer ein solcher Spiegel befindet, sollten Sie ihn probeweise eine Zeit lang verhängen. Verbessert sich Ihr Schlaf, wissen Sie, was zu tun ist. In Räumen, die der Entspannung dienen, schaffen Spiegel stets Unruhe, weil sie das Chi beschleunigen. Wenn Sie also in einem Raum eine unerklärliche Nervosität fühlen, könnte es am falsch platzierten Spiegel liegen. Hängen Sie den Spiegel einfach ab. Im Bagua-Bereich Karriere sind Spiegel hingegen ein sehr gutes Hilfsmittel.

Wasser fördert die Finanzen

Wasser zieht positive Energie an und lädt den Raum, in dem es sich befindet, mit dieser Energie auf. Es kann als Zimmerbrunnen, Wasserbecken, Wasserspiel oder auch als Bild, das einen Wasserfall zeigt, eingesetzt werden. Solche Bilder bringen symbolhaft die positive Wirkung von Wasser zum Ausdruck. Die aktivierende Kraft des Wassers soll den Geldfluss mobilisieren und Finanzprobleme lösen. Sie wirkt aber auch stärkend aufs Immunsystem und steigert die Konzentration. Deshalb sind die Bagua-Bereiche Reichtum, Karriere und Familie ideale Orte für den Einsatz von Wasser. Einzige Ausnahme: Zimmerbrunnen im Schlafzimmer sollten über Nacht ausgeschaltet werden, weil das Geplätscher für Unruhe sorgen kann. Und Wasserbetten sind im Feng-Shui-Sinn auch nicht von Vorteil.

Pflanzen verbessern das Raumklima

Sie symbolisieren Natur und Wachstum: Pflanzen im Haus wirken wie Filter und verbessern durch ihren Stoffwechsel das Raumklima. Neben diesem guten Effekt erfreut ihr Wachstum oder ihre Blütenpracht den Menschen und wirkt somit positiv auf die Psyche. Durch ihre eigene Energie steigern Pflanzen das Chi in einem Raum – vorausgesetzt, sie sind gesund. Welke oder kranke Pflanzen sollten Sie entfernen. Im Feng-Shui-Sinn sind auch Pflanzen oder Blumen mit spitzen Blättern und Dornen ungünstig.

Schnittblumen stärken das Chi in Räumen sehr. Sie erhöhen die Raumenergie. Entfernen Sie jedoch verwelkte Sträuße, da ihre Ausstrahlung negativ ist. Trocken- beziehungsweise Kunstblumen sind im Feng-Shui-Sinn nicht optimal, da sie keine lebendige Kraft haben und Pflanzen vitalisierend wirken sollen. Natürlich spricht nichts dagegen, sie als Dekoration einzusetzen, aber auf das Chi haben sie keinen Einfluss. Wichtig: Trocken- und Kunstblumen dürfen nicht verstauben! Pflanzen sind ein besonders gutes Hilfsmittel in den Bagua-Bereichen Familie, Reichtum und Kinder.

Bilder erinnern an schöne Momente

Jeder Mensch, jede Pflanze, jedes Ding ist Energie, also auch Bilder. Dabei ist das Motiv weniger wichtig, entscheidend ist die Wirkung auf den Betrachter: Habe ich beim Betrachten des Bildes positive oder negative Gefühle?

Familienfotos sollten Sie nur behalten und/oder aufstellen, wenn Sie gute Beziehungen oder gute Erinnerungen an die abgebildeten Menschen und Momente haben. Fotos aus harten Zeiten oder von Menschen, mit denen Sie Probleme hatten, halten Sie in der Vergangenheit fest. Trennen Sie sich davon und machen Sie Platz für neue, schöne Beziehungen und Momente. Schnappschüsse, die Ihnen beim Betrachten ein Lächeln aufs Gesicht zaubern, haben belebende Wirkung, das Gleiche gilt für Kinderzeichnungen.

Gemälde haben eine eigene Schwingung, denn es steckt noch etwas von der Energie des Künstlers darin, auch wenn er längst verstorben ist. Hängen Sie deshalb nur Bilder auf, die Ihnen »guttun«, wenn Sie sie anschauen.

»Es genügt nicht, zum Fluss zu kommen
mit dem Wunsch, Fische zu fangen.
Man muss auch das Netz mitbringen.«
Chinesische Weisheit

Klänge haben heilende Wirkung

Klangspiele aus Holz, Glas, Keramik oder Metall erzeugen im Luftzug leise Klänge. Ihre Schwingungen spenden Ruhe und Freude und können außerdem den Chi-Fluss positiv beeinflussen. Schöne Klänge verstärken das Chi. An einem Fenster angebracht, halten Klangspiele entweichendes Chi zurück und verteilen es im Raum. Liegt ein Fenster einer Tür direkt gegenüber, rauscht das Chi zu schnell durch den Raum. Hier kann ein Klangspiel den Energiefluss positiv abbremsen. Es kann aber auch als Raumteiler fungieren, um verschiedene Bereiche voneinander zu trennen. Hängen Sie Klangspiele, am besten aus Metall mit einem hohen, klaren Ton, dort auf, wo Sie Energieströme umlenken möchten.

Klänge sind grundsätzlich ein besonders gutes Hilfsmittel in allen Bagua-Bereichen, Klangspiele aus Metall wirken aber speziell in den Zonen Kinder und Hilfreiche Freunde. Hängen Sie ein Klangspiel nur auf, wenn es Ihnen gefällt und Sie den Klang als angenehm empfinden. Diese bewährten Feng-Shui-Hilfsmittel sind nicht jedermanns Geschmack.

Kristalle lenken das Licht

Ob unbearbeitet oder geschliffen: Kristalle und Edelsteine bieten im Feng Shui wunderbare Möglichkeiten, das Chi in einem Raum zu stärken. Man kann sie dekorativ auf einen Tisch oder eine Fensterbank legen oder in ein Fenster hängen. Am wirksamsten sind Bergkristall und Rosenquarz, aber Sie können auch andere Edelsteine verwenden. Regenbogenkristalle sind Kugeln, Tropfen oder andere Formen aus speziell geschliffenem Bleiglas, die das Licht in seine Spektralfarben brechen. Sie können dem Raum damit eine freundliche, harmonische Stimmung geben, davon profitieren besonders dunkle Ecken und lange Gänge.

Kristalle sind ein sehr gutes Hilfsmittel im Bagua-Bereich Partnerschaft. Leere Kristallschalen aktivieren den Bereich Reichtum. Der Gesundheits-Bereich wird durch eine Regenbogenkugel oder eine stehende Bergkristallspitze stabilisiert. Für den Bereich Hilfreiche Freunde empfehlen sich Objekte aus Bleikristall, Wissen lässt sich mithilfe von Edelsteinen und Regenbogenkristallen verstärken. Lassen Sie beim Einsatz Ihre Intuition wirken: Nehmen Sie die Kristalle oder Steine in die Hand und achten Sie auf Ihr Gefühl. Im Schlafzimmer sollten Sie jedoch keine Edelsteine einsetzen, denn die starken Schwingungen könnten Schlafprobleme erzeugen.

Der ideale Platz für Ihre Möbel

Wohin mit dem Bett? Wo soll der Schreibtisch stehen? Die Entscheidung fällt meist spontan: dorthin, wo Platz ist und die Möbel gut zur Geltung kommen. So unbedacht würde ein Feng-Shui-Kundiger niemals ein Zimmer einrichten. Denn für ein Bett oder einen Sessel gibt es günstige und ungünstige Plätze in einem Raum. Jedes Möbelstück in der Wohnung oder im Haus sollte nicht nur seinen Zweck erfüllen, sondern auch dem Bedürfnis nach Schönheit, Entspannung, Anregung und Wohlbefinden genügen. Und unabhängig vom persönlichen Geschmack sollten Möbel weder Ihnen noch dem Energiefluss im Weg stehen.

Im Feng-Shui gibt es fünf grundsätzliche Einrichtungsregeln, die dafür sorgen, dass das Chi in den Räumen ungehindert fließen kann.

Einrichtungsregel Nummer 1

Erhalten Sie sich Bewegungsfreiheit und lassen Sie genug Platz in jedem Raum. Vollgestellte Zimmer, in denen die Möbel wie Hürden herumstehen, blockieren das Chi. Befinden sich zu viele Möbel in einem Raum, entstehen chaotische Energieströme, die Unruhe hervorrufen. Trennen Sie sich von Möbelstücken, die Sie nicht mehr brauchen, die ungenutzt herumstehen und die Ihr Zuhause somit überlasten. Wenn Sie das Ausmisten der Schränke, Kommoden, Schubladen und Abstellkammern hinter sich haben, warum dann nicht einfach bei den Möbeln weitermachen? Überprüfen Sie, welches Möbelstück Sie wirklich noch brauchen und welche Möbel eigentlich nur noch da sind, ohne einen Zweck zu erfüllen. Gibt es vielleicht auch Möbel, die kaputt oder mit Flecken übersät sind? Lassen Sie die Sachen reparieren oder aufarbeiten oder trennen Sie sich davon!

Einrichtungsregel Nummer 2

Finden Sie die optimale Möblierung. Die Zimmer häufiger umzuräumen kann Spaß machen, wenn genug Platz da ist, um die Möbel herumzuschieben und neue Arrangements auszuprobieren. Wenn das nicht geht, basteln Sie sich ein Modell: Zeichnen Sie den Grundriss des Zimmers auf, malen die Möbelstücke maßstabsgetreu auf Karton und schneiden sie aus. Dann können Sie sie auf dem Grundriss herumschieben, verschiedene Varianten ausprobieren und so die beste Lösung finden.

Einrichtungsregel Nummer 3

Entschärfen Sie scharfe Kanten von Möbeln, denn sie wirken wie Giftpfeile. Spitze Kanten oder Ecken von einem Schrank, Tisch oder Regal, die auf Ihr Bett, Ihren Sitzplatz oder Schreibtisch deuten, sind äußerst negativ. Natürlich lassen sich in keiner Wohnung Ecken vermeiden, aber sie sollten sich nie auf zentrale Lebensbereiche richten. Verschieben Sie die jeweiligen Möbel oder entschärfen Sie die Kante, indem Sie eine Pflanze oder einen Paravent davorstellen oder die Kante dekorativ verhängen.

Einrichtungsregel Nummer 4

An alten Möbeln oder Erbstücken haftet Geschichte. Sie hatten oft viele Vorbesitzer, von denen Sie vermutlich nichts wissen. Mit Antiquitäten holen Sie sich immer auch etwas vom Chi der

Vorbesitzer in Ihr Zuhause. Lassen Sie sich also Zeit beim Kauf und versuchen Sie, die Schwingungen des antiken Stücks zu spüren. Um sicherzugehen, können Sie Antiquitäten klären (siehe Seite 97ff.), sobald sie in Ihrer Wohnung stehen. Ein restauriertes Stück ist von den alten Schwingungen bereits befreit und Sie können sich unbesorgt damit einrichten. In Kinderzimmern sollten Sie auf alte Möbel verzichten, es sei denn, das Kind spricht sich explizit dafür aus.

Einrichtungsregel Nummer 5

Platzieren Sie Ihre Möbel so, dass Sie sich optimal geschützt und behaglich fühlen. Setzen Sie sich also nicht mit dem Rücken zur Tür oder zum Fenster. Ihr ungeschützter Rücken gibt Ihnen unbewusst das Gefühl, bedroht zu sein. Zudem sollten Sie von Ihrem Sitzplatz aus sehen können, wer den Raum betritt. Aus diesem Grund sollte auch Ihr Bett nicht direkt neben einer Tür stehen, sondern ihr gegenüber. Mit dem Kopf des Bettes unter einem Fenster sind Sie ebenfalls ungeschützt. Ihr Unterbewusstsein wird so in ständige Alarmbereitschaft versetzt; Schlafstörungen sind vorprogrammiert.

Alles ist nun in bester Ordnung

Sie haben sich mithilfe von Feng Shui auf eine Reise ins Ich begeben und dabei den geheimnisvollen Zauber des Loslassens entdeckt. Durch das Ausmisten und Aufräumen haben Sie alles in Ihrem bisherigen Leben auf den Kopf gestellt und so mehr Raum für neue Entwicklungen gewonnen. Die Lebensenergie Chi fließt nun wieder ungestört durch Ihr Zuhause: Genießen Sie die Harmonie, freuen Sie sich über das Erreichte und erwarten Sie kleine und große Wunder: Denn ab jetzt wirkt der Harmoniezauber.

Warum weniger mehr ist

Mit dem Ausmisten Ihrer vier Wände haben Sie auf der sichtbaren Ebene richtig Ordnung gemacht. Auf der unsichtbaren Ebene jedoch konnten Sie ein neues Glücksziel für sich entdecken: loslassen und dadurch gewinnen. Wir sind oft geneigt, das Glück im Mehr zu suchen. Aber je mehr wir besitzen und ansammeln, umso mehr beschränken wir unsere Entwicklungsmöglichkeiten. Denn Besitz kann belasten, zu viel davon kann uns sogar erdrücken. Wenn wir versuchen, durch Besitz mehr Selbstbewusstein und Selbstwertgefühl zu erlangen, wird uns das nicht gelingen.
Vielleicht haben Sie es beim Entrümpeln Ihrer Wohnung bereits gespürt: Zufriedenheit kommt aus dem Selbst und nicht aus den Dingen, mit denen wir uns umgeben. Feng Shui ist jedoch weit davon entfernt, Askese und Entsagung zu propagieren. Im Gegenteil: Überfluss von Harmonie und Glück ist das Ziel. Damit verlagert sich der Schwerpunkt von der materiellen auf die ideelle Ebene.

Durch die Korrekturen in Ihrer Umgebung haben Sie die Weichen gestellt für ein harmonisches Gleichgewicht, das direkt auf unser Wohlbefinden wirkt. Nun wohnen Sie so, wie Sie sind und wie Sie sein wollen. Nicht die Dinge beherrschen Sie, sondern umgekehrt.
Beim Ausmisten haben Sie herausgefunden, welche Dinge überflüssig sind und welche wichtig sind. Sie haben behalten oder losgelassen – die Entscheidung fiel ohne Zwang, sie kam direkt aus Ihrem Herzen. Denn bei allem, was Sie in den vergangenen beiden Tagen weggeworfen oder beiseite gelegt haben, standen Sie im Mittelpunkt. Sie haben entschieden, was zu Ihnen passt, was für Sie von Bedeutung ist und was nicht.

Die Gewinnbilanz

Beim Ausmisten des Kleiderschranks haben Sie neben einigen Kleiderstücken auch unerfüllbare Wünsche losgelassen. Sie werden nie mehr in die alte Jeans passen – na und? Jetzt, ohne die Hose, die wie eine ständige Anklage im Schrank hing, haben Sie Platz und Entspannung gewonnen. Heute ist die Figur eben anders, und das ist gut so. Jetzt können Sie sich besser akzeptieren und sagen: Ich bin, wie ich bin!

Die Nippesflut in den Wohnzimmerregalen und -vitrinen hat sich deutlich gelichtet. Damit haben Sie Zeit gewonnen, Stress reduziert, denn das Saubermachen, Abstauben, Sortieren und Sammeln hat viele Stunden und Energie geschluckt. Sie können nun Ihre Zeit viel besser nutzen, für sich selbst, für Ihre Hobbys, für Ihre Lieben ...
Beim Entrümpeln des Speichers mussten die alten Tennisschläger daran glauben. Dabei haben Sie nicht nur Platz gemacht, sondern auch den Kopf frei bekommen. Sie haben seit Jahren nicht mehr gespielt und mit einer Profikarriere war nun wirk-

lich nicht mehr zu rechnen, auch wenn Sie früher mal richtig gut waren. Beim Wegwerfen sind vielleicht ein paar Illusionen zerplatzt und Sie haben wehmütig geseufzt: »Wie die Zeit vergeht.« Aber dafür können Sie sich nun neuen Dingen zuwenden, zum Beispiel einer neuen Sportart, die Ihrem Alter und Ihrer Fitness mehr entspricht.

Diese Liste können Sie beliebig fortsetzen. Fazit: Sie haben losgelassen und gewonnen, statt Quantität haben Sie nun Qualität erreicht.

Die Gefühlsbilanz

Nichts ist für die Ewigkeit gemacht, auch nicht Gefühle. Dies ist auf den ersten Blick eine schmerzliche Erkenntnis, doch durch Ihr 24-Stunden-Programm haben Sie entdeckt und erfahren, was es wirklich bedeutet: eine wunderbare Wahrheit. Als Sie vor vielen Jahren nach langem Suchen endlich den antiken Ledersessel gefunden, gekauft und nach Hause geschleppt hatten, war Ihre Freude riesengroß. Doch inzwischen hat sich dieses Gefühl verflüchtigt. Mit der Zeit wurde aus dem Sessel ein sperriges Möbel, für das es in der neuen Wohnung überhaupt keinen Platz mehr gab. Umgekehrt hatten Sie vielleicht lange um die zerbrochene Vase getrauert, die Sie vor vielen Jahren von einem lieben Menschen geschenkt bekommen haben. Heute erinnern Sie sich gar nicht mehr daran und Sie haben längst fünf neue Vasen geschenkt bekommen, die »leider« unzerbrechlich sind.

Beim Entrümpeln haben Sie ein bisschen von der Feng-Shui-Mentalität erworben: Die Zufriedenheit ist nicht für immer und ewig an Sachen gebunden. Manches verschwindet von selbst, manches gibt man freiwillig weg und dafür kommt garantiert etwas Neues ins Leben.

Beim Räumen, Sortieren und Ausmisten haben Sie alte Gefühle

aus der Vergangenheit über Bord geworfen und sich damit eingestanden, dass die alten Zeiten unwiderruflich vorbei sind. Sie haben damit auch Vertrauen in die Zukunft bewiesen, denn Sie haben neuen Entwicklungen Platz gemacht.

»Der Sinn des Lebens besteht darin,
glücklich zu sein.«
Der 14. Dalai-Lama

Die Zeitbilanz

Um das Leben im Hier und Jetzt zu genießen, brauchen wir Freiraum und Zeit, oder besser gesagt: Muße. Und die haben Sie durch das Ausmisten ebenfalls gewonnen. Denn indem Sie das Überflüssige vom Wichtigen getrennt haben, haben Sie automatisch mehr Zeit für das bekommen, was Ihnen wirklich wichtig ist. Vorbei ist die Zeit raubende Suche im überquellenden Kleiderschrank, das zeitintensive Pflegen einer Sammlung, das Zeit fressende Aufräumen und Saubermachen all der überflüssigen Dinge in der Wohnung. Da Sie die Vergangenheit aufgearbeitet und hinter sich gelassen haben, sind Sie im Hier und Jetzt angekommen – eine Grundvoraussetzung, um das Leben in vollen Zügen zu genießen.

Der Dominoeffekt

Werfen Sie noch einmal einen Blick zurück und überlegen Sie, wie Ihr Zuhause bislang ausgesehen hat und was sich nun alles verändert hat. Sie haben Schritt für Schritt eine Veränderung herbeigeführt, so kam eins zum anderen. Das Ganze erinnert ein bisschen an einen Dominoeffekt. Dieser beschreibt eine Abfolge von Ereignissen, die jeweils durch ein vorangegangenes Ereignis ausgelöst werden. Ausgangspunkt ist ein Anfangsereignis, das

eine Kettenreaktion in Gang setzt – wie wenn die Steine eines Dominospiels hochkant in einer Reihe so aufgestellt werden, dass beim Umwerfen des ersten Steins dieser den zweiten umwirft, dieser den dritten etc., bis alle Steine umgefallen sind.
Angewendet auf unser Leben, könnte jeder einzelne Tag oder jede Erfahrung, die wir machen, als ein solcher Dominostein gesehen werden, der auf den nächsten trifft. Beim Dominospiel sind der Ereigniskette keine Grenzen gesetzt, da jeder Stein beim Fallen genügend Energie an den nächsten abgibt, um ihn ebenfalls zu bewegen. Und da die Bewegungsenergie eines einzigen Dominosteins genügt, sogar mehrere andere umzuwerfen, muss die Ereigniskette nicht nur in eine Richtung verlaufen, sondern kann sich in beliebig viele Ketten aufspalten und viele Kettenreaktionen auslösen.
Mit dem Entrümpeln und Aufräumen haben Sie den Dominoeffekt für Ihr Leben in Gang gesetzt. Sie haben etwas Neues anstoßen und damit alles in Bewegung gebracht. Aber der Auslöser, das waren Sie! Alles geht von Ihnen aus.

Sie haben es bewirkt

Alles, was Sie zu einem glücklichen und harmonischen Leben brauchen, ist bereits in Ihnen vorhanden. Mit dem, was Sie in 24 Stunden vollbracht haben, haben Sie Ihre verborgenen Potenziale zur Entfaltung gebracht und sich daheim selbst den »roten Teppich« ausgerollt. Egal, wie groß oder klein Ihr privates Reich zu Hause ist, Sie haben das Beste daraus gemacht. Erwarten Sie nun gelassen und heiter die Wirkung. »Wu wei« heißt es im Chinesischen, wenn das Unergründliche von selbst wirkt.
Der gerade beschriebene Dominoeffekt mag vielleicht die Illusion vermitteln, dass ein Fingerschnippen genügt, um eine Wirkung zu erzielen. In Wahrheit ist es jedoch eine Abfolge vieler kleiner Ereignisse, die etwas in Gang setzen. Zuerst müssen die

Dominosteine ja aufgestellt werden, und zwar nach einem genauen Plan, der die Reihenfolge vorgibt, in der sie fallen. Es geschieht also nichts von selbst. Der Aufsteller der Steinkette entscheidet, was wann passiert. Und dieser »Aufsteller«, das waren Sie ganz allein. Auf diese Anstrengung und Leistung, die Sie vollbracht haben, können Sie stolz sein.

Sie haben sich Ihr Leben neu eingerichtet

Es hat nur 24 Stunden gebraucht und Sie haben Ihr Leben umgekrempelt. Sie haben sich der Herausforderung gestellt und Ihrem wahren Seelenzustand Ausdruck verliehen: Jetzt sind Sie, wie Sie wohnen, denn Sie wohnen, wie Sie sind. Machen Sie nun erneut einen Rundgang durch Ihre Wohnung oder Ihr Haus und fragen Sie sich: Gefällt mir das, was ich sehe? Bin ich das wirklich? Will ich das sein?
Mit großer Wahrscheinlichkeit lautet Ihre Antwort jetzt: Ja! Denn nachdem Sie das Gerümpel losgeworden sind und Ihre Sachen in Ordnung gebracht haben, können Sie sich mit dem, was Sie zu Hause sehen, identifizieren. Laden Sie doch Ihre Familie oder ein paar Freunde zu sich ein und testen Sie die Reaktionen. Ganz sicher werden Sie viele Komplimente hören!

Der geheimnisvolle Feng-Shui-Effekt

Möglicherweise haben Sie vor einiger Zeit noch darüber nachgegrübelt, warum Sie eigentlich so viel Stress haben, warum Sie sich ständig mit Ihrem Partner streiten oder warum es mit Ihrer Karriere nicht vorangeht. Mithilfe von Feng Shui haben Sie nun die Störfelder in Ihrer Wohnung identifiziert und ausgemistet. Damit wurden die entsprechenden Lebensbereiche harmonisiert, denn mit jedem Stück, das Sie aufgeräumt oder weggeworfen haben, haben Sie mehr Klarheit und Ordnung in Ihr Leben gebracht: Wenn die äußere Umgebung im Gleichgewicht

ist, kommt es auch in der inneren Welt zu positiven Veränderungen.
Der Energiestrom kann nun ungehindert durch Ihr Zuhause fließen und alle Lebensbereiche werden davon profitieren. Sie haben die Räume entrümpelt, aufgeräumt und geklärt und sich damit Raum für neue Möglichkeiten in Ihrem Leben gegeben. Rechnen Sie nun mit dem Besten!

Harmonie in allen Lebensbereichen

Die positive Wirkung Ihrer zweitägigen Anstrengung wird sich nach und nach auf die neun Lebensbereiche Karriere, Wissen, Hilfreiche Freunde, Kinder, Partnerschaft, Ruhm, Reichtum, Familie und Gesundheit auswirken.
Wenn Sie in Ihren vier Wänden die Karriere-Zone nach Feng Shui positiv verändert haben, können sich neue berufliche Möglichkeiten eröffnen oder Hindernisse im Job auflösen. Sie werden die Anerkennung für Ihre Arbeit ernten, die Sie verdienen.
Durch die Aktivierung des Partnerschafts-Bereichs sollten Sie einen Partner finden, wenn Sie das gerne möchten, oder eine festgefahrene Beziehung wird wieder neuen Auftrieb bekommen.
Haben Sie den Bereich Familie gestärkt, wird sich das in einem entspannten Miteinander in der Familie niederschlagen, bestehende Konflikte sollten sich auflösen.
Die Aktivierung der Reichtums-Zone sollte dafür sorgen, dass sich Ihnen neue lukrative Gelegenheiten auftun.
Wenn das überflüssige Gerümpel aus Ihrer »Mitte« verschwunden ist, sollten gesundheitliche Störungen und Beschwerden nachlassen. Ohne den Ballast werden Sie sich vitaler fühlen und über mehr Energie verfügen.
Haben Sie den Bereich Hilfreiche Freunde in Ordnung gebracht, werden sich Ihre Freundschaften vertiefen, vielleicht ergeben

sich auch neue Kontakte. Sie werden Unterstützung bekommen, wenn Sie welche brauchen.
Das Entrümpeln des Bereichs Kinder wird bewirken, dass Ihre Beziehung zu Ihren Kindern von einer neuen Leichtigkeit erfüllt wird. Da Sie hiermit auch Ihre Kreativität mobilisiert haben, werden Ihre Ideen nur so sprudeln.
Da der Bereich Wissen von überflüssigem Gerümpel befreit ist, werden Sie vieles leichter verstehen und begreifen.
Wenn der Wohnbereich, der Ruhm symbolisiert, nun tipptopp in Ordnung ist, wird das Ihre Ausstrahlung fördern. Sie werden selbstbewusster auftreten und die Anerkennung bekommen, die Ihnen zusteht.

Die Reise geht weiter

Sie haben die Störfaktoren aus Ihrer Wohnung und damit hemmende und störende Einflüsse aus Ihrem Leben entfernt. Ihre Umgebung spiegelt nun wider, wer und was Sie sind und sein wollen. In diesem Rahmen haben Sie alle Möglichkeiten, Ihr wahres Selbst optimal zu entfalten. Sorgen Sie jedoch dafür, dass der Energiefluss nicht wieder ins Stocken gerät. Nun wissen Sie ja, worauf Sie achten müssen.
Entdecken Sie Ihre neuen Möglichkeiten und nutzen Sie sie! Freuen Sie sich auf ein glückliches und harmonisches Leben!

»Wer das Ziel kennt, kann entscheiden.
Wer entscheidet, findet Ruhe.
Wer Ruhe findet, ist sicher.
Wer sicher ist, kann überlegen.
Wer überlegt, kann verbessern.«
Konfuzius

Anhang

Literaturverzeichnis

Bücher über Feng Shui

Fischer, Theo: Wu wei – Die Lebenskunst des Tao. Rowohlt, Hamburg 2005

Hartig, Klaus-Dieter; Zhang, Xia: Feng Shui – Positive Lebensenergie durch richtige Raumgestaltung. München 1998

Hartig, Klaus-Dieter; Zhang, Xia: Feng Shui für die ganze Familie. Midena, Augsburg 2000

Kingston, Karen: Feng Shui gegen das Gerümpel des Alltags. Rowohlt, Hamburg 2000

Lagatree, Kirsten M.: Feng Shui – Wohnen und Gestalten nach der chinesischen Harmonielehre. Econ, Düsseldorf/München 1996

Li, Christine; Krautwald, Ulja: Der Weg der Kaiserin. Droemer Knaur, München 2003

Prignitz, Eva; Ruf, Petra: Das Feng-Shui-Lexikon. Südwest, München 2005

Rossbach, Sarah: Feng Shui – Die chinesische Kunst des gesunden Wohnens. Droemer Knaur, München 1998

Sator, Günther: Feng Shui – Leben und Wohnen in Harmonie. Gräfe und Unzer, München 2004

Sator, Günther: Feng Shui – Die Kraft der Wohnung entdecken und nutzen. Gräfe und Unzer, München 2005

Too, Lillian: Lillian Too's Feng Shui der Liebe. Gräfe und Unzer, München 2000

Waring, Philippa: Vom richtigen Wohnen – In Harmonie leben mit Feng Shui. Hugendubel, München 1995

Bücher zum Thema Entrümpeln

Küstenmacher, Werner Tiki; Seiwert, Lothar J.: Simplify your life. Campus, Frankfurt/New York 2002

Lindinger, Karin: Lass los und … gewinne! Gräfe und Unzer, München 2004

Pohle, Rita: Weg damit! Entrümpeln befreit. Hugendubel, München 2001

Roth, Susanne: Einfach aufgeräumt! Campus, Frankfurt/New York 2005

Schechter, Harriet: Entrümpeln Sie Ihr Leben! mvg, Frankfurt 2003

Register

Ablage 160f.
Ablageflächen 150
Abstellkammer 155f.
Accessoires 133, 227
Arbeitszimmer 158ff., 183
Aura 12, 189
Ausmisten 17ff., 38, 63ff.
Außenflächen 178f.
Auto 178

Badezimmer 149ff.
Bagua 191ff., 204ff.
Bagua-Wirkung 206
Bagua-Zonen 204ff.
– Familie 211ff., 229f., 241
– Gesundheit 215ff., 231, 241
– Hilfreiche Freunde 217ff., 231, 241f.
– Karriere 206ff., 228f., 241
– Kinder 219ff., 229, 242
– Partnerschaft 209ff., 231, 241
– Reichtum 213f., 229, 231, 241
– Ruhm 223ff., 242
– Wissen 221ff., 231, 242
Balkon 178ff., 194, 201
Betten 134
Bettwäsche 140
Big Five 36
Bilder 108, 230
Broken-Window-Theorie 27
Bücherregale 118f.

Chi 14f., 20, 175, 179, 183, 185, 208, 216, 224, 229ff., 235
Chi-Fluss 20, 226, 230
Computer 162

Dekoration 120, 133
Dominoeffekt 238f.
Düfte 150, 227

Ego-Check 68ff.
Eingangsbereich 113
Einrichtungsregeln 232ff.
Endowment-Effekt 20f.
Energie 42, 59, 96, 206, 219, 226f.
Entrümpeln 17ff., 24, 103, 105, 109, 171f.
Entrümpelungs-ABC 146f.
Entrümpelungsprogramm 111
Erbstück 131
Erinnerungsstücke 123

Familie 41f.

Fehlbereiche 194, 201f., 228
Feng Shui 14f., 53, 191, 202, 226, 235

Feng-Shui-Checkliste 185f.
Feng-Shui-Effekt 240
Feriendomizile 180
Fernseher 122f.
Flur 116

Garage 177f.
Garderobe 114
Garten 178ff.
Gefrierfächer 127f.
Gefühlsbilanz 237f.
Gefühls-Check 74ff.
Gerümpel 42f., 65, 105
Gerümpel-Check 92ff.
Gewürze 128
Glück 65, 189, 207, 211, 226ff.
Grundrissformen 200

Handtücher 151
Harmonie 40, 53, 212, 241f.
Hausapotheke 151
Haushaltsgeräte 130

Intuition 72, 227

Jahres-Check 138

Keller 170ff.
Kinderzimmer 152ff.
Klänge 101, 230f.
Klären 96ff., 173
Kleider 137ff.
Kleiderschrank 137ff.
Kommoden 115f.
Konzentration 222, 229
Kosmetika 150
Kreativität 219ff.
Kristalle 231
Küche 126ff.
Küchenschränke 129
Kühlschrank 127

Lagerräume 180
Lebensenergie 14f., 20
Licht 231
Liebe 219
Liebesleben 135
Loslassen 83, 123, 131, 236

Meditation 222
Mini-Bagua 202f.
Mitte 216, 241
Möbel 232
Motivations-Check 85ff.
Müll 27
Muße 238

Nachtschränkchen 135
Navigations-Check 110

Ordnung 24, 36
Ordnungstipps 229

Partner 186f.
Pflanzen 229

Räuchern 99f.
Raumklima 229
Raumteiler 134, 158
Reinigen 96

Sammlungen 164ff.
Schlafzimmer 132ff.
Schubladen 121f.
Schuhe 115
Selbstbewusstsein 225, 235
Speicher 180
Spiegel 228
24-Stunden-Programm 103ff.

Tai-Chi 215
Taschen 116
Teenager 154
Terrasse 178ff.
Tests:
– Welcher Bereich braucht Ihre Aufmerksamkeit? 196ff.
– Welcher Ordnungstyp sind Sie? 28ff.
– Welcher Wohnungstyp sind Sie? 44ff.
Tischwäsche 140

Veränderung 14, 61, 88, 106, 176
Vergangenheit 144, 171f.
Vergangenheitsfalle 55
Vier-Kisten-Methode 65ff.
– Kiste 1 67ff.
– Kiste 2 73ff.
– Kiste 3 84f.
– Kiste 4 88ff.
Vorräte 128f.

Wasser 208, 214, 228f.
Wohlstand 213f.
Wohnungsbereiche 195
Wohnzimmer 118ff.

Zeitbilanz 238
Zeit-Check 89ff.
Zeitschriften 121
Zukunft 56, 181
Zwölf-Stunden-Programme
– erstes, 112ff.
– zweites, 148ff.

Christopher A. Weidner
Sui Xiang Dong

Der Feng Shui Doktor

Ganzheitlich gesund mit dem traditionellen chinesischen Heilwissen

Laut Feng Shui bedeutet Gesundheit, dass die Lebensenergie Qi im Körper fließen kann und mit der Umwelt verbunden ist. Dieser Ratgeber stellt wirkungsvolle Maßnahmen aus dem Feng Shui vor, die dabei helfen, Energieblockaden aufzulösen und ganzheitliche Gesundheit zu erreichen. So gleicht eine Umgestaltung von Wohnräumen körperliche Schwachpunkte aus. Weitere Säulen auf dem Weg zur Gesundheit sind eine ausgewogene Ernährung sowie einfache Qigong- und Atemübungen. Anhand eines Tests kann der Leser seinen Feng-Shui-Typ nach den chinesischen Elementen Holz, Feuer, Erde, Metall und Wasser ermitteln. Für jeden Typ lässt sich aus verschiedenen Bausteinen ein individuelles Gesundheitsprogramm zusammenstellen.

Knaur Ratgeber

So gehen Ihre Vorsätze in Erfüllung!

Birgit Kaltenthaler
Stop Schluss mit Naschen

Die meisten Diäten scheitern an der unkontrollierten Naschsucht. Dieser Ratgeber zeigt, wie jeder den Heißhunger auf Süßes endgültig in den Griff bekommt:

- 5 wirksame Strategien mit vielen praktischen Tipps zur Senkung des Blutzuckerspiegels
- Mit Lexikon der Süßungsmittel von A-Z

Birgit Kaltenthaler
Stop Schluss mit Stress

Stress und Hektik machen krank, Ruhe und innere Balance verlängern das Leben. Dieser Ratgeber zeigt, wie jeder dem nächsten Jahr relaxt entgegensehen kann:

- 52 Entspannungstipps, die leicht durchzuführen und trotzdem höchst effektiv sind
- Mit Lockerungsübungen, Fußzonenreflexmassage, Meditation und Tipps für Zeitmanagement- Balance-Food, Schlummertees und Einschlaftipps

»Es ist nicht wenig Zeit, die wir haben,
ondern es ist zu viel Zeit, die wir nicht nutzen.«
Seneca

Christopher A. Weidner

Wabi Sabi – Keine Zeit und trotzdem glücklich!

Wie Sie die Kostbarkeit des Augenblicks entdecken und Ihren Rhythmus finden

Ständig unter Zeitdruck, immer erreichbar und kaum Verschnaufpausen? Wabi Sabi kann uns in unserem hektischen Alltag helfen, einen gelasseneren Umgang mit der Zeit zu finden: Die japanische Philosophie akzeptiert den steten Wandel und ermutigt dazu, die Schönheit des Augenblicks zu entdecken. Anhand eines Tests ermittelt der Leser, wie er mit der Zeit umgeht und sie bewertet. Übungen und Selbstreflexionen helfen dabei, die Zeit intensiver und befriedigender zu erleben. Mit einem praxisorientierten 7-Punkte-Programm wird der eigene Lebensrhythmus Schritt für Schritt entschleunigt.

Knaur Taschenbuch Verlag